LONELY PLANETS

1000

EINMALIGE REISEN

INHALT

VORWORT

Das will ich sehen.

An so vielen Orten der Welt bin ich nur gelandet, weil eine kurze Filmszene, ein Plakatfoto, ein Ausstellungsstück im Museum oder eine Romanzeile mich hingelockt haben. Manchmal hat es Jahrzehnte gedauert, dorthin zu kommen, aber irgendwann stehe ich dann da und denke: „O.k., das ist es; jetzt sehe ich es endlich."

Manche Sehenswürdigkeiten sind so sattsam bekannt, tauchen in so vielen Filmen auf, dass die Wirklichkeit der Erwartung kaum standhalten kann. Manches haben wir so viele Male „gesehen", bevor wir es in der Realität sehen, dass Dinge wie der Eiffelturm, das Opernhaus von Sydney, der Grand Canyon oder der Tadsch Mahal uns fast unweigerlich enttäuschen müssen. Obwohl meine Frau und ich es ganz zufällig schafften, den Tadsch an unserem ersten Hochzeitstag zum ersten Mal zu sehen – das perfekte Zusammentreffen eines romantischen Orts mit einem romantischen Datum.

Die großen Sehenswürdigkeiten sind uns weite Reisen wert, aber oft sind es die kleinen, ungewöhnlichen, die im Gedächtnis bleiben. Es war eine nette Überraschung, der Büste von Frank Zappa in Litauen zu begegnen. Und auch wenn das überkandidelte Graceland *die* Attraktion der Musikstadt Memphis ist, war es spannend, im Sun Studio ein bodenständigeres Stück Rock-'n'-Roll-Geschichte zu entdecken.

Manchmal erkennt man erst vor Ort, wie interessant oder bedeutend eine Sehenswürdigkeit

wirklich ist: Erst als ich bei Vindolanda vom Hadrianswall ins düsterste Schottland hinüberblickte, wurde mir richtig klar, dass dies die äußerste Grenze des Römischen Reichs war, der Punkt, an dem die Zivilisation endete – einen Schritt weiter und man fand sich unter „Wilden".

Tierbeobachtungen sind besonders aufregend, weil es keine Erfolgsgarantie gibt – mal hat man Glück, mal hat man Pech. Aber wenn es klappt … ein alaskischer Grizzlybär, der einen Lachs aus dem reißenden Fluss angelt und in ein, zwei Happen herunterschlingt, ist ein Anblick, den man nie vergisst.

Auch große Egos können faszinieren. Der US-Medienzar William Randolph Hearst hinterließ mit Hearst Castle ein protziges Vermächtnis. Das ist aber noch harmlos im Vergleich zu dem nordkoreanischen Despoten Kim Il Sung, der seinem gigantischen Ego das kolossale Mansudae-Denkmal in Pjöngjang setzte.

Nachhaltiger beeindruckt hat mich das Anne-Frank-Haus in Amsterdam. Das himmelschreiende Unrecht, für das es steht, schnürt mir die Kehle zu, wann immer ich an dieses junge Opfer des Nazi-Regimes erinnert werde.

Viele der hier vorgestellten 1000 Sehenswürdigkeiten habe ich schon besucht, aber es sind immer noch eine Menge übrig, die ich eines Tages zu sehen gedenke. Die Nazca-Linien in Peru, Skellig Michael in Irland, der Markt von Kaschgar in China und selbst Tschernobyl in der Ukraine: Sie stehen alle noch auf meiner Liste.

Tony Wheeler
Gründer von Lonely Planet

4

Die verblüffenden „Feenkamine" von Kappadokien, Türkei, sind durch natürliche Erosion entstanden (s. S. 217).

DAS BESTE VOM BESTEN

▶ VERY BRITISH

„Herrenhaus" wäre eine gewaltige Untertreibung für das gigantische Castle Howard, das Besucher mit seiner bombastischen Pracht überwältigt. **S. 83**

Das schöne Oxford ist ein Mekka für Literaturfreunde, nicht zuletzt als Heimat der echten Alice im Wunderland. **S. 134**

Volkssagen ranken sich um den verwunschenen Llyn y Fan Fach in den idyllischen Black Mountains von Wales. **S. 276**

Das faszinierende Bletchley Park Museum hütet die Enigma-Maschinen und andere technische Geräte, die den Briten halfen, den Krieg zu gewinnen. **S. 166**

Für Sportfans: die Geburtsstätte des Golfsports zwischen Ruinen und Traumpanorama in St. Andrews, Schottland. **S. 294**

▶ NUR IN DEN USA

Verschwörungstheoretiker fühlen sich wohl in Roswell, wo die Gegenwart Außerirdischer auf Schritt und Tritt spürbar ist. **S. 68**

Zum Rendezvous mit Frank Sinatra und seinen Mafia-Freunden in NY lädt die mit Souvenirs vollgestopfte Mulberry Street Bar. **S. 348**

Ein Sitzplatz beim Super Bowl, dem ultimativen Sport-Highlight der USA, muss frühzeitig reserviert werden. **S. 294**

Ihre Regenbogenfarben machen die Grand Prismatic Spring im Yellowstone National Park zu einer der spektakulärsten Thermalquellen der Welt. **S. 181**

Die Washington National Cathedral ist für alle Glaubensrichtungen aufgeschlossen und prunkt in europäischem Baustil mit amerikanischen Akzenten. **S. 87**

EXZENTRISCHES EUROPA

Die Einfahrt in die Station Flora der Prager U-Bahn ist wie eine bizarre Zeitreise in die sowjetische Science-Fiction der 1970er. **S. 162**

Beim Kellnerlauf in Brüssel sind eine Flasche und drei Gläser 2,5 km weit zu balancieren, ohne einen Tropfen zu verschütten. **S. 249**

Der gruselige Kindlifresserbrunnen ist einer von diversen Berner Springbrunnen aus dem 16. Jh., die mit Fabelwesen und historischen Gestalten geschmückt sind. **S. 89**

Bei den Jomswikingern, dem größten Wikinger-Reenactment-Verein der Welt, verwandeln sich brave Bürger aus ganz Europa in wilde Krieger. **S. 311**

Wie zu erwarten, ist das Teatre-Museu Dalí im spanischen Figueres, der Heimatstadt des Künstlers, ein Museum voller surrealer Überraschungen. **S. 60**

ABENTEUER ASIEN

Der funkelnde, mit Gold und Edelsteinen bedeckte Stupa von Shwedagon-Paya in Burma hütet acht Haare des Buddha. **S. 201**

Taucher aus aller Welt bestaunen das Rätsel des „japanischen Atlantis" in Yonaguni-jima: uralte Unterwasserruinen oder natürliche Geometrie? **S. 67**

Der Komodo-Nationalpark in Indonesien beherbergt nicht nur die furchterregenden gleichnamigen Riesenwarane, sondern auch eine spektakuläre Ansammlung bunter Korallenriffe. **S. 159**

Der im klassisch chinesischen Stil angelegte Park des Sommerpalasts in Peking ist eine Ruheoase in der modernen Metropole. **S. 250**

Die Riesenrafflesie in Indonesien und Malaysia ist nicht die hübscheste oder wohlriechendste, dafür aber die größte Blume der Welt. **S. 125**

FAMILIEN-FREUNDLICH

Montana war einst ein Tummelplatz für Dinosaurier. Auf dem Montana Dinosaur Trail können junge Dino-Fans ihren Spuren heute noch folgen. **S. 196**

Harry war nicht der erste berühmte Potter: Im Lake District erinnert noch vieles an die Bilderbuchwelt der Beatrix Potter. **S. 134**

Die Monster sind los: Die New Yorker Halloween-Parade ist das größte Gruselkostümfest der Welt. **S. 142**

Von Feuerwerk bekommt man nie genug und zur Bonfire Night (Guy Fawkes Night) lässt ganz England es gewaltig krachen. **S. 263**

Ein Eis aus der Gelateria di Piazza im malerischen toskanischen Hügeldorf San Gimignano ist ein unvergesslicher Genuss für Groß und Klein. **S. 175**

▶ ARCHÄOLOGISCHE SCHÄTZE

Leptis Magna in Libyen bewahrt ein erstaunliches Vermächtnis wohlerhaltener Tempel, Foren und Bäder aus der römischen Antike. **S. 23**

Palanque, Mexiko, erzählt viele Geschichten – von seiner Gründung um 100 v. Chr. über die Blütezeit der Mayakultur bis zu ihrem Niedergang. **S. 57**

In einem Wald in Indien verstecken sich die 12 000 Jahre alten Höhlenmalereien von Bhimbetka, die vielfältige Szenen mit Menschen und verschiedensten Tieren darstellen. **S. 178**

Schwer zu glauben, aber wahr: In den kanadischen Rocky Mountains gibt es Tausende von Meereslebewesen – oder vielmehr gab es sie vor 515 Mio. Jahren, wie der Burgess-Schiefer beweist. **S. 195**

Der lange im Sand versunkene Abu-Simbel-Tempel in Ägypten erinnert heute wieder wie einst an die unsterbliche Größe Ramses' II. **S. 74**

▶ WUNDER DER NATUR

Die 16 Plitvicer Seen in Kroatien, durch Wasserfälle verbunden und zwischen Wälder und Höhlen eingebettet, sind ein Fest für Augen und Ohren. **S. 277**

Am Ende der schönsten Wanderroute Islands warten die warmen Quellen von Landmannalaugar: ein wohltuendes Bad für müde Wanderer in spektakulärer Umgebung. **S. 183**

Ein Traumziel für Vogelbeobachter ist der Krüger-Nationalpark in Südafrika mit den „großen sechs" Vogelarten des Landes. **S. 115**

Das Große Blaue Loch in Belize ist ein 145 m tiefer Abgrund im Meeresboden; zu seinen besonderen Attraktionen gehören unterseeische Stalaktiten. **S. 145**

Neben dem altehrwürdigen General Sherman im kalifornischen Sequoia-Nationalpark zu stehen, ist ein unvergleichliches Erlebnis – der Riesenmammutbaum ist das größte Lebewesen der Welt. **S. 193**

▶ DÜSTERE KAPITEL DER GESCHICHTE

Einst voller Leben, heute eine unheimliche Geisterstadt: das ukrainische Prypjat in der Sperrzone um Tschernobyl. **S. 278**

Das Apartheid-Museum in Johannesburg liefert einen nüchternen Überblick über 52 Jahre staatlich verordneter Rassentrennung und -diskriminierung. **S. 232**

Uralte Geister begleiten Besucher durch die schier endlosen Katakomben von Rom, die ursprünglich die sterblichen Überreste der frühen Christen beherbergten. **S. 307**

Eine der berühmtesten Naturkatastrophen der Geschichte war der Ausbruch des Vesuv, der Pompeji verschüttete. Er hinterließ erschütternd anschauliche Zeugnisse der Leben, die er auslöschte. **S. 151**

Ein schmähliches Vermächtnis bewahrt Cape Coast Castle in Ghana, von dem aus gefangene Afrikaner als Sklaven in die Neue Welt verschifft wurden. **S. 37**

MEISTERWERKE DER ARCHITEKTUR

Der hemmungslose Pomp von Schloss Versailles hilft verstehen, warum die Revolutionäre revoltierten. **S. 74**

Das perfekt an seinen Standort am Hafen angepasste Opernhaus von Sydney ist eine weltberühmte Architekturikone. **S. 171**

Eines der anmutigsten Gebäude und die großartigste Liebeserklärung der Welt: der Tadsch Mahal in Indien. **S. 307**

Das Chrysler Building ist ein Paradebeispiel der Art-déco-Ästhetik und ein klassisches Wahrzeichen von New York. **S. 313**

Barcelona wäre nicht Barcelona ohne Antoni Gaudí und seine sagenhafte, geniale, aber immer noch unvollendete Kirche Sagrada Família. **S. 335**

GANZ WEIT WEG

Die spektakulären, windumtosten Vestmannabjørgini auf den Faröern sind Heimat einer erstaunlichen Vogelvielfalt. **S. 255**

Einsam, abgelegen und nahezu menschenverlassen: Die ehemalige Asbest-Bergbaustadt Wittenoom in Westaustralien. **S. 59**

In Paradise Harbour auf der Antarktischen Halbinsel ist nicht viel los – sofern man die watschelnden Pinguine, prustenden Wale und von den Gletschern herabplumpsenden Eisberge nicht zählt. **S. 136**

Im Tal der Geysire im entlegenen Kamtschatka – dem zweitgrößten Geysirfeld der Welt – lässt das Erdinnere mächtig Dampf ab. **S. 148**

Seine Abgelegenheit hat das Caroline-Atoll, ein traumhaftes Lagunenriff in Kiribati, in fast unberührtem Zustand bewahrt. **S. 158**

DAS BESTE VOM BESTEN

DIE TOLLSTEN TIERBEOBACH-TUNGEN

Die ganze Magie des Tierreichs: Überwältigende Eindrücke warten an Orten rund um die Welt, an denen Geschöpfe aller Formen, Farben und Größen fressen, balzen, kämpfen und wandern.

001 LÁTRABJARG-VOGELFELSEN, ISLAND

Die berühmten Kreidefelsen von Dover verdanken ihre Farbe dem Kalkgestein. Die über 400 m hohen und rund 12 km langen Felswände von Látrabjarg, dem westlichsten Zipfel von Island (und Europa), sind dagegen nicht von Natur aus weiß. Wer erfährt, dass an ihnen im Sommer Millionen von Meeresvögeln brüten, kann sich denken, woher die weißen Flecken stammen: von unglaublichen Mengen Guano. Das schwirrende, zeternde Gewimmel aus Papageitauchern, Tordalken, Trottellummen, Eissturmvögeln, Kormoranen und Dreizehenmöwen ist ein unvergessliches Spektakel. Selbst Nicht-Vogelfans lassen sich von den drolligen Possen der Papageitaucher und der schieren Größe des Vogelschwarms faszinieren.

002 MONARCH-FALTER-WINTER-QUARTIER, MEXIKO

Mit dem Instinkt ist es eine seltsame Sache. Wie kann ein Geschöpf, dessen Lebensdauer nur wenige Wochen oder Monate beträgt, den Weg zu einem Tausende von Kilometern entfernten Ort finden, an dem es noch nie gewesen ist? Schließlich sind Insekten nicht gerade Meister im Kartenlesen. Trotzdem machen sich alljährlich Abermillionen von Monarchfaltern von ihren Sommerquartieren in den USA und Kanada nach Süden auf, um in den *Oyamel*-Tannenwäldern von Mexiko zu überwintern. Dort flattern die hübschen orange, schwarz und weiß gefärbten Falter in ganzen Wolken umher und hängen in so riesigen Trauben in den Bäumen, dass sich die Äste unter ihrem Gewicht durchbiegen.

003 KÖNIGSPINGUIN-KOLONIE, SAINT ANDREWS BAY, SÜDGEORGIEN

Die Reise der Pinguine ist ein echter Avantgardefilm: starke, schweigsame Charaktere, die meiste Zeit passiert nicht so richtig viel und dann ist der Film plötzlich zu Ende – aber irgendwie ist das Ganze ungeheuer beeindruckend. Was man auch von den Ausdünstungen der Pinguine behaupten kann; man riecht sie, lange bevor man sie zu Gesicht bekommt. Aber der Anblick der Kolonie macht allen Gestank vergessen: Mehr als eine Viertelmillion der fast 1 m großen Vögel in schwarzen Smokingjacketts mit orangegelben Kragen wuselt hier quäkend durcheinander. Ein Schauspiel, das ebenso niedlich wie majestätisch und ebenso urkomisch wie überwältigend wirkt.

Gnus und Zebras bei einer Trinkpause während ihrer weiten Wanderung durch die Serengeti

005 GRIZZLY-GELAGE, ALASKA, USA

Es geht doch nichts über das Aroma von fangfrischem Fisch direkt aus dem Fluss. Besonders, wenn man ein Grizzlybär mit einer Vorliebe für Lachs ist. Ab dem Frühsommer kehren die Lachsschwärme aus ihren Nahrungsgründen im Meer zurück und schwimmen flussaufwärts zu ihren Laichplätzen. Da, wo sie Stromschnellen und kleine Wasserfälle überwinden müssen, werden sie zur leichten Beute für Bären, die sich hier wie im Sushi-Imbiss vom Fließband bedienen. An den Wasserfällen des McNeil River in Südwestalaska, 1,5 km stromaufwärts seiner Mündung, rotten sich die stattlichen, Jahr um Jahr mit Lachs gemästeten Grizzlybären zusammen, um sich die Leckerbissen aus dem Strom zu angeln. Oft sind hier Dutzende von Bären auf einmal zu sehen.

004 DIE GROSSE WANDERUNG, SERENGETI-NATIONALPARK, TANSANIA

Ein Gnu sieht ziemlich ulkig aus: wie eine zottige, magere Kuh, deren Kopf zu schmal wirkt, um ein Hirn zu beherbergen. Aber 1,3 Millionen Gnus – das ist unvorstellbar eindrucksvoll. Vor allem aus der Luft bietet sich ein atemberaubender Anblick, wenn die gewaltigen Gnuherden auf ihrer jährlichen Rundwanderung durch die ostafrikanische Savanne traben, begleitet von Hunderttausenden von Zebras, Gazellen und Elenantilopen – und den Raubtieren, die sich von den wandernden Horden ernähren. Die Gnus verbringen die Regenzeit von Dezember bis Mai in der südlichen Serengeti. Dann ziehen sie nach Nordwesten und ins kenianische Masai-Mara-Reservat hinüber. Am dramatischsten ist die Überquerung des Grumeti-Flusses, wo Krokodile darauf lauern, sich ein leckeres Gnu zu schnappen.

006 ELEFANTEN-TREFFEN, SRI LANKA

Als König Mahasen im 3. Jh. das riesige Minneriya-Wasserreservoir anlegte, hatte er wohl nicht in erster Linie das tierische Wohlergehen im Sinn. Doch heute lockt der See im Minneriya-Nationalpark auf dem Höhepunkt der Trockenzeit Elefanten aus Reservaten der ganzen Region an. Sie sammeln sich zu riesigen Herden, um hier die größte Poolparty der Welt zu feiern, bei der 300 oder noch mehr durstige Dickhäuter das üppige Gras rundum abweiden, aus dem See saufen und verspielt im Wasser planschen. Eine einzigartige Gelegenheit zu beobachten, wie Elefanten miteinander umgehen (nämlich laut und ungestüm).

007 FLEDERMAUS-FLUG, DEER CAVE, SARAWAK, MALAYSIA

Der Gunung-Mulu-Nationalpark auf Borneo bietet zwei Superlative zum Preis von einem: Die eindruckvollste Fledermaus-Versammlung und den brechreizerregendsten Gestank der Welt. Die schlechte Nachricht: Das eine ist kaum ohne das andere zu haben, denn drei Millionen Faltenlippen-Fledermäuse produzieren nun mal raue Mengen an Exkrementen. Das Spektakel ist die Geruchsbelästigung aber allemal wert. Besucher brauchen sich nur an einem Beobachtungsplatz an der Öffnung der riesigen Höhle zu postieren und die Abenddämmerung abzuwarten: Dann schwärmen die Fledermäuse plötzlich auf irgendein telepathisches Signal hin in einem langen, gewundenen Strom zur Insektenjagd aus.

008 ORCA-ORGIE, VALDÉS-HALBINSEL, ARGENTINIEN

Fast könnte man den Orca einfach für einen großen, pummeligen Delfin halten. Und Delfine sind ja so nett und freundlich. Doch warum wohl werden die Orcas auch „Killerwale" genannt? Wer sich nach Punta Norte auf der argentinischen Valdés-Halbinsel begibt, wird darüber drastisch aufgeklärt. An den Stränden hier ziehen Seelöwen ihre Jungen auf – ein bevorzugter Orca-Snack. Eine Orca-Gruppe hat eine ganz besondere Jagdstrategie entwickelt: Wenn sie Appetit bekommen, werfen sie sich aus der Brandung auf den Strand, um sich ein leckeres Seelöwenbaby zu greifen und mit der nächsten Welle zurück ins Meer zu zappeln. Das Manöver ist riskant – eine Strandung wäre fatal für den Orca –, aber atemberaubend anzusehen.

009 STAREN-RASTPLÄTZE, SOMERSET LEVELS, ENGLAND

Am Spätnachmittag eines dunstigen Wintertags im Sumpfgebiet des Westhay Moor National Nature Reserve: Als der Abend dämmert, verdunkelt sich der Himmel an einer Stelle – eine Wolke zieht sich zusammen. Aber sie verhält sich seltsam, steigt und fällt, ballt sich zusammen und verdreht sich. Die riesige, schwarze, sich windende Fläche besteht aus Staren, Millionen Staren in einer wogenden Masse. Der gigantische Schwarm bietet den Vögeln Sicherheit, indem er durch seine Manöver die Raubvögel verwirrt. Doch schließlich zieht sich der Schwarm zu einem geordneten Strom zusammen und setzt – wie ein Flaschengeist, der in seine Flasche zurückkehrt – zur Landung auf den Schlafplätzen an. Und die Beobachter merken erst jetzt, dass sie unwillkürlich die Luft angehalten haben.

010 SARDINEN-WANDERUNG, SÜDAFRIKA

Fische beobachten – das klingt nicht gerade aufregend. Vielleicht nett als Bildschirmschoner, aber kaum ein einmaliges und unvergessliches Schauspiel. Wenn die Fische aber zu einer strudelnden, silbrigen Masse gehören, die sich über eine Länge von 7 km erstreckt, wird die Sache schon interessanter. Während Millionen und Abermillionen von Sardinen sich zappelnd ihren Weg um das Ostkap und die Küste von KwaZulu-Natal suchen, brodelt das Wasser von stoßtauchenden Tölpeln und Kormoranen, die gemeinsam mit Tausenden von Robben, Delfinen und Haien auf Sardinenjagd gehen. Ob man das Schauspiel vom sicheren Boot oder in der Nähe der umkämpften Schwärme schnorchelnd erlebt, es ist auf jeden Fall ein grandioser Anblick.

DIE TOLLSTEN TIER-BEOBACH-TUNGEN

EUROPAS MÄRCHENSCHLÖSSER

Für Aschenputtel und Märchenprinzen: Eine Rundreise zu den faszinierendsten Traumschlössern, die Europa zu bieten hat.

Das berühmteste Schloss Deutschlands beschwört magische Königreiche und Wagnersche Opern herauf.

011 PRAGER BURG, TSCHECHIEN

Pražský hrad als Burg zu bezeichnen, ist eine gewaltige Untertreibung. Genau genommen handelt es sich um ein kompaktes Städtchen samt Stadtmauer, Dom, Palästen, Straßen und Häusern. Eine Reihe ehrgeiziger Herrscher baute die ursprüngliche Festung aus dem 9. Jh. immer weiter aus, wobei es ihnen irgendwie gelang, romanische, gotische, Barock- und Renaissanceelemente harmonisch miteinander zu verschmelzen. Allerdings gibt es für Besucher einen besseren Platz als die Burg selbst – nämlich draußen mit Blick nach oben. Ob im sommerlichen Abendlicht oder in einer kalten Winternacht, wenn Schneeflocken durchs Licht der Straßenlaternen treiben, gibt es kaum ein stimmungsvolleres Panorama als den Blick von der statuengeschmückten Karlsbrücke auf die Hügelfestung.

012 EILEAN DONAN CASTLE, SCHOTTLAND

Schroff, düster, abweisend ... und das ist nur der Torwächter. Eilean Donan Castle auf einem Inselchen im Loch Duich ziert Tausende schottischer Tourismusbroschüren. Nicht ohne Grund: Unwillkürlich glaubt man quäkende Dudelsackpfeifen zu hören, wenn man über die steinerne Bogenbrücke auf die grauen Zinnenmauern zumarschiert, während Dunstfetzen übers gekräuselte Wasser treiben – so war es zumindest in den vielen Filmen, die hier gedreht wurden, und so sieht es auch in der Realität oft aus. Drinnen hat man sich alle Mühe gegeben, die einstige Pracht authentisch wiederherzustellen, denn die mittelalterliche Burg wurde 1719 von englischen Truppen komplett zerstört und erst im frühen 20. Jh. wieder aufgebaut.

GLENN VAN DER KNUFF / LONELY PLANET IMAGES

013 SCHLOSS NEUSCHWANSTEIN, BAYERN

Kaum zu glauben, dass Ludwig II., der „irre" König von Bayern, Disneyland nie zu Gesicht bekommen hat. Der Wagner-Mäzen und leidenschaftliche Fan von Rittersagen ließ sich gleich mehrere Schlösser von wahrhaft märchenhafter Pracht erbauen. Die Krönung seines Baueifers bildete Schloss Neuschwanstein, das ab 1869 auf einem bewaldeten Felssporn errichtet wurde: Spitztürmchen, Sängersaal, prunkvoller Thronsaal – da fehlen bloß noch der böse Zauberer und vielleicht eine im Turm eingekerkerte Prinzessin. Wer Ludwigs Vision richtig würdigen will, braucht sich nicht einmal unter die Besucherhorden im Schloss zu mischen. Von der Marienbrücke, die einen malerischen Wasserfall in der Pöllatschlucht überspannt, bietet sich ein unvergesslicher Blick auf das Schloss.

014 CASTELL DE PÚBOL, KATALONIEN, SPANIEN

Wer an Märchen glaubt, ist vielleicht auch für das Surreale aufgeschlossen. Das mittelalterliche Kastell in La Pera, ein gedrungener Bau im Stilmix aus Gotik und Renaissance, war schon faszinierend genug, bevor Salvador Dalí es 1968 erwarb. Doch indem er es für seine Frau Gala nach seinem ebenso eigen- wie einzigartigen Geschmack renovierte, machte er es zu etwas ganz Besonderem. Dalís exzentrische Dekoideen überrumpeln nichtsahnende Besucher auf Schritt und Tritt, so etwa die ausgestopfte Giraffe, die Galas Grab in der Krypta bewacht. Aber selbst wenn man von all diesen Eigentümlichkeiten absieht, bleibt das Kastell ein bezauberndes Domizil, das über einem sehr hübschen traditionellen Dorf thront.

015 TINTAGEL, CORNWALL, ENGLAND

Dies ist die Geschichte eines Jungen, der ein Schwert aus einem Stein zog, um König zu werden – mit Hilfe eines Zauberers namens Merlin ... Die Sage von König Artus ist seit so langer Zeit mit der Tintagel-Halbinsel verquickt, dass vermutlich auch der Graf von Cornwall sie im Sinn hatte, als er 1233 hier seine Burg erbauen ließ. Heute liegt seine Festung in Trümmern, wirkt dadurch aber umso eindringlicher. Der Weg über die schmale Brücke vom Festland bildet den stimmungsvollen Auftakt zu einem Bummel durch die Ruinenstätte auf der Felskuppe, begleitet vom Geräusch der Wellen, die sich unten an den Felsen brechen. Hier hat selbst das Kreischen der Möwen einen mystischen Unterton.

016 PALÁCIO NACIONAL DA PENA, SINTRA, PORTUGAL

Paläste gewünscht? In Sintra können Besucher kaum einen Schritt tun, ohne über einen zu stolpern. Da wäre zunächst die Ruine des Castelo dos Mouros oberhalb der Stadt, über deren Hauptplatz ein weiterer weißer Palast wacht. Inmitten eines verwunschenen Gartens liegt das Fantasy-Schloss Quinta da Regaleira. Der Palácio de Monserrate besticht mit pseudomaurischer Exotik. Doch die Krönung des Ganzen ist der Palácio Nacional da Pena mit seinen pastellfarbenen Türmen und Türmchen. Irgendwo unter den zinnengekrönten Mauern des Bauwerks aus dem 19. Jh. liegen die Überreste eines mittelalterlichen Klosters begraben. Doch davon ist nichts mehr zu erahnen. Es bleibt nur diese Kitschkreation im gotischen, manuelinischen und maurischen Stilmix, deren Inneres mit erstaunlichen Schätzen angefüllt ist.

017 CHÂTEAU DE PEYREPERTUSE, LANGUEDOC-ROUSSILLON, FRANKREICH

Hoch über den Gebirgsstraßen, die sich durch Frankreichs Südwesten schlängeln, ragen immer wieder Bergfestungen auf, einige stolz und trutzig, andere nur noch schartige Ruinen. Brachen von diesen Burgen einst edle Ritter hoch zu Ross auf, um das Böse zu bekämpfen? Es lässt sich leider nicht verschweigen: In dieser Geschichte waren die Ritter selbst die Bösen. Während des Albigenserkreuzzugs im 13. Jh. wurden Zehntausende von Katharern als „Ketzer" abgeschlachtet – und diese Festungen dienten den Katharern als letzte Zuflucht. Keine war größer oder schwindelerregender gelegen als die Burg Peyrepertuse. Heute gibt es hier Vorführungen der Falknerei und mittelalterlichen Kampfkunst, doch noch spannender ist es, von den zinnenbewehrten Mauern über die wilde Gebirgslandschaft zu blicken und sich das Leben (und Sterben) ihrer einstigen Bewohner auszumalen.

018 CASTELUL CORVINILOR, HUNEDOARA, RUMÄNIEN

Weil es ja auch Schauermärchen gibt ... liegt Europas gruseligstes Schloss passenderweise im Dracula-Territorium Transsilvanien (Siebenbürgen). Angeblich war Vlad höchstpersönlich zeitweise hier eingekerkert. Eine Brücke führt über eine tiefe Flussschlucht zum Hauptportal der Burg. Wer bei ihrer Überquerung keinen Schauer den Rücken herabrieseln spürt, muss schon recht hartgesotten sein: Dass es hier heute keine Vampire mehr gibt, liegt nur daran, dass die Werwölfe sie alle gefressen haben. Im 15. Jh. gehörte die Burg der mächtigen ungarischen Familie Corvin. In jüngerer Zeit verschandelte Ceaușescu ihre Umgebung mit potthässlichen Stahlwerken. Doch selbst dieser unattraktive Rahmen tut der düsteren Majestät der wuchtigen Bruchsteinmauern und Türme keinen Abbruch.

019 TITANIAS PALAST, EGESKOV SLOT, DÄNEMARK

Dieses Land, wo auch heute noch Prinzessinnen in bezaubernden Schlössern leben, wimmelt nur so von prächtigen Palästen. Schloss Egeskov ist ein Paradebeispiel: Die

Bei Sonnenuntergang dürfen sich Besucher wie stolze Burgritter im Polen des 14. Jhs. fühlen.

020 MALBORK (MARIENBURG), POLEN

Den Rittern des Deutschen Ordens ging es offenbar darum, mächtig Eindruck zu schinden, als sie dies gewaltige Bauwerk errichteten, das als größte gotische Burg Europas gilt. Sie machten Malbork (damals Marienburg) 1309 zu ihrem Hauptsitz und feierten hier regelrechte Bauorgien. Das ursprüngliche Konventshaus wurde zu einer gigantischen Festung mit Türmen, tiefen Gräben, mächtigen Mauern und einer Residenz für die Hochmeister ausgebaut. Dennoch wurde die Burg erst von den Polen, später von den Preußen erobert, bevor sie im Zweiten Weltkrieg weitgehend zerstört wurde. Heute beherbergt die wiederaufgebaute Burg ein weitläufiges Museum – aber am eindruckvollsten ist immer noch die Monumentalität ihrer Architektur.

trutzige Wasserburg aus dem 16. Jh. ist über eine Zugbrücke zu erreichen und von einem wunderschönen Park umgeben, durch den Pfauen patrouillieren. Doch der eigentliche Schatz befindet sich in ihrem Inneren: Im 1. Stock ist das vielleicht zauberhafteste Puppenhaus der Welt ausgestellt – Titanias Palast. Das prachtvoll möblierte und mit winzigen Kunstschätzen ausstaffierte Miniaturschloss baute ein englischer Offizier auf Bitten seiner Tochter für die Elfen, die in ihrem Garten lebten.

EUROPAS MÄRCHEN-SCHLÖSSER

DIE WILDESTEN WASSERFÄLLE

Da fließt noch viel Wasser den Berg hinunter – die größten und schönsten Wasserfälle der Welt beeindrucken mit ihrer ungezähmten Kraft.

021 VICTORIAFÄLLE, SAMBIA/ SIMBABWE

Der Forschungsreisende David Livingstone weckte vielleicht die falschen Erwartungen, als er die Fälle nach der unverwüstlichen englischen Königin taufte: Dröge und gesetzt sind sie jedenfalls nicht. Besser passt da schon der Name, den die Einheimischen ihnen gaben: *Mosi-oa-Tunya* – „donnernder Rauch". Der Sambesi, der hier in eine 108 m tiefe Schlucht stürzt – in der wasserreichsten Jahreszeit mit bis zu 12 000 m³ pro Sekunde –, tut dies tatsächlich mit ungeheurem Getöse und schleudert dabei gigantische Sprühnebel-Wolken in die Luft. Ob man die Fälle von oben, von unten, vom Knife Edge Point, vom Devil's Pool oder vom Cataract View, tagsüber oder nachts sieht – man sollte sie jedenfalls mal gesehen haben.

Die 275 Katarakte der Iguazú-Wasserfälle stellen selbst anspruchsvollste Wasserfall-Fans zufrieden.

022 NIAGARAFÄLLE, USA/KANADA

Und alle zusammen: Wasserfälle machen Spaß! Lauter! Und noch einmal! Ein Glück, dass die Niagarafälle so wahrhaft grandios sind (für alle, die es ganz genau wissen müssen: bis zu 2800 m³ Wasser pro Sekunde), sonst könnte das ganze kommerzielle Remmidemmi drumherum vielleicht zu stark von ihrem Panorama ablenken. Aber so kann ihnen das alles nichts anhaben – und die meisten Besucher lassen es sich auch nicht nehmen, diverse dieser Attraktionen zu besuchen, erklettern, befahren oder sonstwie zu nutzen, um die vielen Facetten der Fälle zu erleben. Ganz oben auf der Liste steht dabei wohl eine Fahrt mit der *Maid of the Mist*, dem elften Nachbau des altehrwürdigen Schiffchens, das 1846 erstmals durch den Sprühnebel schipperte.

023 REICHENBACH-FALL, SCHWEIZ

Elementar, mein lieber Watson! Der Reichenbachfall, der in die wildromantische Landschaft der tiefen Schluchten und schroffen Gipfel des Berner Oberlands eingebettet liegt, gab eine angemessen dramatische Kulisse für Sherlock Holmes' letzten Kampf ab. Neben dem donnernden, 250 m hohen Wasserfall bei Meiringen ringt der berühmte Detektiv in der Kurzgeschichte „Das letzte Problem" (1891) mit seinem Erzfeind Professor Moriarty, bis zu guter Letzt beide in die Schlucht hinabstürzen. Heute noch pilgern die Holmes-Fans in Scharen zu der Kaskade aus mehreren Wasserfällen, an der eine Gedenktafel die Stelle des fiktiven Kampfs markiert.

024 KAIETEURFÄLLE, GUYANA

Dieser einsame Wasserfall ist vielleicht nicht der höchste, der wasserreichste oder der berühmteste – dafür aber vermutlich der wildeste. Gut versteckt im üppig grünen Landesinneren von Guyana – einer nicht gerade von Touristen überlaufenen Gegend – stürzt der Potaro-Fluss von einem Sandstein-Plateau 250 m in die Tiefe. Auf dem Weg zu dem Wasserfall gibt es leuchtend blaue Schmetterlinge, scharlachrote Vögel und goldgelbe Pfeilgiftfrösche zu entdecken, während die Schreie der Brüllaffen in den Ohren hallen. Zu guter Letzt robbt man vorsichtig zum Rand des gähnenden Abgrunds vor, um auf den donnernden Wasservorhang hinabzuschauen, hinter dem wendige Halsbandsegler herumflitzen. Der Adrenalinkick ist garantiert.

KERRY LORIMER / LONELY PLANET IMAGES

025 IGUAZÚ-WASSERFÄLLE, ARGENTINIEN/BRASILIEN

Historisch gesehen haben Argentinien und Brasilien mit dem brüderlichen Teilen so ihre Probleme. Handfeste Auseinandersetzungen sind an der Tagesordnung, ob es nun um Territorialansprüche (etwa auf Uruguay) oder Fußballtitel geht. Doch immerhin teilen sie sich am Iguazú – der bei den Brasilianern Iguaçu heißt – einträchtig die Mutter aller Wasserfälle. Der höchste misst zwar „nur" 82 m – aber mit umwerfenden 275 Katarakten, die sich über eine Gesamtbreite von 2,7 km hinziehen. Da kann einem der Gesamteindruck schon die Sprache verschlagen und die Ohren betäuben. Also nichts wie rein ins Regenzeug für einen Bummel zum Aussichtspunkt unterhalb der Garganta do Diabo (Teufelsschlund), um die wilde Urgewalt der Fälle hautnah zu erleben.

19

026 DÉTIÄN-WASSER-FÄLLE, CHINA

Irgendwie scheinen Wasserfälle eine gelegentlich schon leicht absurd anmutende Großmannssucht zu wecken. So wird der Détiän-Wasserfall als „zweitgrößter grenzüberschreitender Wasserfall der Welt" gepriesen. Der 200 m breite Fächer aus zahlreichen Kaskaden erstreckt sich nämlich quer über die Grenze zwischen der chinesischen Provinz Guǎngxī und dem nördlichen Vietnam (auch wenn China das meiste Wasser abbekommt). Aber die Besucher kommen nicht wegen irgendwelcher Rekordzahlen oder des lautstark tosenden Wassers oder um sich selbst auf dem Grenzmarkt zu fotografieren. Sie kommen, weil der Anblick zum Staunen schön ist: eine grün eingefasste Vision zwischen dramatischen Karstfelsen und idyllischen Reisfeldern.

027 GULLFOSS, ISLAND

Island ist das Paradies der Geografielehrer: ein geologisches Wunderland, dessen geradezu unirdische Landschaften verstehen lassen, warum die meisten Isländer an Elfen und Kobolde glauben. Riesige Gletscher bedecken ein Zehntel der Landfläche, der Große Geysir, der allen Geysiren der Welt ihren Namen gab, spuckt heißes Wasser, im Landesinneren schillern bunte Berge, Thermalquellen dampfen – und Wasserfälle schäumen zu Tal. Der Gullfoss fällt als mehrstufiger Wasserfall in eine enge Schlucht, die er in die Landschaft gegraben hat. Er wirkt einfach zauberhaft, wenn die Sonnenstrahlen Regenbogen in seinen Sprühnebel malen, und ganz besonders im Winter, wenn eine glitzernde Reifschicht die Felsen überzieht.

028 SUTHERLAND FALLS, NEUSEELAND

Es dürfte kaum überraschen, dass im „Land der langen weißen Wolke" reichlich Regen fällt, vor allem an der feuchten Westküste der Südinsel. Nach den häufigen Regengüssen schäumen die vielen neuseeländischen Wasserfälle dann besonders wild. Milford Sound, der fotogenste aller Fjorde, ist berühmt für die Wasserfälle, die seine Felswände hinabströmen. Der eindrucksvollste davon ist nur auf einer Wanderung über den viertägigen, 53,5 km langen Milford Track erreichbar: Sutherland Falls, ein 580 m hoher Sturzbach, der sich aus einem See hoch oben auf der Talwand ergießt. Wenn die Sonne scheint – wunderbar; wenn es in Strömen gießt, was sehr wahrscheinlich ist – um so besser.

029 JIM JIM FALLS, AUSTRALIEN

Was ist wohl aufregender: In einem einsamen Badetümpel treibend zu einem 215 m hohen Wasserfall aufzuschauen, der über eine rostrote Felswand stürzt? Oder sich zu fragen, ob ein 5 m langes urzeitliches Reptil gerade im Begriff ist, einem seine spitzen Zähne ins Bein zu schlagen? Die Jim Jim Falls, die tief im Kakadu-Nationalpark im australischen Northern Territory liegen, bieten beides. Der spektakuläre Wasserfall ist über eine holprige Allradpiste mit anschließender Kraxelpartie über einen 1 km langen Wanderweg zu erreichen. Aber wer sich nach der Hitze des Outback im verlockend kühlen Badetümpel erfrischen will, sollte erst die Einheimischen um Rat fragen, denn hier lauern manchmal Salzwasserkrokodile.

030 SALTO ÁNGEL, VENEZUELA

Romantiker sollten das lieber überlesen: Der „Engelfall", der höchste frei fallende Wasserfall der Erde (Gesamthöhe 979 m, höchste Einzelstufe 807 m), ist keineswegs nach einem Himmelswesen benannt – obwohl der Anblick des weißen Wasserbands, das die steile Felswand eines dunstverschleierten *tepui* (Tafelbergs) hinunterstürzt, schon etwas Überirdisches hat. Nein, er erhielt den Namen zu Ehren des Piloten Jimmie Angel, der den Fall 1933 als Erster überflog. Poetischer waren da schon die einheimischen Pemón. Sie würdigten die atemberaubende Höhe des Wasserfalls – so hoch, dass in der Trockenzeit ein Großteil des Wassers verdunstet, bevor es unten ankommt – mit dem Namen *Kerepakupai merú*: „Fall des tiefsten Ortes".

20

Wer hätte gedacht, dass ein fallender Engel so prächtig anzusehen ist?

DIE WILDESTEN WASSERFÄLLE

RÖMISCHE RUINEN

Mehr als zwei Jahrtausende später setzen uns die Hinterlassenschaften des römischen Reichs immer noch in Erstaunen.

031 GERASA, JORDANIEN

Die gut erhaltene antike Stadt Gerasa bietet das erwartungsgemäße Repertoire an Baudenkmälern und Ruinen: Triumphbögen, breite, von Säulen gesäumte Straßen und Plätze, Theater, Badeanstalten und Tempel. Vor allem aber wartet Gerasa mit einem ziemlich einzigartigen authentischen Spektakel auf: Gladiatorenkämpfe! Durch den weitläufigen Hippodrom, der einst Sitzplätze für rund 15 000 grölende Römer bot, hallen täglich der Hufdonner der Wagenrennen, der Lärm exerzierender Legionäre und das Brüllen der Gladiatoren, die um Leben und „Tod" kämpfen..

032 DIOKLETIAN PALAST, SPLIT, KROATIEN

Ein römischer Kaiser verbringt seinen Ruhestand nicht einfach in einem hübschen Häuschen auf dem Land. Diokletian jedenfalls ließ sich in den zehn Jahren vor seiner Abdankung 305 n. Chr. diesen Lu-xuspalast an der Küste als ebenso schwer befestigte wie prunkvolle Rentnervilla erbauen. Heute ist der Diokletianpalast ein kompaktes, von einer Mauer eingefasstes Altstadtviertel, voll historischer Romantik und wuselndem Leben zugleich. Die jahrhundertelange Bautätigkeit innerhalb der Mauern der römischen Festung haben ihren Charme nur noch vermehrt. Besonders sehenswert sind die mächtigen Säulen und Kapitelle des Peristyls (Eingangshofs), das kuppelüberdachte Diokletianmausoleum, das später zur Kathedrale des hl. Domnius umfunktioniert wurde, und die Kellergewölbe des Palasts.

033 PONT DU GARD, FRANKREICH

Wenn die Römer etwas machten, dann richtig – ob es darum ging, „Barbaren" zu bezwingen, weite Teile der bekannten Welt zu unterwerfen oder Bauwerke von schwindelerregender Größe zu errichten. Als die Colonia Nemausensis, die heutige Stadt Nîmes, Durst bekam, ließ die römische Obrigkeit im 2. Jh. ein gewaltiges Kanalnetz anlegen, um sie mit Wasser zu versorgen. Der krönende Höhepunkt dieses Unternehmens war der Pont du Gard, dessen 35 Bögen sich in 50 m Höhe über den Talboden spannen. Die Konstruktion entstand ganz ohne Mörtel – eine reife Leistung, wenn man bedenkt, dass einige der Steinblöcke über 5 t schwer sind. Ebenfalls kaum zu glauben: Die Wasserleitung hat über ihre Gesamtlänge von 50 km nur 12 m Höhenunterschied.

034 LEPTIS MAGNA, LIBYEN

Oliven: Man kann sie nur lieben oder hassen. Die Römer waren ganz verrückt nach ihnen und Leptis Magna an der libyschen Mittelmeerküste stieg nicht zuletzt durch den Olivenhandel zu einer mächtigen Kolonie auf, die außerdem die Reichshauptstadt Rom mit exotischen Tieren versorgte. Diese Ruinenstätte wird allen Erwartungen gerecht: Sie wirkt mit ihren wohlerhaltenen Tempeln, Foren, Theatern, dem Zirkus und den faszinierenden Hadriansthermen so großartig wie eh und je. Wer unter den monumentalen Bögen hindurchwandelt und die säulengesäumten Straßen entlangspaziert, kann sich leicht wie ein römischer Bürger des 2. Jh. n. Chr. fühlen, der, die Toga lässig über den Arm drapiert, zum Zirkus unterwegs ist, um zuzusehen, wie die Löwen ein paar Christen zum Frühstück verspeisen.

Staunenswerte Römerkunst in Leptis Magna, Libyen

23

Forum und Kolosseum, zwei Topattraktionen von Rom, können Besucher gut einen Tag lang beschäftigen.

035 VINDOLANDA, HADRIANSWALL, ENGLAND

Der römische Alltag bestand nicht nur aus Orgien und spaßigen Spektakeln im Kolosseum. Die römischen Legionen wurden auch in die entlegensten, gefährlichen Randbezirke des Reichs entsandt. Der 80 römische Meilen (rund 117 km) lange Hadrianswall mit Wachtürmen und Kastellen, den der gleichnamige Kaiser 122–128 n. Chr. errichten ließ, um die angriffslustigen Pikten abzuschrecken, erfüllte seinen Zweck recht gut. Aber die hier stationierten Garnisonen führten ein hartes Le-

ben. Das Kastell Vindolanda, eine eindrucksvolle Ausgrabungsstätte gleich südlich des Walls, und das dazugehörige Museum geben Einblick in den Alltag der Soldaten. Außer den wohlerhaltenen Ruinen gibt es hier u. a. ledernes Schuhwerk, Schmuck, Waffen und eine Partyeinladung zu besichtigen.

036 BAALBEK, LIBANON

Selbst bei den Römern lief die Bauzeit schon mal aus dem Ruder: Die Bauarbeiten am Jupitertempel von Baalbek begannen 60 v. Chr.

und zogen sich rund 120 Jahre hin. Aber wer die Dimensionen genauer ansieht, wundert sich nicht, dass die Vollendung dieses Mammutwerks etwas länger dauerte: Der Tempel ist gigantisch, mit Säulen von fast 23 m Höhe und 2,2 m Durchmesser. Seine Grundsteine wiegen über 1000 t. Die Tempelanlagen von Baalbek sind sehr vielförmig: von kleinen zierlichen Bauten wie dem Venustempel bis zum prächtigen Bacchustempel, der mit aufwendig verzierten Decken und Friesen bestickt. Man glaubt, dass rund 10 000 Sklaven am Bau von Heliopolis mitwirkten, wie die Stadt bei den Römern hieß.

GLENN BEANLAND / LONELY PLANET IMAGES

038 FORUM, ROM, ITALIEN

Dies ist der Ort, an dem alles anfing. Auf dem Palatin erschlug Romulus im 8. Jh. v. Chr. seinen Zwillingsbruder Remus und gründete die großartige Stadt, die er selbstredend nach sich selbst benannte. Am Fuß des Palatin liegt das Forum, das Zentrum des römischen Lebens – und Todes: Unter dem schwarzmarmornen Lapis Niger soll einst Romulus' Grab gelegen haben. Hier huldigten die Gläubigen den Göttern, regierte der Senat, trafen sich die gewöhnlichen Bürger und kauften auf den Märkten des Mercati di Traiano und der Piazza del Foro ein. Dann ging es die Straße hinunter zu einer Runde Gladiatorengemetzel im Kolosseum, bevor man die Häppchen für die abendliche Orgie vorbereitete ...

blieben – die erotischen Kunstwerke sind in den Terme Suburbane und der Casa dei Vettii zu bewundern.

039 VOLUBILIS, MAROKKO

Das vielleicht Spannendste an Marokkos bedeutendster römischer Ausgrabungsstätte ist das Nebeneinander der Kulturen: Nur einen Katzensprung von den Gässchen der mittelalterlichen Medina von Meknès und der islamischen Pilgerstadt Moulay Idriss entfernt wirken die wohlerhaltenen Ruinen von Volubilis umso eindrucksvoller. Der Reiz liegt nicht so sehr in den Baudenkmälern als solchen – auch wenn das 1300 m² große Forum durchaus imposant ist –, sondern darin, durch die Straßen zu wandern, in den Hausgerippen kunstvolle Mosaike zu entdecken oder die Anlage oben vom Hang zu überblicken und sich dabei die Betriebsamkeit vorzustellen, die hier vor 1800 Jahren herrschte.

040 BUTRINT, ALBANIEN

Butrint ist spektakuläres Beispiel dafür, wie römische Siedlungen auf die Überreste anderer Kulturen aufbauten und dann selbst von wieder anderen Kulturen vereinnahmt wurden. Das Ergebnis ist ein faszinierender Mix historischer Einflüsse. Auf griechischen Ruinen stehen römische Häuser und Tempel, zwischen die sich wiederum Hinterlassenschaften der byzantinischen, venezianischen und osmanischen Ära schmiegen. Butrint thront in traumhafter Lage auf einer bewaldeten Halbinsel an einer sumpfigen Küste. Der Sonnenuntergang über der Akropolis, der sich orangerot im Meer spiegelt, bietet einen unvergesslichen Anblick.

037 POMPEJI, ITALIEN

Die Stadt verdankt ihren Ruhm einer Katastrophe. Am 24. August 79 brach der Vesuv aus und begrub Pompeji und 2000 seiner Einwohner unter Wolken von Asche und heißem Bimssteinstaub. Eineinhalb Jahrtausende lag die verschüttete Stadt vergessen da, bis sie 1594 wiederentdeckt wurde. Heute gehören ihre Straßen und Häuser zu den bewegendsten Orten der Welt. Besonders interessant für unverklemmte (oder voyeuristische) Betrachter sind die entschieden unanständigen Fresken, die unter der Bimssteinschicht erhalten

RÖMISCHE RUINEN

SCHLACHT-FELDER

Die Zeit geht ihren Gang, Generationen kommen und gehen, aber die Kriege hören nie auf. Immer wieder prallten Armeen aufeinander – hier einige besonders bewegende Schauplätze entscheidender Schlachten.

043 DIE SCHLACHT AM LITTLE BIGHORN, USA

Die wohl berühmteste Schlacht der Indianerkriege war die am Little Bighorn (auch „Custers letzte Schlacht" genannt). Sie wurde an zwei Tagen im Juni 1876 zwischen einer indianischen Streitmacht und der US-Armee ausgefochten. Rund 3000 Kämpfer waren an der Schlacht beteiligt, mit der die amerikanischen Ureinwohner versuchten, ihre Lebensweise zu verteidigen. Der Gemeinschaftssieg der Sioux und Cheyenne begründete die Legende um Crazy Horse und Sitting Bull. Das Stück Prärie, auf dem die Schlacht stattfand, ist heute als National Monument ausgewiesen.

041 DIE SCHLACHT UM RORKE'S DRIFT, SÜDAFRIKA

Zu der Zeit, als das britische Reich noch den Erdball umspannte, stand Südafrika im Mittelpunkt eines erbitterten Ringens um Macht und den Zugang zu Rohstoffen, der als „Wettlauf um Afrika" bekannt wurde. Der Kontinent wurde auf ähnliche Weise geplündert wie Südasien in den Jahrhunderten davor. Und wer hätte es gedacht? Die Einheimischen waren nicht scharf auf diesen Kolonialismus! So kam es zum Zulukrieg von 1879 und einer Reihe immer blutigerer Schlachten. Bei Rorke's Drift belagerte eine 4000 Mann starke Truppe erboster Einheimischer eine Missions- und Handelsstation mit einer winzigen Besatzung von 140 britischen Soldaten. Es gab ein Riesengetümmel, die Einheimischen zogen sich geschlagen zurück und die Kolonialherrschaft ging noch bis 1910 weiter.

042 DIE SCHLACHT BEI DEN THERMOPYLEN, GRIECHENLAND

Die griechische Antike bestand nicht nur aus Gelehrsamkeit, Mythologie und Olympischen Spielen. Die alten Griechen waren auch ganz schöne Haudegen. Nachdem es den Persern 492 v. Chr. nicht gelungen war, Griechenland zu erobern, starteten sie 480 v. Chr. unverdrossen einen neuen Versuch. So begann der Zweite Perserkrieg. Diesmal sollte das Kräftemessen aber anders ausgehen. Eine auf 300 000 Krieger geschätzte persische Streitmacht marschierte über den Engpass der Thermopylen am Golf von Malia ein. Ihnen stand eine zahlenmäßig extrem unterlegene Verteidigungstruppe von nur 8000 Griechen gegenüber. Schwerter klirrten, Kämpfer fielen und die persischen Invasoren überrannten nach ihrem unvermeidlichen Sieg das Land und marschierten bis nach Athen weiter.

044 DIE SCHLACHT UM ALESIA, FRANKREICH

Ein Menschenleben war in der Römerzeit oft kurz und aufs Grundlegendste reduziert: Essen, Trinken, Sex… und Krieg. Und wenn die Römer in den Krieg zogen, dann im großen Stil. 52 v. Chr. rückten die Truppen Julius Caesars unerbittlich durch Gallien vor – das heutige Frankreich, Luxemburg und Belgien. Die Auseinandersetzung eskalierte immer mehr und die Kämpfe wurden immer erbitterter. Den entscheidenden Höhepunkt bildete die Schlacht zwischen Römern und Galliern um die strategische Stadt Alesia. Rund 350 000 Kämpfer gingen mit Schwertern, Speeren und Armbrüsten aufeinander los, Caesar triumphierte und Gallien fiel endgültig an die Römer. Damit war der Grundstein der modernen französischen Kultur gelegt …

045 DIE SCHLACHT UM OLLANTAYTAMBO, PERU

Wenn man einen Krieg vom Zaun brechen will, gibt es sicher bessere Orte dafür als die Hochanden von Peru. Aber genau das taten die spanischen Konquistadoren während ihres 40-jährigen Feldzugs gegen die Inka: 1537 unternahmen sie einen Angriff auf Ollantaytambo, die Stadt des Inka-Herrschers Manco Inka. Ob es nun an den besonderen Härten eines Kampfs in 2800 m Höhe über dem Meeresspiegel lag oder nicht, die spanischen Truppen (ganze 100 Spanier nebst ihren 30000 indianischen Verbündeten) bekamen eine solche Abreibung, dass sie schließlich im Schutz der Dunkelheit zurück nach Cusco flohen. Der Schauplatz der Schlacht ist schon wegen seiner wohlerhaltenen Inkaarchitektur und -terrassen sehenswert.

046 DIE SCHLACHT VON SEKIGAHARA, JAPAN

Für diejenigen, die sich mit der japanischen Geschichte auskennen, oder vielleicht auch Fans des Romans und der Fernsehserie *Shogun* aus den 1980er-Jahren sind: Die Schlacht von Sekigahara im Jahr 1600 wird als Wendepunkt in der Geschichte Japans angesehen; sie läutete das Ende jener Shogunate in Japan ein, die sich über Jahre bekriegt hatten. Die Tokugawa-Sippe ging siegreich aus der Schlacht hervor, konnte ihre Vormachtstellung im Land festigen und es für mehr als 250 Jahre befrieden – ein echtes Novum in der Weltgeschichte der Neuzeit. Wer den Ort Sekigahara heute besucht, dürfte Schwierigkeiten haben, sich die hitzige Schlacht zwischen 150000 Kriegern vorzustellen, die nur sechs Stunden dauerte.

047 DIE SCHLACHT VON AZINCOURT, FRANKREICH

Mittelalterliche Schlachten waren sicher eindrucksvolle Spektakel: Scharen gepanzerter Krieger malträtierten einander mit einem Furcht erregenden Arsenal von Dolchen, Schwertern, Lanzen, Streitäxten und -keulen. Die Schlacht von Azincourt ist insofern von großer Bedeutung, als hier noch dazu mit Langbögen bewaffnete Fußtruppen eingesetzt wurden, die entscheidenden Anteil am Ausgang der Schlacht des Hundertjährigen Kriegs hatten. Englische Truppen von Heinrich V. kämpften gegen die französischen Bataillone unter dem Kommando von Charles d'Albret. Heutige Besucher können im Schlachtfeldmuseum Teile des Waffenarsenals aus nächster Nähe begutachten.

048 DIE SCHLACHT VON GETTYSBURG, USA

Bei dem heute so friedlichen Städtchen Gettysburg, 235 km westlich von Philadelphia, fand eine der wichtigsten und blutigsten Schlachten des amerikanischen Bürgerkriegs statt. Außerdem hielt Lincoln hier seine berühmte Gettysburg-Rede. Im Gettysburg National Military Park bekommen interessierte Besucher einen Lageplan für den Rundgang über das Schlachtfeld. Auf ihm sind tragische Gedenkstätten wie das Wheatfield (Weizenfeld) verzeichnet, auf dem über 4000 Tote und Verwundete verstreut lagen. Zum Civil War Heritage Days Festival vom letzten Juni- bis zum ersten Juli-Wochenende gehören aufwendige Nachinszenierungen der Schlacht, bei denen man sich fast wie ein Zeitreisender fühlen kann.

049 DIE SCHLACHT AN DER SOMME, FRANKREICH

Kaum eine Schlacht der jüngeren Geschichte ist so berühmt-berüchtigt wie die an der Somme, sechs Monate Hölle auf Erden auf dem Höhepunkt des Ersten Weltkriegs. Von Juli bis November 1916 mühte sich Welle um Welle britischer und französischer Soldaten, die deutschen Truppen zurückzudrängen, die Nordfrankreich seit über zwei Jahren besetzt hielten. Die Alliierten gewannen letztlich die Oberhand, aber erst nachdem schon über eine Million Soldaten dem grässlichen Gemetzel zum Opfer gefallen war. Wo einst unzählige Granaten den Boden aufwühlten und die Männer in den Schützengräben zerfetzten, liegt heute friedliche Stille über einer grünen Wiesenlandschaft.

050 DIE TUNNEL VON CU CHI, VIETNAM

Man muss sich nicht immer an der Frontlinie aufhalten, um am Schlachtgetümmel teilzuhaben – manche Befehlshaber leiteten militärische Operationen von geheimen Bunkern aus und Spezialisten arbeiteten an versteckten Orten daran, Geheimcodes zu knacken. In Vietnam nahmen diese Untergrundaktivitäten außergewöhnliche Ausmaße an. Ein ausgedehntes Tunnelnetz unter der Umgebung der Stadt Cu Chi diente als wichtige Infrastruktur im Krieg gegen die USA 1955–75. Die Tunnel wurden nicht nur als Operationsbasis genutzt, sondern beherbergten auch Lazarette, Waffen- und Proviantlager. Sie machten es den Guerillakämpfern möglich, dem Feind stets eine Nasenlänge voraus zu bleiben.

DIE MÄCHTIGSTEN MONOLITHEN

Diese gigantischen Felsbrocken sind zugleich heilige Stätten, Relikte der Kolonialzeit oder beherbergen sogar vergessene Welten.

051 ULURU, AUSTRALIEN

Ein Eisberg des Outback: Der Uluru (alias Ayers Rock) im australischen Northern Territory ragt 378 m über die Erdoberfläche, doch zwei Drittel seiner Masse verbergen sich unter der Erde. Der sichtbare Teil ist aber schon imposant genug: Ein 10 km langer Wanderweg führt um den Fels herum; seine Ersteigung dauert zwei Stunden. Die einheimischen Anangu mögen es aber nicht, wenn Besucher auf den Uluru klettern, denn er ist ihnen heilig und ein wichtiger Bestandteil ihrer Traumzeit-Erzählungen. Einer Legende zufolge entstand er durch eine Stammesfehde: Die Erde habe sich aus Kummer über das Gemetzel erhoben und der Uluru sei Stein gewordenes Blutvergießen. Gut vorstellbar, wenn man beobachtet, wie sich der Fels bei Sonnenuntergang von schrillem Orange zu tiefem Rot verfärbt.

052 SIGIRIYA, SRI LANKA

Sigiriya – der Löwenfels – erhebt sich als eindrucksvoller Vulkanstumpf 200 m hoch über eine sorgsam gepflegte Gartenanlage im Herzen des Kulturdreiecks von Sri Lanka. Er ist schon als geologische Kuriosität interessant, aber seit sich Prinz Kassapa 477 n. Chr. aus Furcht vor einem Putsch hier verschanzte und den Felsen zur Festung ausbaute, ist er viel mehr als bloß ein Steinklotz. Die Überreste von Kassapas Festung auf dem strategischen Felsen sind äußerst sehenswert. Den Zugang zu diesem meisterlichen Bauwerk bildete das Löwentor, von dem nur zwei riesige Steinpranken übrig sind. Die Felswände unterhalb der Festung zieren Fresken von 500 wohlgestalteten Konkubinen, die trotz ihrer 1500 Jahre noch sehr nett anzusehen sind.

053 TORRES DEL PAINE, CHILE

Wie die scharfen Spitzen eines gigantischen Dreizacks ragen die drei Felstürme als Wahrzeichen des chilenischen Patagonien in den Himmel. Die gewaltigen Granitpfeiler, die über Zehntausende von Jahren durch Gletscher abgeschliffen wurden, wirken ebenso majestätisch wie abweisend. Bei ihrem Anblick beschleicht so manchen Besucher das Gefühl, dass Menschen in der urtümlichen Wildnis rund um diese scharfkantigen Gipfel nichts zu suchen haben, sondern sie lieber den lamaähnlichen Guanakos überlassen sollten. Dabei ist der Nationalpark mit seinen behaglichen Berghütten und gut gekennzeichneten Wegen auf Besucher bestens eingerichtet – was aber der einschüchternden Wirkung seiner Landschaft keinen Abbruch tut.

GARETH MCCORMACK / LONELY PLANET IMAGES

Die „blauen Türme" in Patagonien, Chile, flößen selbst hartgesottenen Kletterern Ehrfurcht ein.

054 BEN AMERA, MAURETANIEN

Er ist fast so gewaltig wie der Uluru, aber wer hat je von ihm gehört? Der Ben Amera thront massig, einsam und weitgehend unbeachtet in der nordafrikanischen Wüste, weit, weit weg von allen neugierigen Augen. Der nächste Ort ist das 5 km entfernte Dörfchen Tmeimichat. Die beste Möglichkeit, einen Blick auf den wenig bekannten, 400 m hohen Brocken zu werfen, ist eine Fahrt mit dem Wüstenzug von Nouadhibou nach Zouerate. Das ist schon ein Erlebnis für sich: Der längste Zug der Welt, ein 3 km langes Ungeheuer aus 220 Wagen, die sich knirschend durch die Sandwüste quälen, um Eisenerz quer durch das leere Landesinnere von Mauretanien zu befördern.

055 SAVANDURGA, KARNATAKA, INDIEN

So rund und kahl wie der Rumpf eines Elefanten reckt sich Savandurga – zwei getrennte Hügel, einer schwarz, einer weiß – aus dem Wald des Dekkan-Plateaus. Pilgerscharen strömen zu den Tempeln zu Füßen der Hügel, aber kühne Kletterer erklimmen das Massiv selbst, um seine Spalten und die Festung an seiner Flanke zu erkunden. Der Weg nach oben ist nicht einfach; obwohl ein paar Pfeile den Pfad markieren, ist ein einheimischer Hirte als Führer die sicherere Alternative. Aber es ist die Mühe wert, um die Ruinenreste zu bestaunen, sich zu wundern, wie man hier überhaupt etwas hinbauen konnte, zwischen den Felsblöcken herumzukraxeln und von dem kleinen Schrein hoch oben auf dem Gipfel über die grünen Täler zu blicken.

29

Selbst wenn in Wyoming keine Außerirdischen landen, finden Erdlinge hier herrliche Naturwanderwege und eine interessante Tierwelt.

056 DER FELS VON GIBRALTAR, GROSSBRITANNIEN

Kein anderer Monolith bietet eine so kuriose Mischung: spanische Sonne, alberne Affen, Mittelmeerpanorama und gleich um die Ecke traditionsreiche britische Pubs. Der 426 m hohe Felsklotz, der über die Straße von Gibraltar zwischen Mittelmeer und Atlantik wacht, ist das markante Wahrzeichen einer kleinen britischen Enklave vor dem Südzipfel Spaniens. Eine Horde Berberaffen macht das Naturschutzgebiet oben auf dem Felsen unsicher. Weiter unten ist der Kalkstein durchlöchert wie ein Schweizer Käse. Besucher können hier Höhlen besichtigen, in denen vor rund 30 000 Jahren Steinzeitmenschen hausten, und Verteidigungstunnel, die diverse Generäle im Lauf der Jahrhunderte ins Gestein treiben ließen, um sicherzustellen, dass über dem iberischen Felsen auch zukünftig der Union Jack flattert.

057 RORAIMA-TEPUI, VENEZUELA

Rätselhafte, in Wolken gehüllte Tafelberge: Die *tepuis* sind die ehrwürdigen Greise des südamerikanischen Regenwalds. Die imposanten Plateaus sind rund 2 Mrd. Jahre alt und gehören damit zu den ältesten geologischen Formationen des Planeten. Und der Roraima-Tepui ist der großartigste von allen. Seine nahezu lotrechten, von Wasserfällen durchzogenen Wände

CAROL POLICH / LONELY PLANET IMAGES

058 DEVILS TOWER, WYOMING, USA

Eindrucksvoller, 386 m hoher Pfropf aus Lavagestein oder Landeplattform für Außerirdische? Seit Steven Spielberg dem „Teufelsturm" eine Hauptrolle in *Unheimliche Begegnung der dritten Art* gab, grübeln viele darüber nach, ob der Monolith tatsächlich Außerirdische anlockt. Auf jeden Fall herrscht hier reges Leben: Der Fels steht in einem Park voller Gelbkiefern, Hirsche, Präriehunde und Bären (Indianer nennen den Devils Tower „Bärenheim"). Auch wenn sich ET bislang nicht blicken ließ, ist es ein ganz besonderer Ort – von den Prärieindianern seit Urzeiten als heilig verehrt. 1906 wurde er zum ersten National Monument der USA ernannt.

059 EL CAPITAN, KALIFORNIEN, USA

Der graue Granit des Yosemite-Nationalparks entstand vor rund 500 Mio. Jahren, aber erst viele Jahrtausende der Vergletscherung und Erosion modellierten seine Landschaft zu ihrer heutigen Pracht: ein U-förmiges Tal von atemberaubender Schönheit. Über diesen spektakulären Abschnitt des kalifornischen Hinterlands wacht der 910 m hohe El Capitan, einer der größten Granitbrocken der Welt. Die einheimischen Ah-wahneechee nannten ihn Tu-tok-a-nu-la (nach dem Gesang der Raupe, der es angeblich als einzigem Tier gelang, den Berg zu erklimmen). Heute ist El Capitan der Heilige Gral der Felskletterszene, aber man muss nicht zwingend an ihm baumeln, um seine Pracht zu würdigen.

060 PEÑA DE BERNAL, MEXIKO

Der Fels von Bernal ist ein grober Klotz. Seine schroffe Gestalt ragt unübersehbare 350 m hoch über dem kleinen Ort San Sebastian Bernal auf. Trotzdem kennt ihn kaum ein Tourist, da er sich im wenig besuchten Bundesstaat Querétaro versteckt – nur eine kurze Fahrt von Mexiko-Stadt entfernt, aber offenbar weitab der touristischen Trampelpfade. Ein hübscher Wanderweg führt zu der kleinen Kapelle auf halber Höhe, von der sich ein prima Blick über das Tal bietet. Für Schatzsucher: Eine Legende besagt, dass beim richtigen Sonnenstand ein pfeilförmiger Schatten auf eine Höhle in der Felswand zeigt, in der eine riesige Schlange einen kostbaren Schatz bewachen soll.

erheben sich 2810 m hoch in eine ganz andere Welt. Oben wartet ein unvergleichliches Ökosystem, das hier abgeschottet vom Rest der Welt entstehen konnte: Einzigartige Frösche, Blumen und fleischfressende Pflanzen haben sich auf diesem venezolanischen Hochsitz entwickelt, der 1884 erstmals von europäischen Forschern erklommen wurde. Später inspirierte er Arthur Conan Doyle zu seinem Roman über eine vergessene Welt, in der noch Dinosaurier herumtrampeln.

DIE MÄCHTIGSTEN MONOLITHEN

ROMANTISCHE ORTE

Mit rosaroter Brille und Schmetterlingen im Bauch – die weltweit besten Ziele für frisch Verliebte und alle, die noch nach der großen Liebe suchen.

063 „EIFFELTURM", LAS VEGAS, NEVADA, USA

Für alle, die zur Liebeserklärung nicht nur emotionales, sondern echtes Feuerwerk brauchen, muss es schon Vegas sein. Las Vegas, Königin des Kitschs, Verächterin des Understatements, schrill und überlebensgroß, macht die Romanze zum Remmidemmi. Hier ist alles künstlich – eine 1,8-Mio.-Stadt mitten in der Wüste? – ; also nichts wie rein ins Vergnügen. Die Besteigung des 140 m hohen Eiffelturm-Nachbaus verspricht eine Prise Pariser Passion, doch es gibt weitere amouröse Aspekte zu entdecken, die „venezianischen Kanäle", die Chapel of Love und den illuminierten Springbrunnen des Hotels Bellagio, dessen Fontänen träumerische Tänze vollführen.

061 DAS GRAB VON ABÉLARD & HÉLOÏSE, PARIS, FRANKREICH

Den romantischsten Ort der romantischsten Stadt der Welt zu benennen, ist nicht leicht. Aber das Grab des mittelalterlichen Liebespaars Abélard und Héloïse – unglückselige Helden der ältesten Liebesgeschichte von Paris – hat zumindest historischen Anspruch auf den Titel. Als ihre Affäre herauskam, wurde Abélard entmannt und Héloïse ins Kloster geschickt. Aber jetzt liegen sie Seite an Seite auf dem Friedhof Père Lachaise – mit Marcel Proust, Oscar Wilde, Jim Morrison und anderer Prominenz. Besucher besorgen sich am besten einen Friedhofsplan, um den Toten ihre Aufwartung zu machen und einen Brief bei der Krypta des Paars abzulegen – wer das tut, kann angeblich hoffen, seinerseits eine verwandte Seele zu finden.

062 HEART REEF, GROSSES BARRIER-RIFF, AUSTRALIEN

Warum Blumen sprechen lassen, wenn man es auch mit Korallen ausdrücken kann? 1974 entdeckte ein scharfsichtiger Pilot das „Herzriff" inmitten der idyllischen Whitsunday Islands vor dem australischen Queensland, offenbar von Mutter Natur in einer romantischen Anwandlung erschaffen. Vom Boot gesehen ist es nur ein stinknormales Riff von 17 m Durchmesser, doch aus der Luft erkennt man die unbestreitbar romantische Herzform dieses Korallenrings. Wer es selbst anschmachten möchte, muss ein Wasserflugzeug besteigen. Allerdings ist das Herzriff hier nur eine von vielen Attraktionen wie dem üppigen Grün der 74 Inseln, dem weißen Sand von Whitehaven Beach und der schier endlosen Weite des himmlisch blauen Ozeans.

064 PLAZA DE LOS COCHES, CARTAGENA, KOLUMBIEN

Cartagena trieft geradezu von Romantik. Die von einer Mauer umschlossene Altstadt ist ein pastelliges Gässchengewirr voller Kolonialarchitektur, blumenbewucherter Balkone und eleganter Türme. Nicht umsonst diente sie 2007 als Kulisse für die Romanverfilmung *Die Liebe in den Zeiten der Cholera* von Gabriel García Márquez, der perfekte Rahmen für seine Liebesallegorie. Obwohl im Buch nicht namentlich genannt, ist Cartagena ganz klar die Stadt, die er im Sinn hatte. Die Plaza de los Coches wurde zum „Portal de los Escribanos", wo die Hauptfigur des Romans Liebesgedichte verfasst. Besucher dürften sich von den Häusern und Kutschen des arkadengesäumten Platzes ähnlich inspiriert fühlen.

SEAN CAFFREY / LONELY PLANET IMAGES

Die Prunkarchitektur des Tadsch Mahal ist mit 28 Arten von Edel- und Halbedelsteinen aus Indien und anderen Teilen Asiens verziert.

065 APHRODITE-STRAND, ZYPERN

Auf zum Stelldichein mit Aphrodite höchstpersönlich! Der Sage nach wurde die griechische Liebesgöttin aus den abgehackten und ins Meer geworfenen Geschlechtsteilen des Uranos geboren, woraufhin der Windgott Zephyros sie auf einer Muschelschale bis zum Aphrodite-Strand von Petra tou Romiou auf Zypern blies. Dass sich hier einst eine Göttin im Sand tummelte, scheint vorstellbar, so traumhaft schön wirkt das naturbelassene Stück Strand mit verstreuten Felsen, die von den türkisblauen Wellen des Mittelmeers umspült werden. Besucher bringen sich am besten ein Picknick mit, paddeln rund um den Aphrodite-Felsen und erheben zum Sonnenuntergang ihr Glas auf die Göttin der Liebe.

066 TADSCH MAHAL, AGRA, INDIEN

Die großartigste Liebeserklärung und die extravaganteste romantische Geste der Welt ist der Tadsch Mahal in Indien, die in Marmor gehauene Liebe eines Mannes zu seiner Frau. Als Mumtaz Mahal im Kindsbett starb, gelobte ihr Gemahl, Shah Jahan, ihr das schönste Grabmal zu bauen, das die Welt je gesehen hätte. Er brauchte 22 Jahre, um sein Versprechen wahr zu machen, aber 1653 war der Tadsch Mahal fertig – und ist heute noch so überwältigend wie damals. Die beste Zeit für einen Besuch ist die Morgendämmerung, die ihren rosa Glanz auf die weißen Wände wirft. Dann kommen die kunstvollen Mosaikmuster und die anmutige Symmetrie der Kuppeln und Minarette am besten zur Geltung. Mumtaz wäre stolz gewesen.

33

067 HUÁNGSHĀN (GELBE BERGE), CHINA

Die Ausblicke vom „lieblichsten Gebirge" des Landes sind genau das, was sich Besucher vom fernen Osten erträumen: eine chinesische Bilderbuchlandschaft, ein dunstverschleiertes Panorama aus Karstbergen und Kiefern, das zu Sonnenaufgang am schönsten ist. Zwar wimmelt es hier von Touristen, aber der mühsame Aufstieg über die (vielen) Steinstufen zu den Gipfeln des Huángshān – wie dem 1873 m hohen Lotosblütengipfel und dem 1683 m hohen Gipfel des beginnenden Glaubens – wird durch die traumhafte Aussicht reich belohnt (Fußfaule können auch die Seilbahn nehmen). Zusätzlicher Romantikfaktor: Frisch verliebte Pärchen kaufen gern Vorhängeschlösser, die sie hier am Geländer festschließen. Dann werfen sie den Schlüssel in den Abgrund, um ihre Liebe auf ewig zu besiegeln.

Vom Panorama des chinesischen Huángshān betört, besiegeln viele Paare ihre Liebe mit einem Vorhängeschloss.

DIANA MAYFIELD / LONELY PLANET IMAGES

068 CALLEJÓN DEL BESO, GUANAJUATO, MEXIKO

Die als Unesco-Welterbe gelistete Stadt Guanajuato wartet nicht nur mit Kolonialcharme und Katakomben voller Mumien, sondern auch mit einer tragischen Liebesgeschichte auf ... Über dem schmalen Callejón del Beso (Kussgässchen) hängen zwei Balkone einander so dicht gegenüber, dass sie sich fast berühren. Hier traf sich die Tochter eines spanischen Adligen, die nach dem Willen ihres Vaters einen Edelmann heiraten sollte, mit ihrem verarmten Liebsten zum Händchenhalten von Balkon zu Balkon. Das konnte kein gutes Ende nehmen: Der Vater ertappte sie und erstach seine ungehorsame Tochter. Heute küssen sich Paare unter den Balkonen, um sich 15 Jahre Liebesglück zu sichern. Kussunwilligen drohen sieben Jahre Liebeskummer.

069 THE MEETING PLACE, BAHNHOF ST. PANCRAS, LONDON, ENGLAND

Das 9 m hohe Paar, das unter einer Replik der Original-Bahnhofsuhr aus dem 19. Jh. schmust, soll eine künstlerische Aussage rüberbringen: *The Meeting Place* (Der Treffpunkt), so der Titel des von Paul Day in Bronze gegossenen Riesenpaars, steht symbolisch für die Romantik des Bahnreisens im Allgemeinen und dieses Bahnhofs im Besonderen. Trotz seiner denkmalgeschützten neugotischen Fassade und der gewaltigen Bahnhofshalle war der Bahnhof St. Pancras in den 1960er-Jahren vom Abriss bedroht. Doch inzwischen dient er, restauriert und frisch herausgeputzt, als Endhaltestelle für die Eurostar-Züge, die durch den Kanaltunnel fahren. Wer neben den überdimensionalen Liebenden steht, kann nicht nur die Freude ihres Wiedersehens mitfühlen, sondern spürt auch die aufregende Verlockung eines ganzen Kontinents, der jenseits des Kanals auf Reisende wartet.

070 HAUS DER JULIA, VERONA, ITALIEN

Die Casa di Giulietta strotzt von romantischen Assoziationen, auch wenn die Atmosphäre alles andere als romantisch ist. Dafür drängen sich hier zu viele Touristen auf der Suche nach ihrem „Romeo, Romeo"-Moment. Der rappelvolle Innenhof – ob er wirklich etwas mit einer Julia zu tun hatte und ob es die überhaupt je gab, bleibt ungewiss – gehört zu einem bescheidenen Haus aus dem 13. Jh., das angeblich früher mal ein Bordell war und heute mit Liebesgraffiti vollgekritzelt ist. Einen beschaulicheren Eindruck von der Heimatstadt des Shakespeare'schen Unglückspaars verspricht die Torre dei Lamberti: Wer von der hohen Warte des Turms auf die Altstadtgassen, das antike Amphitheater und die Biegungen und Brücken der Etsch herabblickt, kann sich der Romantik der Stadt kaum entziehen.

ROMANTISCHE ORTE

GEFÜRCHTETE GEFÄNGNISSE

Die Geheimnisse einiger der berüchtigsten Zuchthäuser und Kerker der Welt entdecken.

071 PORT ARTHUR, TASMANIEN, AUSTRALIEN

Port Arthur liegt am Ufer einer stillen Bucht vor grüner Waldkulisse – ein Traumobjekt für Immobilienspekulanten. Doch hat der einsame Vorposten auf der Tasman-Halbinsel eine fast schon gespenstische Ausstrahlung, bedrückend wie der Schauplatz eines Schauerromans. In der als Holzfällerlager angelegten Station wurde 1857 die ausgediente Getreidemühle zum berüchtigten, angeblich ausbruchsicheren Zuchthaus umgebaut. Hier saßen sogenannte Schurken ein, die die Briten ans andere Ende der Welt exportierten. Führungen auf den Spuren einzelner Insassen vermitteln Eindrücke von der harten Realität des Gefängnislebens im 19. Jh. Außerdem erinnern Berichte an eine aktuellere Tragödie, das Massaker von 1996, als ein geistig gestörter Amokläufer in Port Arthur 35 Menschen erschoss.

072 TUOL SLENG/S-21, PHNOM PENH, KAMBODSCHA

Besucher müssen darauf gefasst sein, hier mit der monströsesten Seite des Menschen konfrontiert zu werden. 1975 wurde diese ehemalige Schule in der kambodschanischen Hauptstadt von den Roten Khmer in ein Gefängnis verwandelt, in dem sie den angeblichen Feinden des Regimes Unvorstellbares antaten. Klassenzimmer wurden zu

Folterkammern; Kreide und Schulbücher wurden durch grausige Instrumente ersetzt, um den Gefangenen durch schlimmste Quälereien Informationen zu entlocken. Bis Tuol Sleng 1979 nach Pol Pots Sturz geschlossen wurde, waren 17 000 Insassen ermordet worden. Heute wandern Besucher durch die Klassenzimmer und Korridore, an deren Wänden Fotos der Opfer mahnen, die hier verübten Gräuel nie zu vergessen.

073 CAPE COAST CASTLE, GHANA

Oberirdisch wirkt es fast wie eine etwas heruntergekommene Luxusvilla. Die stolzen weißen Mauern und Terrassen des als Unesco-Welterbe geschützten Forts an der ghanaischen Atlantikküste wirken immer noch so imposant, wie es seine Baumeister im 17. Jh. geplant hatten. Erschütternd ist das, was sich unter dem Gebäude verbirgt: Die schmucklosen Kellerverliese,

in denen sich in der Blütezeit des Sklavenhandels bis zu 1000 Sklaven drängten. Sie wurden hier monatelang eingekerkert, bis sie in die Neue Welt verschifft werden konnten. Wer heute in die Keller hinabsteigt, kann noch erahnen, wie höllisch diese Wartezeit für die Menschen gewesen sein muss, die hier in der Falle saßen. Die lockende Meeresbrise, die durch einige wenige vergitterte Fenster hereinwehte, war ihre einzige Verbindung zur Außenwelt.

DAVID WALL / LONELY PLANET IMAGES

Port Arthur, Tasmanien, ist eine wichtige Gedenkstätte, die an Australiens Vergangenheit als Sträflingskolonie erinnert.

074 ALCATRAZ, SAN FRANCISCO, USA

Die wilde Insel in der Bucht von San Francisco ist vielleicht das berühmteste Gefängnis der Welt, obwohl sie nur 29 Jahre als Knast diente. Aber was für Jahre: Alcatraz war ein Hochsicherheitsgefängnis, ein Strafvollzugsexperiment, um der steigenden Kriminalitätsrate der 1930er-Jahre etwas entgegenzusetzen. Hier saßen einige der berüchtigsten Bösewichte jener Zeit ein, darunter Al Capone und Robert „Birdman" Stroud. Aber das einsame Inselchen hat noch mehr zu bieten. Ein Audioguide führt nicht nur durch die Gefängniszellen, sondern informiert auch über Vogelkolonien und die indianische Besetzung der Insel 1969–71, die den Umgang der USA mit ihren indianischen Ureinwohnern grundlegend veränderte.

075 TOWER OF LONDON, ENGLAND

Wenn diese Mauern nur sprechen könnten… Der Tower of London, der 1070 als Festung für Wilhelm den Eroberer erbaut wurde, hat im Laufe der Jahrhunderte Könige beschützt, die Kronjuwelen gehütet und einige der prominentesten Gefangenen Englands bewacht. Guy Fawkes (der mit der Pulververschwörung), die „kleinen Prinzen" (die angeblich unehelichen Söhne Eduards IV.), Sir Walter Raleigh und viele andere waren in der Festung am Themseufer eingekerkert. Viele weitere Pechvögel wurden auf dem Gelände des Tower hingerichtet – Heinrich VIII. nutzte seinen Richtblock, um zwei missliebige Gemahlinnen loszuwerden. Heute ist der Tower zahmer (sofern man den Gespenstergeschichten keinen Glauben schenkt…), aber die Yeoman Warders lassen bei ihren Führungen die grausliche Vergangenheit des Kerkers wieder sehr lebendig werden.

076 CONCIERGERIE, PARIS, FRANKREICH

Vom grandiosen Palast zum Beschicker der Guillotine: Der prunkvolle Bau auf der Seine-Insel Île de la Cité blickt auf eine wechselhafte Vergangenheit zurück. Die mittelalterliche Residenz der französischen Könige, zu der auch die Sainte-Chapelle gehört (ein wunderbares Beispiel der Rayonnant-Gotik und ein Muss für alle Fans der Glasmalerei), wurde während der Französischen Revolution zum Zentralgefängnis für lästige Reaktionäre. In den düsteren, ungemütlichen Zellen, die Besucher heute noch besichtigen können, wurden die Gegner des neuen Regimes eingekerkert. Während der Schreckensherrschaft 1793–94 verloren über 2700 Personen ihren Kopf, nachdem sie hier zum Tode verurteilt worden waren – ein düsteres Kapitel in der Geschichte des majestätischen Gebäudes.

077 KAROSTA, LIEPĀPJA, LETTLAND

Unbescholtene Bürger können in diesem ehemaligen Gefängnis an der Ostseeküste eine Ahnung von der Unerquicklichkeit eines KGB-Verhörs bekommen. In dem interaktiven Museum, das noch bis 1997 als extrem unerfreuliche Haftanstalt genutzt wurde, dürfen sich Besucher sehr gründlich in die Rolle der Stalingegner und Deserteure einfühlen, die seine bedrückenden Räumlichkeiten einst bevölkerten. Sie werden als vorübergehende Insassen fotografiert, im Polizeigriff abgeführt, angebrüllt und gefilzt, während sie ihren Rundgang durch die erbärmlichen Zellen und das Wachhaus (in dem es angeblich spukt) absolvieren. Wer noch tiefer in die Gefängnisrealität eintauchen will, kann sich für eine makabere Nachtführung mit Gefängnisrationen und Zellenübernachtung entscheiden: Die Zellenmöblierung besteht aus einer Matratze und einer Blechtasse.

KEVIN LEVESQUE / LONELY PLANET IMAGES

Beim Anblick der Zellen von Alcatraz sind Besucher doch dankbar, die Insel am Ende der Tour wieder verlassen zu dürfen.

078 SCHLOSS CHILLON, GENFER SEE, SCHWEIZ

„Es sind sieben Säulen von goth'scher Gestalt / in Chillon's düstrem Gefängnißhalt." Diese Worte legte Lord Byron dem einst hier eingekerkerten Mönch Bonivard in den Mund, nachdem er der mittelalterlichen Bilderbuchburg einen Besuch abgestattet hatte. (Türme und Türmchen! Schießscharten! Und das Ganze auf einem Inselchen am Seeufer!) Der Dichter, der seinen Namen in eine der Säulen ritzte, ließ sich von dem stilvollen Verlies – mehr Kirchengewölbe als klaustrophobischer Keller – inspirieren, in dem der Mönch und andere Aufmüpfige im Lauf der Jahrhunderte angekettet wurden. Heute muss man sich keines Verbrechens mehr verdächtig machen, um Zutritt zur Festung zu bekommen, sondern kann sich auch so von ihren Wachtürmen, vorsintflutlichen Toiletten und literarischen Graffiti inspirieren lassen.

079 ROBBEN ISLAND, KAPSTADT, SÜDAFRIKA

Als 1984 der Popsong „Free Nelson Mandela" (Befreit Nelson Mandela) herauskam, saß die Führungsfigur des Afrikanischen Nationalkongresses bereits seit 18 Jahren hier hinter Gittern. Robben Island, ein abgeschiedenes Inselchen 7 km vor der Küste bei Kapstadt, wurde von der niederländischen Kolonialmacht schon ab den 1650er-Jahren als Sträflingslager genutzt. Mandela war der untersten Häftlingskategorie zugeteilt und führte hier ein hartes, nahezu aller Rechte beraubtes Leben, aber sein Wille blieb ungebrochen. Heute ist die Insel als Weltkulturerbe geschützt. Inselführungen – von Mandelas Zelle bis zu dem Kalksteinbruch, in dem er Zwangsarbeit leistete – geben Einblicke in die Härten des Haftlebens, die ein ehemaliger Insasse mit erschütternden Schilderungen aus erster Hand untermauert.

080 TEUFELSINSEL, FRANZÖSISCH-GUAYANA

Die grüne Insel 15 km vor der Nordküste Südamerikas wirkt wie ein Tropenparadies, doch die Île du Diable war die Hölle. Von 1852 bis 1946 wurden hier 80 000 französische Sträflinge abgeladen, von denen nur wenige die Insel wieder verließen: Die Lebensbedingungen waren saumäßig, die Hitze unerträglich, die unersättlichen Moskitos malariaverseucht. Ausbruchswillige hatten nicht nur mit dem Dschungel und der rauen See, sondern auch mit Krokodilen zu kämpfen. Henri Charrière gelang die Flucht, die er in seinem makabren Roman *Papillon* schildert, auch wenn manche dessen Wahrheitsgehalt anzuzweifeln.

GEFÜRCHTETE GEFÄNGNISSE

HISTORISCHE LEUCHTTÜRME

Diese geschichtsträchtigen Türme blenden nicht nur eingeschworene Leuchtturmfans.

081 EDDYSTONE, ENGLAND

Der Leuchtturm auf den Eddystone Rocks ist bereits die vierte derartige Konstruktion. Der große Sturm von 1703 (ein Hurrikan, der eine ganze Woche lang tobte) zerstörte das Ursprungsgebäude, das 1698 in Betrieb gegangen war. Der zweite, 1709 fertiggestellte Turm war ein Wunderwerk aus Holz, das aber 1755 einem Brand zum Opfer fiel. Im dritten Versuch wurde ein steinerner Turm errichtet, der ab 1759 leuchtete. 120 Jahre später musste er abgerissen werden, weil der Untergrund instabil geworden war – dieser Leuchtturm ist heute in Plymouth zu besichtigen, wo er wieder aufgebaut wurde. Seit 1882 tut das aktuelle Bauwerk seinen Dienst, ein schlanker, modern anmutender Turm, der neben dem Reststumpf von Eddystone III aufragt.

082 CAPE HATTERAS, USA

Der Leuchtturm mit dem markanten spiralförmigen Streifenmuster ist mit 63 m der höchste der USA. Ein 1803 fertiggestellter Vorgängerbau wurde während des Amerikanischen Bürgerkriegs beschädigt. Das Leuchtfeuer des heutigen Turms wurde 1871 erstmals entzündet. Wegen der starken Küstenerosion musste der Leuchtturm von Cape Hatteras im Jahr 2000 von seinem ursprünglichen Standort direkt am Wasser an einen weniger gefährdeten Platz rund 800 m landeinwärts versetzt werden. Zum Leuchtturm gehören ein Besucherzentrum und ein Museum. Das Leuchtfeuer ist nach wie vor in Betrieb, um Schiffe vor den tückischen Diamond Shoals vor der Küste von North Carolina zu warnen, die in den letzten 400 Jahren rund 2000 Schiffen zum Verhängnis wurden.

083 MARJANIEMI, FINNLAND

Um die ganze Romantik des Leuchtturmwärter-Daseins mit dauerndem Wind, Stürmen und krachenden Brechern zu erleben, bietet sich eine Übernachtung im Leuchtturm an. Die Anfahrt mit der Fähre zur Insel Hailuoto ist eine passende Einstimmung auf das Meeresabenteuer. Interessenten sollten aber nicht zu lange warten: Durch die glazialisostatische Ausgleichsbewegung (d. h. die während der Eiszeit unter dem Gewicht der Gletscher abgesunkene Erdkruste hebt sich seit dem Abschmelzen des Eises allmählich wieder) wird die Insel irgendwann mit dem Festland zusammenwachsen. Wer es bis dahin nicht schafft, kann sich mit der Webcam trösten (www.luotokeskus.fi/webcam).

084 GREEN CAPE, AUSTRALIEN

Wo wäre ein Leuchtturm dringender als an einer Bucht mit dem Unheil verkündenden Namen Disaster Bay? Vor dem Leuchtturm des Green Cape im australischen New South Wales haben sich schon einige Schiffbrüche abgespielt. Das tragischste Schiffsunglück war das der *Ly-ee-Moon*, die hier 1886 auf Grund lief, nur drei Jahre nach Inbetriebnahme des Leuchtturms. 71 Seeleute ertranken; nur 15 konnten von den Leuchtturmwärtern gerettet werden. Die Disaster Bay liegt auf der Grenze zweier Nationalparks (Croajingolong und Ben Boyd). Der Leuchtturm thront über einem typisch australischen Strand: feiner kreidiger Sand, schroffe, mit Teebäumen bewachsene Felsen, wildes blaues Meer und über allem ein markanter Eukalyptusduft.

085 HOOK HEAD, IRLAND

Der Urgroßvater aller Leuchttürme: Das Hook Lighthouse ist möglicherweise der älteste Leuchtturm der Welt, der sich heute noch in Betrieb befindet. Angeblich entzündeten Mönche an dieser Stelle schon im 5. Jh. das erste Leuchtfeuer. Der heutige Turm ist ehrwürdige 800 Jahre alt, auch wenn das Leuchtfeuer inzwischen auf Automatikbetrieb umgestellt wurde. Der Turm selbst ist gedrungen und ein bisschen … pummelig (aber vielleicht ist das auch nur eine optische Täuschung, weil Querstreifen ja bekanntlich dick machen). Interessierte können den Turm im Rahmen von Führungen besichtigen, die das Besucherzentrum veranstaltet.

086 CRÉAC'H, FRANKREICH

Der schwarz gebänderte, stolze 54,85 m hohe Phare du Créac'h auf der Île d'Ouessant gehört zu den lichtstärksten Leuchttürmen der Welt. Die französische Atlantikküste ist berüchtigt für ihre unruhige, sturmgepeitschte See, und die zahlreichen Granitklippen vor der bretonischen Küste sind besonders tückisch. Der Phare du Créac'h wirft einen Lichtstrahl von 60 km Tragweite über diese Gewässer. Ein kleines Museum am Fuß des Leuchtturms bietet Einblick in seine Funktionsweise. Und wer schon mal hier ist, kann auch gleich noch den nahen Phare du Stiff besuchen. Der historische Leuchtturm vom Ende des 17. Jhs. tut heute noch seinen Dienst.

087 SLANGKOP, SÜDAFRIKA

Das Slangkop Lighthouse am berüchtigten Kap der guten Hoffnung wurde 1914 gebaut, aber erst 1919 in Betrieb genommen. Der Schiffbruch der *Maori* einige Jahre zuvor hatte deutlich gemacht, wie dringlich ein Leuchtfeuer an dieser Stelle war. Der Turm ist so blendend weiß, dass man sich fragt, wie oft er eigentlich neu gestrichen wird. Wer es genau wissen will, kann den Leuchtturmwärter bei einer Führung danach fragen. Der gusseiserne Leuchtturm steht bei Kommetjie, einem Dorf rund 30 km von Kapstadt. Besucher können hier nicht nur den Leuchtturm bestaunen, sondern auch Langusten – eine örtliche Spezialität – fischen oder schmausen.

088 PONDICHERRY, INDIEN

Indien ist ja eher als ehemaliger Bestandteil des britischen Weltreichs bekannt. Doch die Stadt Pondicherry (Puducherry) in Südindien ist stark vom französischen Einfluss geprägt. Sie entwickelte sich von einem verschlafenen Dörfchen zu einem bedeutenden Handelszentrum der Französischen Ostindienkolonie. Diese ersetzte das alte Holzfeuer auf einem Hügel schließlich durch einen Leuchtturm, um die Schifffahrt sicherer zu machen. Er entsandte seinen ersten Lichtstrahl 1836 und blieb 150 Jahre in Betrieb. Derzeit wird das Baudenkmal restauriert, um zukünftig als Museum der französischen Architektur der Stadt zu dienen.

089 CAPE PALLISER, NEUSEELAND

Der 1897 aufgestellte und markant rot-weiß gebänderte Leuchtturm von Cape Palliser ist eine wichtige Orientierungshilfe für die Schiffe, die die Cook-Straße zwischen der neuseeländischen Nord- und Südinsel befahren. Landeinwärts des Turms liegt eine Weinbauregion. Leuchtturm-Fans können die Besichtigung des Leuchtturms also gut mit einer Gourmettour kombinieren und/oder sich bei den zahlreichen Abenteueraktivitäten austoben, die in der Region angeboten werden. Der Leuchtturm ist noch in Betrieb, aber Besucher dürfen die 250 Stufen erklimmen, um den Blick übers Meer und auf die Küstenlandschaft von seiner hohen Warte zu genießen.

090 GIBBS HILL, BERMUDA

Das Gibbs Hill Lighthouse steht auf einem hohen Hügel in Southampton. Wer seine Plattform erklimmt, wird mit herrlicher Aussicht über die ganze Insel und die glitzernde Karibik belohnt. Zu Jahresbeginn kann man mit Glück sogar einen Blick auf vorbeiziehende Wale erhaschen. Das Leuchtfeuer ist noch aus 60 km Entfernung zu sehen. Im Erdgeschoss, wo bis in die 1960er-Jahre der letzte Leuchtturmwärter wohnte, bevor das Leuchtfeuer automatisiert wurde, warten ein Souvenirshop und ein Restaurant auf Touristen. Wer die 185 Stufen der Wendeltreppe erst rauf- und dann wieder runtergestiegen ist, kann hier mit schönem Blick auf den Great Sound verschnaufen.

GIGANTISCHE STATUEN

Groß, größer, am größten! Eine Tour zu den Superstatuen der Welt – von religiöser Huldigung über politische Propaganda bis zu purem Kitsch.

091 MUTTER-HEIMAT-STATUE, WOLGOGRAD, RUSSLAND

Bei ihrer Enthüllung 1967 wurde sie zum Symbol „der unendlichen Liebe des Volks zum Mutterland und seiner unerschütterlichen Verbundenheit mit der Kommunistischen Partei" erklärt. Seither entpuppte sich die monumentale Matriarchin im Südwesten Russlands aber als durchaus nicht unerschütterlich: Die 85 m hohe Betonfigur mit wehendem Umhang und hoch gerecktem Schwert neigt sich inzwischen 20 cm zur Seite und droht bald umzustürzen. Das wäre schade – denn die Riesin im typischen Schwulst des sozialistischen Realismus ist schon imposant anzusehen. Aufgestellt wurde sie zur Erinnerung an den Sieg über die Nazis in der Schlacht von Stalingrad (wie Wolgograd damals noch hieß). Wer zu ihren Füßen steht, spürt die Wucht des stalinistischen Patriotismus.

092 FREIHEITS-STATUE, NEW YORK, USA

Seit 1886 symbolisiert die vielleicht berühmteste Kolossalstatue der Welt die Freiheit für alle, die den New Yorker Hafen passieren. Das Geschenk der Franzosen an die USA, die erst kurz zuvor den Amerikanischen Bürgerkrieg überstanden hatten, wirkt heute noch so eindrucksvoll wie damals. Ihre eigene Freiheit wurde jedoch nach dem Terroranschlag vom 11. September eingeschränkt: Aus Sicherheitsgründen blieb ihr Sockel (der ein Museum beherbergt) bis 2004 geschlossen; der Zugang zur obersten Aussichtsplattform – eine 354-Stufen-Kletterpartie bis in den Strahlenkranz hinauf – wurde erst 2009 wieder freigegeben. Aber jetzt empfängt sie ihre Besucher wieder mit offenen Armen und wacht über ein vielleicht verändertes New York, das deshalb aber nicht weniger beeindruckt.

093 MOAI, OSTERINSEL

Groß, ja; Statuen, nun ja. Die rätselhaften *Moai* der Osterinsel, kolossale Köpfe, welche die Rapanui vor bis zu 750 Jahren aus vulkanischem Tuffstein erschufen, waren fast alle umgestürzt – wohl infolge von Stammesrivalitäten. Inzwischen wurden einige der rund 600 *Moai* wieder aufgerichtet, sodass man ihre Großartigkeit richtig würdigen kann. Die Monolithen von fast 10 m Höhe stehen und liegen auf der abgeschiedenen Pazifikinsel verteilt. Einige schauen aufs Meer hinaus, viele lagerten noch im Steinbruch am Rano Raraku, aber es bleiben viele Fragen: Wofür genau waren sie gut? Und warum sind ihre Schöpfer verschwunden, ohne uns eine Erklärung zu hinterlassen?

094 CRISTO REDENTOR, RIO DE JANEIRO, BRASILIEN

Dieses unglaubliche Speckstein-Monument könnte selbst eingefleischte Atheisten ins Wanken bringen. Es ist nicht so sehr die schiere Größe der 38 m hohen Christusstatue von Rio, die so bewegend ist, und auch nicht unbedingt ihre Erscheinung, obwohl die einladend ausgebreiteten Arme des Giganten seltsam wohltuend wirken. Vor allem aber beeindruckt der Standort der monumentalen Art-déco-Skulptur, die vom 710 m hohen Corcovado wohlwollend auf Rio, seine Bucht und das Gewusel in der Tiefe hinabblickt. An einem klaren Tag lohnt sich die Fahrt mit der Zahnradbahn oder die Kletterpartie die 220 Stufen durch den Parque Nacional da Tijuca hinauf zum Erlöser, um sich dem Himmel ein bisschen näher zu fühlen.

JUDY BELLAH / LONELY PLANET IMAGES

43

Christus heißt alle jene willkommen, die hier hinaufklettern, um Rio von oben zu sehen.

095 SZOBORPARK, BUDAPEST, UNGARN

Lenin, Marx, Engels – am Rand der ungarischen Hauptstadt ist eine erstaunliche Zusammenrottung von Bonzen und Bombast aus der kommunistischen Ära zu bestaunen. Nach dem Sturz der Kommunistischen Partei 1989 wurden die Kultsymbole des Regimes, die überall in Budapest den Bürgern vor Augen führten, was für eine tolle Sache der Kommunismus war, in dies einzigartige Freiluftmuseum ausgelagert. So entstand ein skurriler Skulpturenpark auf freiem Feld mit 42 Kunstwerken – muskelbepackte Arbeiter, Fahnen schwenkende Genossen, politische Strippenzieher. Besonders kurios ist ein Stück Stalin – während des Ungarischen Volksaufstands von 1956 wurde sein Standbild zerstört; alles was übrig blieb – ein stattliches Paar Bronzestiefel!

096 NED-KELLY-STATUE, GLENROWAN, AUSTRALIEN

Glenrowan war Schauplatz des letzten Gefechts des Gesetzlosen Ned Kelly – und bewahrt sein Andenken bis heute. Gleich neben dem Hume Highway, 240 km nördlich von Melbourne, begrüßt ein Riesen-Ned die australischen Autofahrer. In Australien hat sich ein Kitschkult um alle möglichen „Großen Dinger" von Bananen bis zu Garnelen entwickelt, aber dieser 7 m hohe Typ mit Metallhelm ist bedeutsamer als alles XXL-Obst. Der als Volksheld verehrte Verbrecher wurde hier 1880 nach Belagerung des Glenrowan Inn verhaftet. Das damalige Hotel gibt es nicht mehr, dafür aber ein Museum und einen Rundgang zu den wichtigsten Kelly-Gedenkplätzen.

Jeder spürt die Ruhe, die dieser gigantische Buddha in der Provinz Sichuan, China, ausstrahlt.

097 ANGEL OF THE NORTH, ENGLAND

Rostiger Schandfleck? Oder das bedeutendste öffentliche Kunstwerk der britischen Moderne? Der 20 m hohe „Engel des Nordens", den Bildhauer Antony Gormley auf einen Hügel am Stadtrand von Gateshead pflanzte, scheint inzwischen die meisten Skeptiker bekehrt zu haben, die den 800 000 £ teuren Stahltrumm zuerst als grotesk schmähten. Heute heißt die gewichtige Statue mit ihren weit ausgebreiteten Flügeln Scharen von Reisenden willkommen. Die Geste der berühmten nordenglischen Gastfreundschaft beeindruckt mit der Spannweite eines Jumbojets. Doch der Engel ist nicht nur ein Schnappschussmotiv, sondern in der Verschmelzung von technischem Können und künstlerischem Wagemut auch ein aufsehenerregendes Symbol für das Wiederaufleben der Region.

098 SPHINX, GISEH, ÄGYPTEN

Macht man das Alter zum entscheidenden Kriterium, ist die Große Sphinx von Giseh zweifellos die Rekordhalterin unter den Monumentalstatuen der Welt. Aber auch was die Größe angeht, muss sich die Sphinx, die Pharao Chephren um 2500 v. Chr. aus

dem Fels schlagen ließ, nicht verstecken: Der liegende Löwe, der die Pyramide des Pharaos zu bewachen scheint, ist 74 m lang, sein Menschenkopf 20 m hoch. Allerdings hat der Zahn der Zeit deutlich an der Sphinx genagt: Ihre Nase ist schon lange ab (vielleicht von einem fundamentalistischen Sufi im 14. Jh. abgeschlagen), ihr Bart befindet sich im British Museum, Luftverschmutzung und aufsteigendes Grundwasser setzen ihr zu. Doch das alles konnte ihrer rätselhaften Aura und ihren imposanten Proportionen bislang nichts anhaben.

100 MAITREYA-BUDDHA, EMEI-SEE, TAIWAN

Falls Lachen wirklich ansteckend wirkt, dürfte dieser schmunzelnde Bronzekoloss jedem Betrachter ein breites Grinsen aufs Gesicht zaubern. Die Statue am Emei-See im Kreis Hsinchu im nördlichen Taiwan ist eine 72 m hohe Inkarnation des dickbäuchigen Lachenden Buddhas, des Buddhas der Zukunft, der – so die Prophezeiung – vom Himmel herabsteigen wird, um seinen Anhängern „Glück und Freude im Überfluss" zu bringen. Bis dahin sollten sich Besucher einfach glücklich schätzen, die üppigen Proportionen bewundern zu dürfen, das grüne Seeufer und die Berge der Umgebung zu erwandern und ein belebendes Tässchen Tee zu schlürfen – die Emei-Region ist nämlich für ihren speziellen „Schönheitstee" bekannt.

099 GROSSER BUDDHA, LÈSHĀN, CHINA

Mit 71 m Höhe, 28 m Schulterbreite, Zehennägeln größer als ein Mensch und 5 m langen Augenbrauen ist der Buddha von Lèshān ein Bombenbrocken. Die in eine Felswand gehauene Sitzfigur blickt auf den Zusammenfluss der Flüsse Dadu und Min. 713 n. Chr. wurde der Buddha hier errichtet: Er sollte einen beruhigenden Einfluss auf die wilde Strömung ausüben. Bis auf den dezenten Moosbewuchs hat er sich für seine 1300 Jahre gut gehalten. Besucher begegnen ihm auf der Terrasse neben seinem Ohr auf Augenhöhe, um dann die gewundene Treppe hinabzusteigen und sich neben seinen ungeheuren Füßen wie Zwerge zu fühlen.

GIGANTISCHE STATUEN

IM UNTERGRUND

Auch unter der Erde gibt es viel Sehenswertes, von atemberaubender Kunst über Kommunistenhöhlen bis zu todschicken U-Bahnstationen ...

101 PATHET-LAO-HÖHLEN, LAOS

Höhlenverstecke sind in Kriegszeiten von unschätzbarem Wert. 1964 verlegte die kommunistische Widerstandsbewegung Pathet Lao ihr Hauptquartier in ein praktisch unangreifbares Höhlensystem in einem schmalen, steilen Tal in der Nähe von Vieng Xai. Sechs der Höhlen sind heute für Besucher zugänglich: Zu sehen gibt es ehemalige Konferenzräume, Verwaltungsbüros, Märkte, Tempel, Druckerpressen, Lazarette, Kasernenräume und diverses mehr. Hölzerne Wände und natürliche Felsformationen unterteilen die Höhlen in einzelne Räume, die immer noch mit Bildern von Lenin und Che Guevara geschmückt sind. An die Vorderseite der Höhlen sind wunderliche Fassaden und Gärten angebaut.

102 PARISER KATAKOMBEN, FRANKREICH

Als die Friedhöfe von Paris 1785 endgültig aus allen Nähten platzten, kam man auf die Idee, Gebeine auszu-

103 CARLSBAD CAVERNS NATIONAL PARK, NEW MEXICO, USA

Unter einer kargen Landschaft voller Kakteen und Gestrüpp liegt so etwas wie ein geologischer Schweizer Käse. Über 119 bekannte Höhlen unter der Einöde von New Mexico versprechen eine spektakuläre Untergrundshow: Schwefelsäure hat aus dem Kalkstein prunkvolle Hallen, schimmernde Stalaktiten, filigrane Sinterröhren und -vorhänge genagt. Hier gibt es Höhlenattraktionen für jeden Geschmack, von weitläufigen Hallen für Klaustrophobiker bis zu Kriechtunneln für die ganz Mutigen. Am stimmungsvollsten wirkt die Slaughter Canyon Cave, per Wüstenwanderung vom Haupthöhlensystem aus zu erreichen. In ihrem „Christbaumraum" glitzern Kristalle, die an Lichterketten erinnern.

graben und in die Gänge ehemaliger Steinbrüche, 20 m unter der Stadt, auszulagern. So ging das 100 Jahre lang, bis 300 km Tunnel mit Schädeln und Knochen ausgekleidet waren, teils zu geradezu künstlerischen Mustern arrangiert. In dem 2 km langen Abschnitt, der für Neugierige (oder Gruselfans) geöffnet ist, lagern

die Gebeine von schätzungsweise 6 Mio. Menschen. Im Zweiten Weltkrieg nutzte die französische Résistance die Katakomben als Hauptquartier. Heute sind sie eine makabre Sehenswürdigkeit. Oft werden urbane Höhlentouristen ertappt, die verbotenerweise durch die abgesperrten instabilen Bereiche streifen.

STEPHEN SAKS / LONELY PLANET IMAGES

In den Tiefen der Carlsbad-Höhlen in New Mexico würde man sich kaum wundern, einem Troll zu begegnen.

104 SAGADA-GRABHÖHLEN, PHILIPPINEN

Eine Tour durch die Sumaging-Höhle ist ein aufregendes Abenteuer, das den Indiana Jones oder Allan Quatermain in jedem Besucher weckt. Man kriecht durch enge Spalten, watet durchs Wasser und erklimmt die Wände tiefer Schluchten. An manchen Stellen ist der glatte Kalkstein so schlüpfrig, dass die Höhlenbesucher barfuß gehen müssen (und immer schön vor die Füße gucken!). Die Führer beleuchten den Weg (und die überwältigenden Kalksteinformationen) mit Gaslaternen. In der angrenzenden Lumiang-Grabhöhle fasziniert eine gespenstische Sammlung jahrhundertealter Holzsärge. Noch mehr vor sich hin modernde Särge hängen draußen an der Felswand.

105 CROWN MINES SHAFT 14, SÜDAFRIKA

Südafrika kann sich mit dem tiefsten Pub der Welt brüsten – im 226 m tiefen Schacht Nr. 14 einer ehemaligen Goldmine in Johannesburg. Dies ist eine der tiefsten Bergwerkstouren, die weltweit angeboten werden. Obwohl die Sehenswürdigkeit mitten in einem kitschigen Vergnügungspark liegt, vermittelt sie einen authentischen Einblick in das knochenharte Leben der Bergleute. Als die Mine 1897 in Betrieb ging, arbeiteten sie bei Kerzenlicht, bei bis zu 40 °C, mit ohrenbetäubenden Bohrern und gefährlichen Gasen – und das alles für einen jämmerlichen Lohn. Bergleute aus aller Herren Länder mit unterschiedlichen Sprachen „unterhielten" sich unter Tage, indem sie rhythmisch auf ihre Stiefel schlugen. So entstand der Gumboot-Tanz oder *isicathulo*.

47

106 HOTEL SIDI DRISS, TUNESIEN

Wer immer schon mal den Planeten Tatooine aus den *Star-Wars*-Filmen besuchen wollte, kommt der Sache im Dorf Matmata in der tunesischen Sahara zumindest sehr nah. Die unterirdischen Behausungen der hier heimischen Berber sind um einen versenkten Innenhof angelegt. Türen in seinen Seitenwänden führen zu höhlenartigen Räumen, in denen das ganze Jahr über angenehme Temperaturen herrschen. Besonders interessant für Filmfans ist das Hotel Sidi Driss. Es stellte im ersten *Star-Wars*-Film das Haus von Onkel Owen und Tante Beru dar – ein ziemlich surreales Nachtquartier.

107 SCHWIMMER-HÖHLE, GILF-EL-KEBIR, ÄGYPTEN

Figuren, die Schwimmbewegungen machen – und das mitten in der Wüste? Das Sandmeer des entlegenen Gilf-el-Kebir-Plateaus im Südwesten von Ägypten war wohl nicht immer so trocken. 1933 entdeckte der Forscher László Almásy hier eine Höhle mit prähistorischen Wandmalereien, die anscheinend schwimmende Menschen zeigen. Seine Schlussfolgerung? Als diese 10 000 Jahre alten Krakeleien entstanden, gab es hier genug Wasser zum Schwimmen. Die Anreise ist ein Abenteuer für sich. Deshalb sparte sich das Filmteam von *Der englische Patient* die Mühe und baute die Höhle, einen wichtigen Schauplatz des Films, einfach in Tunesien nach. Aber wer die Strapaze nicht scheut, erlebt eine der großartigsten urzeitlichen Galerien der Welt.

48

Vor lauter Staunen über die Art-déco-Station Majakowskaja der Moskauer Metro könnte man glatt die Bahn verpassen.

108 MAJAKOWSKAJA, MOSKAUER METRO, RUSSLAND

Flair und Funktion gehen im Untergrund der russischen Hauptstadt eine prächtige Verbindung ein. Die 1935 eingeweihte Moskauer Metro hat 182 Stationen und wird täglich von 9 Mio. Moskowitern genutzt. Eindrucksvolle Zahlen, aber nicht so eindrucksvoll wie die Stationen selbst, die mit Marmorsäulen, mitreißenden Deckengemälden, Mosaiken und mächtigen Kronleuchtern geschmückt sind. Die Majakowskaja auf der Samoskworezkaja-Linie ist wohl die schönste Station: Ihre Art-déco-Halle mit spektakulärer Gewölbedecke über den Köpfen der gestressten Pendler prunkt in Rosa und Chrom.

109 ACTUN TUNICHIL MUKNAL, MAYA MOUNTAINS, BELIZE

Wer durch einen Dschungel voller Schlangen wandert, drei Flüsse durchquert, in eine dunkle, geheimnisvolle Höhle eintaucht, zwischen jaguarförmigen Stalaktiken und Hinterlassenschaften einer uralten Kultur hindurchkraxelt und schließlich brusttief durch unterirdische Wasserläufe watet, der wird ihr begegnen: Der Kristalljungfrau, einem 1100 Jahre alten Skelett, dessen Knochen im kathedralenähnlichen Ambiente glitzern wie Diamanten. Dies ist ein Maya-Mysterium allererster Güte, doch nur wenige verirren sich in die Höhle im Binnenland von Belize und noch weniger wissen etwas über das bedauernswerte Mädchen in ihrem Inneren. Man glaubt, dass sie vor über einem Jahrtausend geopfert wurde. Erst 1989 wurde sie wiederentdeckt. Ihren glanzvollen Namen verdankt sie ihren mit Kalzit überzogenen Knochen.

110 GROTTE DE FONT-DE-GAUME, FRANKREICH

Das Tal der Vézère ist voller prähistorischer Felskunst, aber diese Höhle ist wohl die beste der Fundstätten. Sie hütet eine der großartigsten für Besucher zugänglichen Sammlungen an Höhlenmalerei. Diese können etwa 25 ihrer 230 Abbildungen von Mammuts, Wisenten, Rentieren und Bären aus nächster Nähe bewundern und sich fragen, welche Bedeutung sie für ihre Cro-Magnon-Schöpfer vor 14 000 Jahren hatten. Viele der Tiere, die in den Stein geritzt und farbig ausgemalt wurden, sind in erstaunlich lebensechten Posen dargestellt.

IM UNTERGRUND

FÜR LITERATUR-FANS

Persönliche Pilgerreisen zu Schauplätzen und Inspirationsquellen einiger der beliebtesten Werke der Weltliteratur.

113 CUEVA DEL MILODÓN, CHILE

In dieser Höhle in Patagonien entdeckte der Deutsche Hermann Eberhard in den 1890er-Jahren die Überreste eines riesigen bodenbewohnenden Faultiers. Das Riesenfaultier namens Mylodon wurde zur Inspirationsquelle für Bruce Chatwins überaus erfolgreiches Buch *In Patagonien*. Fasziniert von einem Hautfetzen des *milodón*, der im Haus seiner Großmutter in England in einer Vitrine aufbewahrt wurde, reiste Chatwin auf der Suche nach dem Herkunftsort des Relikts nach Patagonien. Am Eingang der 30 m hohen Höhle erinnert heute eine lebensgroße Plastiknachbildung des Faultiers an den einstigen Höhlenbewohner.

111 STRATFORD-UPON-AVON, ENGLAND

William Shakespeare, der wohl meistzitierte Autor aller Zeiten, kam 1564 in Stratford-upon-Avon zur Welt und starb 1616 auch dort. Heute herrscht um ihn ein Touristenrummel, der an Persönlichkeitskult grenzt. Die Attraktionen des Städtchens, in dem die Tudor-Ära noch sehr präsent ist, reichen vom Touristischen (Inszenierungen des mittelalterlichen Lebens und Shakespeare-Teesalons) übers Besinnliche (Shakespeares schlichtes Grab in der Holy Trinity Church) bis zum Großartigen (eine Aufführung der weltberühmten Royal Shakespeare Company gehört zum Pflichtprogramm). Im Mittelpunkt der Action stehen fünf Häuser, die alle irgendeine Beziehung zum Leben des großen englischen Barden haben – von seinem Geburtshaus bis zu den Elternhäusern seiner Frau und seiner Mutter.

112 BRONTË PARSONAGE MUSEUM, ENGLAND

Durch karge Moor- und Heidelandschaft schlängelt sich der Weg zum Hügelstädtchen Haworth. Hier befindet sich das Brontë-Museum im ehemaligen Pfarrhaus, in dem die Familie einst wohnte. Einige seiner Räume sind noch so eingerichtet, wie sie zur Zeit der Brontës ausgesehen haben dürften. Zu besichtigen ist u. a. der kleine Tisch, an dem sich Charlotte und Emily gegenseitig *Jane Eyre* vorlasen. Leider erreichte keines der vier kreativen Geschwister das 40. Lebensjahr. Charlotte, deren anspruchsvoller Vater ihrem Liebesglück lange im Weg stand, heiratete erst mit Ende dreißig, kurz vor ihrem Tod. Viele Besucher verlassen das Pfarrhaus etwas bedrückt – eine passende Stimmung, um die so gesehen erstaunlich heftigen Emotionen von *Sturmhöhe* auf sich wirken zu lassen.

114 BAKER STREET, ENGLAND

Dem berühmtesten Detektiv der Literaturgeschichte widmet sich das Sherlock Holmes Museum in – wo sonst? – der Baker Street im Londoner West End. Obwohl das Museum die Adresse 221b Baker Street für sich beansprucht, gehört die Anschrift des fiktionalen Domizils von Sherlock Holmes eigentlich zum ehemaligen Bankgebäude von Abbey National etwas weiter südlich (an seinem Glockenturm zu erkennen). Fans der Krimireihe werden an den drei Stockwerken mit viktorianischer Einrichtung, Sherlock-Holmes-Mützen, flackernden Kerzen und Kaminfeuern ihre Freude haben, auch wenn die Wachsfiguren von Professor Moriarty und dem „Mann mit der entstellten Lippe" nicht so recht überzeugen. Enttäuschend ist nur der Mangel an Exponaten und Informationen zum Holmes-Schöpfer Arthur Conan Doyle.

115 GREEN GABLES, KANADA

Auf dem kanadischen Prince Edward Island sind nicht nur der Boden und die Hummer rot. Noch berühmter ist der kleine Rotschopf aus *Anne auf Green Gables*. Das Farmhaus Green Gables, das als Vorbild für den Schauplatz des Buchs diente, steht an der Nordküste der Insel, im Strandort Cavendish. Heute ist es als historisches Denkmal geschützt, im Stil der Zeit eingerichtet und mit literarischen Erinnerungsstücken an Anne, Gilbert & Co. angefüllt. Für alle, deren Anne-Bedarf damit noch nicht gedeckt ist, gibt es in Cavendish obendrein noch den Avonlea-Themenpark zur Green-Gables-Story.

116 BERG SINAI, ÄGYPTEN

Die wohl am häufigsten zitierten Sätze der Weltliteratur sind die Zehn Gebote, die Moses auf dem Gipfel des Bergs Sinai empfangen haben soll. Heute ist der Gipfel ein beliebtes Ziel nächtlicher Pilgerwanderungen. Der Aufstieg beginnt beim Katharinenkloster am Fuß des Bergs – am mutmaßlichen Standort des brennenden Dornbuschs. Zwei Routen führen auf den Gipfel: der einfachere Kamelpfad oder eine strapaziöse Treppe mit 3750 Stufen, die ein Mönch als Bußübung anlegte. Die beiden Routen treffen sich etwa 300 m unterhalb des Gipfels. Von hier an müssen alle Gipfelstürmer die restlichen 750 steilen und unebenen Felsstufen bis auf die Bergkuppe bewältigen.

117 PAZIN, KROATIEN

Das Städtchen Pazin im Herzen von Istrien ist eigentlich nur für eine Sache berühmt: Seinen Abgrund, der Jules Verne so faszinierte, dass er ihn zu einem Schauplatz seines Romans *Mathias Sandorf* machte. Die Schlucht von Pazin ist ein rund 100 m tiefer Karstschlund, durch den der Fluss Pazincica in unterirdische Kanäle abfließt, wo er im Weiteren drei Höhlenseen bildet. Besucher gelangen über einen 1200 m langen Wanderweg in die Schlucht. Eingefleischte Jules-Verne-Fans kommen am besten in der letzten Juniwoche zu den Jules-Verne-Tagen von Pazin. Bei dem Festival werden u. a. Passagen des Romans nachgespielt.

118 ERNEST-HEMINGWAY-HAUS, FLORIDA, USA

In diesem schönen Haus im spanischen Kolonialstil auf Key West, Florida, wohnte Ernest Hemingway von 1931 bis 1940. Hier entstanden *Das kurze glückliche Leben von Francis Macomber* und *Die grünen Hügel Afrikas*. Aber Papa Hemingway arbeitete nicht bloß, sondern verplemperte wie alle Schriftsteller auch eine Menge Zeit, vor allem mit dem Bau des ersten Salzwasser-Swimmingpools von Key West. Das Bauprojekt verschlang so viel Geld, dass er seinen „letzten Penny" symbolisch in den Zement der Poolterrasse drückte. Da ist er heute noch zu besichtigen, ebenso wie die zahlreichen Nachkommen von Hemingways berühmter sechszehiger Katze, die Haus und Gelände bevölkern. Das Arbeitszimmer des Schriftstellers ist immer noch so erhalten, wie er es zurückließ.

119 WHITE HORSE TAVERN, NEW YORK, USA

Brendan Behan sprach für viele Schriftsteller, indem er sich selbst als „Trinker mit einem Schreibproblem" charakterisierte. So viele Autoren verfielen dem Alk, dass die Literatenkneipe zum Klischee verkam. Doch die White Horse Tavern im West Village, Manhattan, kann als vielleicht bedeutendste Kaschemme der Literaturannalen gelten. In den 1950er-Jahren war sie Stammkneipe von Literaturgrößen wie Norman Mailer, James Baldwin, Anaïs Nin, Jack Kerouac und Dylan Thomas, der hier wenige Tage vor seinem Tod seine letzte Sauforgie feierte – nach eigener Zählung 18 Whiskeys. Sein Porträt schmückt heute die Bar.

120 JAMES JOYCE TOWER, IRLAND

Dublin ist eine Vorzeigestadt der Literatur. Es hat als einzige Stadt seiner Größe gleich vier Literaturnobelpreisträger hervorgebracht (George Bernard Shaw, William Yeats, Samuel Beckett und Seamus Heaney) und ist der weltberühmte Schauplatz von James Joyce' Meisterwerk *Ulysses*. Der historische Martello-Turm in Sandycove beherbergt heute ein James-Joyce-Museum. Zu seinen Schätzen gehört eine wertvolle *Ulysses*-Ausgabe mit Illustrationen von Henri Matisse. Unterhalb des Turms befindet sich ein Meerwasserbecken, das am Ende des ersten Kapitels von *Ulysses* erwähnt wird. Passend zu Joyce' Inszenierung der „heroischen Alltäglichkeit" werden hier viele Einheimische zu Helden des Alltags, indem sie im Adamskostüm ins schnatterkalte Meer hüpfen.

GIGANTEN DES TIERREICHS

Die Masse macht's – jedenfalls in der Tierwelt, wo Größe den Unterschied zwischen „fressen" und „gefressen werden" bedeuten kann. Diese riesigen Geschöpfe flößen Respekt ein.

121 KOMODO-WARAN, KOMODO NATIONAL PARK, INDONESIEN

Die auch „Komododrachen" genannten Reptilien haben weder Flügel noch Feueratem, doch wer sich nah genug herantraut, riecht zumindest deutlich, dass sie keine Freunde von Zahnseide sind. Dafür sind sie mit bis zu 3 m Länge und 160 kg Gewicht die größten Echsen auf Erden. Besucher sollten sich vor den bissigen Biestern in Acht nehmen: Viele Berichte über Angriffe auf Menschen sind zwar übertrieben, aber Bissverletzungen können sich durch die Bakterien im Speichel der Warane böse entzünden. Der *ora*, wie ihn die Einheimischen nennen, ist auf nur fünf indonesischen Inseln heimisch. Zwei davon, Komodo und Rinca, bilden den Komodo-Nationalpark, wo die Chancen bestens stehen, dem Monster persönlich zu begegnen.

122 GROSSE ANAKONDA, PANTANAL, BRASILIEN

Der Ordnung halber sei hier gleich klargestellt, dass die Anakonda nicht die längste Schlange der Welt ist: Dieser Titel (schauder) gebührt dem Netzpython. Aber auch die Anakonda bringt es auf die Länge eines Busses – einige Exemplare werden über 8 m lang – und hat dazu einen solchen Leibesumfang, dass sie oft über 200 kg auf die Waage bringt. Das sind mehr als zwei Mike Tysons und im Zweikampf hätte man gegen den Doppel-Mike noch eine deutlich bessere Chance. Besonders viele Anakondas gibt es im brasilianischen Pantanal zu erspähen, einer Landschaft der Superlative: Das größte Süßwasser-Feuchtgebiet der Erde beherbergt noch mehr imposante Kreaturen, wie den Großen Ameisenbären, das Wasserschwein, den Jaguar und den Riesenotter.

123 RIESENWETA, NEUSEELAND

Man stelle sich vor, eine Heuschrecke paart sich mit einer Kakerlake. Deren Nachkommen verlegen sich dann darauf, Gewichte zu stemmen, jede Menge Steroide zu schlucken und mittelalterliche Turniere nachzuspielen. Das ist die Riesenweta! Dieser Koloss von einem Insekt, das größte der Welt, hat eine Beinspanne von 20 cm. Der gepanzerte Körper der Riesenweta ist 10 cm lang und ihre Manieren sind so unschön wie ihre äußere Erscheinung: Wenn sie sich gestört fühlt, reagiert sie mit drohendem Zischen. Leider sind die Aussichten, von einer Riesenweta angezischt zu werden, mager, denn sie ist fast nur noch auf einigen Inselchen vor der neuseeländischen Küste anzutreffen. Am besten tröstet man sich mit der Chance, im Zealandia-Reservat in Wellington eine Höhlenweta zu sichten.

LUKE HUNTER / LONELY PLANET IMAGES

Der Anblick leibhaftiger Dickhäuter in ihrem natürlichen Lebensraum in Südafrika ist ein umwerfendes Erlebnis.

124 AFRIKANISCHER ELEFANT, ADDO-ELEFANTEN-NATIONALPARK, SÜDAFRIKA

Löwen wirken furchterregend, Giraffen irgendwie beglückend. Einen Leoparden zu sichten, ist ein besonderes Safari-Highlight. Aber nichts ist so Ehrfurcht gebietend wie der Anblick eines Elefanten aus nächster Nähe: Sie sind einfach so, na ja, *groß*. Die Begegnung mit einem ausgewachsenen Elefantenbullen von fast 4 m Höhe und 6 t Gewicht, der gut 2 m lange Stoßzähne mit sich herumträgt, ist eine unvergessliche und durchaus beängstigende Erfahrung. Der Addo-Elefanten-Nationalpark in der südafrikanischen Ostkap-Provinz ist – wer hätte es gedacht? – ein bevorzugter Tummelplatz der Dickhäuter. 450 graue Riesen durchstreifen seine vielfältigen Lebensräume. Das ist eine enorme Entwicklung seit der Gründung des Parks. Als er 1931 als Schutzgebiet ausgewiesen wurde, lebten innerhalb seiner Grenzen nur noch elf Elefanten.

So verpennt diese Eisbären aussehen mögen, sollte man ihnen doch lieber nicht auf einen Gute-Nacht-Kuss nahekommen.

125 EISBÄR, CHURCHILL, KANADA

Knuddeln verboten! Wie viele unserer großen Lieblingstiere ist der Eisbär nicht halb so freundlich, wie er aussieht. Vor allem Robben sollten einen weiten Bogen um jede Eisscholle mit einem stattlichen weißen Pelzknäuel darauf machen, wenn sie nicht in seinem Magen landen wollen. Der (zusammen mit dem alaskischen Kodiakbären) größte Bär der Welt ist zugleich das größte landlebende Raubtier: Er wird über 2,5 m lang und bis zu 680 kg schwer. Wer garantiert Eisbären sehen will, wagt sich am besten im eisigen Oktober nach Churchill, Manitoba. Dort kreuzen die hungrigen Bären zu Hunderten auf, um sich den Bauch vollzuschlagen, wenn die Hudson Bay endlich wieder zufriert.

126 RIESEN-SALAMANDER, JAPAN

Leider gehen Größe und Schönheit nicht immer Hand in Hand. Ein gutes Beispiel hierfür ist der Riesensalamander: Er wird bis zu 1,8 m lang und kann bis zu 64 kg wiegen. Damit ist er die größte Amphibie der Welt. Und außerdem die hässlichste. Die beiden Arten, von denen eine in China und die andere, etwas kleinere, in Japan daheim ist, haben eines gemeinsam: ihre absolut unästhetische Erscheinung. Kurze Säbelbeine, breites Maul, winzig kleine Augen und eine fleckig-warzige Haut, die jeden pubertierenden Teenager erschauern lässt – Amphibienakne ist kein hübscher

LEE FOSTER / LONELY PLANET IMAGES

wiegen, ist kein ganz einfacher Job): An diesem Wal ist einfach alles gigantisch. Schon sein Herz hat die Größe eines Automobils. Die Blauwale wurden lange bejagt und sind nach wie vor gefährdet. Heute gibt es schätzungsweise noch 10 000 Exemplare, aber sie sind relativ leicht zu beobachten: Auf Dondra Head bei Mirissa an der Südküste von Sri Lanka hat man gute Aussichten, einen Blauwal vorbeiziehen zu sehen.

128 SALZWASSER-KROKODIL, KAKADU-NATIONAL-PARK, AUSTRALIEN

Im Horrorfilm wie im wirklichen Leben sind nicht die Dinge am unheimlichsten, die man sieht, sondern die, die man nicht sehen kann. Das gilt auch für das Salzwasser- oder Leistenkrokodil. Denn solange man seinen gepanzerten Rumpf sieht – 6 m oder mehr und über eine Tonne Schuppen, Krallen, Reißzähne und arglistige Augen –, kann man wenigstens Abstand von ihm halten. Das Dumme ist nur, dass so ein Biest gleich unter der Wasseroberfläche lauern kann und das auserkorene Opfer nichts davon merkt – bis es unter Wasser gezerrt wird. Deshalb im Kakadu-Nationalpark stattliche Baumstämme, die herumliegen oder -schwimmen, immer schön im Auge behalten: Falls einer davon blinzelt, nichts wie weg!

129 STRAUSS, NAIROBI-NATIONALPARK, KENIA

Einem Vogel zu begegnen, der größer ist als man selbst, ist schon ein seltsames Gefühl. Und der Strauß ist so oder so ein seltsam aussehender

Geselle: Riesenkulleraugen mit schönen langen Wimpern (zum Schutz gegen Sonne und Sandstürme), ein Federkleid wie ein fluffiger Staubwedel, ein Hals, der zur Balzsaison die Farbe wechselt, Beine wie Bambusstangen und ein Hirn, das kleiner ist als der Augapfel. Andererseits kann der 2 m große flugunfähige Vogel 70 km/h schnell sprinten und 1,5 kg schwere Eier legen – was für ein Riesenomelett. Ein angemessen surrealer Ort, um den Straußen tief in ihre Riesenglupscher zu schauen, ist der Nairobi-Nationalpark vor der Wolkenkratzerkulisse der kenianischen Hauptstadt.

130 RIESENSCHILD-KRÖTE, GALÁPAGOS-INSELN

Armer einsamer George. Was nützt es, 100 Jahre alt zu werden, wenn man der Letzte seiner Art ist? George, einzig bekanntes Exemplar der Pinta-Riesenschildkröte, Unterart der Galápagos-Riesenschildkröte, war insofern ein Pechvogel. Aber das gilt auch für viele seiner Verwandten: Die Galápagos-Riesenschildkröten haben das Pech, langsam und lecker zu sein – eine verhängnisvolle Kombination, die sie zum idealen lebenden Proviant für hungrige Seeleute machte. Die heute geschützten elf Unterarten des enormen Reptils – einige wiegen über 350 kg – tappeln schwerfällig auf den Inseln umher. Besonders gut sind sie im El-Chato-Schildkröten-Reservat im Hochland der zentralen Insel Santa Cruz zu beobachten.

Anblick. Kein Wunder also, dass die Riesensalamander eher scheu sind, aber wer die Gewässer rund um Maniwa im Westen von Honshu abgrast, kann mit Glück einen Blick auf sie erhaschen.

127 BLAUWAL, DONDRA, SRI LANKA

Da gibt es kein Vertun: Der Blauwal ist der Größte. Von allen und zu jeder Zeit. Der kolossale Meeressäuger gilt als die größte Kreatur, die je auf Erden lebte, ohne jede Einschränkung. Über 30 m Länge und bis zu 90 t Gewicht (vielleicht auch mehr – Wale zu

GIGANTEN DES TIERREICHS

VERGESSENE STÄDTE

Kriege, Wetter, Naturkatastrophen oder schlicht die Aufgabe auf Erden erfüllt ... nichts dauert ewig.

131 SKARA BRAE, SCHOTTLAND

Die Ansammlung prähistorischer Ruinen auf den Orkneyinseln ist alles, was von der über 5000 Jahre alten Bauernsiedlung übrig blieb. Sie wurde 1850 entdeckt, nachdem ein heftiger Sturm die steinernen Mauern freigelegt hatte. Ausgrabungen (und weitere Stürme) ergaben, dass das Dorf aus mindestens acht Steinhütten bestand, mit gemauerten Betten, Herden und Regalen. Offenbar rückte das Meer durch die Küstenerosion immer näher an das Dorf heran, bis es aufgegeben wurde und für vier Jahrtausende unter dem Sand verschwand. Auch heute noch ist die Ruinenstätte durch Erosion bedroht. Im Winter kann sie nur bei günstigen Wetterbedingungen besucht werden.

132 BABYLON, IRAK

Das seit etwa 2500 v. Chr. besiedelte Babylon wurde 500 Jahre später zu einem bedeutenden Zentrum der mesopotamischen Welt, als Hammurabi, der erste König des babylonischen Reichs, es zu seiner Hauptstadt machte. Im 6. Jh. v. Chr. wurde es von den Assyrern zerstört und im 2. Jh. v. Chr. nach dem Tod Alexanders des Großen endgültig verlassen. Die Ruinen von Babylon beschwören Bilder aus biblischen Zeiten herauf: der Turm zu Babel, die herrlichen hängenden Gärten ...Und dann ist da noch dieser Popsong, der einem einfach nicht aus dem Kopf geht ...

133 TAXILA, PAKISTAN

Taxila (oder Takshashila), um das 7. Jh. v. Chr. von einem indischen Herrscher gegründet, erzählt die Geschichte dreier vergessener Städte. Die erste wurde auf einem Hügel gebaut und ist heute als Bhir Mound bekannt. In einem alttestamentarischen Durcheinander von Verwandtschaftsverzweigungen und politischen Intrigen ging die Stadt unter und wurde durch ein neues Taxila namens Sirkap ersetzt, das griechische Invasoren bauten. Sirkap war zeitweise ein bedeutendes Zentrum der Philosophie und Kunst. Die Blütezeit setzte sich unter den Kuschanen fort, die das Gebiet eroberten und Taxila als Sirsukh neu gründeten. Zu guter Letzt wurde die Stadt im 6. Jh. von den Hunnen erobert und zerstört. Heute können Besucher die Ruinenstätte 30 km nordwestlich von Islamabad besichtigen. Das Taxila-Museum vermittelt mit vielfältigen Exponaten ein Gefühl für die verwickelte Geschichte der einstmals so bedeutenden Stadt.

134 DUNWICH, ENGLAND

Dies war einst ein bedeutender Seehafen, eine der größten britischen Städte des Mittelalters und angeblich sogar die einstige Hauptstadt von East Anglia – aber das alles war auf Sand gebaut. Im späten 13. Jh.

Die bewegte Geschichte des alten Palenque ist an den Hieroglyphen auf den Innenwänden des Tempels der Inschriften abzulesen.

legte ein Sturm einen großen Teil der Stadt in Trümmer. Die Küstenerosion tat das ihre dazu und bevor man sich versah, waren nur noch ein paar Häuschen übrig. Scherz beiseite: In Wirklichkeit rutschte die Stadt im Lauf von mehreren Hundert Jahren Stück für Stück ins Meer. Es kursieren allerlei Spukgeschichten über die hiesigen Strände und bei Ebbe soll man mitunter Kirchenglocken unter den Wellen läuten hören ...

135 PALENQUE, MEXIKO

Am Fuß der Sierra Madre de Chiapas im Südwesten Mexikos liegt Palenque, eine wahre Fundgrube für Archäologen. Die Stadt existierte offenbar schon seit mindestens 100 v. Chr. Rund 500 Jahre später wurde sie zu einem bedeutenden Bevölkerungszentrum der klassischen Mayakultur. Ihre Mythen und Legenden erzählen von Kindkönigen, Invasionen, Enthauptungen, höfischen Intrigen und zu guter Letzt von der Aufgabe der Stadt.

Die Wohnhäuser und öffentlichen Gebäude von Angkor Thom sind längst verfallen; was bleibt, sind die Gerippe zahlreicher herrlicher Sakralbauten.

136 ANGKOR, KAMBODSCHA

Bröckelnde Steintempel im Würgegriff der Dschungel-Schlingpflanzen, ein Aufblitzen kurkumagelber Gewänder, die in die Nischen uralter Tempel entschwinden. Angkor wimmelt von Touristen, ist aber so groß, dass der Einzelne leicht ein stilles Plätzchen findet, um sich in der fernen Vergangenheit zu verlieren. Die Stadt muss einst riesig gewesen sein; nach neueren Forschungen bedeckte sie eine Fläche von 1000 km². Sie wurde von einer Reihe von Gottkönigen der Khmer in den Jahren 900 bis 1200 gebaut, hatte fast eine Million Einwohner und war Hauptstadt des Khmer-Reichs. Es gibt Theorien, dass Klimaveränderungen die Wasserversorgung beeinträchtigten und dazu führten, dass die Stadt vor rund 500 Jahren aufgegeben wurde.

139 HERCULANEUM, ITALIEN

Wie das nahe Pompeji ging Herculaneum im Jahr 79 in einem vom Vesuv ausgespienen Lava- und Aschestrom unter. Die vornehme Stadt, in der auch Mitglieder der kaiserlichen Familie wohnten, wurde vor etwa 250 Jahren wiederentdeckt und ist bis heute eine Fundgrube für Archäologen. Der pyroklastische Strom, der die Stadt überrollte, verkohlte organische Materie, sodass Bauten und menschliche Körper erhalten blieben. Am faszinierendsten sind aber Hunderte von Schriftrollen, die in der Villa dei Papiri gefunden wurden – die einzige römische Bibliothek, die bis in unsere Zeit überdauerte.

137 WITTENOOM, AUSTRALIEN

In der einsamen Wüste des Bundesstaats Western Australia liegt eine Stadt, die vielleicht noch nicht ganz vergessen, aber nur noch ein Gespenst ihres früheren Selbst ist. Sie existiert offiziell gar nicht mehr und ist von jeder öffentlichen Versorgung abgeschnitten. Bis Mitte der 1960er-Jahre florierte Wittenoom dank des Asbestbergbaus. Dann brachten gesundheitliche Bedenken gegen den lungenschädlichen Baustoff das Aus für den Abbau und die Stadt. Eine Handvoll Bewohner ist übrig geblieben, aber das Leben hier ist hart. Mancher hat vielleicht schon davon gehört (die australische Band Midnight Oil machte den Ort durch ihren Hit „Blue Sky Mine" berühmt). Wer es selbst erleben will, muss die 1100 km lange Fahrt von der westaustralischen Hauptstadt Perth auf sich nehmen. Eine einsame Reise zu einem sehr einsamen Ort.

138 DARWIN, KALIFORNIEN, USA

Wie viele Tausend Städtchen in den USA des späten 19. Jhs. wurde auch Darwin infolge eines Glücksfunds aus dem Boden gestampft; in diesem Fall handelte es sich um Silber. Aber diese Orte waren oft Eintagsfliegen – vier Jahre nach seiner Besiedlung 1878 war das Städtchen schon wieder weitgehend verlassen, während die Schatzsucher zur nächsten Fundstelle weiterzogen. Als Anfang des 20. Jhs. Kupfer ein wichtiges Wirtschaftsgut wurde, erlebte Darwin einen zweiten Frühling. Heute bekommt man hier gelegentlich einen Einwohner zu Gesicht; meist ist es aber doch nur loses Gestrüpp, das der Wüstenwind durch die Stadt treibt. Besucher der Wildwest-Stadt am Rand des Death Valley bringen sich am besten eine Flasche Whiskey fürs stilechte Picknick mit.

140 KARTHAGO, TUNESIEN

Eine wahrhaft große Stadt lässt sich wohl nicht in einem Versuch zerstören. Nach 900 Jahren als Großmacht mit Einfluss in Nordafrika und Südeuropa erlag Karthago dem geballten Zorn des Römischen Reichs (das so lange durch Hannibals Elefantenarmeen gepiesackt wurde). Doch später wurde es von den Römern wieder aufgebaut, stieg zu neuer Pracht auf, wurde dann aber wiederum in kriegerische Auseinandersetzungen verstrickt und schließlich von den Arabern auf Expansionsfeldzug zerstört. Heute noch sind am Stadtrand von Tunis die Ruinen römischer Thermen, Tempel und Villen zu besichtigen, die allmählich von der wuchernden Stadt geschluckt werden.

VERGESSENE STÄDTE

BIZARRE BAUTEN

Wenn Architekten ihrer Fantasie freien Lauf lassen dürfen, kommen so seltsame Dinge dabei heraus wie diese wundersamen und staunenswerten Bauwerke.

143 ATOMIUM, BRÜSSEL, BELGIEN

Das Atomium wurde ursprünglich als Hauptpavillon für die Weltausstellung 1958 in Brüssel gebaut. Seine Gestalt stellt die Struktur eines Eisenkristallmoleküls in 165-millardenfacher Vergrößerung dar. Die aluminiumverkleidete Stahlkonstruktion besteht aus neun Kugeln mit einem Durchmesser von je 18 m, die durch Rohre mit 3 m Durchmesser verbunden sind. Das Ganze ist 102 m hoch und über 2400 t schwer. In der obersten Kugel befindet sich ein Restaurant; in den übrigen Kugeln sind Ausstellungen zu Kunst und Wissenschaft untergebracht, vor allem zur „friedlichen Nutzung der Kernenergie". Außerdem gibt es eine Dauerausstellung über die Expo '58.

141 PALAIS IDÉAL, HAUTERIVES, FRANKREICH

Die Geschichte des Palais Idéal in Hauterives ist so märchenhaft wie das mit zahlreichen Türmen und Türmchen prunkende Bauwerk selbst. Es wurde ab 1879 in 33-jähriger Arbeit von dem Briefträger Ferdinand Cheval errichtet, nachdem er über einen Stein gestolpert war, dessen Form ihn inspirierte. Die Konstruktion aus Stein, Zement und Mörtel sieht aus wie etwas, das man eher im tiefen Dschungel erwarten würde als 90 km von Lyon, und ist ungefähr so groß wie zwei Einfamilienhäuser. Cheval arbeitete zunächst nur nach Feierabend auf seiner Baustelle, bevor er im Lauf der Jahre immer besessener von seinem „Palast" wurde.

142 TEATRE-MUSEU DALÍ, FIGUERES, SPANIEN

Ein rosa Gebäude, gekrönt von Eiern und Oscar-Statuen? Mitten in einem spanischen Provinznest? Da kann doch nur einer seine Hand im Spiel gehabt haben: Salvador Dalí! Er gestaltete dieses unglaubliche Museum voller Überraschungen (die sich nicht auf die Kunstwerke beschränken) in seinem Geburtsort Figueres. Schon das Gebäude selbst ist zum Staunen, von der Skulpturensammlung vor dem Eingang bis zur rosafarbenen Wand entlang der Pujada del Castell, auf der sich Dalí-typische Eiformen mit vergoldeten Figuren – Turnerinnen? – abwechseln. Die Wand selbst ist mit Klumpen gespickt, die wie Brotlaibe aussehen.

144 KUNSTHAUS GRAZ, ÖSTERREICH

Wie es da unübersehbar am Ufer der Mur thront, erinnert das Kunsthaus Graz ein bisschen an ein Kissen – oder an ein menschliches Organ. Hinter der glänzenden Fassade der Kunstgalerie, die von den britischen Architekten Peter Cook und Colin Fournier entworfen wurde, verbirgt sich ein ultramoderner Ausstellungsraum für zeitgenössische Kunst. Die präsentierten Ausstellungen wechseln alle paar Monate. Eine kühne Kreation für eine Provinzstadt: Vielleicht spiegelt sie ja die entspannte Lebenseinstellung der Grazer – wie sonst wäre ihre bereitwillige Akzeptanz eines Gebäudes zu erklären, dessen Dach mit seinen stummelförmigen Auswüchsen einem frisch gerodeten Waldstück ähnelt? Der futuristische Look setzt sich drinnen konsequent fort.

145 MUSEU OSCAR NIEMEYER, CURITIBA, BRASILIEN

Das Museum, das von Oscar Niemeyer, dem berühmten Baumeister der brasilianischen Hauptstadt Brasília, entworfen wurde, ist nicht nach jedermanns Geschmack. Wie alle bedeutenden Gebäude – und vielleicht sogar noch mehr als die meisten – hat die Architektur des Museums etwas an sich, das man nur lieben oder hassen kann. Der Hauptausstellungssaal hat die Form eines spiegelnden Glasauges, das auf einem gelben Sockel balanciert. Geschwungene Rampen führen über einen Teich zum Eingang des Gebäudes. Das Innere des auch „Augenmuseum" genannten Baus beeindruckt durch seine nahtlose Verschmelzung von Harmonie und Exzentrizität.

146 NATIONAL-BIBLIOTHEK, MINSK, WEISSRUSSLAND

Vielleicht können nur ausgeprägte Bibliotheksfans die Begeisterung über dieses Gebäude in der weißrussischen Hauptstadt Minsk nachempfinden. Die 2006 fertiggestellte Nationalbibliothek nördlich des Stadtzentrums ist ein ziemlich grausliches Beispiel von Größenwahn. Der 22-geschossige Rhombenkuboktaeder (wer mit dem Begriff nichts anfangen kann, sollte ihn mal nachschlagen!) wird nachts beleuchtet und beherbergt abgesehen von zwei Millionen Dokumenten auch mehrere Kunstgalerien. Was versöhnlich stimmt: Die Bibliothek bietet außerdem einen der wenigen hohen Aussichtspunkte der Stadt – von der Plattform im 22. Stock blicken Besucher aus stolzen 72 m Höhe über Minsk.

147 EXPERIENCE MUSIC PROJECT, SEATTLE, WASHINGTON, USA

Das Experience Music Project in Seattle, das von Microsoft-Mitbegründer Paul Allen initiiert wurde, hat vage Ähnlichkeit mit einer zerschmetterten Gitarre. Seine geschwungene, dreiteilige Gestalt trägt die Handschrift des Architekten Frank Gehry – aufmerksame Betrachter bemerken Anklänge an sein Guggenheim-Museum in Bilbao –, ist aber ziemlich umstritten. Für *Forbes* gehört es zu den zehn hässlichsten Gebäuden der Welt. Ein Journalist der *New York Times* beschrieb es als „etwas, das aus dem Meer gerobbt kam, sich auf den Rücken wälzte und verendete". Da scheint es schon fast zweitrangig, dass sich in seinem Inneren ein Museum der Musikgeschichte widmet.

148 HANG-NGA-GÄSTEHAUS, DALAT, VIETNAM

Das Gebäude in Dalat, auch unter dem Namen „Das verrückte Haus" bekannt, ist ein verspieltes surrealistisches Architekturexperiment. Es entzieht sich jeder stilistischen Einordnung. Am ehesten erinnert das Bauwerk, das seit 1990 ein „Werk im Werden" ist, entfernt an Gaudí. Seine neun wunderlich eingerichteten Räume – manche mit Spiegeldecken, viele mit beunruhigenden, rotäugigen Tierskulpturen – sind nach Tieren oder Pflanzen benannt und in eine organisch wirkende Konstruktion eingebettet, die an einen riesigen knorrigen Baumstumpf gemahnt. Drinnen wimmelt es von Tunneln, Stegen und Leitern. Sich in diesem Labyrinth zu verirren, ist Teil des besonderen Erlebnisses.

149 CASA BATLLÓ, BARCELONA, SPANIEN

Jede Liste bizarrer Gebäude wäre unvollständig ohne zumindest ein Werk von Antoni Gaudí. Ist die Sagrada Família seine große Sinfonie, entspricht die Casa Batlló einem launigen Walzer. Ihre Fassade ist mit blauen, malvenfarbenen und grünen Kacheln übersät und mit gewellten Fensterrahmen und Balkonen gespickt. Darüber erhebt sich ein unsymmetrisches, bläulich geschupptes Dach mit einem einzelnen Turm. Drinnen im Hauptsalon ist alles in wirbelnder Bewegung. Die Decke scheint um eine sonnenähnliche Lampe zu strudeln. Türen, Fenster und Oberlichter sind träumerische Wogen aus Holz und farbigem Glas. Auch das Dach verblüfft mit seinen gewundenen Schornsteinen.

150 SELFRIDGES, BIRMINGHAM, ENGLAND

Man stelle sich eine Erdnuss mit Akne vor. Das ist vielleicht etwas unfair, aber wer die Außenhaut des Kaufhauses in Birmingham genauer ansieht, dem dürfte die Ähnlichkeit ins Auge springen. Das Gebäude, Teil des betriebsamen Bullring-Einkaufszentrums, ist mit rund 15 000 kreisrunden Aluminiumplatten verkleidet. Der Entwurf von Future Systems soll eine Kirche verkörpern und damit auf den Status des Shoppens als Ersatzreligion in der modernen Welt verweisen. Der Bau von 2003 brachte Struktur und neues Leben in Birminghams Alltag. Angeblich sollen seine Konturen auch die fließenden Linien von Stoffen und Taillen symbolisieren. Oder, wie gesagt, eine Erdnuss mit Akne …

MAUERBILDER FÜRS VOLK

Große Kunst existiert nicht nur hinter Absperr-
kordeln in muffigen Museen. Viele tolle Werke sind
unter freiem Himmel für lau zu bewundern!

151 DERRY, NORDIRLAND

Eine der gewalttätigsten politischen
Auseinandersetzungen des 20. Jhs.
war der Nordirlandkonflikt von den
späten 1960er- bis 1990er-Jahren.
Die Unruhen zwischen Protestanten
und Katholiken, die auf Englisch
schlicht „The Troubles" genannt
werden, waren von brutalen Terror-
akten geprägt. Einige entscheidende
Konfrontationen spielten sich in
der Stadt Derry im Nordwesten ab.
In deren Stadtbezirk Bogside haben

Die Berliner Mauer, fast 30 Jahre Symbol der Teilung, dient heute als Leinwand für Künstler, die die Vergangenheit karikieren.

Tom Kelly, William Kelly und Kevin Hasson – „die Bogside-Künstler" – bewegende Wandbilder geschaffen, die trotzigen Widerstand symbolisieren und das Leid der Kämpfer dokumentieren. Heute gehören ihre Malereien, die an die Verletzten und Todesopfer der „Schlacht der Bogside" und des „Blutsonntags" erinnern, zu den erschütterndsten öffentlichen Kunstwerken der Welt.

152 COMIC-BILDER, BRÜSSEL, BELGIEN

Brüssel ist als Sitz der drögen EU-Bürokratie bekannt, verbirgt aber zum Glück in seinen verwinkelten Seitensträßchen ein hübsches Geheimnis. Die belgische Hauptstadt hat der Welt Comic-Helden wie Tim und Struppi und die Schlümpfe beschert, und die Einheimischen lieben ihre Comic-Kultur so sehr, dass Dutzende von Comic-Wandgemälden überall in der Stadt zu bewundern sind. Im Rahmen des Projekts wurden belgische Comic-Künstler beauftragt, in bestimmten Stadtteilen Originalwandbilder zu schaffen und auf die örtlichen Gegebenheiten abzustimmen. Das Resultat ist eine lebende Galerie riesiger Superhelden, Zeichentricktiere und amüsanter Absurditäten.

153 BOGOTÁ, KOLUMBIEN

La Candelaria, das Altstadtviertel von Bogotá, ist mit spanischer Kolonial- und Barockarchitektur durchsetzt und strotzt von alternativem Lebensgefühl. Viele Jahre lang empfahl es sich, um den Stadtteil, der zwischen einigen der übelsten *barrios* der Stadt eingezwängt liegt, nachts einen weiten Bogen zu machen. Doch die verstärkte Wachsamkeit der Bewohner hat einige der Ganoven verscheucht, die hier ihr Unwesen trieben. Stattdessen entdecken jetzt die Touristen das künstlerische Flair des Bezirks wieder, in dem sich hervorragende Graffitikunst frei entfalten kann. Da höhere Gebäude fehlen, beschränken sich die zu bemalenden Flächen auf einstöckige Bauten oder Begrenzungsmauern, aber der Mix aus moderner Graffitikunst und politischer Kritik vermittelt deutlich, was den Einheimischen auf der Seele und am Herzen liegt.

MARTIN MOOS / LONELY PLANET IMAGES

154 EAST SIDE GALLERY, BERLIN

Die Berliner Mauer, die im November 1989 vom Volk eingerissen wurde, war eine Zielscheibe für das Wüten der Berliner gegen die kommunistische Maschinerie. Die sogenannte East Side Gallery, der längste noch existierende Abschnitt der Mauer, wurde mit Graffiti und über 100 Wandgemälden bedeckt. Auch wenn große Teile der Galerie durch Vandalismus und Verwitterung beschädigt oder zerstört wurden, dient sie immer noch als eindringliche Erinnerung an das einstige Regime hinter dem eisernen Vorhang. Die Kunstwerke variieren von Daliesken Freak-Shows bis zu Pink-Floydianischen *bricks*. Erfreulicherweise wurde inzwischen auch ein Restaurierungsprojekt in Gang gesetzt.

Ein Wandbild in Pjöngjang: „Lang lebe der große Sieg der Politik der militärischen Stärke." Welcher Nordkoreaner wollte da widersprechen?

155 MISSION DISTRICT MURALS, SAN FRANCISCO, USA

Die Wandgemälde, die Dutzende von Gebäuden im vorwiegend von Latinos bewohnten Mission District schmücken, sind weltberühmt. Diese packenden Werke der öffentlichen Kunst verschmelzen die mexikanische Muralismo-Bewegung der 1920er-Jahre mit Überresten des Hippie-Idealismus der 1960er-Jahre. Wiederkehrende Themen sind Hispano-, Azteken- und Maya-Motive, Menschenrechte, Fußball, Karneval und mexikanisches Kino. Das übergreifende Thema lautet „Gemeinschaft" und liegt hier so dick in der Luft, dass man es geradezu schneiden könnte.

156 TROMPE-L'OEIL-MALEREIEN VON JOHN PUGH

In den meisten Berufszweigen ist fahrlässige Körperverletzung verpönt. Doch für John Pugh ist sie ein Erfolgssignal. Er ist auf Trompe-l'Œil-Malerei, also „Augentäuschung", spezialisiert. Seine Arbeiten sind in allen Teilen der USA und selbst in entlegenen Winkeln der Welt wie Taiwan und Neuseeland gefragt. Pughs Kunst besteht im Allgemeinen aus nahezu fotografisch exakten Bildern an Hausmauern. Sie wirken so echt und faszinierend, dass ihretwegen schon Autofahrer von der Straße abgekommen sind und Passanten verlockt wurden, gegen nicht vorhandene Türöffnungen zu laufen.

157 BANKSY-SCHABLONEN-GRAFFITI

Die Werke des geheimnisvollen Künstlers Banksy sind in aller Welt zu besichtigen, von der israelischen Sperranlage an der Westbank bis zu seiner (mutmaßlichen) Heimatstadt Bristol in England. Es sind meist satirische Kommentare zu Politik und Kultur, die Schablonen mit Graffiti kombinieren und die Streetart in den Rang der Hochkultur erhoben haben (was er selbst amüsant findet). Der produktive Künstler sagt, er habe angefangen, Schablonen herzustellen, weil das Graffitisprühen zu lange dauerte. Wer sein Werk am Entstehungsort sehen will, muss sich beeilen, bevor die jeweilige

TONY WHEELER / LONELY PLANET IMAGES

159 PJÖNGJANG, NORDKOREA

Wie ließe sich Propaganda besser verbreiten als mit riesigen Wandgemälden? Diese Erkenntnis machte sich Kim Jong-il, Vater des aktuellen jungen nordkoreanischen Machthabers Kim Jong Un, gern zunutze, um seine Untertanen daran zu erinnern, dass der sozialistische Traum in diesem abgeschotteten Winkel Ostasiens noch nicht ausgeträumt ist. Von U-Bahnstationen über Hotelhallen bis hin zu ländlichen Sojafeldern ist das nächste hurrapatriotische Revolutionsgemälde in Nordkorea nie fern. Die Bilder im kommunistischen Schick demonstrieren meist militärische Stärke oder illustrieren antiamerikanische Parolen. Absolute Megashow ist das jährliche Arirang-Festival mit gigantischen aus Menschen zusammengestellten „Gemälden", eine wahre Orgie symbolischer Kraftmeierei.

und viele verunstaltet wurden, sind ein paar noch immer an den Felswänden des Chelansees im Bundesstaat Washington erhalten. Besucher müssen nur ein Boot besteigen, um die besten Banksy-Impressionen des Schöpfers zu besichtigen.

te & Hala Sultan ist nicht bloß eine ansprechende Komposition, sondern auch ein Zeichen der Hoffnung und Versöhnung – das hellenistische Bild der Aphrodite verschmilzt nahtlos mit Hala Sultan, der Tante des Propheten Mohammed.

Kommune es überstreichen lässt oder es bei Sotheby für über 100 000 £ versteigert wird.

158 LAKE CHELAN, WASHINGTON, USA

Der Große Häuptling im Himmel brauchte erst mal eine ganze Weile, um die Welt und alle Tiere darin zu erschaffen, aber schließlich kam er dann doch dazu, die Menschen zu kreieren. Und weil er sah, dass sie ein Betriebshandbuch fürs Leben und Überleben benötigten, hinterließ er ihnen eine Reihe roter Piktogramme, die Jagdtechniken und andere Aktivitäten darstellten. Obwohl einige davon inzwischen unter Wasser liegen

160 ODE AN APHRODITE & HALA SULTAN, NIKOSIA, ZYPERN

Einem erfreulichen Nebeneinander griechischer und türkischer Ideologien begegnet man auf Zypern nur selten. Aber im Herzen von Nikosia, der einzigen geteilten Hauptstadt der Welt, ist dem Künstler Farhad Nargol-O'Neill genau das gelungen. In der Nordhälfte der Stadt, die bei den türkischen Zyprioten Lefkoşa heißt, hat Nargol-O'Neill ein langweiliges Kulturzentrum mit einem leuchtend bunten Wandgemälde aufgepeppt. Seine kubistische Symbolik mit dem Titel *Ode an Aphrodi-*

MAUERBILDER FÜRS VOLK

GEHEIMNISVOLLE PLÄTZE

Rund um die Welt warten noch viele Rätsel und Mysterien auf ihre Entschlüsselung – hier einige der seltsamsten und berühmtesten.

161 YETI, THE HIMALAYA

Der Yeti ist so etwas wie die Nessie des Himalaya. Berichte über den „schrecklichen Schneemenschen", eine Art riesigen Affenmenschen, kursierten schon seit Jahrhunderten. Doch erst im frühen 20. Jh. gelangten sie auch in den Westen. Am intensivsten war das Interesse in den 1950er-Jahren, als Bergsteiger begannen, die Gipfel des Himalaya zu erstürmen. Besondere Beachtung fanden die Fotos, die Eric Shipton 1951 von angeblichen Yeti-Fußabdrücken schoss. Auch Edmund Hillary und Tenzing Norgay berichteten, bei ihrer Besteigung des Everest 1953 auf große Fußspuren gestoßen zu sein. Um die Frage, ob es den Yeti gibt oder nicht, toben heftige Debatten. Ganz genau weiß das wohl nur er selbst. Oder eben nicht.

162 OSTERINSEL, CHILE

Für einen winzigen Fels im weiten Ozean hat die Osterinsel die Fantasie der Reisenden ganz schön angeheizt. Die Bilder ihrer *moai* (Steinfiguren) sind weltberühmt, aber immer noch kann niemand genau sagen, wie sie an ihre Standorte entlang der Küste der Insel gelangt sind. Die bis zu 85 t schweren Steinbrocken wurden in einem Steinbruch am Rano Raraku im Inselinneren zurechtgehauen. Hunderte dieser Kolosse über solche Strecken zu bewegen wäre selbst mit den heutigen technischen Mitteln eine Herausforderung, vom 13. oder 14. Jh. ganz zu schweigen. Wie also haben die Bewohner dieses gottverlassenen Fleckchens der Erde das geschafft? Ehrlich gesagt: Wir haben keine Ahnung!

163 KORNKREISE, ENGLAND

Ob sie nun durch einheimische Rabauken, lokal begrenzte Wirbelwinde oder doch geometrisch begabte Außerirdische in die Felder gepflügt werden – Kornkreise faszinieren die Öffentlichkeit, seit sie Ende der 1970er-Jahre in Getreidefeldern aufzutauchen begannen. Eine Art spiritueller Heimat haben diese Muster aus plattgedrückten Halmen in der Umgebung des Dorfs Avebury im englischen Wiltshire, das zufällig auch für seine Steinkreise bekannt ist. Für alle, die unheimliche Begegnungen der gerstigen Art suchen, bieten diverse Veranstalter Touren zu Kornkreis-Fundstellen an. Die Stammkneipe der „Croppies", also all jener, die sich für Kornkreise (auf Englisch „crop circles") interessieren, ist das Barge Inn im Dörfchen Honeystreet.

Landebahnen für Aliens oder astronomischer Kalender? Der gigantische Kondor gehört zu den verblüffenden Nazcalinien in Peru.

164 YONAGUNI-JIMA, JAPAN

Japans westlichste bewohnte Insel – die eigentlich schon näher an
Taiwan als an Japan liegt – rückte
Mitte der 1980er-Jahre ins Visier
der Mysterienjäger, als Taucher
hier etwas entdeckten, das nach
Unterwasserruinen aussah. Einige
unterseeische Felsformationen fallen
durch besonders ebene Oberflächen,
rechte Winkel und gerade Linien auf.
„Menschenwerk" lautete die Schlussfolgerung: Atlantis mit japanischem
Akzent. Über zwei Jahrzehnte danach wird immer noch diskutiert, ob
die Felsen zu einem uralten menschlichen Bauwerk gehören oder Mutter
Natur hier einfach ein bisschen Lego
gespielt hat. So oder so gilt Yonaguni
seitdem als eines der interessantesten
Tauchreviere von Japan.

165 NAZCA-LINIEN, PERU

Selbst wenn sich jemand eine möglichst mysteriöse archäologische Fundstätte ausdenken wollte, würde ihm so etwas wohl kaum einfallen. Gigantische Kolibris,
Affen, Spinnen und andere Figuren – allesamt vor rund
2000 Jahren in den peruanischen Wüstenboden gegraben.
Und der Clou dabei ist, dass man sie vom Bodenniveau aus
gar nicht erkennen kann. Niemand weiß so recht, wie die
alten Nazca dieses Kunststück hinbekommen haben, aber
irgendwie legten sie in der Wüstenebene unglaubliche
800 Scharrbilder an: geometrische Formen, gerade Linien
und Figuren. Auf Bodenhöhe wirkt das Ganze wie eine mo-
notone Fläche rotbrauner Erde. Erst vom Leichtflugzeug
aus werden die riesigen Konturen u. a. eines Wals, eines
Kondors und eines Pelikans sichtbar.

166 STONEHENGE, ENGLAND

Stonehenge, ein steinzeitlicher Ring aus Megalithsteinen, darf wohl als eine der bedeutendsten prähistorischen Fundstätten der Welt gelten und zieht schon seit rund 5000 Jahren einen steten Strom von Pilgern, Poeten und Philosophen an. Trotz der Besucherhorden bleibt es ein mystischer, unwirklicher Ort – ein eindringliches Vermächtnis aus Englands lang vergessener Vergangenheit und ein Andenken an die versunkene Kultur, deren Vertreter einst auf den vielen Zeremonialwegen über die Salisbury-Hochebene wandelten. Es gibt zwar unzählige Theorien über den Zweck der Anlage – von einer Opferstätte bis zum Himmelskalender –, aber in Wirklichkeit weiß niemand genau, was die britischen Steinzeitmenschen dazu trieb, so viel Zeit und Mühe in ihren Bau zu investieren.

167 NEWGRANGE, IRLAND

Oberirdisch ist Newgrange bloß eine abgeflachte, grasbewachsene Hügelkuppe von etwa 80 m Durchmesser und 13 m Höhe. Doch darunter liegt eine der bemerkenswertesten prähistorischen Fundstätten Europas, die auf etwa 3200 v. Chr. zurückgeht. Der Zweck der Anlage ist noch umstritten, doch die Ausrichtung am Sonnenstand der Wintersonnenwende lässt vermuten, dass sie auch als Kalender dienen sollte. Während der Zeit der Wintersonnenwende (19.–23. Dezember) fallen die Strahlen der aufgehenden Sonne um 8.20 Uhr durch den Schlitz über dem Eingang, kriechen langsam durch den langen Gang und erleuchten dann 17 Minuten lang die Grabkammer.

168 ROSWELL, NEW MEXICO, USA

Verschwörungstheoretiker der Welt, vereinigt euch! 1947 stürzte ein mysteriöses Flugobjekt auf das Gelände einer Ranch nahe dem Städtchen Roswell, New Mexico. Es hätte sich wohl keiner etwas dabei gedacht, wenn das Militär nicht so auffällig bemüht gewesen wäre, die Sache zu vertuschen. Für manche war damit klar: Aliens sind unter uns. Seitdem haben Neugierige aus aller Welt und die Geschäftstüchtigkeit der Einheimischen Roswell zum Tummelplatz der Außerirdischen gemacht. Weiße Alien-Köpfe krönen die Straßenlaternen im Zentrum und jeden Juli gibt es das UFO-Festival (www.roswellufofestival.com). UFO-Gläubige können sich im Internationalen UFO-Museum und -Forschungszentrum all ihre Ahnungen bestätigen lassen.

169 LOCH NESS, SCHOTTLAND

Auf den ersten Blick ist es nur ein sehr großer See in den schottischen Highlands, aber wenn die Geschichten, die sich um ihn ranken, ihm Wasser zuführen könnten, hätte er die Größe eines Ozeans. Für alle, die ihr Leben bislang in einem anderen Sonnensystem zugebracht haben: Loch Ness soll ein „Ungeheuer" beherbergen, von vielen liebevoll „Nessie" genannt, – eine dinosaurierähnliche Kreatur, die gelegentliche Gastauftritte gibt. Geschichten über

DAVID WALL / LONELY PLANET IMAGES

Stonehenge, Englands berühmtestes prähistorisches Monument, versetzt alle Besucher in ungläubiges Staunen.

ein Monster in Loch Ness kursierten seit Jahrhunderten, aber erst 1934 sorgte ein Foto, auf dem sein langer Hals und Kopf zu sehen waren, für ein gesteigertes Interesse an Nessie. Seitdem grassiert die Nessie-Mania, die Generationen von Besuchern an die Ufer von Loch Ness lockte.

170 **AREA 51, NEVADA, USA**

Wie Roswell – nur schlimmer – ist die Area 51 ein Anziehungspunkt für Außerirdische und Alien-Fans. Auf dem Militärstützpunkt, der zur Nellis Air Force Base gehört, werden angeblich abgestürzte UFOs verwahrt. Dort sollen sich auch die in Roswell aufgegriffenen Außerirdischen befinden. Die Area 51 ist über den Highway 375 zu erreichen, der wegen der vielen UFO-Sichtungen auf dieser Strecke offiziell in Extraterrestrial Highway

umgetauft wurde. Besucher können im Little A'Le'Inn im benachbarten Dorf Rachel absteigen, das Erdlinge und Außerirdische gleichermaßen willkommen heißt und extraterrestrische Souvenirs verkauft.

GEHEIMNIS-VOLLE PLÄTZE

VULKANE

Wenn die Erde Rauch und Feuer speit:
Hier winken Plätze in der ersten Reihe bei einem
der eindrucksvollsten Spektakel der Natur.

173 STROMBOLI, ITALIEN

Der Stromboli, wegen seiner dauernden Aktivität auch „Leuchtturm des Mittelmeers" genannt, gehört zu den Äolischen Inseln. Diese Inselgruppe mit sieben Vulkangipfeln liegt vor der Nordküste von Sizilien. Der Stromboli, ihr imposantester Vulkan, spuckt regelmäßig Staub, Dampf, Schlacke und gelegentlich auch Lava, die über die kahle Lavapiste Sciara del Fuoco ins Mittelmeer strömt. Am eindrucksvollsten erlebt die Pyrotechnik des Stromboli, wer sich in der Abenddämmerung von einem Fischer aufs Wasser hinausfahren lässt. Die Äolischen Inseln sind per Fähre von Neapel und von Milazzo auf Sizilien zu erreichen.

171 SOUFRIÈRE HILLS, MONTSERRAT, KLEINE ANTILLEN

Mit einem Donnerschlag erwachte 1995 der majestätische Vulkan Soufrière Hills, nachdem er vier Jahrhunderte vor sich hingeschlummert hatte. Das obere Drittel des Bergs wurde weggefetzt und die karibische Urlaubsinsel Montserrat weitgehend unbewohnbar gemacht. Als die geothermischen Rülpser im Lauf des folgenden Jahrzehnts wieder abklangen, wagte man schließlich sogar, den Flughafen wieder zu eröffnen. Doch im Januar 2007 brach der Vulkan erneut aus und spuckte dicke Aschewolken, die die Insel und die gerade wiederbelebte Tourismusbranche unter sich begruben. Für Besucher, die sich dennoch auf die Insel durchschlagen, ist der Krater gesperrt. Sie können sich aber mit einem Besuch des Montserrat-Vulkanobservatoriums auf seinen Hängen trösten.

172 RABAUL, PAPUA-NEUGUINEA

Die Insel Neubritannien, die zu Papua-Neuguinea gehört, blubbert nur so vor geothermischer Aktivität. 1994 brachen gleich zwei Vulkane in der Nähe von Rabaul aus – für viele Traveller damals das hübscheste Städtchen der Pazifikregion. Rabaul liegt innerhalb eines Caldera-Kraters und war den Tanz auf dem Vulkan somit von jeher gewöhnt. Aber die Simultan-Eruption bedeckte die ganze Stadt mit einer Ascheschicht und hinterließ eine unheimliche schwarze Einöde. Der Hafen ist noch in Betrieb und es bleibt ein Rest Leben in der Stadt, obwohl der Vulkan Tuvurvur immer noch gelegentliche Rauchsignale von sich gibt. Wer eine surreale Vulkanerfahrung sucht, braucht nur einmal durch die Stadt zu wandern, die größtenteils unter den Füßen begraben liegt.

174 HAWAI'I VOLCANOES NATIONAL PARK, USA

Das ausgedehnte Reservat des Hawai'i Volcanoes National Park umfasst zwei aktive Vulkane und vielfältige Landschaften von tropischen Stränden bis zum subarktischen Gipfel des Mauna Loa. Die Hauptattraktion des Parks ist die qualmende Kilauea-Caldera auf dem Gipfel des aktivsten Vulkans des Planeten. Inmitten einer Landschaft aus Kratern und Schlackekegeln, mit Bimsstein bedeckten Hügeln und erstarrten Lavameeren bietet sich die seltene Gelegenheit zuzuschauen, wie die flüssige Lava aus dem Boden quillt und sich gemächlich voranwälzt. Vom Ende der Chain-of-Craters-Straße führt ein Wanderweg zu einem Punkt, an dem sich der flüssige Lavastrom ins Meer ergießt.

175 WHITE ISLAND, NEUSEELAND

Dem Namen nach weiß, doch schwarz von Gestalt: White Island befindet sich seit drei Jahrzehnten fast permanent im Ausbruch. Die Insel in der Bay of Plenty bildet ein Ende der höchst aktiven Taupo-Vulkanzone, zu der auch der explosive Mount Ruapehu und die geothermischen Felder von Rotorua gehören. Obwohl Letztere eine der bedeutendsten Touristenattraktionen von Neuseeland sind, wirken die wandelbaren Farben und das Wüten von White Island vielleicht noch eindrucksvoller. Die Insel ist per Boot oder Hubschrauber von Whakatane erreichbar. Wer in der Crater Bay an Land geht, kann eine Vielzahl vulkanischer Erscheinungen bestaunen.

176 PARICUTÍN, MEXIKO

300 km westlich von Mexiko-Stadt liegt Paricutín, einer der jüngsten Berge der Welt. Seine Entstehungsgeschichte ist so außergewöhnlich, dass er als eins der sieben Naturwunder der Welt gilt. Im Zweiten Weltkrieg kam es plötzlich zu einer Eruption mitten in einem Maisfeld. Ein 410 m hoher Aschekegel wuchs aus dem Boden. Seine Lavaströme ergossen sich über ein Gebiet von rund 20 km² und verschluckten zwei Dörfer. Heute bietet sich der surreale Anblick eines Kirchturms, der noch ein Stück aus den erstarrten Lavamassen herausragt: Das ist alles, was von den beiden Orten übrig blieb. Der Weg auf den Gipfel – zu Fuß oder zu Pferd – ist lang, wird aber mit überwältigendem Ausblick über die weiten Lavafelder belohnt. Außerdem können die Gipfelstürmer beim Abstieg nach Herzenslust durch den tiefen Vulkansand rennen, springen und schlittern.

177 PINATUBO, PHILIPPINEN

Nach rund 600 Jahren Dornröschenschlaf schleuderte der Pinatubo auf der philippinischen Insel Luzon 1991 bei einem der heftigsten Vulkanausbrüche des 20. Jhs. Asche und Schlacke 40 km hoch in den Himmel. Durch die Eruption verlor sein Gipfel fast 300 m an Höhe; stattdessen entstand eine Caldera von 2,5 km Durchmesser. Der neue Gipfel ist für Bergwanderer zugänglich; die Kletterpartie beginnt bei Santa Juliana, 40 km von Angeles entfernt. Am 30. November jeden Jahres findet zur Erinnerung an den Ausbruch eine regelrechte Wallfahrt statt: der Pinatubo Trek, auch „Marsch zu Frieden und Stille" genannt.

178 MOUNT ST. HELENS, WASHINGTON, USA

Der Mount St. Helens, einst ein Vulkan von klassischer Symmetrie, demonstrierte seine Geringschätzung der Geometrie, indem er sich beim Ausbruch am 18. Mai 1980 rund 400 m seines Gipfels wegbliss, wodurch ein Krater von 1,5 km Durchmesser an seiner Nordflanke entstand. Inzwischen ist das Leben auf den Gipfel zurückgekehrt, aber die Verwüstungen sind immer noch deutlich sichtbar und der Berg dampft weiter vor sich hin, während ein neuer Lavadom im Krater heranwächst. Rund um den Berg führt eine Reihe von Wanderwegen durch die Vulkanlandschaft. Wer den Gipfel erklimmen will, braucht eine spezielle Genehmigung. Der Anstieg ist technisch nicht weiter anspruchsvoll, führt aber größtenteils über lose Bimssteinfelder und Lavabrocken.

179 HEKLA, ISLAND

Die Hekla, einst als Tor zur Hölle verschrien, war der berühmteste Vulkan Islands, bis der Eyjafjallajökull durch seinen Ausbruch 2010 den internationalen Flugverkehr lahmlegte. Der Name Hekla bedeutet „Haube" und bezieht sich auf die Wolken, die ständig über dem Gipfel schweben. Seit Mitte des vorigen Jhs. bricht die Hekla mit schöner Regelmäßigkeit etwa alle zehn Jahre aus. Ihr 1491 m hoher Gipfel, rund 70 km östlich von Reykjavík, lässt sich in inaktiven Zeiten recht bequem ersteigen. Droben wartet ein beheizter Krater, umrahmt vom schneebedeckten Gipfeln. Wer im Winter kommt, kann sogar per Schneemobil hinauffahren.

180 BROMO, INDONESIEN

Im Osten von Java liegt eine Caldera von 10 km Durchmesser, aus deren Sandmeer gleich mehrere Vulkankegel ragen. Einer davon ist der vor sich hin qualmende Bromo (2392 m), ein Vulkan innerhalb eines Vulkans im Schatten des höchsten Bergs von Java, des super aktiven Semeru. Als Aussichtsplattform mit Blick auf dieses bemerkenswerte Panorama ist der Bromo eins der interessantesten Ausflugsziele in Südostasien. Die meisten Wanderungen auf den Bromo folgen der Probolinggo-Route. Sie starten auf der Wand der Caldera bei Cemoro Lawang und führen über das Sandmeer auf den Bromo hinauf, um den Wanderern das spektakuläre Sonnenaufgangspanorama zu bescheren.

ERSTAUNLICHE EGOTRIPS

Manche Menschen hinterlassen protzigere Vermächtnis als andere. Eine Rundreise zur angeberischsten Architektur der Welt.

181 PARLAMENTS-PALAST, BUKAREST, RUMÄNIEN

Ob Nicolae Ceaușescu hiermit irgendetwas zu kompensieren versuchte? Der riesenhafte Parlamentspalast des kommunistischen Diktators ist so etwas wie das architektonische Äquivalent zum Kauf eines Ferraris mit 40, der Akt eines Autokraten in der Midlife-Crisis. Er ist ein Ungeheuer – der zweitgrößte Verwaltungsbau der Welt (nach dem Pentagon), mit 1100 Räumen,

Ernste Nordkoreaner zollen ihren Großen Führern am Fuß des Mansudae-Monuments, Pjöngjang, den (verordneten) Respekt.

zwölf Stockwerken, Eichentäfelung, Blattvergoldung, reichlich Marmor und geschätzten 3,3 Mrd. € Baukosten. Wer an einer Führung teilnimmt, bekommt allerdings nur ca. 5 % des Mammutbaus zu sehen. Dazu gehört ein Schritt auf den Balkon hinaus, von dem Ceaușescu das Wort an sein Volk zu richten gedachte – wenn es ihn nicht schon vor Fertigstellung seines Palastes hingerichtet hätte.

KEREN SU / LONELY PLANET IMAGES

182 ASTANA, KASACHSTAN

Was könnte selbstgefälliger sein, als die Hauptstadt eines Landes kurzerhand zu verlegen und nach eigenem Gutdünken umzubauen? 1998 verlagerte Kasachstans Oberboss Nursultan Nasarbajew das Epizentrum des Landes von Almaty in eine Stadt im subsibirischen Norden, die er in Astana umtaufte (was sinnigerweise „Hauptstadt" bedeutet). Seitdem hat Nasarbajew nicht nur den 6. Juli (seinen Geburtstag) zum Astana-Tag ausgerufen, sondern auch einen ganzen Haufen überkandidelter Bauwerke in Auftrag gegeben. Dazu gehören Khan Shatyr, das größte Zelt der Welt (mit beheiztem Park und Minigolfplatz), und der 105 m hohe Bajterek-Turm, wo Besucher aufgefordert werden, ihre Hand in einen Handabdruck von Nasarbajew zu legen und sich etwas zu wünschen.

183 KONSTANTINS-BOGEN, ROM, ITALIEN

Kaiser Konstantin (alias Konstantin der Große) war nicht nur Prahlhans, sondern auch Plagiator. Sein „Schaut her, wie toll ich bin"-Triumphbogen am Römischen Forum war nicht mal ein Neubau, sondern wurde 315 aus alten Monumenten zusammengeschustert – ein Stück Trajan-Relief hier, der eine oder andere Marcus-Aurelius-Fries dort. Konstantin war unbescheiden genug, sich anzueignen, was ihm gefiel, und er sorgte dafür, dass seine Großtaten nie in Vergessenheit gerieten: Sein Bogen überspannt die Via Triumphalis, auf der angehende Kaiser zur Krönung zogen. So passierten sie zwangsläufig Konstantins Klotz von einem Bogen, der sie an seinen unsterblichen Ruhm erinnerte.

184 MANSUDAE-GROSSMONUMENT, PJÖNGJANG, NORDKOREA

Katzbuckeln vor den Kims! Die klotzigen Bronzefiguren des „Großen Führer" von Nordkorea und seines „Ewigen Generalsekretärs" bilden das Zentrum des Monumental-Denkmals mit kolossalen Seitengruppen, die den Freiheitskampf der Nordkoreaner darstellen sollen. Besucher werden genötigt, den 20 m hohen Abbildern von Kim Il-sung und Kim Jong-il ihren Respekt zu erweisen, ihnen Blumen zu Füßen zu legen und sich (synchron) zu verneigen. Die Nordkoreaner lieben ihre Kims – zumindest in der Öffentlichkeit. Kim liebte Kim auch: Das Monument inklusive der ersten Bronzefigur machte sich Kim Il-sung 1972 anlässlich seines 60. Geburtstags selbst zum Geschenk. Sohn Kim Jong-il blieb da bescheidener: Er starb, bevor die zweite Statue zu seinen Ehren aufgestellt wurde.

185 TRUMP TOWER, NEW YORK, USA

Der berühmteste Immobilienzar der USA baut ein klotziges Hochhaus an der teuersten Geschäftsstraße von New York. Der Mann ist nicht gerade mit dem kleinsten Ego gesegnet. Wonach benennt er also sein 202 m hohes Phallussymbol? Nach sich selbst natürlich! Der Trump Tower, nur eines von Donald Trumps zahlreichen nach ihm getauften Bauwerken, ist ein aufdringlicher, glanzvoller Wolkenkratzer, der seit seiner Fertigstellung 1983 die Blicke aller Passanten der Fifth Avenue auf sich zieht. Der größte Teil des Gebäudes besteht aus Wohnungen und Büros, aber die öffentlich zugängliche Einkaufspassage im unteren Bereich lässt schon erahnen, wie glamourös es weiter oben zugeht: rosa-weißer Marmor, riesige Spiegel und gleißendes Messing.

186 TOM PRICE, AUSTRALIEN

In der guten alten australischen Tradition, die Dinge nüchtern beim Namen zu nennen (Snowy Mountains, Great Sandy Desert etc.), wurde dieser 1962 im westaustralischen Outback gegründete Ort nach dem Mann getauft, dem er seinen Wohlstand verdankt. Thomas Moore Price war ein hohes Tier bei der Firma Kaiser Steel und ein großer Befürworter der Suche nach Eisenerz in der Pilbara-Region. Zum Dank tragen heute ein Städtchen, ein Bergwerk und ein Berg seinen Namen. Er hat sich dafür ein gutes Plätzchen ausgesucht: Die Wildnis um Tom Price ist Westaustralien in Reinkultur – rotgelb glühende Felsen, endloser blauer Himmel und 50 km weiter östlich die üppig grünen Schluchten des Karijini-Nationalparks. Gut gemacht, Tom!

187 ABU SIMBEL, ÄGYPTEN

Tot, aber nicht vergessen – da sorgte Ramses II. gründlich vor, indem er Abu Simbel bauen ließ. Vier 20 m hohe Ramses-Statuen wachen vor dem majestätischen Tempel, der dem Sonnengott Ra, dem Gottkönig Amun und Ramses selbst geweiht war. Die Säulenhalle im Inneren ist mit erstaunlichen Bildern geschmückt – von denen die meisten natürlich den Pharao höchstselbst darstellen. Aber trotz aller Anstrengungen des Pharao wurde Abu Simbel dann doch vom Sand verschluckt und vergessen. Erst 1813 wurde der Tempel wiederentdeckt und 1964 Stein für Stein an einen höheren Standort versetzt, um ihn vor der Überflutung durch den neu aufgestauten Nassersee zu retten. Die ganze Aktion kostet 80 Mio. US$. Ramses wäre zufrieden gewesen.

188 HACIENDA NÁPOLES, ANTIOQUIA, KOLUMBIEN

Das hat man nun von einem Leben, das aus Kokainhandel, Gewalt und Korruption bestand – eine ausgebombte Villa und ein paar schäbige Plastiksaurier. Ganz so stimmt das natürlich nicht: Die Hacienda Nápoles sieht heute etwas mitgenommen aus, aber bevor ihr Besitzer Pablo Escobar 1993 erschossen wurde, war sie ein extravaganter Vergnügungspalast, der aller Welt demonstrieren sollte, wie reich und mächtig dieser Drogenbaron war. Zum Anwesen gehörten eine Stierkampfarena, eine Start- und Landepiste und sogar ein Zoo. Die meisten Tiere sind inzwischen tot oder umgesiedelt. Was bleibt, ist eine Flusspferdherde, die einzigen Mitglieder von Escobars Gang, die immer noch durch seine düstere Fantasiewelt streunen.

189 SCHLOSS VERSAILLES, FRANKREICH

In der Überzeugung, dass seine Person gleich hinter Gott käme, ließ sich Ludwig XIV. eine seiner Selbstüberschätzung angemessene Hütte erbauen. Und Versailles lässt Rückschlüsse darauf zu, wie übersteigert sein Selbstbild wirklich war. Der Park hat ungeheure Ausmaße und ist standesgemäß mit Skulpturen und Springbrunnen ausgeschmückt. Das Schloss selbst offenbart Ludwigs Hang zum Pomp mit einer Orgie von Blattgold, Fresken, Marmor und Spiegeln. Das in jeder Hinsicht unmäßige Bauwerk wurde zum Symbol der absoluten Monarchie – und zum Feindbild für die Revolutionäre, die es 1789 plünderten.

Hearst Castle imponiert mit märchenhaften Pools, Springbrunnen und Skulpturen der griechischen Antike und spanischen Maurenzeit.

190 HEARST CASTLE, KALIFORNIEN, USA

Als er seinen Architekten 1919 mit dem Bau dieses Anwesens beauftragte, schrieb der Zeitungszar William Randolph Hearst: „Ich würde gern ein kleines Etwas bauen." Das war natürlich eine himmelschreiende Untertreibung für ein Bauwerk, das zum genauen Gegenteil wurde: ein schwelgerisches, prahlerisches Highlight der Landschaftsgestaltung und Baukunst. Hearst Castle prunkte mit 165 Zimmern, diversen Swimmingpools und sogar einem eigenen Flugplatz. Das Hauptgebäude war einer spanischen Kathedrale nachempfunden. Die Anlage wurde immer weiter ausgebaut. Während der Jetset der 1920er- und 1930er-Jahre hier rauschende Partys feierte, wurden laufend neue Souvenirs von Hearsts Reisen integriert – ein römisches Mosaik, eine italienische Terrasse, noch ein Zebra für den hauseigenen Zoo ...

ERSTAUNLICHE EGOTRIPS

BEMERKENSWERTE BRÜCKEN

Die imposantesten Verbindungsbauwerke – von Wundern der modernen Technik bis zu geschichtsträchtigen Bohlen.

191 NISHISET-AUTOBAHN, JAPAN

So eine Kleinigkeit wie ein Binnenmeer sollte für den Autoverkehr kein ernsthaftes Hindernis darstellen. So sahen es jedenfalls die Japaner, als sie die Überfahrt zwischen den Inseln Honshu und Shikoku beschleunigen wollten. Die Nishiseto-Autobahn ist keine einzelne Brücke, sondern eine Aneinanderreihung von gleich zehn Brücken, die 60 km weit von einem Inselchen des Seto-Binnenmeers zum nächsten staksen, um die Städte Hiroshima und Imbari miteinander zu verbinden. Es gibt zwei weitere Brückensysteme über dasselbe Binnenmeer, aber die Nishiseto-Strecke ist die attraktivste – wegen ihrer Meerespanoramen, der Dörfchen am Weg und weil sie als Einzige nicht nur für Autos, sondern auch für Fahrräder und Fußgänger geöffnet ist.

192 MILLENNIUM BRIDGE, GATESHEAD, ENGLAND

Die (tatsächlich erst 2002 eröffnete) Millenium Bridge über den Tyne ist viel mehr als nur eine Flussquerung – sie ist ein architektonisches Statement. Der elegante Bogen dieser ersten Neige- oder Kippbrücke der Welt ist ein Symbol für Gateheads wirtschaftlichen Wiederaufschwung. Zugleich dient er als nützliche Fußgängerverbindung von der schicken neuen Uferpromenade nach Newcastle hinüber. Und weil die ganze Konstruktion – der Bogen mit dem Fußweg und der 50 m hohe Gegengewichtsbogen – wie eine Wippe funktioniert, die auf ihren Stützpunkten balanciert, lässt sie sich ganz leicht aus dem Weg kippen, um größere Schiffe durchzulassen. Der Mechanismus ist so energiesparend, dass das Manöver jedes Mal nur rund 4,30 € kostet.

193 ÖRESUND-BRÜCKE, SCHWEDEN/DÄNEMARK

Warum Flussufer verbinden, wenn man gleich den Bogen zwischen Ländern schlagen kann? Die Öresundbrücke überspringt Landesgrenzen, indem sie die dänische Hauptstadt Kopenhagen mit der drittgrößten schwedischen Stadt Malmö verbindet. Die Querung – ob per Straße oder Schiene – ist 16 km lang, doch nur knapp die Hälfte davon ist wirklich Brücke; der Rest führt durch einen Tunnel. Der Übergang von der unterseeischen zur überseeischen Verbindung erfolgt auf einer künstlich aufgeschütteten Insel im Öresund. Wer aus dem Tunnel herauskommt, hat das Gefühl, überm Wasser zu schweben, während ihn die geschwungene Schrägseilbrücke mit 200 m hohen Pylonen in ein anderes Land hinüberleitet.

Über 4,5 Mio. Fahrzeuge pro Jahr passieren den Viaduc de Millau, ein Kunstwerk der Bautechnik.

194 VIADUKT VON MILLAU, FRANKREICH

Diese Megabrücke als „Lückenschluss der A75" zu beschreiben, dürfte die Untertreibung des Jahrhunderts sein. Doch, die (leicht überproportionierte) Querung des Tarn schloss tatsächlich eine Lücke in der verkehrsreichen Autobahnstrecke von Paris nach Montpellier. Aber der Viaduc de Millau ist zugleich die erstaunlichste, gewaltigste Konstruktion, die je eine so idyllische Landschaft schmückte. Denn über das friedliche Flickwerk aus Feldern und Dörfchen im südlichen Frankreich spannt sich die höchste Brücke der Welt – ihre sieben Pylone ragen bis zu 343 m empor – und der bislang größte Wurf der Ingenieurskunst im 21. Jahrhundert.

195 BROOKLYN BRIDGE, NEW YORK, USA

Der Filmstar unter den Brückenbauten der Welt: Die berühmte Hängebrücke zwischen Brooklyn und Manhattan hat mit ihren spitzbogengeschmückten Doppelpfeilern und den mächtigen, geometrischen Tragseilen längst Kultstatus erlangt und durfte in vielen Filmen mitspielen. Für ein so attraktives Bauwerk hat sie eine recht düstere Geschichte: Während der Bauarbeiten zwischen 1869 und 1883 kamen 27 Männer ums Leben. Heute kann man das Resultat ihrer Anstrengungen genießen und die Voraussicht des Konstrukteurs John Roebling preisen, der erkannte, dass eine Brücke in einer so bevölkerungsreichen Stadt auch eine großzügige Promenade braucht.

Die Khaju-Brücke, die vielleicht schönste Brücke von Isfahan, ist nicht nur Verbindungsbauwerk, sondern auch geselliger Treffpunkt.

196 GALATABRÜCKE, ISTANBUL, TÜRKEI

Sie hat keine eleganten Bögen und ihre untere Etage ist von Kebabimbissen gesäumt. Doch dafür trägt diese Brücke eine uralte Historie auf ihren modernen Schultern und verbindet zwei kulturell ganz unterschiedliche Teile des alten Konstantinopel. Die heutige Galatabrücke wurde 1994 fertiggestellt, aber schon im 6. Jh. führte ein Dammweg über das Goldene Horn. Die Verbindung ist noch immer lebenswichtig. Scharen von Istanbulern nutzen sie täglich, um

den Meerarm zu queren, zu plauschen oder ihre Angel auszuwerfen. Und die Touristen kommen, weil die Aussicht bei Sonnenuntergang – mit den Schattenrissen der Minarette vor der rosaroten Himmelskulisse – kaum zu übertreffen ist.

197 STARI MOST, MOSTAR, BOSNIEN & HERZEGOWINA

Die Brücke hat die Stadt geprägt und ihr ihren Namen gegeben: Die

Bezeichnung Mostar ist von den Brückenwächtern (*mostari*) abgeleitet – so groß war die strategische Bedeutung des schmalen Mauerbogens über die Neretva. Die „Alte Brücke" aus dem 16. Jh. trotzte dem Zahn der Zeit, bis sie 1993 während des Balkankriegs zu Staub zerbombt wurde. Aber die gute alte Brücke war nicht unterzukriegen. 2004 wurde der stolze Nachbau eröffnet, von dessen 21 m hohem Scheitelpunkt sich heute wieder junge Männer in den Fluss hinabstürzen – ein seit fast 450 Jahren von den Einheimischen gepflegter Brauch, der zum Erwachsenwerden dazugehört.

DIEGO LEZAMA / LONELY PLANET IMAGES

199 KHAJU-BRÜCKE, ISFAHAN, IRAN

In regenarmen Zeiten könnte man den Fluss Zayandeh u. U. auch ohne Brücke queren – in manchen Jahren trocknet das Rinnsal, das sich mühsam durch die Stadt Isfahan kämpft, komplett aus. Aber der Bau der Khaju-Brücke hat sich dennoch gelohnt. Schah Abbas ließ das elegante Verbindungsbauwerk nebst Vergnügungspalast um 1650 errichten, damit sich seine Familie am und im Wasser vergnügen könnte. Heute ist die 110 m lange, zweistöckige Bogenreihe ein beliebter Treffpunkt der Einheimischen, die in ihren Nischen Schatten suchen. Sie dient zugleich als Staudamm, der das Wasser aufhalten kann, wenn es dann doch mal fließt.

längsten Teakholzbrücke der Welt. Die 1,2 km lange Stelzenbrücke wird immer noch rege genutzt. Wer kurz nach Sonnenaufgang oder knapp vor Sonnenuntergang kommt, kann auf ihr Scharen von Dorfbewohnern und orangegelb gewandeten Mönchen vor dem malerischen Morgen- bzw. Abendrot hin- und herwuseln sehen.

Stahlfachwerkelemente dagegen eine Ersatzkonstruktion aus der Nachkriegszeit. Besucher können die berühmt-berüchtigte Brücke zu Fuß oder per Zug aus dem nahen Kanchanaburi überqueren, um im kleinen Museum mehr über ihre düstere Entstehungsgeschichte zu erfahren.

198 U-BEIN-BRÜCKE, MYANMAR (BIRMA)

Eine gute Werbung fürs Recycling: Die U-Bein-Brücke über den Taungthaman-See wurde im 19. Jh. aus Holz zusammengezimmert, das nach der Verlegung der birmanischen Hauptstadt von Inwa nach Amarapura zurückblieb. Das Restholz des ehemaligen Palasts erwies sich als äußerst haltbar und widerstandsfähig. Trotz des ehrwürdigen Alters und der etwas wackeligen Erscheinung der Konstruktion gebührt ihr der Titel der

200 BRÜCKE AM KWAI, THAILAND

Schlicht, niedrig, von Dschungel umgeben – dies ist vielleicht nicht die eindruckvollste Brücke, aber eine der bewegendsten. Die Japaner ließen die Brücke am Kwai, die David Lean mit seinem gleichnamigen Film unvergesslich machte, während des Zweiten Weltkriegs von westlichen Kriegsgefangenen erbauen. Über sie sollte die sogenannte Todeseisenbahn verlaufen. Später wurde die Brücke bombardiert – die Stahlbögen sind noch original erhalten, die eckigen

BEMERKENS-WERTE BRÜCKEN

UNFASSBARE NATUR-PHÄNOMENE

Mutter Natur bringt uns ja immer wieder zum Staunen, aber hier und da zaubert sie ein wirklich abgedrehtes Karnickel aus dem Hut.

203 LAMBERT-GLETSCHER, ANTARKTIS

In einer Welt voll schrumpfender Gletscher ist es beruhigend zu wissen, dass uns immer noch der Lambertgletscher bleibt. Der längste Gletscher der Welt speist sich aus etwa 8 % des antarktischen Eisschilds. Er ist bis zu 400 km lang und an der Stelle, wo er das Amery-Schelfeis erreicht, rund 200 km breit. Das Schelfeis selbst ist eine seeseitige Verlängerung des Lambertgletschers und bringt eine der seltensten und schönsten Sehenswürdigkeiten der Naturwelt hervor: flaschengrüne Eisberge, die ihre Farbe ihrem hohen Gehalt an organischer Materie verdanken.

204 DON-JUAN-SEE, ANTARKTIS

Die antarktischen Trockentäler sind für sich genommen schon bemerkenswerte Naturerscheinungen auf einem rundum eindrucksvollen Kontinent: 3000 km² große Ödflächen ganz ohne Schnee oder Eis. Hier wurden Bakterien und Pilze gefunden, die teils 200 000 Jahre alt sein sollen und *in* den Felsen wachsen. Der Onyx River fließt von der Küste landeinwärts in den Vandasee, der an seinem Grund milde 25 °C warm ist. Und dann gibt es den Don-Juan-See, der nur 10 cm tief, aber das salzigste Gewässer auf Erden ist, 14-mal so salzig wie die Ozeane. Dank seines hohen Salzgehalts friert der seichte Tümpel selbst bei Temperaturen von -55 °C nicht zu.

201 WETTERLEUCHTEN VON CATATUMBO, VENEZUELA

Das seltsame Phänomen rund um die Mündung des Río Catatumbo in den Lago de Maracaibo besteht aus einer enormen Häufung von Blitzen ohne den dazugehörigen Donner. Das unheimliche lautlose Gewitter, das auch Wetterleuchten von Catatumbo genannt wird, ist mit 150 bis 200 Blitzen pro Minute mitunter so heftig und konstant, dass man in seinem Schein nachts lesen kann. Es gilt als stärkste einzelne Ozonquelle der Welt. Von den diversen Theorien über seine Entstehung überzeugt am ehesten noch die Annahme, dass hier kalte Winde aus den Anden auf die warme Verdunstungsfeuchte über dem See treffen, wodurch Luftpartikel ionisiert werden.

202 ASPHALTSEE, TRINIDAD & TOBAGO

Der blubbernde Asphaltsee, der einst als Strafe der Götter galt, ist wohl die merkwürdigste Sehenswürdigkeit auf Trinidad. Auch für Vogelbeobachter ist er interessant, weil er eine Reihe von Vogelarten anlockt. Die 40 ha große Asphaltfläche ist in der Mitte 90 m tief. Dort quillt ständig heißes Bitumen aus einem unterirdischen Spalt. Der Riesentümpel, einer von nur drei Asphaltseen der Welt, ist das weltweit größte Vorkommen an natürlichem Bitumen. Hier werden täglich rund 300 t Asphalt gefördert. Seine Oberfläche sieht wie ein Tennis-Sandplatz aus, der mit runzliger Elefantenhaut bedeckt ist. In der Regenzeit kann man in seinen warmen Becken voll schwefligem Wasser planschen.

205 WEIHNACHTS-INSELKRABBEN, AUSTRALIEN

Den größten Teil des Jahres bekommt man die roten Landkrabben der australischen Weihnachtsinsel kaum zu Gesicht. Sie leben an schattigen Plätzchen tief im Wald, der einen Großteil des Inselplateaus bedeckt. Dann plötzlich, mit Beginn der Regenzeit, normalerweise im Oktober oder November, kriechen plötzlich über 100 Mio. stattliche rote Krabben aus ihren Löchern. Sie brechen wie entwichene Sträflinge aus dem Wald hervor, klettern steile Felswände hinab und – noch gefährlicher – überqueren Straßen. All das, damit die Krabbenweibchen exakt zum Tidenwechsel kurz vor Neumond ihre Eier in den Indischen Ozean entlassen können.

206 SONNEN-FINSTERNIS, FÄRÖER- UND SPITZBERGEN-INSELN

Seit Jahrtausenden faszinieren Sonnenfinsternisse die Menschen, die sie beobachten. Schon Homer schrieb in seinem altgriechischen Epos, der *Odyssee*, über eine totale Sonnenfinsternis. Eine Sonnenfinsternis gehört zu den erstaunlichsten Spektakeln der Natur und liefert einen ausgezeichneten Vorwand für eine Riesenparty. Partielle Sonnenfinsternisse kommen mehrmals im Jahr vor, aber die totale Verfinsterung der Sonne ist immer nur von einem kleinen Teil der Erdoberfläche aus zu beobachten. Bei der totalen Sonnenfinsternis am 20. März 2015 auf der Nordhalbkugel sind die nordatlantischen Inseln von Färöer und Spitzbergen die weltweit besten Beobachtungsorte für das überwältigende Ereignis.

207 FISCHREGEN, HONDURAS

Fast jedes Jahr ziehen sich im Juni oder Juli düstere Gewitterwolken über dem Städtchen Yoro zusammen und lassen einen gewaltigen Platzregen auf den Ort herniederprasseln. Mit dem Wolkenbruch erscheinen Tausende silbriger Fische, die auf dem Boden herumzappeln. Die Einheimischen halten die Erscheinung für eine Gottesgabe. Sie führen sie auf einen spanischen Missionar des 19. Jhs. zurück, der um ein Wunder betete, um die Menschen satt zu bekommen. Biologen sagen zwar, das Ganze ließe sich wissenschaftlich erklären, konnten aber noch keine plausible Theorie liefern. So oder so ist das Ereignis ein prima Anlass für eine Party: Beim alljährlichen Festival de la Lluvia de Peces gibt es Umzüge, Musik und jede Menge Bratfisch.

208 MORNING GLORY CLOUDS, AUSTRALIEN

Wer dieses meteorologische Wunder über den nordaustralischen Golf von Carpentaria rollen sehen will, muss sich in aller Herrgottsfrühe aus den Federn wälzen. Die Morning Glory Cloud ist eine walzenförmige Wolke (manchmal auch mehrere hintereinander) von bis zu 1000 km Länge, die frühmorgens über den Himmel rollt und starke Aufwinde vor sich herschiebt. Dieser Aufwinde wegen sind die Wolken bei Segel- und Drachenfliegern außerordentlich beliebt. Seit den ersten Versuchen 1989 haben die Morning Glory Clouds einige „Wolkensurfer" schon über 700 km weit und bis zu sechs Stunden lang getragen.

209 POROROCA-TIDENWELLE, AMAZONAS, BRASILIEN

An der Mündung des Amazonas setzt sich die Atlantikflut gelegentlich – in der richtigen Mondphase – gegen die Flussströmung durch. Das Resultat ist die längste Tidenwelle der Welt. Im Licht der aufziehenden Morgendämmerung hört man das Kreischen der Affen und ein fernes dumpfes Grollen, bevor die Welle in Sicht kommt. 4 m hoch rollt sie stromaufwärts und nimmt dabei alles, was am Ufer so herumliegt, und einige besonders mutige Surfer mit sich. Der derzeitige Surfrekord liegt bei einem 12,5 km langen Wellenritt, der 37 Minuten dauerte. Das Spektakel ist alljährlich im März bei der Nationalen Pororoca-Surfmeisterschaft in São Domingos do Capim zu bewundern.

210 RACETRACK, KALIFORNIEN, USA

An einem Ort wie dem treffend benannten Death Valley in Kalifornien wundert sich keiner über die eine oder andere Merkwürdigkeit. Doch sein wohl größtes Rätsel ist das Geheimnis der „wandernden Steine" ganz im Norden des Tals. Diese großen Felsbrocken von bis zu 350 kg Gewicht wandern von ganz allein über die Erde und hinterlassen dabei Schleifspuren am Boden eines ausgetrockneten Sees. Niemand hat die Steine bislang in Bewegung beobachten können. Die plausibelste Theorie der Forscher lautet, dass die Felsbrocken vom Wind über den Boden geblasen werden, wenn der Untergrund durch Regen oder Frost rutschig ist.

GRANDIOSE VILLEN UND PALÄSTE

Einmal Milliardär sein – das wäre schon was, wenn man dafür in einem solchen Domizil hausen dürfte ...

211 MARBLE PALACE MANSION, KALKUTTA, INDIEN

Der imposante „Marmorpalast" von 1853 protzt mit verschwenderischem Skulpturenschmuck und kunstvollen Marmormosaikböden. Das Gemäuer, ein Mix aus klassizistischer und traditioneller bengalischer Architektur, ist mit Kronleuchtern, Spiegeln und Uhren vollgestopft. Inmitten des wild zusammengewürfelten Gewirrs von Kunstwerken und Dekoobjekten fallen eine Mahagonibüste von Königin Viktoria und Gemälde von Rubens und Tizian ins Auge. Obendrein gibt es auch noch einen See und ein Vogelgehege mit Pfauen und Kranichen. Doch die kostbaren Gemälde des Palasts vegetieren in verstaubten Rahmen vor sich hin und das antike Mobiliar ist planlos mit zerlumpten Staubhüllen drapiert. Das Ganze gäbe eine tolle Kulisse für einen Horrorfilm ab.

212 CHEONG FATT TZE MANSION, MALAYSIA

Die luxuriöse Villa mit 38 Zimmern und 220 Fenstern ließ sich Cheong Fatt Tze in den 1880er-Jahren bauen. Der Kaufmann hatte China als mittelloser Teenager Richtung Südostasien verlassen, bevor er sich zum „Rockefeller des Ostens" hocharbeitete. Seine Villa mit Lamellenfensterläden, Jugendstil-Buntglasfenstern und prachtvoll gemusterten Fliesenböden kombiniert östliche und westliche Baustile und ist eines der wenigen erhaltenen Beispiele für den großzügigen architektonischen Stilmix, der bei den wohlhabenden Straits-Chinesen jener Zeit so beliebt war. Der Standort des Hauses ist ein nach Feng-shui-Kriterien günstiger „Drachenthron", d. h. es liegen ein Berg (Penang Hill) hinter und Wasser (der Kanal) vor dem Haus.

213 WERRIBEE MANSION, AUSTRALIEN

Das 19. Jh. war eine Boomzeit für diese Ecke Australiens. Während der Goldrauschära war Melbourne zeitweise sogar die reichste Stadt der Welt. Diese guten Zeiten spiegeln sich in der prächtigen viktorianischen Architektur der Stadt. 1877 ließ sich die reiche Viehzüchter-Familie Chirnside hier Werribee Mansion im italienisch inspirierten Stil errichten. Der Bau in schönster Kolonialtradition steht in einer bezaubernden geometrischen Gartenanlage mit Teich, Glashäusern, künstlicher Grotte und Skulpturenweg.

Selbst in einem Land voller prächtiger Adelssitze nimmt Castle Howard eine Sonderstellung ein.

214 VILLA D'ESTE, ITALIEN

Die Villa d'Este aus der Hochrenaissance steht in Tivoli, in der Nähe von Rom. Die Anlage war ein Benediktinerkloster, bevor Kardinal Ippolite d'Este (ein Sohn von Lucrezia Borgia) sie 1550 zu einem Luxuspalast umbauen ließ. Hier erholte er sich von seiner Enttäuschung darüber, dass er nicht Papst geworden war. Der um einen Innenhof angelegte Bau hat freskengeschmückte Decken und einen zentralen Saal, der auf eine fantastische Gartenlandschaft mit vielfältigen Wasserspielen blickt: Springbrunnen, Teiche, Grotten, Nymphen, Drachen, geflügelte Pferde und eine Wasserorgel.

215 CASTLE HOWARD, ENGLAND

Obwohl es in England von prunkvollen Adelssitzen nur so wimmelt, dürfte es schwer werden, ein zweites Anwesen von so atemberaubender Großartigkeit wie Castle Howard zu finden, ein Bauwerk von geradezu theatralischer Majestät und Kühnheit inmitten der idyllischen Howardian Hills. Es gehört zu den schönsten Gebäuden der Welt und wurde in den 1980er-Jahren durch seine Starrolle in dem TV-Mehrteiler *Wiedersehen mit Brideshead* auch bei uns bekannt. Der Bau des Gemäuers dauerte drei gräfliche Generationen. Es ist immer noch Wohnsitz der Familie Howard, doch Haus und Park (mit mauerumschlossenem Garten aus dem 18. Jh., Rosen und Rittersporen, Tempelchen, Springbrunnen ...) sind auch für Besucher geöffnet.

83

Die barocke Pracht des Katharinenpalasts kann Betrachtern die Tränen in die Augen treiben.

216 FALLINGWATER, PENNSYLVANIA, USA

Ein Meisterwerk von Frank Lloyd Wright aus den 1930er-Jahren: Die Konstruktion mit den für ihn typischen klaren Linien und auskragenden Bauelementen scheint über einem Wasserfall zu schweben. Der Architekt baute das Haus in den Wäldern des südlichen Pennsylvania für die Familie Kaufmann, reiche Kaufhausbesitzer. Es besteht aus

örtlichem Stein und fügt sich dadurch besonders harmonisch in die Landschaft ein – fast wirkt es, als hätten sich die Felsen aus dem Bear Run Creek erhoben und spontan Hausgestalt angenommen. Drinnen herrscht ein fast schon japanisch anmutender Minimalismus, und das Plätschern des Wasserfalls dringt in alle Räume. Das Haus ist in einen Waldgarten eingebettet, der seinerseits nahtlos mit der natürlichen Umgebung verschmilzt.

217 SCHLOSS CHAMBORD, FRANKREICH

Grandioser kann ein Château wohl kaum werden als Chambord, das Franz I. im 16. Jh. errichten ließ, um dort auf die Jagd zu gehen und sich mit seiner Mätresse zu amüsieren. Am berühmtesten ist die geniale doppelläufige Wendeltreppe des Schlosses, deren Konstruktion manche Leonardo da Vinci zuschreiben. Die beiden Treppenläufe schrauben

ARNO BURGI / CORBIS

218 KATHARINENPALAST, RUSSLAND

Den barocken Palast ließ sich Katharina I., Gemahlin von Zar Peter dem Großen, als Sommerresidenz bauen. Ihre Tochter Elisabeth brachte ihr Leben damit zu, das Schloss mit Hilfe ihres Baumeisters Bartolomeo Rastrelli um- und auszubauen. Dieser entwarf später auch den Winterpalast. Zu ihrer Zeit wurden viele Fassadenelemente vergoldet. Unter Katharina II. kamen etwas weniger protzige Elemente wie der Achatpavillon und ein chinesischer Salon hinzu. Im Zweiten Weltkrieg plünderten und zerstörten deutsche Truppen den Katharinenpalast. Inzwischen ist er weitgehend restauriert. Unbedingt sehenswert ist das (nachgebaute) Bernsteinzimmer mit seiner Wandverkleidung aus massiven Bernsteinplatten und kunstvoll gemustertem Parkett.

219 SLEEPER-MCCANN HOUSE, MASSACHUSETTS, USA

Das leicht überdimensionierte „Sommerhäuschen" des Innenarchitekten Henry Davis Sleeper mit über 40 Zimmern wird auch Beauport House genannt. Sleeper fuhr durch ganz Neuengland, um ausgewählte Bauelemente und Einrichtungsgegenstände aus abbruchreifen Häusern aufzukaufen: Holztäfelungen, Mobiliar, Tapeten, Buntglas und Porzellan. So schuf er keine stilistische Einheit, sondern ein wüst zusammengewürfeltes, aber künstlerisch ebenso überraschendes wie gelungenes Heim. Die Villa steht gleich auf den Küstenfelsen mit Blick auf den Hafen von Gloucester, Massachusetts. Ihre Terrassen im Arts-and-Crafts-Stil führen zu einer Reihe von „Gartenzimmern" hinab.

220 POWERSCOURT, IRLAND

Powerscourt brannte in den 1970er-Jahren komplett aus, ist aber wie Phönix aus der Asche wieder zu voller palladianischer Pracht auferstanden. Die einstige Festung aus dem 13. Jh. wurde im 18. Jh. gründlich umgemodelt. Zu den Anbauten gehörte ein umwerfender Ballsaal über zwei Geschosshöhen. Das Herrenhaus steht in den Wicklow Mountains in einer fast 20 ha großen Parkanlage im italienischen Stil mit Springbrunnen, Grotten, Wasserfällen, Fischteichen, einem ummauerten Garten und einer 1,6 km langen Buchenallee mit 2000 Bäumen.

sich drei Etagen hinauf, ohne sich unterwegs zu begegnen. Dann ist da noch die Terrasse im italienischen Stil, die von so vielen Türmen, Kuppeln, Ziergiebeln, Schornsteinen, Schieferdächern und Blitzableitern umgeben ist, dass man sich fast wie in einer kleinen Stadt fühlt. Hier versammelte sich der königliche Hof, um militärische Übungen, Turniere und die von der Pirsch zurückkehrenden Jagdgesellschaften zu beobachten.

GRANDIOSE VILLEN UND PALÄSTE

MERKWÜRDIGE MONUMENTE

Wenn jemand oder etwas je von irgendeiner Bedeutung war – und selbst wenn nicht –, wurde ihm sicher schon mal irgendwo ein Denkmal gesetzt, wie diese Beispiele beweisen.

Im Szoborpark, Budapest, haben die Helden des Kommunismus – und Stalins Stiefel – Asyl gefunden.

221 DENKMAL FÜR PETER I., MOSKAU, RUSSLAND

Peter der Große war nicht besonders nett zu Moskau. Zwar ließ er das damals höchste Bauwerk der Stadt, den 90 m hohen Sucharew-Turm, errichten, aber dann verlegte er die russische Hauptstadt ins nordwestliche Sumpfland (St. Petersburg) und überließ die entthronte Ex-Hauptstadt ihrem Schicksal. Deshalb verwundert es etwas, diese wahrhaft gigantische Statue vor der Moskauer Schokoladenfabrik Krasny Oktjabr (Roter Oktober) stehen zu sehen. Stolze 94,5 m, also doppelt so hoch wie die Freiheitsstatue ohne ihren Sockel, ragt Zar Peters Denkmal auf. Nicht alle Moskowiter sind davon begeistert; ein paar Radikale haben sogar – erfolglos – versucht, das Ding in die Luft zu jagen.

222 WASHINGTON NATIONAL CATHEDRAL, WASHINGTON, D. C., USA

Die gewaltige Kathedrale ist ein Wahrzeichen der Skyline von Washington, D. C., und würde auch in Europa nicht fehl am Platz wirken, bis auf ein paar ureigene amerikanische Akzente: Die Säulenkapitelle an der Nordfassade sind mit Iglu-Motiven geschmückt und ein Steinbrocken vom Mond ziert eines der Kirchenfenster. Der Gipfel der Merkwürdigkeit: Einer der Wasserspeier, die die Traufen des Gebäudes säumen, ist der in Stein gehauene Kopf von… Darth Vader. Ja genau, Lukes asthmatischer Papa. Die Figur ist das Resultat eines Wettbewerbs aus den 1980er-Jahren, bei dem Kinder dekorative Skulpturen für die Kathedrale entwerfen sollten – Darth wurde als futuristische Verkörperung des Bösen vorgeschlagen.

223 SZOBORPARK, BUDAPEST, UNGARN

In den meisten ehemaligen Sowjetstaaten landeten die Heldenstatuen von Lenin, Marx & Co. auf dem Schrotthaufen der Geschichte, aber die Budapester sind ein ganz klein bisschen stolz auf ihr kommunistisches Gerümpel. Genug jedenfalls, um den Szobor- oder Memento-Park einzurichten, der fast 50 Statuen, Büsten und Gedenktafeln von Lenin, Marx, Béla Kun und anderen „Helden der Arbeit" Asyl gibt. Wer die Auswüchse des sozialistischen Realismus bestaunt, sollte nicht vergessen, dass vier dieser monströsen Hinterlassenschaften noch in den späten 1980er-Jahren errichtet wurden. Zu der Sammlung gehört auch ein Paar Stalinscher Bronzestiefel – alles, was von einer riesenhaften Statue übrigblieb, die während des Volksaufstands 1956 gestürzt wurde.

JOHN ELK III / LONELY PLANET IMAGES

224 KLISTIER-MONUMENT, SCHELESNOWODSK, RUSSLAND

Die Welt ist voller Monumente für die seltsamsten Dinge, aber wer hätte je gedacht, dass auch der bescheidene Einlauf einer Gedenkstätte würdig ist? 2008 enthüllte das russische Städtchen Schelesnowodsk eine Bronzeskulptur mit drei Engelchen, die eine 360 kg schwere Birnspritze stemmen – zu Ehren einer der wichtigsten Behandlungen des beliebten Kurorts: Einläufe mit dem Mineralwasser, das aus mehreren Quellen rund um die Stadt fließt. Zur Einweihung wurde ein Banner über die Wand des benachbarten Kurgebäudes gespannt, das die Botschaft verkündete: „Lasst uns Verstopfung und Schluderei mit Einläufen bekämpfen." Sehr bewegend – im Wortsinn.

225 MANNEKEN PIS, BRÜSSEL, BELGIEN

Der weltweit bekannte Manneken Pis – ein kleiner Bronzejunge, der fröhlich in ein Brunnenbecken pinkelt – ist irgendwie zu einem Nationalsymbol der Belgier geworden, die ihn als Verkörperung ihres unbeugsamen und ehrfurchtslosen Geistes auserkoren haben. Die Entstehungsgeschichte der Statue verliert sich im Nebel der Geschichte: Manche sagen, die Figur sei nach einem Jungen modelliert, der ein Feuer löschte, andere, er sei der Sohn eines Adligen gewesen. Je nach Gelegenheit kleidet die Stadt ihn in eines seiner über 700 Kostüme ein. In einer Gasse nördlich des Grote Markt hockt übrigens seine kleine „Schwester" Jeanneke Pis und im Viertel Saint-Géry hebt der Straßenköter Zinneke sein Beinchen.

Der heißhungrige Unhold ziert den Kindlifresserbrunnen in Bern.

226 ROCKY-BALBOA-STATUE, ŽITIŠTE, SERBIEN

Selbst wer alle sechs *Rocky*-Filme sehr konzentriert angesehen hat, weiß vermutlich nichts davon, dass Rocky Balboa je in Serbien gekämpft hätte. Was das serbische Städtchen Žitište aber nicht daran hinderte, dem legendären Boxer ein 3 m hohes Bronzedenkmal zu setzen. Das 2007 eingeweihte Monument sollte den Kampfgeist des Städtchens symbolisieren und ihm nach Jahren des Pechs (z. B. in Form von Hochwasser) und schlechter Publicity (z. B. wegen Morden) moralischen Auftrieb geben. Der Einheimische, der die Idee ausgebrütet hatte – natürlich ein treuer *Rocky*-Fan –, meinte: So hart wie Rocky Balboa für das von ihm Erreichte kämpfen musste, könnte er geradewegs aus Žitište stammen.

227 KINDLIFRESSERBRUNNEN, BERN, SCHWEIZ

Zu den berühmten Sehenswürdigkeiten der schnuckeligen Schweizer Hauptstadt Bern gehören ihre elf dekorativen Springbrunnen aus dem 16. Jh., die Fantasiegestalten aus Volkssagen oder historische Figuren darstellen. Die meisten reihen sich an der Marktgasse, die in die Kramgasse und die Gerechtigkeitsgasse übergeht, aber der berühmteste steht auf dem Kornhausplatz: der Kindlifresserbrunnen. Wer nur die untere Hälfte der Figur betrachtet, denkt sich vielleicht noch nichts Böses. Mehrere Kinder gucken aus einem Sack heraus; ein weiteres hält die Trollgestalt sicher im Arm. Doch beim Blick weiter nach oben offenbart sich Grausames, denn der Unhold stopft sich gerade ein anderes Kind mit dem Kopf voran in den Mund. Die passende Sehenswürdigkeit für alle, die ihre Kinder mal so richtig das Fürchten lehren wollen.

230 FRANK-ZAPPA-BÜSTE, VILNIUS, LITAUEN

Das Bindeglied zwischen Frank Zappa und Vilnius, der Hauptstadt von Litauen, ist, gelinde gesagt, dürftig (o. k., nicht existent), aber nachdem in den frühen 1990er-Jahren alle Lenin-Büsten abgeräumt waren, sah die Stadt halt ein bisschen leer aus. Diese Gelegenheit konnte sich der örtliche Zappa-Fanclub nicht entgehen lassen. Nach dem Tod des Rockers im Jahr 1993 setzte ihm die Stadt als erste überhaupt ein Denkmal: eine steinerne Büste auf einer sehr hohen Säule. Die Mauer gleich dahinter wurde mit Zappa-Motiven besprüht. Seitdem ist das Monument erstaunlicherweise zu einem der beliebtesten der Stadt avanciert.

228 UNTERWASSER-GALERIE IN DER MOLINIÈRE-BUCHT, GRENADA

Kunstgalerien sind eine wie die andere – weiße Wände, Holzfußboden, affige Kundschaft ... Aber diese hier ist anders. Denn sie befindet sich unter dem Meeresspiegel der Molinière-Bucht, 3 km nördlich von St. George's an der Westküste von Grenada. Hier stehen lebensgroße Skulpturen auf dem Meeresboden, u. a. ein Kreis aus Frauen, die sich an den Händen halten, ein Mann am Schreibtisch und ein Mountainbiker. Der Künstler Jason Taylor hat einen Kunstgarten geschaffen, der als Lebensraum für die Meeresfauna und -flora dient. Mit der Zeit siedeln sich Korallen auf den Skulpturen an, die wieder andere Kreaturen anlocken. So wird die Kunst zum Teil der Meereswelt.

229 WELLINGTON-STATUE, GLASGOW, SCHOTTLAND

Es ist ganz und gar nichts Ungewöhnliches an dem Denkmal für den Herzog von Wellington vor der Gallery of Modern Art in Glasgow – bis auf den Verkehrsleitkegel auf seinem Haupt. Der äußerst heroisch dreinblickende Herzog, der hier seit 1844 steht, trägt tagein, tagaus ein orangefarbenes Verkehrshütchen im kecken Winkel auf dem Kopf (häufig ziert ein weiteres sein Pferd). Der Brauch hält sich schon seit über zwei Jahrzehnten, als ein paar Suffköppe erstmals das Denkmal erkletterten, um dem Herzog ein Plastikhütchen aufzusetzen. Die Behörden bemühten sich zeitweise, das Treiben durch Strafandrohungen zu unterbinden; es nützte nichts. Wir lehnen solche Ordnungswidrigkeiten natürlich ab, aber Orange steht dem Herzog schon ganz gut ...

MERK-WÜRDIGE MONUMENTE

SCHWINDEL-ERREGENDE SCHLUCHTEN

Über viele Jahrtausende haben die Gewässer der Erde diese tiefen, düsteren und faszinierenden Einschnitte in die Erdoberfläche gegraben.

241 GEECH-KLUFT, ÄTHIOPIEN

Auf einer Wanderung entlang der Abbruchkante des Sämen-Gebirges bieten sich jede Menge berauschende Ausblicke. Trotzdem bleibt der erste Blick in die Geech-Kluft etwas ganz Besonderes. Während man sich über ein schmales Felsband vortastet, öffnet sich darunter ein schattiger Abgrund, so tief und dunkel, wie man sich das Herz Afrikas vorstellt. Aus einer Nische rinnt ein schmaler Wasserfall über 500 m tief bis zum unsichtbaren Grund der gähnenden Kluft. Die Felswände, die ihn umrahmen, scheinen senkrecht in bodenlose Tiefen zu stürzen. Und man teilt die Aussicht mit einigen uralten Verwandten, da unweigerlich einige der nur hier heimischen Dschalada-Paviane in wenigen Metern Entfernung vom Aussichtspunkt grasen.

242 FISCHFLUSS-CANYON, NAMIBIA

Der Fischfluss-Canyon ist in Afrika einzigartig. Und das ist keine bloße Behauptung; die Zahlen sprechen eine klare Sprache: Der Canyon ist 160 km lang und bis zu 27 km breit. Der spektakuläre innere Canyon erreicht eine Tiefe von 550 m. Doch so eindrucksvoll diese Zahlen klingen, kann die enorme Größe dieser Schlucht eigentlich nur erfassen, wer sie persönlich in Augenschein nimmt. Die beste Möglichkeit dazu ist eine monumentale Fünftagewanderung über 85 km, die die halbe Länge des Canyons durchquert.

243 KALI GANDAKI, NEPAL

Wer von einem Punkt wie dem Kopra-Grat, der sich vom Annapurna-Südgipfel herabzieht, in den düsteren Schatten der Kali-Gandaki-Schlucht hinabblickt, erkennt rasch, welch gigantischer Abgrund sich hier auftut. Der Höhenunterschied vom Grund der Schlucht bis zum Gipfel des Dhaulagiri – des siebthöchsten Bergs der Welt – beträgt rund 5500 m, was die Schlucht zur tiefsten der Welt macht. Sie dient seit langem als Handelsroute zwischen Nepal und Tibet – der Fluss Kali Gandaki entspringt in Mustang in der Nähe der chinesisch-tibetischen Grenze – und ist inzwischen eine Hälfte des Annapurna Circuit, der beliebtesten Trekkingroute von Nepal.

93

Die sagenhafte Bergwelt der nepalesischen Kali-Gandaki-Schlucht

Die Tiger-Sprung-Schlucht in China: Nicht einmal die namensgebende Großkatze könnte dieses reißende Gewässer überspringen.

244 CAÑÓN DEL COLCA, PERU

Der 100 km lange Cañón del Colca liegt zwischen 6000 m hohe Vulkane eingebettet und reicht von 1000 bis über 3000 m Tiefe – das ist mehr als doppelt so tief wie der Grand Canyon. Jahrelang tobte die Debatte darüber, ob dies der tiefste Canyon der Welt sei, doch neuerdings wird er als zweittiefster hinter dem benachbarten Cañón del Cotahuasi eingestuft, der noch rund 150 m tiefer reicht. Sehr beliebt sind zweitägige Wanderungen in den Canyon; eine weitere Möglichkeit sind fünftägige Wandertouren, die über den 5100 m hohen Paso Cerani führen. Wer unterwegs die Augen offenhält, erspäht vielleicht einen Kondor.

245 SAMARIA-SCHLUCHT, KRETA, GRIECHENLAND

Die Samariaschlucht auf Kreta wird mit ihren 16 km als die längste Schlucht Europas angepriesen. Sie beginnt gleich unterhalb der Omalos-Hochebene und wurde von dem Fluss ausgewaschen, der zwischen den Gipfeln Avlimaniko (1858 m) und Volakias (2115 m) hindurchfließt. Ihre Breite schwankt zwischen 150 und 3 m; ihre lotrechten Steilwände ragen bis zu 500 m in die Höhe. Eine Wanderung durch die Schlucht gehört zu den beliebtesten Aktivitäten für Kreta-Besucher. Und obwohl hier jährlich rund 170 000 Menschen durchstiefeln, bleibt ein Aufenthalt in dieser fantastischen Schlucht ein unvergessliches Erlebnis.

246 GRAND CANYON, ARIZONA, USA

Er ist tatsächlich so grandios, wie sein Name vermuten lässt, und nicht ohne Grund der berühmteste Graben der Welt. An seinem Rand zu stehen, ist ein Gefühl, als ob sich die Erde verabschiedet, um sich 1600 m tief in den Colorado River zu stürzen. Und von der ungeheuren Größe dieser Bodenspalte mal abgesehen, verblüfft das Naturwunder vor allem mit seinen Farben – schwarz, rot, braun –, die sich mit dem Lauf der Sonne zu verändern scheinen. Der Grand Canyon kommt seinen Besuchern großzügig entgegen und macht seine Schönheit auf vielerlei Weise erfahrbar, ob von seinem Rand gesehen, auf einer Wanderung zum Grund des Canyons oder einer Raftingtour durch seinen Schlund.

DANNY CARLO / ALAMY

248 TIGER-SPRUNG-SCHLUCHT, CHINA

Die Schlucht mit dem wunderlichen Namen liegt in Yúnnán und gehört zu den tiefsten der Welt: Sie ist 16 km lang und schwindelerregende 3900 m tief, vom Fluss Jīnshā bis zu den schneegekrönten Gipfeln des Hābā Shān im Westen und des Yùlóng Xuěshān im Osten. Die Wanderung durch die Schlucht war einmal ein echtes Abenteuer, gehört aber seit einigen Jahren zum Standardrepertoire für Besucher des nördlichen Yúnnán. Für die Wanderung sollte man drei bis vier Tage einplanen; notfalls ist sie auch in zwei zu absolvieren. Die beste Zeit zum Besuch der Schlucht ist von Mai bis Anfang Juni, wenn die Berghänge bunt erblühen.

247 KINGS CANYON, AUSTRALIEN

Das Image des australischen Outback ist auf Naturwunder wie dem Kings Canyon aufgebaut, dessen lotrechte, 100 m hohe Steilwände die rote Wüstenlandschaft durchpflügen. Die 1 km lange Schlucht ist tief in das Sandsteinplateau gegraben, das an vielen Stellen von bizarr verwitterten Sandsteinbuckeln gekrönt ist. Am oberen Ende der Schlucht speist eine Quelle einen Garten Eden, in dessen feuchtem Mikroklima eine Vielzahl von Pflanzen gedeihen. Am besten lässt sich der Canyon auf der Kings-Canyon- Rim-Wanderung erleben, einem 6 km langen Rundweg, der überwältigende Canyonpanoramen aus verschiedenen Blickwinkeln eröffnet.

249 TARASCHLUCHT, MONTENEGRO

Auf ihrem Weg durch die Berge am Nordrand des Durmitor- Nationalparks hat die Tara eine Schlucht gegraben, die an ihrem tiefsten Punkt bis auf 1300 m hinabreicht. Die Schlucht, die sich über 80 km erstreckt, ist die tiefste in Europa; sie bleibt nur wenige Hundert Meter hinter der Tiefe des Grand Canyon zurück. Rafting-Touren durch die Schlucht gehören zu den beliebtesten Touristenattraktionen von Montenegro. Die Tara hat einige Stromschnellen, ist aber nicht gerade ein Hexenkessel. Besucher sollten also kein adrenalintreibendes Wildwasserabenteuer erwarten. Am aufregendsten ist das Ganze noch im Mai, wenn die letzten Reste der Schneeschmelze den Strom anschwellen lassen. Die klassische Zweitagestour führt durch den tiefsten Teil der Schlucht.

250 YUSUFELI- SCHLUCHT, TÜRKEI

Mit 1500 m hohen Wänden, zwischen denen sich der Fluss Çoruh hindurch- zwängen muss, ist die Schlucht im östlichen Anatolien eins der besten Ziele fürs Wildwasser-Rafting. Sie hat eine Reihe von Stromschnellen der Schwierigkeitsgrade IV und V mit vielversprechenden Namen wie King Kong und High Tension. Ihren besonderen Reiz macht aber die Landschaft aus: schroff aufragende Felswände und Einblicke in traditionelles Dorf- leben. Es werden Rafting-Abenteuer vom Tagesausflug bis zu längeren Touren angeboten. Die ganzen 300 km des Flusslaufs zu befahren, dauert etwa eine Woche, mit der Yu- sufeli-Schlucht als krönendem Finale.

SCHWINDEL- ERREGENDE SCHLUCHTEN

WUNDERSAME MEERESTIERE

Unsere Ozeane sind voller erstaunlicher Lebewesen, vom größten Tier der Welt über die gruseligen Bewohner der düsteren Tiefsee bis zum winzigen biolumineszenten Mikroplankton.

251 MONDFISCH, NAMIBIA

Auf den ersten Blick könnte man schwören, dass der Mola Mola oder Mondfisch auf der Seite schwimmt. Dafür gibt es keinen richtigen Grund, denn er hat Rücken- und Bauchflossen wie andere Fische auch, aber er sieht einfach sehr seltsam aus. Vielleicht führt der Körperbau des Mondfischs die Augen in die Irre: Er wirkt so platt und zerbeult, als hätte ihn jemand durch die Mangel gedreht. Seine Erscheinung ist jedenfalls unverwechselbar. Außerdem ist er der größte bekannte Knochenfisch überhaupt und bringt im Durchschnitt 1000 kg auf die Waage. Bei diesem Fisch können Fischer wahrhaftig die Arme weit ausbreiten und sagen: „Sooo groß war er!"

252 BLAUWAL, KALIFORNIEN, USA

Der majestätische Blauwal ist nach menschlichem Wissen das größte Tier, das je auf unserem Planeten gelebt hat. Er kann bis zu 30 m lang und 180 t schwer werden. Um diese Zahlen etwas anschaulicher

253 SEEPFERDCHEN, SULAWESI, INDONESIEN

Die kleinen Tierchen sehen so knuffig aus, dass sie jeder gern hat, gelten aber inzwischen als bedroht. Sie sind einfach zu faszinierend. Zunächst einmal wäre da ihr ulkiges Äußeres. Ihre langen Mäuler, geringelten Schwänze und ihr aufrechter Schwimmstil sind einzigartig. Außerdem sind Seepferdchen dafür berühmt, dass bei ihnen die Männchen den Nachwuchs gebären. Wegen ihrer geringen Größe und raffinierten Tarnung sind sie in der Natur schwer aufzuspüren, zumal sie sich meist zwischen Korallen verstecken. Aber leider sind sie auch als Zierfische und wegen angeblicher Heilwirkungen sehr begehrt – so werden jährlich rund 25 Mio. Seepferdchen gehandelt.

zu machen: Das ist ein Viertel der Länge eines Fußballfelds und das Gewicht von 24 Londoner Doppeldeckerbussen. Man braucht schon enorm viel Krill, um so einen Körper mit Brennstoff zu versorgen – genau gesagt rund 6 Mio. Kleinkrebse pro Tag. Nach vorsichtigen Schätzungen gibt es nur noch rund 10 000 Blauwale, die sich auf die Nord- und Südhalbkugel verteilen.

Deshalb ist es gar nicht so einfach, einen guten Blick auf einen Blauwal zu erhaschen. Die meisten Touristen interessieren sich ohnehin mehr für die fotogenen Orcas oder Schwertwale, aber einem der blauen Riesen in freier Natur zu begegnen, gehört zu den aufregendsten Tiererlebnissen überhaupt.

Bei den Seepferdchen bringt Papa die Kinder zur Welt; hier ein prächtig getüpfeltes Exemplar bei Sulawesi.

CASEY & ASTRID MAHANEY/LONELY PLANET IMAGES

Die elektrisierende Schönheit des indonesischen Imperator-Kaiserfischs ist kaum zu überbieten.

254 DUGONG, PHILIPPINEN

Dem Dugong möchte man am liebsten zurufen: „Du gehörst doch irgendwo auf eine Wiese! Geh Gras fressen!" Und vielleicht würde der bescheidene Dugong sogar brav gehorchen. Denn das lustig anzusehende Tier wird nicht umsonst auch als „Seekuh" bezeichnet. Oft sieht man ihn auf dem Meeresboden, wo er sich ganz gemächlich durch die Seegrasfelder weidet. Seine sorglose Art mag angesichts der vielen Räuber, die die Ozeane durchstreifen, etwas unvorsichtig erscheinen. Doch wegen seiner Größe werden dem Dugong normalerweise nur Großräuber wie Haie, Schwertwale und Krokodile gefährlich. Und für Tierbeobachter ist es ein Glück, dass die Dugongs sich nicht schneller bewegen – so sind sie viel leichter zu erspähen.

255 DELFINE, AZOREN, PORTUGAL

Wer hätte noch nie davon geträumt, mit Delfinen zu schwimmen? Von all den vielen Lebewesen, die unsere Ozeane bewohnen, ist uns kaum eines so ans Herz gewachsen wie diese kleinen Meeressäuger. Ob es nun an ihrer Intelligenz oder an ihrem permanenten Grinsen liegt, jedenfalls haben wir sie zum Inbegriff aller tierischen Tugenden auserkoren und es gilt als supercool, „delfinfreundlich" zu sein. Was eine gute Sache ist, solange es nicht in Belästigung oder Ausbeutung ausartet. Rund um die Welt werden Delfine zu unserer Belustigung in Gefangenschaft gehalten, aber wer die Gelegenheit bekommt, sie in ihrem natürlichen Lebensraum zu erleben, wird das als ungleich befriedigender empfinden.

256 GRÜNE MEERES-SCHILDKRÖTE, GALÁPAGOS-INSELN, ECUADOR

Die grünen Meeresschildkröten der Galápagosinseln sind Sorgenkinder des Artenschutzes. Die eleganten Schwimmer müssen um ihre Nistplätze fürchten – vornehmlich idyllische Strände. Selbst wenn es so ein Mini-Schildkrötchen aus dem Ei ins Meer geschafft hat, wartet die nächste Gefahr: unzählige Schildkröten landen (und sterben) als Beifang in Schleppnetzen. Besonders beeindruckend – und gefährdet – sind auf Galápagos auch die Riesenschildkröten, die allerdings nur an Land leben. Ein wahres Ungeheuer – sie wird bis zu 2 m lang, 400 kg schwer und angeblich 150 Jahre alt. Einige Unterarten sind so selten, dass der Supersenior Lonesome George zum Medienthema wurde, weil sich für ihn keine Partnerin mehr auftreiben ließ.

257 IMPERATOR-KAISERFISCH, RAJA-AMPAT-ARCHIPEL, WEST-NEUGUINEA, INDONESIEN

Korallenriffe sind die artenreichsten Lebensräume der Meere. Nicht umsonst werden diese überwältigenden Landschaften auch als „Unterwassergärten" bezeichnet. Die Fische, die sich hier tummeln, sind die Pin-up-Models der Wasserwelt – *Findet Nemo* war nur ein Vorgeschmack – und der indonesische Raja-Ampat-Archipel besitzt eines der artenreichsten Riffe überhaupt. Wer die Clownfische über hat, kann sich hier unter 1300 anderen Arten seinen Lieblingsfisch aussuchen. Von all den Formen, Größen und Farben, die zur Auswahl stehen, wirkt der Imperator-Kaiserfisch besonders faszinierend. Die Jungfische sind dunkelblau mit stahlblauen und weißen Kringeln; bei den ausgewachsenen Fischen wandelt sich die Zeichnung zum blau-gelben Streifenmuster. Ein schöneres Tier ist kaum vorstellbar.

258 WEISSER HAI, GANSBAAI, SÜDAFRIKA

Von allen großen Raubtieren der Welt verbreiten nur wenige solchen Schrecken wie der gewaltige Weiße Hai. Es kursieren zahlreiche Geschichten über Schwimmer, die ihm zum Opfer fielen, und die Filmserie *Der weiße Hai* aus den 1970er- und 1980er-Jahren nährte seinen schaurigen Ruf. In Wirklichkeit attackieren Weiße Haie nur höchst selten Menschen, aber Vorsicht ist trotzdem angebracht, weil sie Meister im Anschleichen sind. Die bis zu 6 m langen Haie mit ihrem Riesenmaul voll rasiermesserscharfer Zähne (abgenutzte Zähne wachsen nach, so dass die Tiere im Laufe ihres Lebens bis zu 35 Mio. Zähne verschleißen können) bevorzugen normalerweise große Fischarten, Delfine, Tümmler, Robben und sogar einige Walarten als Beute.

259 NOMURA-QUALLE, JAPAN

Keine Knochen, kein Hirn, kein Blut. Das ist ein seltsames Konzept für ein Tier, aber die Quallen kommen damit gut durchs Leben. Wie alle meisterlichen Entwürfe beeindrucken die Quallen durch ihre Unkompliziertheit: Sie bewegen sich durch einen schlichten Rückstoßantrieb voran und lassen ihre Körpermasse von der Auftriebkraft des Ozeans tragen. An diesem Prinzip fand die Evolution offenbar nicht mehr viel zu verbessern. Einige Arten leuchten durch Fluoreszenz, andere blinken hell, um Beutetiere anzulocken, und viele haben hochgiftige Nesselzellen. Die Nomura-Quallen leuchten nicht, aber sie sind gigantisch. Die Riesengallertklumpen mit bis zu 2 m Durchmesser und über 200 kg Gewicht treiben sich in großer Zahl im Ostchinesischen Meer vor den Küsten von China, Korea und Japan herum.

260 DORNEN-KRONEN-SEESTERN, ÄGYPTEN

Die Weltmeere beherbergen mehr als 2000 bekannte Seesternarten und vermutlich eine ganze Menge bislang noch unentdeckter Arten. Und was für seltsame Geschöpfe das sind! Wir reden hier über ein Tier, das Augen an den Enden seiner Arme hat, durch seine Füßchen atmet und einen seiner beiden Mägen ausstülpen kann, um Beute zu verdauen. Das ist aber noch nicht alles. Wenn ein Arm abhanden kommt, wächst ein neuer nach, und einige Seesternarten haben zudem eine giftige Außenhaut, die mit Tausenden von Stacheln besetzt ist. Der Dornenkronen-Seestern ist der Star dieser Gruppe – er beeindruckt durch seine leuchtende Farbe, ist aber wegen seiner unangenehmen Giftwirkung mit Vorsicht zu behandeln.

WUNDER-SAME MEERESTIERE

SALZIG UND SEHENSWERT

Diese Ebenen, Höhlen, Seen und Tunnel bringen Würze ins Reiseerlebnis.

261 SALZKRISTALL-FORMATIONEN DES DEVIL'S GOLF COURSE, KALIFORNIEN, USA

Im Zentrum der südkalifornischen Wüste sind Elemente aus fast jeder bedeutenden geologischen Ära vertreten. Der Death Valley National Park ist einer der tiefstgelegenen Punkte der westlichen Hemisphäre, einer der heißesten Orte der Welt und Heimat eines unglaublichen Salzphänomens. Der „Golfplatz des Teufels", eine bizarre Mondlandschaft aus Salzkristallen mitten im Nationalpark, entführt Besucher in die prähistorische Wunderwelt der Dinosaurier. Die Salzkristalle sind sehr brüchig und deshalb mit Vorsicht zu behandeln. Natürlich ist das Ganze kein echter Golfplatz; die Parkwärter bitten darum, die Golfbälle zu Hause zu lassen.

262 NAMAKDAN-HÖHLE, PERSISCHER GOLF, IRAN

Im Januar 2006 entdeckte eine Gruppe tschechischer Geologiestudenten ein Gebiet, das inzwischen als größtes Salzhöhlensystem der Welt angepriesen wird. Als die Studenten auf die verborgene Schatzhöhle im Namakdan-Berg auf der Insel Qeschm stießen, trauten sie ihren Augen kaum: Unterirdische Salzseen, glitzernde Tropfsteine und funkelnde Salzkuppeln breiteten sich vor ihnen aus. Im Gegensatz zu Kalksteinformationen, deren Entwicklung Jahrtausende dauert, bilden sich in Salzhöhlen nach Regenfällen innerhalb von Tagen oder Wochen prachtvolle Tropfsteinkristalle. Die Entdecker tauften die Höhle „Drei nackte Männer" (Vielleicht kam ihnen diese Idee bei einem Bad inmitten der salzigen Pracht?).

263 SALINAS GRANDES, ARGENTINIEN

Die Salinas Grandes in Cordoba sind eine Ansammlung großer Salzdünen im mittleren Nordwesten des argentinischen Festlands. Der Ursprung dieser Berge soll ein großer Spalt im Mar sein, eine tektonische Bruchstelle, die den salzigen Meeresboden freilegte, aus dem die Dünen entstanden. In der Gegend toben recht häufig Wirbelstürme. Wenn Wasser auf den Salinen steht, bilden diese einen perfekten Spiegel. Der richtige Ort, um die düstere Sonnenbrille mit besonderem UV-Schutz auszupacken – auch wenn der Himmel hier das einzige Publikum ist.

264 SALZKATHEDRALE VON ZIPAQUIRÁ, KOLUMBIEN

Wer einen besonderen Grund braucht, um in die Kirche zu gehen, wird ihn in Zipaquirá, Cundinamarca, finden. Einige Kilometer von dem Städtchen entfernt befindet sich eine der wenigen Salzkathedralen der Welt. Sie wurde in die Tunnel einer Salzmine inmitten eines 200 Mio. Jahre alten Salzvorkommens gemeißelt. Auf dem gewundenen Weg nach unten sind 14 kleine Kapellen zu bewundern, die die Etappen des Kreuzwegs illustrieren. Jede Station hat ein Kruzifix und Betstühle, die teils direkt aus dem Salz gehauen sind. Allein ist man hier allerdings nicht; jeden Sonntag versammeln sich über 3000 Kirchgänger in der schimmernden Kathedrale.

265 QĪNGHǍI-SEE, CHINA

Wer sich je gefragt hat, ob es auch salzige Binnengewässer gibt, ist hier gerade richtig. Zwischen den schneebedeckten Bergen von Tibet und dem Grasland der Provinz Qīnghǎi liegt in 3200 m Höhe über dem Meeresspiegel Chinas größter Salzsee, mit einer Fläche von fast 4400 m². Das Gebiet auf der tibetischen Hochebene ist für viele nur Zwischenstation auf dem Weg nach Tibet oder Nordwestchina – und so zieht der Salzsee auch zahlreiche Zugvögel an, die hier auf ihren Routen durch Asien Rast machen. Seine Hauptattraktion ist die „Vogelinsel", auf der sich in der Brutzeit von März bis Anfang Juni gewaltige Vogelschwärme versammeln.

266 GROSSER SALZSEE, UTAH, USA

Manchmal kommt es eben doch auf die Größe an. Der Große Salzsee im nördlichen Utah darf als größter Salzsee der westlichen Hemisphäre gelten – das will schon etwas heißen. Der See war einst Teil des prähistorischen Bonneville-Sees und wird auch als „Amerikas Totes Meer" bezeichnet. Er ist Heimat für Millionen von Lebewesen, denen sein hoher Salzgehalt nichts ausmacht. Dazu gehören auch zahlreiche Wasser- und andere Vögel. Hier ist u. a. die weltweit größte Rastpopulation von Wilson-Wassertretern zu besichtigen – ein besonderes Bonbon für Vogelbeobachter. Um sich eine Weile ganz weit weg vom Rest der Welt zu fühlen, empfiehlt sich eine Bootstour zu einer der elf Gezeiteninseln des Sees.

267 SALAR DE UYUNI, BOLIVIEN

Wer von weißen Weihnachten träumt, kann sich ja sein Weihnachtsmann-Mützchen einpacken und zur größten Salzpfanne der Welt aufbrechen, die sich im bolivianischen Departamento Potosí über fast 12 000 km² erstreckt. An manchen Stellen ist das Salz mehr als 10 m dick. In der Regenzeit bedeckt eine dünne Schicht Wasser die Salzebene. Besucher fotografieren gern ihren eigenen Schatten auf der glitzernden Salzfläche oder besuchen die Salzabbaustätten, wo Tonnen der weißen Kristalle zu riesigen Hügeln aufgeschüttet werden. Danach bietet sich eine Übernachtung in den schimmernd weißen Zimmern eines Salzhotels an.

268 SALINEN VON TRAPANI, ITALIEN

Ein Naturreservat schützt die uralten Salinen, die sich entlang der Küstenstraße zwischen Trapani und Marsala im Westen Siziliens erstrecken. Hier lässt man seit alters her das Salzwasser in flachen Salzpfannen oder -becken verdunsten, um zu guter Letzt das eingetrocknete Salz zu „ernten", das zu schimmernden Salzhügeln aufgehäuft wird. In dieser Gegend dreht sich das Leben heute noch, wie schon seit vielen Generationen, um das Meer – Thunfischfang, Korallenfischerei und Salzgewinnung sind wichtige Wirtschaftszweige. Sehenswert sind auch die gut hundertjährigen Windmühlen neben den Salinen, die dazu dienten, die Salzlake von einem Becken ins andere zu pumpen und das gewonnene Salz zu zermahlen.

269 MUNTANYA DE SAL, CARDONA, SPANIEN

Im Bergstädtchen Cardona, rund 90 km nordwestlich von Barcelona, thronen majestätische Bergmassen, die ganz aus Salz bestehen. Die Berge bilden einen Gegenpol zu den historischen Festungen von Cardona und eine imposante Kulisse für das malerische Städtchen; teils rötlich-braun und lehmfarben, teils durchscheinend. Nach Ersteigung der Bergkuppe lohnt sich ein Blick auf das wehrhafte Castell de Cardona, das Örtchen und Salzberge überblickt. Sein Bau im 9. Jh. belegt die Bedeutung der heute so allgegenwärtigen Speisewürze: Im Mittelalter war Salz ein so kostbares Gut (besonders zur Konservierung von Lebensmitteln), dass man Ort und Bergwerk mit Zähnen, Klauen und mächtigen Festungsanlagen verteidigen musste.

270 SALZTUNNEL VON SOLOTWYNO, UKRAINE

Solotwyno ist nicht das aufregendste Reiseziel, lockt aber trotzdem jährlich Tausende von Besuchern an. Die ukrainische Bergwerksstadt im Sowjetlook betreibt eine der erfolgreichsten Touristenattraktionen Osteuropas – tief unter der Erde. Im Salzbergwerk der Stadt in der Nähe der rumänischen Grenze wird nämlich nicht nur Salz abgebaut, sondern auch Speläotherapie angeboten – eine ungewöhnliche Behandlungsmethode für Menschen mit Atemwegsleiden. Durch die Salzpartikel in der Luft hat die Mine ein einzigartiges Mikroklima. Die Patienten werden in über 300 m Tiefe befördert, um in salzfunkelnden Grotten sitzend oder liegend die salzhaltige Luft einzuatmen.

DIE SCHÖNSTEN BADEERLEBNISSE

Viele Luxusbäder sind nicht nur Orte der Entspannung und Reinigung, sondern auch beliebte Sehenswürdigkeiten und angesagte Reiseziele.

271 CHAMPAGNER-GLAS-WHIRLPOOL, NEW YORK, USA

Wer je davon geträumt hat, sich zur ultimativen Entspannung in einem gigantischen Champagnerglas zu aalen, ist hier goldrichtig. Im Pocono Palace Resort, nur zwei Autostunden von New York City entfernt, können die Gäste auf Wunsch in einem 2 m hohen Champagnerglas-Whirlpool für zwei planschen. Als ob das noch nicht kitschig genug wäre, beglückt die Suite außerdem noch mit pseudo-römischen Säulen, einem runden Bett, verspiegelten Wänden und einem privaten herzförmigen Pool.

273 HOT WATER BEACH, NEUSEELAND

Am Hot Water Beach auf Neuseelands Nordinsel gluckert das Thermalwasser gleich unterm Sand. Auf dem Höhepunkt der Touristensaison sieht der Strand oft aus, als wäre eine Horde Riesenkaninchen über ihn hergefallen: Bei Ebbe kann hier jeder zwei Stunden lang mit einem der Spaten, die das örtliche Café vermietet, ein Loch in den Sand buddeln, sich entspannt hineinsetzen und sich im ganz persönlichen Thermalbecken den Popo wärmen. Zum Glück werden die gesottenen Gliedmaßen regelmäßig von den hereinschwappenden Meereswellen wieder abgekühlt.

272 LES BAINS DE MARRAKECH, MAROKKO

Für ein Badeerlebnis, das alle Fantasien aus *Tausendundeiner Nacht* befriedigt – sonnendurchströmte Innenhöfe, plätschernde Springbrunnen, prächtig verzierte Wandnischen und verstreute Rosenblütenblätter –, ist Les Bains de Marrakech wie geschaffen. Außer dem traditionellen *hammam*-Erlebnis, bei dem man eher ruppig mit schwarzer Seife und einem Bürstenhandschuh abgeschrubbt wird, stehen auch sanftere Alternativen zur Wahl, z. B. Schokoladenmassagen oder ein Bad für zwei im Kerzenschein. Zwischen den Behandlungen wird man dazu angehalten, sich auf geradezu unanständig gemütlichen Kissenbergen zu lümmeln und das eigene Körpergewicht an Minztee in sich hineinzuschütten.

Bei der Cathedral Cave in Neuseeland kann sich jeder seinen eigenen Wellnesspool buddeln.

Das ultimative Island-Erlebnis: wohliges Planschen und Schwimmen in den Dampfwolken der Blauen Lagune

274 BEPPU, JAPAN

Die Stadt an der Küste von Kyushu assoziieren die Japaner vor allem mit einer Sache: Thermalquellen. Millionen Liter dampfend heißes Wasser sprudeln täglich aus rund 3000 Quellen und sorgen für eine überwältigende Vielfalt von Badefreuden. Dazu gehören riesige moderne Wellness-Hallenbäder ebenso wie kleine Quellbecken im Freien, blubbernde Schlammbäder und sogar „Sandbäder", wo sich die Badegäste von einer Dame mit Schaufel bis zum Hals in heißen Sand eingraben lassen können. Und wenn man endlich genug geplanscht hat, ist es an der Zeit herauszufinden, warum Beppu den Beinamen „Las Vegas von Japan" trägt.

275 CHODOVAR-BRAUEREI-BIERBAD, TSCHECHIEN

Das ultimative Erlebnis für Bierfreunde: Ein Entspannungsbad im ersten unterirdischen Wellness-Bierbad von Tschechien. Großzügige Edelstahlwannen (es gibt auch Pärchenwannen) werden mit einem speziell gebrauten Badebier und zerdrückten Kräutern gefüllt und mit einer cremigen „Schaumkrone" abgerundet. Während die Badegäste in der malzigen Brühe einweichen, schlürfen sie das eine oder andere Gläschen des hauseigenen Gebräus, denn zu dem Bad gehört eine eigene Bar. Der Gerstensaft soll übrigens ganz exzellent für die Poren sein.

276 SZÉCHENYI-HEILBAD, UNGARN

Budapest ist berühmt für seine Thermalbäder. Am schönsten sind die Badebräuche der Stadt im Széchenyi-Heilbad mitten im Stadtpark zu erleben – ein ausufernder neobarocker Komplex, dessen Beckenangebot von eiskalt bis dampfend heiß reicht. Das einstige Kurbad ist heute *der* Ort für eine Massage, einen Saunagang und eine Runde im riesigen Thermalbecken unter freiem Himmel, in dem sich einheimische Familien ebenso tummeln wie Touristen und Typen, die Schach auf schwimmenden Schachbrettern spielen.

278 BLAUE LAGUNE, ISLAND

Die Blaue Lagune, gewissermaßen Islands Pendant zu Disneyland und die Toptouristenattraktion des Landes, wird manchmal als übervölkert und überteuert abgetan. Aber was wäre Schöneres vorstellbar, als sich in einem dampfenden See voll milchig blauem Wasser (von exakt 38 °C Wassertemperatur) treiben zu lassen, von düsteren, zerklüfteten Lavafeldern umgeben, während im Hintergrund ein futuristisch anmutendes Erdwärmekraftwerk vor sich hin pafft? Wer sich in den großen Becken ausreichend ausgetobt hat, kann sich beim Dampfbad in einer Lavahöhle, bei einer Wasserfallmassage oder in der Sauna wohlig entspannen. Hinterher ist der Geist erfrischt und die Haut babyweich.

279 VINOTHERAPIE, FRANKREICH

Traubenkernpeeling, Ganzkörperpackungen mit Honig, Öl und Weinhefe und ein Tauchbad im Weinfass – das mag alles nach einer überkandidelten römischen Orgie klingen, gehört aber zum Repertoire der Vinotherapie, einer Wellness-Behandlung mit Traubenextrakten, die in Les Sources de Caudalie im Bordeaux angeboten wird. Im Rebensaft zu baden, statt ihn zu schlürfen, ist offenbar eine der wirkungsvollsten Schönheitskuren und kann (angeblich) Falten, Stress und sogar Cellulite lindern. Les Sources liegt inmitten von Weingärten, sodass die Gäste den Trauben auch nach traditioneller Manier in Form des einen oder anderen Gläschens Wein zusprechen können.

280 TOTES MEER, ISRAEL/ JORDANIEN

König Salomon, Kleopatra und die Königin von Saba gehörten zu den frühen Nutznießern der wohltuenden Wirkung eines Bads im Toten Meer. Dank der heilsamen Wirkungen seines mineralstoffreichen Wassers entstand hier eines der ersten Kurbäder der Welt. Seitdem hat das Klima der Region eine Vielzahl von Therapien hervorgebracht, von Meerwasserbädern bis zu Behandlungen mit dem schwarzen Mineralschlick. Kurbäder am israelischen und am jordanischen Ufer des Toten Meers bieten Behandlungsprogramme gegen alles Mögliche von Schuppenflechte bis Arthritis an.

277 DOGO ONSEN, JAPAN

Um Dogo Onsen, mit angeblich 3000 Jahren das älteste Thermalbad von Japan, ranken sich viele Volksmärchen. Sein Hauptgebäude, das Honkan-Badehaus, ist das dienstälteste öffentliche Badehaus in Japan. Das verschachtelte, dreigeschossige Holzgebäude erinnert an ein Märchenschloss und soll als Inspiration für das verzauberte Badehaus in Miyazakis Zeichentrickfilm *Chihiros Reise ins Zauberland* gedient haben. Wer sich ein Erste-Klasse-Ticket leistet, bekommt dafür ein ausgedehntes heißes Bad, einen eigenen Ruheraum, einen *yukata* (Kimono) und nach dem Bad einen Imbiss mit grünem Tee und Kräckern.

DIE SCHÖNS- TEN BADE- ERLEBNISSE

FASZINIERENDE UHREN UND KALENDER

Die alltägliche Armbanduhr ist nicht die einzige Möglichkeit, das Verrinnen der Zeit im Auge zu behalten: Hier einige der spannendsten chronometrischen Sehenswürdigkeiten rund um die Welt.

So komplex und schön wie die Himmelskörper selbst: die astronomische Uhr am Altstädter Rathaus in Prag

281 HORNSBY-WASSERUHR, AUSTRALIEN

Ist das ein Springbrunnen? Ist es Kunst? Ist es eine öffentliche Zumutung? Der Riesen-Zeitmesser, der an ein Ein-Mann-Orchester erinnert, ist nicht jedermanns Sache, aber eines ist sicher: Man kann die Uhr nach ihm stellen. Das 1993 eingeweihte Ungetüm mit dem offiziellen Titel *Man, Time and the Environment* (Mensch, Zeit und Umwelt) ist eine kinetische Skulptur von Victor Cusack. Aborigine-Motive und Vertreter der heimischen Tierwelt schmücken das „Zifferblatt". Die ganze Skulptur dreht sich innerhalb eines Wasserbeckens, wobei ein Zeiger auf die im Becken angebrachten römischen Ziffern weist. Obendrein gehören zu der Konstruktion noch eine griechische, eine chinesische und eine Schweizer Uhr und ein Glockenspiel, das die Stunden schlägt.

283 STUNDTURM, SIGHIŞOARA, RUMÄNIEN

Das mittelalterliche Burgstädtchen Sighişoara ist berühmt als Geburtsort von Vlad Ţepeş, dem historischen Dracula. Die meisten Touristen kommen, um ein bisschen Gruselatmosphäre zu genießen. Einige Besucher lassen sich aber doch vom Stundturm und seinem Aufmarsch mechanischer Figuren ablenken. Schon der Turm selbst ist recht imposant: Er diente einst als Haupttor des befestigten Stadtkerns und bietet aus 64 m Höhe den besten Rundumblick über die Stadt. Seine Uhr stammt aus dem Jahr 1648. Ihre Figurensammlung (der Frieden mit dem Ölzweig, die Gerechtigkeit mit der Waage, Justitia mit dem Schwert) ist aus Lindenholz geschnitzt. Zum Ensemble gehören auch ein Henker und ein Trommler, der die Stunden schlägt.

284 VERGOLDETE KUPFERUHR MIT EINEM ROBOTER, DER CHINESISCHE ZEICHEN MIT DEM PINSEL SCHREIBT, PEKING, CHINA

Der Name klingt nach Science-Fiction, aber es handelt sich um einen Roboter der alten Schule. Die Uhr aus dem 18. Jh. befindet sich im Uhrenmuseum der Verbotenen Stadt. Hier ist sie zusammen mit zahlreichen anderen prachtvollen und raffinierten Zeitmessern ausgestellt, viele davon ausländische Geschenke an die Qing-Kaiser. Der „Roboter" mit Perücke und Tracht des 18. Jhs. sitzt auf einem vergoldeten Hocker und schreibt acht Schriftzeichen, welche die Macht des chinesischen Reichs preisen. Gleichzeitig entrollen zwei weitere Automaten eine Schriftrolle mit dem frommen Wunsch „Mögest du ewiges Leben genießen!"

282 ASTRONOMISCHE UHR, PRAG, TSCHECHIEN

Warum rotten sich regelmäßig Touristen vor dem Altstädter Rathaus zusammen? Sie warten darauf, dass die berühmteste Uhr der Stadt ihre Show abzieht. Sie ist ein jahrhundertealtes, komplexes System ineinander greifender Zeitmesser, das die Bewegungen der Planeten, die Jahreszeiten, die Mondphasen und die Tierkreiszeichen anzeigt. Ihre besondere Beliebtheit verdankt die Uhr aber den animierten Figuren, die zu jeder vollen Stunde in Aktion treten. Die vier äußeren Figuren sind die Eitelkeit (mit Spiegel), der Tod (ein Skelett, das eine Glocke läutet), ein Geizhals (mit Geldsack) und ein Ungläubiger (mit Turban). Dazu gibt es eine Parade der Zwölf Apostel zu sehen.

285 GLOCKENSPIEL, LA CHAUX-DE-FONDS, SCHWEIZ

Das moderne Glockenspiel steht vor dem Internationalen Uhrenmuseum der Uhrmacherstadt La Chaux-de-Fonds, in der Nähe der französischen Grenze. Sollte ein Besucher mal die Zeit vergessen, hilft ihm das Glockenspiel in die Gegenwart zurück. Jede Viertelstunde gibt es ein anderes Glockengeläut von sich, begleitet von einem hypnotischen Wellenspiel farbigen Metalls. Seine Melodien und Farben wechseln mit den Jahreszeiten. Und weil das Ganze ja in der Schweiz spielt, beherbergt es außerdem eine solide Digitaluhr, die natürlich auf die hundertstel Sekunde genau geht.

286 JANTAR MANTAR, DELHI, INDIEN

Wer durch dieses astronomische Observatorium wandert, fühlt sich ein bisschen wie in einer abstrakten Skulpturenausstellung. Die Funktion der monumentalen Instrumente dürfte den meisten modernen Besuchern rätselhaft bleiben, aber sie machen mächtig Eindruck, vor allem die Samrat Yantra, eine gigantische dreieckige Sonnenuhr, die zum Nordpol zeigt. Das Observatorium ist eines von fünf, die Jai Singh, Maharadscha von Jaipur, im frühen 18. Jh. errichten ließ. Die Instrumente aus Stein und Marmor sind noch funktionsfähig. Ihre Aufgaben reichen von der Zeitmessung bis zur Vorhersage des Monsunbeginns. Außerdem geben sie eine prachtvolle Fotokulisse ab.

287 CHICHÉN ITZÁ, YUCATÁN, MEXIKO

In Chichén Itzá befinden sich die berühmtesten Maya-Ruinen der Welt, ein Zeremonialzentrum mit den charakteristischen Stufenpyramiden, Altären, einem Dampfbad, Ballspielplätzen und „Zeittempeln". Die Maya besaßen ein vielschichtiges Wissen über Himmelskörper und Jahreszeiten. Einige der Gebäude von Chichén Itzá haben Kalenderfunktionen. Das berühmteste und spektakulärste davon ist die riesige Kukulcán-Pyramide, auch „El Castillo" genannt. Zur Zeit der Tagundnachtgleiche im Frühjahr und Herbst trifft die Sonne so auf die Pyramide, dass ein schlangenförmiger Schatten die Stufen hinunterkriecht – bis zu dem gemeißelten Schlangenkopf an ihrem Fuß.

288 SUNDIAL BRIDGE, KALIFORNIEN, USA

Diese futuristische Konstruktion wurde von dem spanischen Architekten Santiago Calatrava erdacht, der auch das Olympiastadion in Athen gestaltete. Die Brücke überspannt den Sacramento River und führt zum Turtle Bay Exploration Park. Sie ist ein Meisterwerk der Ingenieurskunst, eine freitragende Schrägseilbrücke mit nur einem Pfeiler, die keine Stützen im Wasser hat (wodurch der Lachs-Laichgrund ungestört blieb). Der 66 m hohe Brückenpfeiler, ein strahlend weißer Sporn, der aussieht, als ob er sich gegen das Gewicht der Brücke zurücklehnt, dient zugleich als Zeiger einer gigantischen Sonnenuhr. Deshalb sollte man die Armbanduhr aber nicht zu Hause lassen: Die Sonnenuhr geht nur an einem Tag im Jahr richtig – nämlich zur Sommersonnenwende.

289 JENS-OLSEN-UHR, KOPENHAGEN, DÄNEMARK

Bei so vielen Funktionen, die diese Tausendsassa-Uhr hat, ist es schon fast verwunderlich, dass sie nicht auch gleich noch eine schöne Tasse Tee kocht. Und dabei sieht sie auch noch gut aus. Im Foyer des Rathauses ist das filigrane Uhrwerk aus goldenen Zahnrädern in einer Vitrine zu bewundern. Entworfen wurde die Uhr von Jens Olsen. Der Schlosser, der später auf Uhrmacher umschulte, war ein begeisterter Hobbyastronom. Der Bau der mechanischen Uhr, die einmal in der

Sehr eindrucksvoll, aber wo liest man nun die Zeit ab? Eins der spektakulären Instrumente des Jantar-Mantar-Observatoriums in Delhi

Woche aufgezogen werden muss, dauerte 50 Jahre. Sie zeigt außer Sonnen-, Orts- und Sternzeit auch Sonnenauf- und -untergang, Firmament und Himmelspolwanderung, Planetenstellungen, den gregorianischen Kalender und sogar bewegliche Feiertage wie Ostern an.

290 GREENWICH-MERIDIAN, LONDON, ENGLAND

Der Greenwich- oder Nullmeridian war lange der Ort, an dem die Weltzeit gemessen wurde. Auch wenn der Punkt willkürlich bestimmt wurde, ist es schon ein besonderes Gefühl, an dem Ort zu stehen, an dem zwei Halbkugeln aufeinander treffen – die ultimative Begegnung zwischen Ost und West. Der Meridian ist die offizielle Trennlinie zwischen östlicher und westlicher Hemisphäre. Im Meridian Courtyard des Royal Observatory können Besucher mit den Füßen beiderseits des Meridians stehen und sich als Herrscher der Welt fühlen. Oder sie schauen einfach nur zu, wie um 13 Uhr die rote Kugel oben auf dem Observatorium herunterplumpst, wie es schon seit 1833 täglich geschieht.

FASZINIE-RENDE UHREN UND KALENDER

GEDENKSTÄTTEN DES ERSTEN WELTKRIEGS

Der „Große Krieg" dauerte vom 28. Juli 1914 bis zum 11. November 1918. 16 Millionen Tote, 22 Millionen Verwundete und ein verwüsteter Kontinent. Dies sind einige der bewegendsten Plätze und Gedenkstätten des Kriegsgeschehens.

291 DAS GRAB VON WILFRED OWEN, GEMEINDEFRIEDHOF ORS, FRANKREICH

Der britische Dichter Wilfred Owen war einer der berühmtesten literarischen Chronisten des Ersten Weltkriegs. Owen meldete sich im Oktober 1915 freiwillig. Sein Werk war stark durch das Trauma des Kriegsgeschehens und die Lyrik seines Freundes Siegfried Sassoon geprägt. Seine mit Pathos nicht geizenden Gedichte gehören zu den bewegendsten Augenzeugenberichten vom Grauen des Kriegs. Eines seiner bekanntesten Werke ist „Anthem for Doomed Youth" (Hymne auf die verlorene Jugend). Owen fiel eine Woche vor dem Waffenstillstand – das Telegramm mit der Todesnachricht erreichte seine Mutter während der Siegesfeiern. Ein schlichter weißer Grabstein ziert sein Grab, das auf dem Friedhof von Ors zwischen den Gräbern seiner gefallenen Kameraden liegt.

292 TOTENGANG, DIKSMUIDE, BELGIEN

Zur Westfront gehörte ein gewaltiges Netz von Lauf- und Schützengräben, die sich über Tausende von Kilometern erstreckten – von Nieuwpoort an der belgischen Küste südostwärts bis zur Grenze zwischen Frankreich und der Schweiz. Wasser und Schlamm standen in den eiskalten Gräben, die den Soldaten herzlich wenig Schutz boten, aber die lebenswichtige Verbindung zu den Nachschubposten hinter der Frontlinie sicherten. Heute sind nur noch wenige der Gräben erhalten, aber bei Diksmuide in Belgien wurde ein kleiner Abschnitt unter dem Namen *Dodengang* (Totengang) bewahrt. Auch wenn die Anlage so sauber restauriert und gewartet ist, dass man sich die grausamen Bedingungen von damals kaum vorstellen kann, bleibt sie ein einzigartiges Zeugnis des Lebens an der Front.

293 CLAIRIÈRE DE L'ARMISTICE, RETHONDES, FRANKREICH

Der 11. November 1918 besiegelte das Ende des Ersten Weltkriegs. Nach vier langen Jahren, die weite Teile Europas verwüstet hatten, nahm Deutschland die von den Alliierten vorgegebenen Bedingungen für einen Waffenstillstand an. Unter dem Vorsitz des französischen Marschalls Ferdinand Foch kamen die Delegationen hier zusammen, um den Vertrag zu unterzeichnen. Als Ort dafür wählte Foch den von ihm als Büro genutzten Eisenbahnwagen, der im friedlichen Wald von Compiègne stand. Heute befinden sich auf der Waldlichtung ein Kriegsdenkmal und eine Statue von Foch. Das benachbarte Waffenstillstandsmuseum beherbergt einen Nachbau des Eisenbahnwagens – das Orginal wurde im Zweiten Weltkrieg von deutschen Truppen verschleppt und 1945 zerstört.

RICHARD I'ANSON / LONELY PLANE IMAGES

1914 fiel an dieser osmanischen Brücke in Sarajevo der Schuss, der die Welt veränderte.

294 GALLIPOLI, TÜRKEI

Zu den erbittertsten Kämpfen des Ersten Weltkriegs gehörte die Schlacht von Gallipoli, weitab von den mittel- und westeuropäischen Frontlinien. Der blutige, achtmonatige Feldzug wurde zum Desaster für die alliierten Streitkräfte – rund 34 000 Briten, Australier und Neuseeländer verloren hier ihr Leben. Die Gallipoli-Halbinsel liegt 240 km südwestlich von Istanbul zwischen Ägäis und Dardanellen. Der Plan der Alliierten war simpel: Sie wollten eine Flotille durch die Meerenge der Dardanellen hinaufschicken, um Istanbul zu erobern und einen Seeweg nach Russland zu eröffnen. Doch das Vorhaben scheiterte katastrophal, weil die osmanischen Truppen unnachgiebigen Widerstand leisteten.

295 LATEINERBRÜCKE, SARAJEVO, BOSNIEN & HERZEGOWINA

Als Erzherzog Franz Ferdinand von Österreich am 28. Juni 1914 erschossen wurde, dürfte kaum jemand geahnt haben, welches Blutbad dieses Attentat auslösen sollte. Ferdinands Tod, den die revolutionäre Bewegung „Junges Bosnien" zu verantworten hatte, wurde zum Katalysator, der Österreich-Ungarn dazu bewegte, Serbien den Krieg zu erklären. Umgehend stürzte sich auch Deutschland als Verbündeter von Österreich-Ungarn mit ins Getümmel. Das Attentat auf Ferdinand geschah unmittelbar an der Lateinerbrücke im Herzen der Stadt. Heute erinnert eine kleine Gedenktafel an das Ereignis. Ansonsten ist hier nicht viel zu sehen, aber für angehende Historiker ist ein Besuch der Brücke unerlässlicher Bestandteil einer Reise zu den wichtigsten Schauplätzen des Ersten Weltkriegs.

296 TYNE-COT-FRIEDHOF, ZONNEBEKE, BELGIEN

Von allen Commonwealth-Friedhöfen für die Gefallenen des Ersten Weltkriegs ist der Tyne Cot der größte. Er umfasst 11 954 Gräber von Soldaten aus Großbritannien, Kanada, Australien, Neuseeland, Südafrika und von den Karibischen Inseln. 8367 der Gräber tragen keinen Namen. Außerdem sind auf dem Friedhof die Namen weiterer 35 000 Soldaten vermerkt, deren Leichen nie gefunden wurden. Im Mittelpunkt der langen Reihen gleichförmiger weißer Grabsteine steht das traditionelle Opferkreuz des Commonwealth auf einem deutschen Bunker. Es gibt kaum ein eindringlicheres Sinnbild für das Leid des Kriegs.

297 MOHNFELDER, FLANDERN, BELGIEN

„Auf Flanderns Feldern blüht der Mohn; zwischen den Kreuzen, Reihe um Reihe…" Die unvergesslichen Anfangszeilen des vielleicht berühmtesten englischen Gedichts über den Ersten Weltkrieg verfasste der kanadische Oberstleutnant John McCrae zu Ehren eines gefallenen Freundes. Der Granatenhagel des Ersten Weltkriegs verwüstete die Landschaft und wühlte die Erde auf. Das Umpflügen des Bodens regte die darin schlummernden Mohnsamen zum Keimen an. Sie belebten die Wiesen mit ihren Farbtupfern und wurden zum Sinnbild der Erinnerung an die hier Gefallenen. Die Mohnblumen blühen immer noch Jahr für Jahr – wie eine Huldigung der Natur an diejenigen, die ihr Leben im Krieg ließen.

298 LOCHNAGAR-KRATER, LA BOISSELLE, FRANKREICH

Die Schlacht an der Somme war eine der bedeutendsten Schlachten des Ersten Weltkriegs. Sie dauerte fünf Monate und forderte über eine Million Tote und Verwundete. Die Briten griffen zu extremen Maßnahmen, um die Deutschen auszutricksen: Sie starteten die Offensive, indem sie den Gegner von unten in die Luft sprengten. Tunnelgräber buddelten sich bis unter die deutschen Stellungen vor und legten zehn gewaltige Sprengladungen, die gleichzeitig gezündet wurden. Die Explosion der 28,8 t Sprengstoff verschaffte den Alliierten einen Anfangsvorteil im Gefecht um Geländegewinn. Zurück blieb der riesige Lochnagar-Krater von 90 m Durchmesser und 30 m Tiefe, der heute noch zu besichtigen ist.

299 MENENPOORT, YPERN, BELGIEN

Auf den Schlachtfeldern bei Ypern starben Hunderttausende von Soldaten. Viele Leichen wurden nie gefunden oder identifiziert. Heute erinnert am östlichen Ausgang der Stadt das Ehrenmal der Menenpoort an über 54 000 hier vermisste Soldaten Großbritanniens und des Commonwealth, deren genaue letzte Ruhestätte unbekannt ist. Jeden Abend wird die Straße durch den Torbogen für den Verkehr gesperrt. Dann spielen die Hornisten der örtlichen Feuerwehr „The Last Post" als traditionelle Ehrung für

Ordentlich aufgereihte Grabsteine für die Gefallenen auf dem Tyne-Cot-Friedhof in Belgien

die Gefallenen. An Sommerabenden versammeln sich Scharen von Zuhörern zum schweigenden Gedenken. Bei eisigem, düsterem Winterwetter verhallen die Hornklänge hingegen oft ungehört.

300 WEIHNACHTS-FRIEDEN-DENKMAL, FRELINGHIEN, FRANKREICH

Mitten im Grauen der Frontkämpfe gab es auch Gesten simpler Menschlichkeit, die zur Legende wurden. Die wohl berühmteste davon ist der Weihnachtsfrieden von 1914. In die-

ser Anfangsphase des Kriegs legten am Heiligabend Hunderte alliierter und deutscher Soldaten an Stellungen in der Nähe der französischen Ortschaft Frelinghien die Waffen nieder und hielten einen bemerkenswerten Waffenstillstand ein. Die offiziellen Berichte sind lückenhaft; am berühmtesten ist die Geschichte von einem Fußballspiel auf dem Schlachtfeld. Diese Story lässt sich nicht eindeutig belegen, aber es gab immerhin genügend Belege für den Weihnachtsfrieden als solchen, um das Ereignis mit einer Gedenktafel in Frelinghien zu würdigen.

GEDENK-STÄTTEN DES ERSTEN WELTKRIEGS

TOPZIELE DER ORNITHOLOGIE

Die interessantesten Ziele für mit Feldstechern und Kameras bewaffnete Vogeljäger

303 ALBATROSSE, OTAGO-HALBINSEL, NEUSEELAND

Eine der größten neuseeländischen Attraktionen für Vogelfreunde ist die Landspitze Taiaroa Head mit dem weltweit einzigen Festland-Brutgebiet der Königsalbatrosse. Hier kann man beobachten, wie die gewaltigen Vögel mit bis zu 3 m Flügelspanne im Landeanflug hereinkommen, wie eine Boeing 747 nach der anderen. Das weiter südlich gelegene Stewart Island ist der beste Ort, um den allseits beliebten, aber äußerst scheuen Nationalvogel zu sichten: Der Kiwi ist eine flugunfähige, flauschig braune Daunenkugel. Außerdem sind auf der Insel die seltenen und bedrohten Gelbaugenpinguine daheim.

301 PAPAGEIEN & CO., QUEENSLAND, AUSTRALIEN

Dank Australiens abgeschiedener Lage haben sich hier nicht nur die einzigartigen Beuteltiere, sondern auch viele ungewöhnliche Vögel entwickelt. Die Rufe des Kookaburra oder Lachenden Hans erinnern tatsächlich an Gelächter. Die Leierschwänze verblüffen durch spektakuläre Schwanzfedern und können alle möglichen Vogelstimmen und andere Geräusche imitieren – in Touristengebieten gern auch mal das Kameraklicken. Die Laubenvögel verzieren ihre kunstvollen Nester mit glänzenden Fundstücken, um ihre Weibchen zu beeindrucken. Der flugunfähige Emu ist der zweitgrößte Vogel der Welt nach dem Afrikanischen Strauß. Und dann wäre da noch die schier unendliche Vielzahl knallbunter Papageien. All diese Vögel treffen Sie im Currumbin Wildlife Sanctuary in Queensland an, das besonders für seine Schwärme zutraulicher Loris berühmt ist.

302 PINGUINE, ANTARKTIS

Ausgedehnte Eislandschaften von unwirklicher Schönheit sind eine Attraktion des südlichsten Kontinents, Pinguine, das Markenzeichen der Antarktis, definitiv eine weitere. Sie faszinieren uns mit ihrem lustigen Watschelgang, ihrem geselligen Wesen und ihrer Fähigkeit, im unwirtlichsten Terrain der Erde zu überleben. Weil Menschen hier ein so seltener Anblick sind, können stille Beobachter erleben, dass die Vögel neugierig auf sie zukommen. Die vier Hauptarten sind die Adélie-, Zügel-, Esels- und Kaiserpinguine; ihre Zahl geht buchstäblich in die Millionen. Kaiserpinguine sind für ihren strapaziösen Brutzyklus bekannt: Sie marschieren viele Kilometer vom Meer zu ihren angestammten Brutplätzen, wo sie sich im eisigen Winter zusammendrängen und ihre Eier ausbrüten. Dann erst treten sie den anstrengenden Rückweg zum Meer an, um endlich wieder zu fressen.

304 KOLIBRIS, PANTANAL, BRASILIEN

Ein unwiderstehliches Ziel für Vogelbeobachter: Im Pantanal tummeln sich mehr Vogelarten als in ganz Europa. In diesem riesigen Feuchtgebiet sind Schwärme aus Tausenden von Vögeln unterwegs und mancherorts nisten sechs verschiedene Arten auf einem einzigen Ast. Auch der größte Vogel Brasiliens ist hier anzutreffen – der flugunfähige Nandu, der wie der kleine Bruder des Vogel Strauß aussieht. Am anderen Ende der Größenskala befinden sich die zahlreichen Kolibriarten. Die winzigen Vögelchen in prächtig schillernden Farbtönen sind landesweit verbreitet. Sie flitzen behände hin und her und können sogar rückwärts fliegen. Die Brasilianer nennen sie *beija-flor* (Blumenküsser).

305 TUKANE, ECUADOR

Wie Brasilien besitzt Ecuador eine außergewöhnlich vielfältige Vogelwelt mit über 1500 Arten. Zu den bekanntesten und farbenprächtigsten gehören die Tukane. Mit ihren gewaltigen regenbogenfarbenen Schnäbeln, die teils genauso lang sind wie ihre Körper, erreichen sie selbst die Früchte an den äußersten Astenden. Tukane leben im Wipfelbereich des Waldes und sind oft am besten vom Boot aus zu beobachten. Außerdem sind in den Baumkronen des Regenwalds auch Aras daheim, vor allem die blau-gelb gefärbte Sorte. Die drolligen Possen und das raue Gekrächze dieser großen Papageienvögel sorgen bei einer Erkundungstour durch den Dschungel am Oberlauf des Amazonas für beständige Unterhaltung.

306 WASSERVÖGEL, DONAUDELTA, RUMÄNIEN

In Europa ist das Donaudelta eines der absoluten Topziele für Vogelbeobachtungen. Das Gewirr von Kanälen, Lagunen, Schilfinseln, Wäldern und Wiesen an der Küste des Schwarzen Meers ist zwar durch menschliche Aktivitäten bereits deutlich beeinträchtigt, aber immer noch ein Wunderland der Natur. Zu seinen besonderen ornithologischen Sehenswürdigkeiten gehören Tausende von Pelikanen, Reihern, Ibissen, Enten, Grasmücken, Laubsängern und Seeadlern. Der ganz besondere Reiz der Region liegt aber darin, wie nah man den Vögeln kommen kann. Teile des Feuchtgebiets sind nur per Kajak oder Ruderboot zugänglich, von dem aus man die Vogelwelt auf Armeslänge Abstand erlebt.

307 WEISSKOPF- SEEADLER, ALASKA, USA

Ähnlich wie große Raubkatzen wirken auch die großen Raubvögel besonders respekteinflößend und faszinierend. Zu den begehrtesten „Trophäen" für Vogelbeobachter gehört der Wappenvogel der USA, der Weißkopfseeadler. Der Vogel, der sich in Höhen von bis zu 3000 m aufschwingt, ist der Inbegriff der Freiheit, des höchsten Ideals der Nation. Die prachtvollen Greifvögel mit weißem Kopf- und Schwanzgefieder sind in allen Bundesstaaten außer Hawaii verbreitet. Besonders zahlreich sind sie an der Nordwestküste und der beste Ort, um sie zu sichten, ist der Chilkat River in Alaska. Hier versammeln sich von Oktober bis Dezember Scharen von Adlern, um Lachse auf Laichzug zu erbeuten.

308 DIE GROSSEN SECHS, KRÜGER- NATIONALPARK, SÜDAFRIKA

Der Krüger-Nationalpark ist *der* Ort, um die „großen sechs" Vogelarten Südafrikas zu Gesicht zu bekommen. Das sind der Kaffernhornrabe, die Bindenfischeule, der Ohrengeier, der Sattelstorch, der Kampfadler und die Riesentrappe. Sie sind nicht unbedingt die Schönsten im Land (das gilt ganz besonders für den Geier), dafür aber leicht zu entdecken und allesamt sehr groß und eindrucksvoll. Nicht minder faszinierend sind die Afrikanischen Strauße, die man hier oft durch die Savanne sprinten sieht, und die allgegenwärtigen, ach so schönen Glanzstare in ihren edelsteinartig schillernden Blautönen.

309 PARADIESVÖGEL, PAPUA- NEUGUINEA

Diese Inselgruppe bewahrt bislang viele noch wunderbar intakte natürliche Lebensräume. Die Stars ihrer Vogelwelt sind die fantastischen Paradiesvögel. Die über 40 Arten sehen ganz unterschiedlich und jede auf ihre Weise bizarr aus. Mit ihrem extravaganten Federkleid in leuchtenden Farben ergehen sie sich in spektakulären Balzritualen. Sie springen, trällern und entfalten ihre Federpracht wie chinesische Fächer. Ein weiterer Vertreter der Vogelwelt ist der Kasuar. Der große, flugunfähige Vogel trägt einen Hornhelm auf dem Kopf, mit dem er sich den Weg durch den dichten Regenwald bahnt. Seine messerscharfe Kralle am Mittelzeh hat ihm seinen (vermutlich übertriebenen) Ruf als gefährlichster Vogel der Welt eingebracht.

310 FLAMINGOS, RIFT VALLEY, KENIA

Das Bild haben die meisten schon einmal gesehen (u. a. in der schönen Flugszene aus *Jenseits von Afrika*): eine Riesenschar Flamingos, die sich wie eine Spur rosafarbener Blütenblätter um das Seeufer verteilt. Aber es in natura zu erleben, ist einer dieser Gänsehautmomente, die man sein Leben lang nicht vergisst. Auch die Geräuschkulisse ist sehr beeindruckend. Aus der Nähe betrachtet wirken die eleganten Vögel fast schon ulkig, wie sie ihre ausgefeilten, synchronisierten Balztänze aufführen. Das Ganze spielt sich am Nakurusee in Kenia ab, doch aus nicht restlos geklärten Gründen geht die Zahl der Flamingos, die an den See zurückkehren, Jahr für Jahr zurück. Es lohnt sich also unbedingt, das Schauspiel zu besichtigen, solange es noch existiert.

PILGERZIELE FÜR MUSIK-FANS

Mit dem passenden Soundtrack im Ohr geht es auf eine Pilgerreise zu den absoluten Kultstätten der modernen Musikgeschichte.

311 GRACELAND, MEMPHIS, TENNESSEE, USA

Graceland ist die Topattraktion dieser Stadt, die von musikalischen Sehenswürdigkeiten nur so strotzt. Im Frühjahr 1957 erwarb der damals 22-jährige Elvis Presley das Anwesen für 100 000 US-$. Er bewohnte es bis zu seinem Tod 1977 und liegt hier mit seinen nächsten Angehörigen neben dem Swimmingpool begraben. 1974 ließ Elvis das Haus zu einem Paradebeispiel des 1970er-Stils ummodeln. Hinter der mit weißen Säulen geschmückten Fassade verbergen sich ein retrocooler Medienraum in Gelb und Blau, eine Küche in Avocadogrün und das überwältigend kitschige Dschungelzimmer mit künstlichem Wasserfall und grünem Flauschteppich an der Decke. Außerdem gibt es hier Overalls, alle möglichen Erinnerungsstücke, Autos und sogar Elvis' Flugzeuge zu bewundern.

312 FRIEDHOF PÈRE LACHAISE, PARIS, FRANKREICH

Diese riesige Totenstadt, der opulenteste (und meistbesuchte) Friedhof der Welt, hütet die sterblichen Überreste von rund 800 000 Menschen. Die Liste der hier Bestatteten liest sich wie ein Who's Who der französischen Geschichte und Kultur – Balzac, Proust, Delacroix, Pissarro, Piaf –, aber das am meisten umschwärmte Grab gehört dem Doors-Rockgott Jim Morrison, der 1971 in Paris starb. Bevor Morrisons Familie Beschwerde einlegte, reisten Fans aus aller Welt an, um auf Jims Grab zu saufen, Drogen zu nehmen und Sex zu haben. Inzwischen ist rund um die Uhr ein Wachmann im Dienst und es gibt eine spezielle Broschüre mit Verhaltensmaßregeln. Da fragt man sich schon, ob Jim die ganze Sache von oben betrachtet und die neuen Regelungen nicht ziemlich spießig findet.

313 ABBEY ROAD, LONDON, ENGLAND

In der Abbey Road befindet sich nicht nur ein renommiertes Aufnahmestudio (Haus Nr. 3), sondern auch der vielleicht berühmteste Zebrastreifen der Welt. In diesem Studio im baumbestandenen Nordlondon nahmen die Beatles 1969 ihr Album *Abbey Road* auf, das viele für ihr bestes halten. Das Coverfoto, das die Band beim Überqueren des Zebrastreifens vor dem Studio zeigt, hat bis heute hohen Wiedererkennungswert. Es wurde von einem befreundeten Fotografen in einer nur 15-minütigen Fotosession aufgenommen (während ein Polizist den Verkehr aufhielt). Heute nutzen Fans jede Lücke im Durchgangsverkehr, um das Foto nachzustellen.

314 MOTOWN HISTORICAL MUSEUM, DETROIT, MICHIGAN, USA

Das Motown Museum besteht aus mehreren bescheidenen Häusern, die als „Hitsville USA" bekannt wurden, nachdem Berry Gordy hier 1959 mithilfe eines Darlehens über 800 US-$ die Plattenfirma Motown Records gegründet hatte. Der „Motown Sound" war Soulmusik mit deutlichem Popeinfluss. Zu den Stars, die durch das Label berühmt wurden, gehörten Stevie Wonder, Diana Ross, Marvin Gaye, Gladys Knight und Michael Jackson. Gordy und Motown zogen 1972 ins glamourösere Los Angeles um, aber Besucher können hier heute noch das schlichte Studio A besichtigen, wo die Four Tops und Smokey Robinson ihre ersten Hits aufnahmen.

315 COUNTRY MUSIC HALL OF FAME & MUSEUM, NASHVILLE, TENNESSEE, USA

Für alle Fans der Countrymusik ist eine Reise nach Nashville die ultimative Huldigung an jene Musiker, die uns beigebracht haben, mit blutenden Herzen das Schöne im Schlichten zu erkennen, indem sie Songs aus den Tiefen einer leeren Schnapsflasche erschufen. Die Ruhmeshalle mit Museum ist eine monumentale und sehenswerte Verbeugung vor der Stadt und ihrer countrymusikalischen Historie. Sie ist vollgestopft mit Erinnerungsstücken wie Elvis' goldenem Cadillac, Gene Autrys Cowboy-Krawatte und dem handgeschriebenen Text zu „Mammas Don't Let Your Babies Grow Up to Be Cowboys". Die Ausstattung ist auf dem neuesten Stand der Technik; Touchscreens gewähren den Besuchern Zugriff auf Aufnahmen und Fotos aus dem unerschöpflichen Archiv der Country Music Foundation.

LEE FOSTER / LONELY PLANET IMAGES

Goldene Schallplatten in der Country Music Hall of Fame & Museum, Nashville

Thank You for the Music: Dem legendären Pop-Quartett dürfen Sie im ABBA The Museum dankbar sein.

316 ABBA THE MUSEUM, DJURGÅRDEN, STOCKHOLM, SCHWEDEN

Das muss man erstmal schaffen: Ein schrill gekleidetes, hübsch anzusehendes Pop-Quartett, dessen Name klingt wie Fisch aus der Dose, bekommt schon zu Lebzeiten (hej, in den besten Jahren gerade mal!) ein Denkmal. Ach was, eines, mehrere gleich: Nach dem ABBA-Musical und dem hinreißenden ABBA-Film (danke, Meryl Streep!) zieht es die Fans der vier smarten Schweden nun nach Stockholm. Auf der lieblich-grünen Insel Djurgården steht neuerdings ABBA The Museum, das vor Memorabilia der Band nur so überquillt: Goldene und Platin-LPs, legendäre Kostüme, Fotos, Biografisches und natürlich Musik, Musik, Musik. Das Beste: Vieles ist hier zum Mitmachen. Wer mag, schlüpft ins Bühnenoutfit von Anni-Frid, überlistet Bennys selbstspielendes Piano oder schmettert Dancing Queen fast so schön wie Agnetha. Dieses Museum zeigt aber auch, wie clever und erfolgreich Schwedens Pop-Produzenten weltweit operieren, allen voran Björn Ulvaeus und Benny Andersson, „B" (wie brain) Nr. 1 und 2 von ABBA.

saune und Kornett allabendlich die Wände zum Wackeln bringen, kann man auch schon mal auf dem Boden sitzen. Und „When the Saints Go Marching In" beschert immer noch garantiertes Gänsehautfeeling.

318 APOLLO THEATER, NEW YORK, USA

Das Apollo Theater ist schon seit 1914 Harlems wichtigste Bühne für Konzerte und politische Kundgebungen. Praktisch jeder bedeutende schwarze Künstler der 1930er- und 1940er-Jahre ist hier aufgetreten, nicht zuletzt Duke Ellington und Charlie Parker. Heute präsentiert sich das vor Kurzem renovierte Interieur des Apollo schöner denn je: mit goldenen Leuchtern, Balkonen und schicken roten Polstersesseln. Immer noch findet hier jeden Mittwoch die berühmte Amateur Night statt, in der „Stars geboren und Legenden gemacht werden", wobei das wilde, gnadenlose Publikum genauso unterhaltsam ist wie die Darbietenden. Zu den früheren Siegern der Amateur Night gehören Berühmtheiten wie Ella Fitzgerald, Billie Holiday, James Brown und sogar Jimi Hendrix.

319 CLARENCE HOTEL, DUBLIN, IRLAND

U2-Fans auf Dublin-Besuch zieht es schnurstracks zu diesem Boutiquehotel, zu dessen Eigentümern Bono und The Edge gehören. Sie waren schon länger Stammgäste der hauseigenen Bar und als das Hotel in den 1990er-Jahren zum Verkauf stand, beschlossen sie, es in die Art von Herberge zu verwandeln, in der sie selbst gerne nächtigen wollten, nachdem sie nun reich und entspre-

317 PRESERVATION HALL, NEW ORLEANS, LOUISIANA, USA

„The Big Easy" ist die Spitzenkandidatin für den Titel der musikalischsten Stadt der USA. Ihr verdanken wir Blues, Jazz, Brass-Band-Musik und alle Popmusik, die sich daraus entwickelt hat. Die Preservation Hall ist kein bloßer Jazzschuppen, sondern geradezu ein Museum des traditionellen und Dixieland-Jazz und eine obligatorische Wallfahrtsstätte für New-Orleans-Besucher. Wie viele religiöse Pflichten ist ihr Besuch aber kein reines Zuckerschlecken – keine Klimaanlage, beschränktes Sitzplatzangebot und keine Erfrischungen. Doch um mitzuerleben, wie weißhaarige Opas mit Tuba, Po-

chend versnobt geworden waren. Fans, die hier Band-Souvenirs (und/oder Promis) erwarten, werden vielleicht enttäuscht sein, aber es gibt noch andere gute Gründe für einen Besuch, wie den Tea Room (tatsächlich ein gehobenes Restaurant) und die Cocktails in der anheimelnden Octagon Bar.

320 THE CROCODILE, SEATTLE, WASHINGTON, USA

Für viele ist Seattle gleichbedeutend mit Grunge (der nicht umsonst auch „Seattle-Sound" heißt). Der gitarrenlastige, von Lebensangst geprägte Abkömmling des Punk entwickelte sich aus dem Garagenrock, bei dem unterbeschäftigte Faulenzer in ihren Garagen vor sich hinjammten. Dann, zu Beginn der 1990er-Jahre, katapultierte sich der Grunge plötzlich in die internationale Musikszene. Livemusik-Clubs wie das Crocodile Café bildeten sein Epizentrum. Der Club präsentierte während der Grungejahre praktisch jede bedeutende Band aus Seattle auf seiner Bühne (und das waren viele, u. a. Soundgarden, Pearl Jam, Mudhoney und die Grunge-Götter Nirvana). Nach seiner überraschenden Schließung wurde er 2009 wiedereröffnet und bewährt sich weiterhin als einer der besten Rockschuppen des Landes.

PILGERZIELE FÜR MUSIKFANS

ATEMBERAUBENDE AUSSICHTSPUNKTE

Nichts für Menschen mit Höhenangst – diese luftigen Ausgucke bescheren Ihnen fantastische Blicke auf Wasserfälle, Wälder und Fjorde.

321 PREIKESTOLEN, NORWEGEN

Manchmal ist es besser, die Dinge der Natur zu überlassen. Sicher, Glasböden und Hochhäuser sind bisweilen eindrucksvoll, den besten Ausblick aber bietet ein gewaltiger Felsbrocken in Norwegen. Der Preikestolen (Kanzel) ragt 604 m über den Lysefjord hinaus, einer von unzähligen Einschnitten entlang Norwegens Westküste. Berge über Berge gibt es hier, diesen Fels aber hat die Natur scheinbar mit purer Absicht gebaut: seine nahezu plane Oberseite ragt über das Wasser hinaus (es gibt keine Absicherung!) und gewährt einen schwindelerregenden Rundumblick. Das schreckt Sie nicht? Dann spähen Sie doch mal durch eine der Felsspalten nach unten und hoffen Sie, dass sich nicht gerade jetzt neue bilden ...

322 SKY TOWER, AUCKLAND, NEUSEELAND

Mit 328 m Höhe ist der Auckland Sky Tower das höchste Gebäude im Land. Und weil wir hier nun mal von Neuseeland reden (wo man stets „nur so aus Spaß" von etwas, in irgendetwas oder unter irgendwas springt), können es die Kiwis natürlich nicht einfach dabei belassen. In 192 m Höhe bietet der Sky Tower einige Optionen, die das Adrenalin in Wallung bringen: seinen Blick aus der Glasrotunde schweifen lassen, einen Gurt anlegen und draußen eine schwindelerregende Spazierrunde drehen oder sich (mit Sicherheitsdrahtseil) bei 85 km/h in die Tiefe fallenlassen – da wird der Ausblick schon fast zur Nebensache.

323 ILLAWARRA FLY TREETOP WALK, AUSTRALIEN

Auf Du und Du mit dem Lachenden Hans, dem Kakadu und dem Pennantsittich? Der Illawarra Fly Treetop Way im Regenwald der Southern Highlands von Australien verleiht Ihnen Flügel. 25 m über dem Erdboden schwebt der Pfad im üppig dichten Kronendach von Eukalyptus-, Lorbeer-, Schwarzholz- und Maulbeerbäumen und gewährt Ihnen einen Blick auf das Leben in den Lüften. Die Vogelperspektive ist spektakulär: So nahe kommen sie der faszinierenden Pflanzen- und Tierwelt in den Kronen des Regenwalds selten. Und genießen dabei die grandiose Aussicht auf den Gebirgszug Great Dividing Range. Ein Upgrade gibt es für diejenigen, die auch noch den Ritterturm erklimmen: Sie erwartet 20 m über dem Treetop Walk der spektakuläre Blick über die Region und das erhabene Gefühl, komplett über den Dingen (und den Bäumen) zu stehen.

121

Freier Blick von Norwegens Predigtstuhl: Hier trennt sie buchstäblich nichts von der grandiosen Aussicht.

324 GRAND CANYON SKYWALK, ARIZONA, USA

Beeindruckende Architektur oder Monstrosität, die die Umwelt verschandelt? Der Grand Canyon Skywalk, ein 20 m breites Hufeisen aus Glas und Beton ragt über einem Seiten-Canyon in die berühmte Schlucht Arizonas und ist nichts für Puristen, die ihre Naturschönheiten am liebsten ohne jeden Klimbim sähen. Die meisten der Hualapai-Indianer, denen das Land hier gehört, schätzen das Bauwerk, weil es ihre Kasse klingeln lässt. Und auch die Besucher können sich seinem Sog nicht entziehen: Die Ausblicke von der herauskragenden Plattform nehmen ihnen glatt den Atem – nicht zuletzt deshalb, weil sie durch den Boden in die Tiefe schauen können und meinen, dass nichts außer Luft zwischen ihnen und den roten Felsen auf dem Grund der Schlucht Hunderte von Metern tief unten liegt.

325 KNIFE-EDGE POINT, VIKTORIAFÄLLE, SAMBIA

Was für ein Lärm – ein unbarmherziges, nie endendes, lautes Getöse! Ein schwacher Regenbogen, Gischt wabert wie Rauch durch die Luft, so als würde der Fluss brennen. An den Viktoriafällen, die die Einheimischen Mosi-oa-Tunya nennen, stürzt sich der gewaltige Sambesi-Strom von einem 100 m hohen Basalt-Felshang in die Tiefe und schlängelt sich dann in Schluchten weiter. Seine Ausmaße sind beängstigend, besonders wenn man vom Knife-Edge Point auf die Fälle blickt. Eine Fußgängerbrücke bringt sie zu dem sicheren Aussichtspunkt, wo Sie – vorausgesetzt der Sprühnebel wird in die andere Richtung getrieben –, den

326 WATERFALL TRAIL, IGUAZÚ-WASSERFÄLLE, BRASILIEN

Ziehen Sie Regenzeug an, Sie werden garantiert nass. Dieser Weg über den Fluss liefert Wasserfall-Fans direkt den Elementen des Iguazú aus – zumindest fühlt und hört es sich so an, wenn man dauernd besprüht wird und das laute Tosen von rund 1500 m³ Wasser pro Sekunde im Ohr hat. Diesen südamerikanischen Wasserfall – eine 3 km breite und 80 m hohe Kaskade aus 275 einzelnen Fällen, die stufenförmig durch den Dschungel laufen – teilen sich Brasilien und Argentinien. Es ist die brasilianische Seite, auf der der Pfad zum Aussichtspunkt unterhalb der Garganta do Diabo (Teufelsschlund) führt – hier braust der Iguazú am spektakulärsten auf.

Wasserfall in seiner überwältigenden Pracht bestaunen können – und den tiefen Abgrund darunter.

327 IL BINOCOLO, MERAN, ITALIEN

Wenn eine Aussichtsplattform „Fernglas" heißt, kann das nur allerbeste Sicht bedeuten. Im italienischen Südtirol hat der heimische Architekt Matteo Thun ein überdimensionales Fernglas auf eine Anhöhe am Rand der wunderschönen Gartenanlagen des Schlosses Trauttmansdorff hoch über Meran gesetzt. Und wie ein Fernglas wirft der „Thun'sche Gucker" einen scharfen Blick nicht nur auf zauberhafte Gärten rund um den neogotischen Palast, sondern auch auf Weinberge, Obstgärten, Dächer und Berghänge um die mondäne Stadt Meran. Man muss sich nur trauen, auf das durchsichtige Gerüst des *binocolo* hinauszutreten.

328 DACHSTEIN SKY WALK, ÖSTERREICH

Buchstäblich über dem Abgrund hängen Sie auf diesem Gerüst, das – mit einem Glasboden versehen – aus dem 2700 m hohen österreichischen Dachstein-Massiv hervorragt und einen 360-Grad-Rundumblick über Ländergrenzen hinweg bietet: auf die Gipfel des slowenischen Triglav und die böhmischen Wälder Tschechiens. Vorausgesetzt, Sie trauen sich, den Blick zu heben – es ist schon eine schwindelerregende Aussicht. Ganz zu schweigen von den häufigen Windstößen und dem Schneegestöber. Die Fahrt nach oben ist noch haarsträubender: Die Seilbahn von der Türlwandhütte überwindet fast 1000 Höhenmeter zur Hunerkogelstation und es scheint fast so, als streife die Kabine die Kalksteinfelsen (Sie können jeden Einschnitt, jede Spalte erkennen), so nahe kommen Sie ihnen.

CRAIG PERSHOUSE / LONELY PLANET IMAGES

An der Garganta di Diabo auf der brasilianischen Seite der Iguazú-Wasserfälle: Lassen Sie sich berauschen – und durchnässen.

329 AIGUILLE DU MIDI, CHAMONIX, FRANKREICH

Steht man auf der Aussichtsplatt-form der Aiguille du Midi wirkt der Mont Blanc, das schneebedeckte Monster von einem Berg, (bei klarem Wetter) zum Greifen nah. Dabei ist die Aiguille selbst kein kleiner Fisch – 3842 m ragt die „Nadel" in den Himmel. Aber Sie müssen kein erfahrener Bergsteiger sein, um das legendäre Massiv zu erklimmen; die Aiguille ist demokratisch. Mit der Seilbahn zischen Sie von Chamonix im Tal bis nach oben – 2800 Höhenmeter in atemberaubend kurzen 20 Minuten.

330 PETRONAS TOWERS SKYBRIDGE, KUALA LUMPUR, MALAYSIA

Die zweistöckige Skybridge verbindet die 41. und 42. Etage der beiden Petronas Towers miteinander und ist eine Meisterleistung der Ingenieurskunst. Mit ihren riesigen „Stützbeinen" sieht sie aus wie ein Riegel, der die beiden 452 m hohen Zwillingstürme zusammenhält. Abends macht ihr Anblick noch mehr her, wenn der gesamte Komplex funkelt wie ein überladener Weihnachtsbaum. Die Aussicht von der Brücke in 170 m Höhe ist jedenfalls ziemlich gut: Der superschnelle Aufzug flitzt mit Ihnen nach oben, wo Sie die Grünflächen der Hauptstadt Malaysias mit den anderen Hochhäusern verschmelzen sehen.

ATEM-BERAUBENDE AUSSICHTS-PUNKTE

SELTSAME PFLANZEN

Halten Sie inne und schnuppern Sie die betörenden Düfte ... oder besser doch nicht. Diese Flora ist bisweilen atemberaubend – im wahrsten Sinn des Wortes.

331 RIESEN-MAMMUTBAUM (SEQUOIADENDRON GIGANTEUM), KALIFORNIEN, USA

Zollen Sie dem Rekordhalter (Spitzname „General Sherman") Ihren Respekt im Giant Forest des Sequoia-Nationalparks in Kalifornien. Schätzungsweise 2000 Jahre hat der alte General auf dem Buckel, er ist 83,8 m hoch und sein Stammumfang am Boden beträgt 31,3 m. Das macht ihn zwar nicht zum höchsten Lebewesen (diese Auszeichnung trägt eine andere Mammutbaumart) oder dicksten (viele afrikanische Affenbrotbäume haben größere Umfänge), aber in Kombination von beidem wohl doch zu einem der beeindruckendsten Lebewesen, denen man begegnen kann. Ein Spaziergang durch den prachtvollen Giant Forest ist schon eine Erfahrung, die ehrfürchtig macht.

332 ROSE VON JERICHO (ANASTATICA HIEROCHUNTICA), MITTLERER OSTEN

Die Rose von Jericho (die eigentlich gar keine Rose ist) überlebt in der Wüste, indem sie sich zu einem festen, trockenen Ball zusammenrollt und auf die nächste Regenperiode wartet. Mit den ersten Regentropfen entfaltet sie sich wieder. Über viele Jahre kann das so gehen, was der Jericho-Rose den Namen Auferstehungspflanze einbrachte. Diese wunderbare Eigenschaft und ihr Ursprung im Heiligen Land verliehen der Pflanze geradezu religiöse Bedeutung. Einige besonders lang lebende Exemplare werden über Generationen hinweg in den Familien weitergegeben, in trockenem Zustand gehütet und zu besonderen Anlässen für ein kurzes Wiederaufblühen herausgeholt. Ein bisschen wie die Rolling Stones ...

333 SPRITZGURKE (ECBALLIUM ELATERIUM), GRIECHENLAND

Das Lustige an dieser Pflanze ist, dass ihre wie kleine stoppelige Gurken aussehenden Früchte explodieren, wenn sie reif sind. Dann spritzen sie Saft und Samen über eine beachtliche Distanz. In der Pflanzenwelt qualifiziert sie diese Eigenschaft quasi zur schnellsten Waffe des Westens. Die Flüssigkeit kann Hautirritationen hervorrufen, hat aber gleichzeitig entzündungshemmende Eigenschaften und wird traditionell als Mittel gegen Sinusitis verwendet. Spritzgurken wachsen in sandigen und steinigen Gegenden in ganz Griechenland, auf Malta und in der Türkei – an den Hängen des Piliongebirges im griechischen Thessalien kann man gut beobachten, wie ihre Früchte explodieren.

334 WELWITSCHIA MIRABILIS, NAMIBIA

Der Alien unter den Pflanzen! Wissenschaftler halten dieses Gewächs in der namibischen Wüste für ein lebendes Relikt aus der Jura-Zeit. Sie hat einen kurzen Stamm, kurze Wurzeln und trägt nie mehr als zwei Blätter, die sie überdies niemals verliert – einzigartig in der Pflanzenwelt. Lang und lederartig wachsen diese beiden Blätter, breiten sich über dem Boden aus, reißen auf und spalten sich über die Jahre. Und es können sehr sehr viele Jahre sein – die Welwitschie soll zwischen vier und 15 Jahrhunderte alt werden.

335 RIESENRAFFLESIE (RAFFLESIA ARNOLDII), INDONESIEN/ MALAYSIA

Diese Schmarotzer-Pflanze darf für sich den Titel der weltweit größten Blume in Anspruch nehmen. Mehr ist da auch nicht, keine Blätter, kein Stiel, keine Wurzeln. Die riesige, fleischige Blüte mit ihren weißen Punkten, die wie Akne aussehen, erreicht mehr als einen Meter im Durchmesser – und riecht wie ein überfahrenes Tier, das anfängt zu verwesen. Wer eine Riesenrafflesie in natura sehen möchte, muss mit Beschwerlichkeiten rechnen, da sie normalerweise in abschüssigen Dschungelgebieten voller Blutegel wächst. Die beste Chance haben Sie im Batang Palupuh Naturreservat in West-Sumatra. In Malaysia bringen die Orang Asli, die die Pflanze traditionell zur Wundheilung nach der Entbindung nutzen, Touristen zu den Pflanzen.

336 WUNDERBEERE (SYNSEPALUM DULCIFICUM), WESTAFRIKA

Die roten Beeren dieser Bodendecker, in ihrem natürlichen Lebensraum im tropischen Westafrika auch als *taami, asaa* oder *ledidi* bekannt, schmecken nach nichts. Aber sie haben die scheinbar wundersame Fähigkeit, den Geschmack der Dinge, die man danach isst, zu verändern. Säurehaltiges wie Zitrone, Limette oder Essig schmeckt plötzlich süß. Das liegt am Glykoprotein Miraculin, das beim Kontakt mit Säure jene Geschmacksknospen anregt, die für Süße zuständig sind. Aber testen Sie diesen Effekt nicht zu oft, sonst sind am Ende einen Mund und Magen übersäuert.

337 TITANWURZ (AMORPHO-PHALLUS TITANUM), INDONESIEN

Sein lateinischer Name bedeutet „gigantischer deformierter Penis", was mehr oder weniger zutreffend die Gestalt des Titanwurz beschreibt. Sein heimischer Name bedeutet übersetzt „Leichenblume", was mehr oder weniger seinen Duft beschreibt. Das Prachtexemplar hat einen mittigen Schaft, der größer als ein Mensch werden kann und den Geruch von faulendem Fleisch ausströmt, um bestäubende Insekten anzuziehen. Der Titanwurz ist in den Regenwäldern Sumatras beheimatet, blüht aber nur einmal alle paar Jahre. Daher müssen Sie wohl in die botanischen Gärten nach Sidney, Bonn, Hamburg oder Washington fahren, um einen Titanwurz in voller Blüte zu sehen. Deren Webseiten halten Sie auf dem Laufenden, wenn es wieder soweit ist. Aber vergessen Sie die Gasmaske nicht!

338 KANNEN-PFLANZE (NEPENTHES RAJAH), SABAH, MALAYSIA

Über eine Pflanze, die Frösche und kleine Säugetiere frisst, möchte man nur ungern stolpern im dunklen Urwald Borneos. Tatsächlich bevorzugt die Kannenpflanze aber Insekten. Und sie teilt auch gern mit anderen. Affen trinken das Regenwasser aus ihrem röhrenartigen Trichter, dessen rutschige Seitenwände kleine Säugetiere einfangen. Und Spinnen befestigen ihren Faden an der Oberkante der Kanne, seilen sich ab und nutzen eine Luftblase als Tauchgerät, während sie nach Beute fischen.

339 LEBENDE STEINE (LITHOPS), SÜDAFRIKA, NAMIBIA

Im südlichen Afrika, insbesondere in der Karoo-Wüste, könnten Sie über einen seltsamen braunen oder grauen Stein mit einem Riss in der Oberfläche stolpern. Doch bei näherer Betrachtung stellt sich raus: Hier handelt es sich um eine Sukkulente, die sich so gut anpasst, dass sie vom Sand und den Steinen ihrer Umgebung kaum zu unterscheiden ist. Lithops überleben unter diesen rauen Bedingungen, indem sie teilweise unter der Erde wachsen und ihre Größe als Wasserspeicher nutzen. Im Herbst und Winter werfen Sie plötzlich die Verkleidung ab und zeigen ihre wahre Natur – dann sprießen gänseblümchenartige Blüten aus ihr hervor.

340 WOLFFIA GLOBOSA, THAILAND

Anders als ein Kamel passt ein einziges dieser winzig kleinen Kügelchen ganz leicht durch ein Nadelöhr. Hunderte von ihnen haben auf Ihrer Fingerspitze Platz. Die weltweit kleinste Pflanze lebt in langsam fließenden Gewässern und Teichen in den Tropen. In Thailand ist sie bekannt unter dem Namen *khai-nam* (Wasserei) und wird seit Generationen schon als Gemüse geerntet. Khai-nam sieht aus wie dunkelgrüne Soße und ist eine gute Proteinquelle.

HIMMLISCHE KLÖSTER UND KONVENTE

Entdecken Sie Ihre spirituelle Seite an diesen ganz besonderen Rückzugsorten.

Erklimmen Sie den Stairway to Heaven, der in diesem Fall Bhutans bekanntestes Kloster ist, das atemberaubend gelegene Tigernest.

341 SANTA CATALINA, AREQUIPA, PERU

Die Nonnen hatten es gut in Santa Catalina. Das elegante Kloster im Mudejarstil wurde 1580 von einer wohlhabenden Witwe gegründet, die nur Nonnen aus der Oberschicht zuließ – und deren Dienstmädchen. Eine demokratische Schwester hob die Beschränkung in den 1870ern auf. 1970 öffnete die peruanische Regierung das Kloster für Touristen. Heutzutage huschen weit mehr

Besucher als strenggläubige Nonnen durch die von Mauern umgebene Zitadelle. Die letzten Schwestern wohnen in einem der Flügel, während die pastellfarbenen Gänge, die blumengeschmückten Innenhöfe, die geheimen Treppen und sogar der Schweigehof, in dem die Nonnen ihren Rosenkranz beten, allen zugänglich sind.

342 SELIME, KAPPADOKIEN, TÜRKEI

Das üppig grüne Ihlara-Tal birgt an die 60 byzantinische Kapellen, Kirchen und Klöster – die meisten können Sie nur nicht sehen. Denn hier in Kappadokien ist der vulkanische Tuffstein so weich, dass es einst einfacher war, Häuser in den Felsen hineinzuschlagen, statt sie darauf zu errichten. Die Einheimischen wurden zu Höhlenbewohnern – auch die Mönche von Selime, die in dem Untergrundnetz aus Schlafräumen, Küchen, Ställen und einer Kirche

lebten. Als das Kloster im 13. Jh. angelegt wurde, schmückten helle farbenfrohe Fresken die Mauern. Davon ist heute wenig übrig. Aber dieser Höhlenkomplex mit seiner besonderen Atmosphäre ist nach wie vor ein Erlebnis. Blinzeln Sie einmal kräftig, bevor Sie wieder auftauchen aus dem Untergrund – damit Sie den Ausblick auf das bizarre Felsental von hier aus genießen können.

343 MONTSERRAT, SPANIEN

Wer diesen Berg besteigt, will eine Heilige treffen. Darum zieht es die Menschen nach Montserrat, einer 1230 m hohen Felsnase 40 km von Barcelona entfernt. Denn dort oben residiert La Moreneta, eine kleine schwarze Madonnenstatue, die, wie es heißt, sich nicht einen Millimeter von der Stelle bewegen lässt. Ein Bischof hat sich mal daran versucht, aber die Statue rührte sich nicht. Und so hat man ihr kurzerhand eine Kapelle als Quartier gebaut. Über die Jahre wuchs der Ort zum

SALLY DILLON / LONELY PLANET IMAGES

344 TIGERNEST, BHUTAN

Phantasie wird großgeschrieben in Bhutan. Guru Rinpoche, zweiter Buddha genannt, soll auf dem Rücken einer Tigerin zu diesem 3000 m hoch im Himalaya gelegenen, glückverheißenden Flecken geflogen sein. Die späteren Erbauer des Klosters verankerten die Anlage nicht mit Bolzen im Berg, sondern mit Heiligenhaar. Solche Mythen ranken sich um Bhutan im Allgemeinen und um das Tigernest-Kloster im Besonderen. Die beeindruckende Festung mit ihren ausladenden Dächern und weißen Mauern klammert sich an eine Felswand 900 m über dem Paro-Tal. Ohne fliegende Raubkatze müssen Sie leider zu Fuß dort hinauf.

Gut möglich, dass all das Gold ist, was in Luang Prabangs bekanntestem und meist besuchtem Kloster glänzt.

345 VAT XIENTHONG, LUANG PRABANG, LAOS

Die Mönche im verschlafenen Luang Prabang verschanzen sich nicht hinter ihren Klostermauern; wenn Sie früh genug aufstehen, sehen Sie die mandarinrot Gekleideten durch die Straßen ziehen und um Almosen bitten. Das heißt aber nicht, dass die Klöster keinen einen Blick wert wären. Das Vat Xienthong aus dem 16. Jh. ist praktisch das einzige von vielen Gebäuden seiner Art in Luang Prabang, das über die Jahrhunderte nicht aufgegeben wurde. Vielleicht ist es auch das prachtvollste. „Goldener Stadttempel" wird es genannt und sein Inneres bordet über von diesem Edelmetall: Den Haupttempel schmücken schimmernde Motive aus dem laotischen Ramayana; ein goldener Buddha betrachtet die Szenerie.

Montserrat-Kloster heran – ein Komplex mit Museum, Hotel und sogar einem Postamt. Die Besucher aber steuern direkt auf die Basilika zu, küssen der Jungfrau die Füße und bitten um ihren Segen.

346 KATHARINENKLOSTER, SINAI, ÄGYPTEN

Dieser Ort darf auf keiner Best-of-Liste fehlen: St. Katharinen ist eins der ältesten christlichen Klöster weltweit, gebaut am Fuße jenes Bergs, an dem Moses die Zehn Gebote empfangen haben soll. Seine religiöse Bedeutung ist nicht zu unterschätzen: eine unermesslich wertvolle Ikonensammlung wird hinter den 11 m hohen Mauern aufbewahrt, außerdem ein Busch – direkter Ableger des brennenden Dornenbuschs, heißt es. Das griechisch-orthodoxe Kloster eignet sich zudem als Ausgangspunkt für eine kurze Pilgerreise – brechen Sie zum Sonnenaufgang von hier zum Gipfel des 2285 m hohen Sinai auf und schauen Sie zu, wie der Tag über dem biblischen Land anbricht.

347 DAS HÄNGENDE KLOSTER, DÀTÓNG, CHINA

Er sieht so aus, als würde er das Ende dieses Satzes nicht mehr erleben: Dieser prekäre Kultort in der Shānxī-Provinz steht mehr als wackelig auf seinen Pfeilern an einer Gebirgswand. Nicht irgendeines Gebirges: Héng Shān ist einer der heiligsten Orte des Taoismus. Es muss wohl an genau dieser heiligen Kraft liegen, dass die geriffelten Dächer des Hängenden Klosters, seine wackligen Gehwege und die seltene Kombination aus konfuzianischen, buddhistischen und taoistischen Elementen die letzten mehr als 1500 Jahre gut überstanden haben. Die architektonische Konstruktion ist verblüffend, wenn man bedenkt, wie alt das Kloster ist – und trotzdem sieht es so aus, als ob es gleich zusammenfallen würde …

348 RILA, BULGARIEN

Wer gesündigt hat, sollte sich ernsthaft überlegen, ob er das eindrucksvolle Rila-Kloster wirklich besuchen will. Denn dessen Fresken zeigen, was das Jüngste Gericht so alles an Strafen für Sünder parat hat: geflügelte Teufel, die Menschen die Augen auskratzen, Missetäter, die lebendig gekocht werden, und ein nackter Mann, der in zwei Hälften gesägt wird. Abgesehen von dieser grausam-apokalyptischen Wandmalerei ist das Kloster aber eine Augenweide. Im Mittelalter gegründet wurde es nach einem Brand im 19. Jh. durch einen Bau im typischen Stil der sogenannten Bulgarischen Renaissance ersetzt – mit schwarz-weiß-rot gestreiften Kolonnaden und Kuppeln aus dicken Mauersteinen. Bildschön, wie es sich an den Fuß des Rila-Gebirges schmiegt – auch wenn seine Fresken Sie bis in Ihre Träume verfolgen.

349 SKELLIG MICHAEL, COUNTY KERRY, IRLAND

Wenn Mönchsein bedeutet, Buße zu tun und sich von der Gesellschaft zurückzuziehen, dann ist Skellig Michael der ideale Ort – eine winzige Felsspitze voller steiler Klippen mitten im Atlantik, den Elementen schutzlos ausgeliefert. Für die Gemeinschaft, die hier etwa vom 6. Jh. an lebte, muss der Alltag hart gewesen sein. Um 1100 hatten die Bewohner dann wohl genug davon und überließen den Ort den Papageientauchern. Dank der unzugänglichen Lage blieb das Ensemble erstaunlich gut erhalten: spartanische Bienenkorbhütten, schwindelerregende Steintreppen und eine Kapelle auf dem schroffen Gipfel der Insel.

350 NOWODEWITSCHIKLOSTER, MOSKAU, RUSSLAND

Hier treffen Sie Größen der russischen Vergangenheit: den Komponisten Prokofiev, den Schriftsteller Tschechow, die ehemalige First Lady Raissa Gorbatschowa – um nur drei der Reichen und Berühmten zu nennen, die auf dem Gelände des barocken Moskauer Klosters beigesetzt sind. Im 16. Jh. als Frauenkloster gebaut ließen sich die Bolschewiken vom wehrhaften Charakter des Neuen Jungfrauenklosters nicht aufhalten: Sie warfen die Nonnen raus und erklärten den Ort mit seiner fünfkuppeligen Kathedrale, den eindrucksvollen Kirchen und dem goldbesetzten Glockenturm kurzerhand zum Museum. Diese weltliche Wiedergeburt bewahrte die Klosterschätze vor revolutionärer Zerstörung. Seit 1994 ist Nowodewitschi wieder ein Frauenkloster und heute einer der wenigen Orte, an denen sowohl die kirchliche Herrlichkeit als auch die großen Namen von Mütterchen Russland gefeiert werden.

HIMMLISCHE KLÖSTER UND KONVENTE

SAGENHAFTE STADIEN

Man muss kein Sportsfreund sein, um die bizarrsten und wundervollsten Arenen der Welt zu bestaunen – holen Sie sich ein Ticket und tauchen Sie ein in die Zuschauermassen.

351 ESTÁDIO MUNICIPAL DE BRAGA, BRAGA, PORTUGAL

Jahrelang waren Fußballstadien trostlose Plätze mit heruntergekommenen Tribünen und abgenutzten Zuschauerrängen. Doch ein neuer Mut zur Architektur verändert gerade die Landschaft. In der nordportugiesischen Stadt Braga verabschiedeten sich die Bauingenieure vom herkömmlichen Design und gestalteten den früheren Monte-Castro-Steinbruch in eine international bewunderte Arena um. Es gibt nur an zwei Seiten Tribünen, die Enden blieben offen, um den industriellen Charakter der Stätte zu bewahren: eine steile Granitwand ragt hinter einem der Tore auf, während die gegenüberliegende Seite einen Panoramablick auf das weitläufige Braga unterhalb des Stadions freigibt. Das Ergebnis ist eine wahrlich einzigartige Spielstätte, die Teil des Berges zu sein scheint, aus dem sie gehauen wurde.

352 ESTADIO OMNILIFE, GUADALAJARA, MEXIKO

Sportfreunde in aller Welt lassen gern ihren Fanatismus raushängen und streiten darüber, wer die treuesten, lautesten und leidenschaftlichsten Fans sind. Die Anhänger des mexikanischen Fußballteams Club Deportivo Guadalajara, bekannt als Chivas – die Ziegen –, könnten diese Titel für sich beanspruchen. Sie haben allerdings auch einen enormen Heimvorteil – ihr neues Stadion, dessen Name allein schon die Krone wert wäre – „Vulkan". Doch der Spitzname hat nichts mit der knisternden Atmosphäre zu tun, sondern zollt der erstaunlichen Stadiongestaltung Tribut. Aus der hügeligen Umgebung erhebt sich nur das weiße Dach wie ein Rauchkringel, der Rest des 45 000 Zuschauer fassenden Stadions ist in einem echten Vulkankrater versenkt. Allein dieser Anblick fegt jeden Gegner vom Platz.

353 NATIONALSTADION PEKING, CHINA

Vögel bauen ihr Nest normalerweise aus einer Handvoll Zweigen: leichtes und biegsames Material – ideal für die kleinen Schnäbel. Die Chinesen dagegen verbrauchten für ihr nationales „Vogelnest" 110 000 Tonnen Bewehrungsstahl, gaben 431 Mio. US-Dollar aus und beschäftigten Tausende von Arbeitern. Das Ergebnis kann sich sehen lassen: Ein gigantisches Stahlgerüst aus ineinander verwobenen Tragbalken bildet die äußere Hülle und trug ihm den berühmten Spitznamen ein. Gebaut für die Olympischen Sommerspiele 2008 war die Arena für die chinesische Öffentlichkeit sofort ein Treffer. Bis zu 30 000 Besucher kamen täglich, nur um die spektakuläre Sportstätte für 80 000 Zuschaer mit eigenen Augen zu sehen.

SEAN CAFFREY / LONELY PLANET IMAGES

Stylish und praktisch zugleich: die ineinander verwobenen Stahlkonstruktionen des Pekinger Nationalstadions

Singapurs Float@Marina Bay, die schwimmende Variante modernen Stadion-Designs

354 MARINA BAY FLOATING STADIUM, SINGAPUR

Die Singapurer sind Experten darin, ihren kleinen Stadtstaat mittels Landgewinnung kräftig zu erweitern. Deshalb war es auch keine große Sache, Platz für die neue Multifunktionsarena zu schaffen – sie wurde einfach aufs Wasser gebaut. Die Float@Marina Bay ist eine Stahlplattform von der Größe eines Fußballfelds in der schicksten Ecke der Stadt. Noble Fünf-Sterne-Hotels und der Singapore Flyer, das kultige Riesenrad, blicken auf das Stadionfloß, das im trendigen Esplanade-Bezirk vertäut ist. Die Tribüne fasst 30 000 Sitzplätze und ist bei Events wie den Feierlichkeiten zum Nationalfeiertag und 2010 bei den Olympischen Jugendsommerspielen proppevoll.

355 HIPPODROME D'AUTEUIL, PARIS, FRANKREICH

Es gibt nichts Romantischeres als den Blick auf Paris. Und besser als vom Hippodrome d'Auteuil aus bekommen Sie die Stadt der Liebe selten ins Visier. Lassen Sie sich auf der Haupttribüne der alten Rennbahn nieder und Sie werden über die Aussicht auf den fernen Eiffelturm den Pferdegalopp unter sich vergessen. Lehnen Sie sich zurück, öffnen Sie eine Dose Kronenbourg 1164 und lassen Sie sich das Schinken-Käse-Sandwich schmecken, während Sie in Paris-Turf nachlesen, ob die Pferde heute in Form sind. Und wie auch immer das Rennen ausgeht, eines ist sicher: Dies ist ein durch und durch Pariser Erlebnis.

356 GOSPIN-DOLAC-STADION, IMOTSKI, KROATIEN

Die Balljungen des kroatischen Teams NK Imotski können einem leidtun, sie müssen echte Bergungsarbeit leisten. Imotski ist ein kleines Städtchen in den hohen Biokovo-Bergen von Dalmatien – ein hügeliger Ort, an dem es nicht einen einzigen ebenen Flecken für einen Fußballplatz gibt. Im winzigen Gospin-Dolac-Stadion, das mit seinen 4000 Plätzen an drei Seiten von Fels umschlossen ist und nur noch von einer mittelalterlichen Festung überragt wird, fürchten sich die Balljungen davor, an der Seitenauslinie der vierten Seite postiert zu werden. Denn jeder Ball, der dort ins Aus geht, saust direkt über eine 500 m hohe Klippe hinab in den Blauen See.

357 VELTINS-ARENA, GELSENKIRCHEN, DEUTSCHLAND

In Zeiten von Firmensponsoring in nie dagewesenen Dimensionen dürfen moderne Superstadien nicht bloß schnöde Fußballplätze bleiben. Die Gelsenkirchener Veltins-Arena ist da vorbildlich: Sie begnügt sich nicht damit, Gastgeber des Fußballteams Schalke 04 und seiner 62 000 begeisterten Zuschauer zu sein. Nein, dieses Stadion wandelt sich wie ein Chamäleon je nach Art der Veranstaltung. Neben teuren, fest verankerten Fußballevents wie das Champions-League-Finale werden im Stadion außerdem Boxkämpfe und Eishockeyspiele bestritten, ein Winterbiathlon veranstaltet und sogar Opern aufgeführt. Mit ihrem ausfahrbaren Spielfeld und dem Dach aus Glas-Teflon-Material ist diese Arena ein wahres Wunderwerk unter den Stadien des 21. Jhs.

358 ESTADIO ALBERTO J ARMANDO, BUENOS AIRES, ARGENTINIEN

Ein Stadion, das „Pralinenschachtel" heißt? Klingt nicht wirklich sexy. Ok, im Spanischen macht der Spitzname des Spielplatzes der Boca Juniors bedeutend mehr her – *la bombonera*, so genannt wegen seines ungewöhnlichen Designs: drei steil aufragende Stadionränge und eine glatte Mauer. In dieser Arena schlägt das Herz des La-Boca-Viertels – laut und leidenschaftlich. Selbst für südamerikanische Verhältnisse rockt dieser Kessel so sehr, dass behauptet wird, die Wand würde in der pulsierenden Atmosphäre mitschwingen. Na, dann lässt sich auch der süßliche Name verschmerzen ...

359 NATIONAL-STADION KAOHSIUNG, KAOHSIUNG CITY, TAIWAN

Könnte man sich die Energie von Spitzensportevents zunutze machen, wäre das ein Segen für die Strompreise. Wie das geht, hat bisher noch niemand herausgefunden, aber Taiwans Wissenschaftler taten, was dem am nächsten kommt: Sie haben das erste Stadion der Welt geschaffen, das die Sonnenenergie ausnutzt. Eingedeckt mit 8844 Solarpanels und im Design einem gewundenen Drachenschwanz nachempfunden – der drei Seiten der Spielfläche umschließt, sich zur vierten hin öffnet und den Blick auf 55 000 bunte Sitze freigibt – produziert diese Arena alle Energie selbst und versorgt, wenn sie nicht genutzt wird, sogar noch die Nachbarschaft mit.

360 HPCA STADIUM, DHARAMSALA, INDIEN

In einem Land, das mit dem zweitgrößten Cricket-Austragungsort der Welt auftrumpft – Kolkatas Eden Gardens mit einem Fassungsvermögen von 82 000 Zuschauern – gibt es einen knallharten Wettkampf um den Titel der besten Anlage. Aber weil Größe eben nicht alles ist, geht der Hauptpreis an den Zungenbrecher Himachal Pradesh Cricket Association Stadium in Dharamsala im Norden des Subkontinents. Zum Glück ist dieses kleine Juwel inmitten wundervoller Landschaft bekannter als einfach auszusprechendes HPCA-Stadion. Mehr als 1450 m über dem Meeresspiegel liegt das Spielfeld vor der beeindruckenden Kulisse des schneebedeckten Dhauladhar Gebirges und des pittoresken Kangra-Tals.

SAGENHAFTE STADIEN

IM WUNDER-LAND VON ALICE UND PU

Es lebe die Nostalgie. Und die herrlich-bunte Welt unserer Lieblingskinderbücher. In den Koffer damit und los geht's auf Schauplatz-Tour nach good old Great Britain

361 ALICE IM WUNDERLAND & OXFORD, ENGLAND

Das elegante Oxford mag dazu ermahnen, sich mit An-spruchsvollerem als Märchen zu befassen. Aber unter den illustren Instituten der höheren Bildung gibt es eine, in der man Lewis Carroll durchaus huldigen darf. Das großartige Christ Church College war Carrolls Zuhause. Und Alice Liddell die Tochter des damaligen Dekans, die Carroll zur Heldin seiner berühmten Geschichte Alice im Wunderland und deren Fortsetzung inspirierte: Alice hinter den Spiegeln. Sie können eine Alice-Thementour durch das College unternehmen und im Museum of Oxford lauter Alice-Memorabilien in Augenschein nehmen. Alice's Shop in St. Aldate's ist selbstverständlich ein weiteres Muss – es ist der Original-Schaf-Kaufmannsladen aus Alice hinter den Spiegeln, der heute mehr Wunderland-Artikel verkauft als Sie jemals zu träumen wagten.

362 BEATRIX POTTER & DER LAKE DISTRICT, ENGLAND

Lange bevor die Pixar-Studios uns daran erinnerte, dass Tiere sprechen können, war Beatrix Potter emsig damit beschäftigt, Kappen für Jemima Pratschel-Watschel, blaue Jacken für Peter Rabbit und Schürzen für Mrs. Tiggy-Wiggel zu zeichnen und diesen goldigen Figuren sehr englische Stimmen zu geben. Beatrix-Potter-Fans werden durchdrehen auf der Hill-Top-Farm einige Kilometer südlich von Hawkshead. Das Dorf im wunderschönen Lake District ist ein liebenswertes Durcheinander von alten holprigen Straßen, weißgetünchten Häusern und ländlichen Pubs. Beatrix schrieb und illustrierte viele ihrer herzerwärmenden Geschichten in einem Bilderbuch-Bauernhaus in Hill Top, angefüllt mit dekorativen Details, die Potters Anhänger aus den Illustrationen wiedererkennen dürften.

363 DER WIND IN DEN WEIDEN & DIE THEMSE, ENGLAND

Der Autor Kenneth Grahame lebte mit seiner Großmutter in Cookham Dean, westlich von London in einer idyllischen Landschaft am Themse-Ufer, wo der liebenswert-altertümliche englische Charme so richtig dick aufgetragen ist. Die liebliche Umgebung zwischen Cookham und Henley inspirierte Grahame – spazieren Sie ein Weilchen den Uferweg entlang und sie werden ihn verstehen. Oder gehen Sie aufs Wasser (schließlich gibt es für Grahams Wasserratte nichts Schöneres, als einfach mit dem Boot herumzufahren). Statten Sie Henley's River and Rowing Museum einen Besuch ab, wo die Wind-und-Weiden-Ausstellung die Geschichte um die Wasserratte, den Maulwurf, um Dachs und Kröterich zum Leben erweckt.

364 ROBIN HOOD & SHERWOOD FOREST, ENGLAND

Nottinghamshire ist die Heimat Robin Hoods und seiner Getreuen. Heute gibt es allerdings fast mehr Touristen im Sherwood Forest als Bäume; Sie werden trotzdem noch ein paar ruhige Ecken finden, aber eher wenig Gesetzlose. Das Besucherzentrum beherbergt „Robyn Hode's Sherwode", eine süße, aber kitschige Ausstellung, die das Leben von Banditen, Königen, Bauern und Ordensbrüdern thematisiert. Eine der Hauptattraktionen ist Major Oak, der Sage nach das Versteck eines gewissen R Hood – heutzutage würde Robin aber, guter Mensch, der er ist, den alten schiefen Baum eher stützen als sich in ihm zu verstecken.

134

365 HARRY POTTER & KING'S CROSS STATION, LONDON, ENGLAND

Die Schüler der Hogwarts-Schule für Hexerei und Zauberei, unter ihnen ein gewisser Harry Potter, genießen ein besonderes Privileg: Nur für sie ist das Gleis 9 ¾ im Bahnhof King's Cross reserviert. Von dort fährt alljährlich zu Schuljahresbeginn der Hogwarts Express einem neuen Abenteuer entgegen. Auch wer kein Zauberlehrling ist, findet dieses Gleis, es ist deutlich zwischen Nr. 9 und Nr. 10 in King's Cross ausgewiesen. Und selbst ein Gepäckwagen verschwindet dort im Mauerwerk (Kulisse für ungezählte Fotosessions). Es ist keine Fahrkarte nötig. Leckeren Reiseproviant wie Bertie-Bott's-Bohnen in den Geschmackrichtungen Ohrenschmalz und Popel gibt es im Harry-Potter-Shop gleich nebenan.

366 PADDINGTON BEAR & PADDINGTON STATION, LONDON, ENGLAND

„Eines Tages trafen Mr. und Mrs. Brown Paddington auf einem Bahngleis. Daher hat der kleine Bär einen so merkwürdigen Namen, er heißt wie die der Bahnhof, in dem er gefunden worden ist." So beginnt Michael Bonds Geschichte über den Bären, der den ganzen Weg aus dem fernen Peru gereist ist und ein Schild um den Hals trägt: „Bitte kümmert euch um den kleinen Bären. Danke." Die Abenteuer des höflichen Bären, der immer wieder in missliche Lagen gerät und Marmeladenbrote liebt, ist ein englischer Klassiker. In der Bahnhofshalle von Paddington Station steht eine Statue von Paddington Bär.

367 KÖNIG ARTUS & TINTAGEL, ENGLAND

Die Sage von König Artus und seinen Rittern der Tafelrunde kennt jeder – schon der Titel beschwört Bilder von Rittern in schillernden Rüstungen, von verbotenen Romanzen in mittelalterlichen Burgen und heldenhaften Abenteuer auf der Suche nach dem Heiligen Gral herauf – alles vor der Kulisse eines magischen und geheimnisvollen Großbritanniens. Der Geist von Artus schwebt über dem Dorf Tintagel und seinem spektakulären Schloss an Cornwalls Klippen. Obwohl die Ruinen vor allem aus dem 13. Jh. stammen, haben archäologische Grabungen Fundamente einer viel älteren Festung freigelegt und nähren damit Spekulationen, dass Artus vielleicht tatsächlich auf dem Schloss geboren wurde, wie die örtliche Legende behauptet.

368 DIE WOMBLES & WIMBLEDON, ENGLAND

Wimbledon Common ist ein riesiges offenes Gelände, das sich für Spaziergänge und Picknicks anbietet – oder zum Womble-Orten. Wombles sind spitznasige, pelzige Kreaturen, die in Höhlen wohnen. Sie helfen der Umwelt, indem sie Müll und Abfälle sammeln und auf nützliche und erfinderische Weise wiederverwerten (Ökos, die ihrer Zeit voraus sind). Von der Autorin Elisabeth Beresford zum Leben erweckt, erschienen die Wombles das erste Mal 1968 in einer Kinderbuchreihe, doch erst Mitte der 70er etablierte sich die große Fangemeinde, die den Wombles zweifellos zusteht, durch eine Fernsehserie, die international ausgestrahlt wurde.

369 PU COUNTRY & HARTFIELD, ENGLAND

Alan Alexander Milne fesselte Tausende Kinder mit seinen Geschichten über einen Jungen namens Christopher Robin (benannt nach seinem eigenen Sohn) und dessen tierische Gefährten aus Plüsch – vor allem natürlich der Bär namens Pu. Die Abenteuer der kleinen Stofftier-Gang siedelte der Autor in der Umgebung seines Hauses auf der Cotchford Farm in Hartfield, East Sussex, an. Nehmen Sie dort an einer Expedition durch den Hundert-Morgen-Wald teil, treffen Sie Ferkel, I-Aah und Tigger und überqueren Sie die Poohsticks Bridge zu anderen entzückenden Orten. Im Pu Corner Shop (wo der echte Christopher Robin gewöhnlich seine Süßigkeiten kaufte) bekommen Sie Pu-Utensilien und Pu-Landkarten.

370 FÜNF FREUNDE & DORSET, ENGLAND

Spannende Ferien an der Küste mit Julian, Dick, Anne, George und Timmy, dem Hund. Plus einer Menge Limonade und dauernden Picknicks. Das bedeutet ein neues Abenteuer der berühmten Fünf von Enid Blyton. Die produktive Schriftstellerin schrieb 21 Geschichten über die Fünf Freunde. Sie verbrachte regelmäßig in Dorset auf der Halbinsel Purbeck ihren Urlaub. Und viele der Geschichten sind hier an den glitzernden Buchten und bröckelnden Klippen angesiedelt. Nehmen Sie den Swanage-Dampfzug nach Corfe Castle (die Vorlage für Kirrin Castle) – in dem Dorf liegt der Ginger Pop Shop, von einem Blyton-Spezi geführt, mit zahlreichen Büchern und Souvenirs.

HERRLICHE HÄFEN

Von schnuckeligen Buchten bis zu bedeutenden Mündungen – besuchen Sie die weltbesten Orte, um den Anker aus zu werfen.

371 NELSON'S DOCKYARD, ENGLISH HARBOUR, ANTIGUA, KLEINE ANTILLEN

Es ist schön, wenn Orte bleiben, was sie mal waren: Nelson's Dockyard, der weltweit einzige Marinehafen aus georgianischer Zeit, ist heute zwar ein schönes Museum, aber zugleich noch ein Hafen in vollem Betrieb – wenn jetzt auch eher Yachten hier anlegen als Horatios Flotte. Nelson selbst war hier von 1784 bis 1787 stationiert; der sichere Hafen half den Briten, in der Karibik präsent zu bleiben. Heute können Sie dem ursprünglichen Geist des Hafens selber nachspüren: Trinken Sie ein Glas Rum in der ehemaligen Kantine, heute die Galley Bar; kaufen Sie Brot in der hafeneigenen Bäckerei; und übernachten Sie in einem der alten Schlafsäle – heute gemütliche Hotels – und entdecken Sie die Geschichte der verschiedenen Gebäude anhand von Informationstafeln.

372 ALEXANDRIA, ÄGYPTEN

Das ehrwürdige Alexandria ist eine der ältesten Hafenstädte der Welt. Der günstig am Mittelmeer gelegene Hafen schützte einst die Schiffe von Namensvetter Alexander dem Großen und ermöglichte den Bau eines der offiziellen sieben Weltwunder: Pharos, der legendäre Leuchtturm von Alexandria. 138 m ragte er auf der vorgelagerten Insel Pharos in die Höhe. Doch mit der Zeit nahm Alexandrias Bedeutung ab, und ein Erdbeben im 14. Jh. ließ das antike Leuchtfeuer einstürzen. Heute jedoch hat Alex frischen Wind in den Segeln, die Schiffe machen gute Geschäfte mit ägyptischer Baumwolle, die neue Bibliotheca Alexandrina stützt die kulturelle Bedeutung der Stadt, und Forscher fördern Relikte vom Meeresboden zutage, die vermuten lassen, dass dieser historische Hafen noch mehr Geheimnisse birgt.

373 PARADIESBUCHT, ANTARKTIS

Es steckt schon im Namen – zumindest falls das Paradies Ihrer Vorstellungen kühl, abgelegen und von Pinguinen bevölkert ist. In diesem Hafen der antarktischen Halbinsel, der nicht mehr so ganz auf der Höhe ist, werden Sie kaum andere Schiffe sehen. Doch mit etwas Glück dafür viel Anderes: Berge, die sich exakt im klaren unbewegten Wasser spiegeln, auf dem unzählige Eisschollen treiben; Eisberge, die mit dramatischer Schroffheit aus den knarzenden Gletschern hervorragen; und Esel- sowie Zügelpinguine, die witzig schnatternd und watschelnd ihrem Alltagsgeschäft nachgehen. Wenn Sie dann einen schnaufenden Wal oder eine Robbe erspähen, die vor dem Bug Ihres Zodiac-Schlauchboots (die beste Sorte für Antarktiserkundungen) auf- und abtaucht, dann sind Sie mitten in der Rushhour antarktischen Stils.

374 KOCHI (COCHIN), KERALA, INDIEN

Durchzogen von Kardamom- und Nelkenduft sowie dem Salzgeruch der Kräuselwellen vor der Malabar-Küste ist Kochi ein exotischer Hafen mit kolonial-historischen Stilelementen aus Holland, Portugal und England. Besonders deutlich haben sich jedoch die Chinesen verewigt: ihre ausladenden, in 10 m Höhe an Gestängen wogenden Fischernetze, ein Import vom Hofe Kublai Khans, sprenkeln den Küstenstreifen entlang Fort Kochi und Vypeen Island. Natürlich gibt es im Hafen nicht nur Kleingewerbe – immerhin ist er Keralas größter –, aber mit seinen gewundenen Stränden drumherum, den Backwater-Bootstouren und

den Hütten, in denen frische Fischgerichte verkauft werden, ist Kochi der richtige Ort, um das Arabische Meer von der entspannten Seite zu erleben.

375 HALIFAX, NOVA SCOTIA, KANADA

Die einheimischen Mi'kmaq nannten diesen Ort Jipugtug – Großer Hafen. Als die Briten kamen, gingen sie natürlich darüber hinweg und gaben ihm den Namen „Halifax", nach irgendeinem unwichtigen Earl, aber großartig blieb er, der weltweit zweitgrößte Naturhafen, um den eine lebendige Stadt gewachsen ist. Halifax profitierte nicht immer von seiner Küste – 1917 detonierte im Hafen

376 GUANABARA BAY, RIO DE JANEIRO, BRASILIEN

Rios Bucht ist wirklich gesegnet. Die weite Fahrrinne macht Schiffsverkehr im großen Stil möglich; breite Strände sind ideal, um winzig kleine Bikinis zur Schau zu tragen. Die kreuz und quer stehenden Hügel dahinter bieten eine wunderschöne, wilde Kulisse für diesen brechend vollen Ballungsraum. Und hoch über all dem steht die Statue von Christus mit offenen Armen und gibt den Menschen unten ihre Tagesdosis Segen. Um die Atmosphäre aufzunehmen, statten Sie Christus am besten einen Besuch ab: Steigen Sie in die Zahnradbahn und fahren Sie am Spätnachmittag auf den Corcovado hinauf, wenn das Licht auf den Hafen fällt. Bleiben Sie, so lange Sie können, und beobachten Sie, wie die Sonne im Wasser versinkt. Himmlisch.

JOHN PENNOCK / LONELY PLANET IMAGES

137

Die spektakuläre Hafenlandschaft ist nur einer der unanständig vielen Vorzüge Rio de Janeiros.

ein Schiff, das Munition geladen hatte, 2000 Menschen starben. Heute päsentiert sich Halifax ganz klar als Küstenstadt, als Ankunftsort von Immigranten, wo Schiffe an- und ablegen und wo Cafés mit Blick aufs Wasser die angesagten Orte sind.

377 SYDNEY HARBOUR, AUSTRALIA

Die Bucht ist nicht weniger eindrucksvoll als die Tausende Feuerwerke, die hier gezündet wurden. Als Captain Cook erstmals 1770 einsegelte, wurde ihm klar, dass dies ein ganz besonderer Ort war (die Aborigines wussten das freilich schon seit Urzeiten). In den folgenden Jahrhunderten florierte der Hafen, von der britischen Besiedlung in Australien bis hin zum Bau der prachtvollen Harbour Bridge und der Oper. Am faszinierendsten sind jedoch

seine weniger bekannten Winkel und Ecken: Vom Gefängnis (und Campingplatz) auf Cookatoo Island über die schönen Sandstrände bei Manly bis zu den Wanderwegen um die historisch interessante Landzunge North Head – der Hafen bietet weit mehr als nur ein Postkartenmotiv.

378 CLOVELLY, DEVON, ENGLAND

Clovelly ist so, wie man sich ein Fischerdorf in North Devon wünscht. Eine Ansammlung von unglaublich süßen Lehmfachwerkhäusern, die sich über 120 Höhenmeter verstreut an eine steile Klippe schmiegen. Im Dorf gibt es Kopfsteinpflaster und Katzen, eine Fischkate und ein paar Pubs. Die Hauptstraße – Up Along/Down Along, abhängig von der Richtung, in die Sie

laufen – ist nur für Fußgänger. Sie endet in dem winzigen Hafen, in dem kleine Schiffe auf dem Wasser schaukeln. Clovelly ist von der Zeit unangetastet – das Dorf ist in Privatbesitz, daher ist Entwicklung nur eingeschränkt möglich. Trotzdem kann es hier ziemlich voll werden, bleiben Sie daher über Nacht. Und wenn die Tagesausflügler weg sind, haben Sie die Katzen, den Charme und das Plätschern der See für sich allein.

379 SKOPELOS, SPORADEN, GRIECHENLAND

Mamma Mia! Was für ein Hafen! Zumindest haben das die Filmproduzenten gedacht, als sie das felsige, bewaldete Skopelos als Location für einen Großteil des Abba-Musical-Films aussuchten. Kein Wunder: Der Hauptort der Insel ist genauso schön wie ein

Sie ist schön – und sie weiß es: Sydneys Hafenlandschaft hat sich für die Nacht – und die Kameras – herausgeputzt.

Filmset, zusammengewürfelt aus weißgetünchten Mauern, Terrakotta-Kacheln und von Bougainvillea berankten Balkonen, was alles zusammen als „traditionelle Niederlassung von außergewöhnlicher Schönheit" ausgezeichnet wurde. Mit diesem Label möchte Griechenland sicherstellen, dass Veränderungen nicht das Erscheinungsbild des Ortes zerstören. Von einer Taverne mit Blick auf den Hafen können Sie beobachten, wie die Fischer ihren Fang einholen. Oder Sie lassen sich zur Festung auf den Hügel bringen, von hier aus haben Sie den besten Ausblick und können mit den einheimischen Musikern ein Liedchen anstimmen – ABBA oder auch etwas anderes.

380 VICTORIA HARBOUR, HONGKONG

Was für ein Hafen – ganz und gar Hollywood! Die Bucht zwischen Hongkong Island und dem Festland Kowloon ist ein Durcheinander von Lichtern und Wolkenkratzern, die so groß und aufdringlich sind, dass die engen Räume dazwischen kaum mehr zu sehen sind. Das war nicht immer so: Als Queen Victoria den Hafen 1842 für das Empire sicherte, wurde sie verspottet für ihr Interesse an so einem Nest. Aber Hongkong – der Duftende Hafen – machte sich erstaunlich gut und wurde zum Kraftwerk im Südchinesischen Meer und eine Sehenswürdigkeit von Weltklasse.

HERRLICHE HÄFEN

MITREISSENDE PARADEN

Kein Regen der Welt kann diesen Spitzenpartys etwas anhaben.

381 NOTTING HILL CARNIVAL, LONDON, ENGLAND

Die Top-Sommer-Sause der britischen Hauptstadt, ein Fest der örtlichen karibischen Community, belebt diesen Stadtteil seit den 1950er-Jahren. Während der Feiertage Ende August (letzter Sonntag und Montag im Monat) explodiert die Nachbarschaft in Rasta-Schick und mit Reggae-Musik aus großen Soundanlagen. Es gibt außerdem Calypso und Soca, Samba, freche Outfits und animistische Skulpturen. Der Höhepunkt ist die Parade am Montag, die über 5 Kilometer Umzugswagen und Feiernde mit Federhaarschmuck und Lycra-Kostümen zeigt. Raver können sich an Ständen stärken, die jamaikanische Pastetchen, Jerk Chicken und Currys verkaufen.

382 DURUTHU PERAHERA, COLOMBO, SRI LANKA

Duruthu Perahera feiert den ersten Besuch, den Buddha Sri Lanka abgestattet hat und bei dem er den Kelaniya-Tempel in Colombo besucht haben soll. Die Feierlichkeiten bestehen aus drei Prozessionen in den Nächten vor Vollmond. Peitschenschwinger führen die Prozessionen an, es folgen Feuerschlucker, Trommler, Tänzer und verkleidete Darsteller. Geschmückte Elefanten laufen hinter jeder der Gruppen im Umzug mit. Am spektakulärsten ist dabei ein enormer Elefantenbulle, der auf einem speziellen weißen Teppich schreitet. Hunderttausende besuchen die Paraden, die mit jeder Nacht farbenprächtiger und verschwenderischer werden. In der Nacht vor Vollmond ist dabei der Höhepunkt erreicht.

383 CONEY ISLAND MERMAID PARADE, NEW YORK, USA

Die Meerjungfrauenparade, eine sehr beliebte Kunstparade rund um maritime Themen, wurde 1980 als Hommage an die Mardi Gras initiiert, die auf Coney Island zwischen 1903 und 1954 gefeiert wurden. Mit dem Festival wird auch der Sommerbeginn begangen. Sie begegnen nicht nur Meerjungfrauen, auch Fisch-, Muschel-, Neptun-, Oktopuskostüme und vereinzelte Leuchttürme sind zu sehen. Alljährlich werden Celebrities zu King Neptun und zur Königin der Meerjungfrauen gekrönt, die der Parade vorstehen. Zu ihnen gehörten bereits David Johansen, Queen Latifah, David Byrne, Harvey Keitel, Lou Reed und Laurie Anderson ...

141

Die Mermaid Parade ist ein Meer aus pailletten- und edelsteinbesetzten, ausgeflippten Aufmachungen rund ums Thema Wasser.

Der uralte Kampf zwischen Gut und Böse bietet den thematischen Hintergrund für Boliviens Oruru-Karneval.

384 JUNKANOO, NASSAU, BAHAMAS

Mehr Funk als Junk – am wildesten und besten geht das Nationalfest der Bahamas in der Hauptstadt Nassau ab. Die Umzüge starten um etwa 2 Uhr nachts und enden meist um 8 Uhr morgens. Wenn Sie mitten in der Menge stehen, fühlen Sie die Musik, bevor Sie deren Quelle sehen: ein rasendes Trommelfeuer von Pfeifen, Hörnern, Kuhglocken, Trommeln und Muschelhörnern. Dann wirbeln die Feiernden in den Blick, mit Kostümen, die weit über 90 kg wiegen können mit all den Glitzerperlen, Folien und Strass. Einige der Umzügler verbringen ein ganzes Jahr mit der Vorbereitung ihres Kostüms, das Design ist dabei ein gut gehütetes Geheimnis.

385 UP-HELLY-AA, SHETLAND-INSELN, SCHOTTLAND

Die Nordmänner herrschten bis 1469 auf den Shetlandinseln. Jedes Jahr ehren die Einheimischen ihr Erbe, indem sie die Attrappe eines Wikinger-Langschiffs anzünden (die Wikinger verbrannten Schiffe, um die Wiedergeburt der Sonne zu feiern). Am frühen Abend marschieren Hunderte Möchtegern-Wikinger in voller Montur, mit Helmen, Schwertern und Taschenlampen, zur Galeere, werfen die Dinge hinein und äschern das Schiff ein. Die Wikinger gehen dann zum Party-Hopping über, genehmigen sich ein Schlückchen und tanzen bei jedem Halt, den sie einlegen, mit einer Dame. Am nächsten Tag schmerzen die Köpfe, als habe Thors Hammer sie bearbeitet.

386 HALLOWEEN PARADE, NEW YORK, USA

Am 31. Oktober muss man in New Yorks Greenwich Village sein, wenn der Halloween-Umzug, den 2 Mio. Zuschauer begleiten, in schillernden Kostümen schwelgend mit rund 50 000 Teilnehmern hier ankommt. Der Festumzug wurde Mitte der 70er-Jahre durch einen einheimischen Puppenspieler ins Leben gerufen, der den Rückgang von Halloween-Feierlichkeiten in der Stadt beklagt hatte. Der gruselige Feiertag ist nun zweifellos mit aller Macht zurück. Am Umzug können alle teilnehmen, die ein Kostüm tragen und marschieren wollen. Also, lassen Sie Ihrer Fantasie freien Lauf und fallen Sie in Greenwich Village ein.

387 ORURU CARNIVAL, BOLIVIEN

Boliviens größte jährlich stattfindende Feierlichkeit ist ein Großevent, das um die 400 000 Menschen anziehen kann. Ihr Herzstück ist La Diablada, der „Tanz der Teufel", eine außergewöhnliche Parade, die dämonische Tänzer in extravaganten Kostümen präsentiert. Auf der 4 km langen *entrada* (Einzugsparade) wirken 20 000 Tänzer und 10 000 Musiker mit – das sind so viele Menschen, dass der Umzug bis zu 20 Stunden dauert. Angeführt wird er durch eine fröhlich-kostümierte San-Miguel-Figur. Hinter der Figur schreiten und tanzen Bären, Kondore, berühmte Teufel, Inka-Charaktere, Konquistadoren und böse Anden-Geister. Wenn der Umzug am Stadion ankommt, wird in einer Reihe von Tänzen die Geschichte der entscheidenden Schlacht zwischen Gut und Böse erzählt.

390 KATZENFESTIVAL, IEPER, BELGIUM

Das belgische Katzenfestival hat einen finsteren Ursprung. Im 12. Jh. schmissen die Stadtnarren Katzen lebendig vom Turm der Lakenhalle (Tuchhalle). Denn Katzen, so glaubte man, waren böse Geister. Und dieses Ritual, das sich bis 1817 hielt, war eine sichere Methode, um sie loszuwerden. In der modernen Version werden seit 1930 zwei Spielzeugkatzen vom Turm geworfen. Das Festival findet alle drei Jahre statt. Und an diesem Tag schnurrt die gesamte Stadt: Schokolade und Marzipan in Katzenform liegen in allen Läden aus. Der große Moment ist Kattenstoet – eine Parade riesiger Katzen.

388 LAJKONIK, KRAKAU, POLEN

Als einer polnischen Legende nach im 13. Jh. Krakaus Chefflößer einen Tartaren besiegt hatte, der die Stadt plündern wollte, schlüpfte er in die Kleidung des Mongolen und ritt triumphierend in die Stadt. Die Legende wird nun seit mehr als 200 Jahren mit einer Prozession der „Lajkonik" durch die gotische Stadt zelebriert. In mongolischen Kostümen und begleitet von Musikanten reitet die Märchenfigur auf einem mit Federn geschmückten Steckenpferd auf den Hauptplatz. Auf dem Weg dorthin tanzt der energiegeladene Rowdy, springt umher, grüßt Passanten, schaut in Cafés hinein, nimmt Gaben an und schlägt Menschen mit seinem Streitkolben (das soll Glück bringen).

389 SCHLANGEN-PROZESSION, COCULLO, ITALIEN

Eines der seltsamsten Festivals in Italien, die Processione dei Serpenti, wird in dem kleinen Abruzzendorf Cocullo gefeiert, wo die mit Banknoten, Juwelen und lebenden Schlangen behängte Statue von St. Dominikus geehrt wird. Die Figur wird durchs Dorf getragen. Die Schlangen schlängeln sich um Statue und Träger, bevor die sich windende Masse wieder in den Wald entlassen wird. Dieses Ritual soll die Dörfler für ein weiteres Jahr immun gegen Schlangenbisse machen. Es ist nicht ganz so riskant, wie es aussieht: Die Schlangen sind nicht giftig und haben keine Zähne mehr.

MIT-REISSENDE PARADEN

WUNDER UNTER WASSER

Im tiefdunklen Blau weit unterhalb der Meeresoberfläche tun sich magische Welten auf.

393 MANTA RAY VILLAGE, HAWAII

Die Hauptattraktion dieses Tauchgebiets vor der Küste Konas auf Hawaii (die Big Island) zu erraten, ist wahrlich nicht schwer. Einen großen Teil des Spaßes machen dabei jedoch die nächtlichen Tauchgänge aus, bei denen die Tauchführer das Wasser hell erleuchten. Damit soll Plankton angezogen werden, das wiederum Mantarochen anlockt (und die locken ihrerseits Taucher an). Manta-Beobachtungen kann man schwer planen – manchmal sehen Sie bis zu zehn von ihnen mit ihren herrlichen „Flügeln" und dann wieder gar keine. Bei Neumond zu tauchen, scheint noch die beste Möglichkeit, um ihnen zu begegnen.

391 UNTERWASSER-PYRAMIDEN, JAPAN

Vor der Küste der Insel Yonaguni liegt eine Reihe von Unterwasserbauten, die bei Archäologen für neuzeitlichen Wirbel sorgen, nachdem sie 1985 von einem einheimischen Tauchführer auf der Suche nach Hammerhaien entdeckt wurden. Die Unterwasserpyramiden ähneln mit ihren Treppen und Terrassen den Maya-Ruinen. Geologen sind sich jedoch noch immer nicht einig, ob die Bauten ein rein natürliches Phänomen sind, das die Menschen für sich nutzbar machten, oder ob die Bauten ganz und gar von Menschen gemacht sind. Hinweise deuten darauf hin, dass der Ort 10 000 Jahre alt ist – also aus der Eiszeit stammt. Das wirft das gemeinhin angenommene Alter der Zivilisation über den Haufen und bringt Atlantis-Sucher in Ekstase.

392 NAVY PIER, WEST-AUSTRALIEN

Wie das mit Bauten so ist: Diese 300 m lange T-Form hat nicht viel von einer Sehenswürdigkeit. Es ist so etwas wie ein Pier (und wurde eigentlich von US-Truppen in den 1960ern gebaut). Unter Wasser jedoch, da spielt sich das Wesentliche ab. Durch die Nähe zum Ningaloo-Riff und die starken Strömungen unter der Anlage kommt eine bunt gefächerte Vielfalt an Meeresflora und -fauna hereingeströmt, die Pylone sind dick bewachsen mit Korallen und Seeanemonen. Fische in Hülle und Fülle warten auf Ihre erstaunten Blicke – Feuerfische, Kaiserfische, Soldaten- und Husarenfische, Riesenlippfische, Papageifische und Himmelsgucker, um nur eine Handvoll zu nennen, nicht zu vergessen Oktopus und Rochen. Einige Taucher schätzen das Navy Pier sogar mehr als das Great Barrier Reef.

394 SCHIFFSWRACKS IN DER LAGUNE VON CHUUK, MIKRONESIEN

Der Wracktauchsport hat dem Gemetzel im Zweiten Weltkrieg viel zu verdanken – ganze Kriegsflotten wurden im alles verschlingenden Meer bei Coron auf den Philippinen und Scapa Flow in Schottland versenkt. Aber das ist nichts im Vergleich zum winzigen Chuuk in Mikronesien. Der sandige Meeresboden dieses Korallenatolls ist ein gespenstischer Friedhof für über 300 japanische Kriegs- und Frachtschiffe, U-Boote und Luftfahrzeuge, die bei einem verheerenden Angriff der Amerikaner im Februar 1944 gesunken sind. Seien Sie beim Tauchen auf jeden Fall vorsichtig – die Wracks sind noch immer mit ihren ursprünglichen Tanks, Torpedos, Unterwasserbomben, Minen und Munition beladen!

395 CRISTÓBAL COLÓN, KUBA

Die spanische Cristóbal Colón ist das am besten erhaltene Wrack unter den vielen Schiffen, die vor der Küste Kubas während des spanisch-amerikanischen Krieges versenkt wurden. Mit anderen Schiffen von den Amerikanern in der Bucht von Santiago de Cuba eingeschlossen, erlitt es in der Seeschlacht von Santiago de Cuba Schiffbruch. Um seine Crew zu retten, setzte der Kapitän es auf Grund. Es liegt heute rund 90 km vor der Küste Santiagos. Sie können noch immer die Geschosshülsen sehen, die um das Schiff herum auf dem Meeresboden liegen.

396 RAINBOW WARRIOR, NEUSEELAND

Im Juli 1985 versenkten Agenten des französischen Geheimdienstes das Schiff im Hafen von Auckland, um es am Auslaufen zu hindern; Greenpeace wollte damit gegen französische Kernwaffentests im Pazifik protestieren. Die Rainbow Warrior (Regenbogen-Kämpfer) konnte nur notdürftig geflickt werden und wurde schließlich vor der wunderschönen Matauri-Bucht im Norden Neuseelands versenkt. Seitdem dient sie als Tauchziel und Ruhezone für Fische. Mit farbenprächtigen Korallen überzogen und Heimat vieler Meerbarben, Muränen und anderer Fische sitzt es in 25 m Tiefe aufrecht im sandigen Meeresgrund. Anemonen, Schwämme und Algen aller Farben kleben am Wrack. Insofern ähnelt das Schiff in seinem Grab nun weit mehr einem Regenbogen als einem Kämpfer.

397 GREAT BLUE HOLE, BELIZE

Von oben sieht das Great Blue Hole aus wie eine Pupille. Von innen ist diese Unterwasser-Doline, die auf der Unesco-Welterbeliste steht, ein Leckerbissen für jeden Taucher. Umschlossen vom Saumriff misst das Great Big Hole ungefähr 400 m im Durchmesser und fällt auf ungefähr 145 m ab. In etwa 40 m Tiefe liegen die Formationen, die Taucher von überallher anlocken: Stalaktiten mit einer Länge von bis zu 15 m. Meereslebewesen glänzen hier nur durch ihre Abwesenheit – Sie werden kaum einen einzigen Fisch sehen –, aber wenn man zwischen Stalaktiten schwimmen kann, wen interessiert da noch Nemo?

398 TURTLE TOMB, MALAYSIA

Passen Sie Ihr Tempo dem der Schildkröte an, wenn Sie in die Gewässer vor der malayischen Insel eintauchen, die einen festen Platz auf der Liste der weltweit besten Tauchspots hat: Pulau Sipadan. Sie wird zurecht für das Drop Off geschätzt, an dem – nur wenige Meter vor der Küste gelegen – der Meeresboden 600 m tief abfällt. Die Insel ist außerdem bekannt für ihre Schildkröten. Sie begegnen Karett- und Grünen Meeresschildkröten und in 22 m Tiefe stoßen Sie auf das sogenannte Turtle Tomb mit Knochenresten unzähliger Schildkröten, die in der tief gelegenen Unterwasserhöhle in der Falle saßen und dort starben. Nur sehr erfahrene Taucher entgehen übrigens demselben Schicksal.

399 RED SEA STAR, EILAT, ISRAEL

Das Red Sea Star erinnert ein wenig an Strombergs Unterwasserbehausung in dem James-Bond-Streifen „Der Spion der mich liebte" – keine wirkliche Überraschung, wenn man bedenkt, dass das Bar-Restaurant in 5 m Tiefe im Roten Meer in Israel liegt. Die Einrichtung ähnelt dem Wohnzimmer einer Meerjungfrau: Fischmotive, Stühle in Quallenform, Seestern-Lampen – und riesige Fenster, durch die neugierige (oder rachsüchtige) Fische und anderes Meeresgetier den Gast anglotzen, während der seine Meeresfrüchte-Platte in Augenschein nimmt. Wenn Sie den Hals recken, sehen Sie vielleicht von Zeit zu Zeit ein Schiff über Ihnen vorüberziehen.

400 TAMAN PURA (TEMPLE GARDEN), INDONESIEN

Taman Pura sorgte 2010 für ein wenig Trubel, als Gerüchte in der indonesischen Presse herumgeisterten, dass ein Hindutempels vor der Küste Balis in der Bucht von Pemuteran entdeckt worden sei. Nachforschungen ergaben, dass es dort unten tatsächlich einen Tempel gibt – er ist jedoch keine untergegangene archäologische Sehenswürdigkeit, sondern Teil eines Naturschutzprojekts zur Erhaltung des Riffs. Mit seinen Plinthen, den Buddha- und Ganesha-Statuen, einem prunkvollen Tempeltor, das alles überwachsen mit Meeresflora und von Fischschwärmen durchzogen, ist es ein Wunder ganz eigener Art.

GROSSARTIGE GEYSIRE

Ein schlechter Tag im Büro? Hitze unterm Hemdkragen? Damit sind Sie nicht allein – selbst Mutter Natur muss ab und zu mal Dampf ablassen.

401 EL-TATIO-GEYSIRE, CHILE

Denkt man an Südamerika, kommen einem vor allem die Anden in den Sinn. Aber wer weiß schon, dass diese gewaltige Bergkette das weltweit drittgrößte Geysirgebiet beherbergt? Ganz weit oben, ganz nah an den Wolken – 4300 m über dem Meeresspiegel – liegen im El-Tatio-Feld über 80 aktive Geysire in einer der weltweit unwirtlichsten Landschaften. Obwohl jeder Geysir nur ein paar Meter hochschießt, lockt das wunderschöne Bild der Dampfschwaden, die in der kalten Morgenluft kondensieren, die Besucher an. Ein Geflecht aus heißen Quellen, in denen man gut baden kann, macht El Tatio noch verführerischer.

403 SHIKABE-GEYSIR, JAPAN

Japan ist gespickt mit Onsen, jenen heißen Quellen inklusive der angeschlossenen traditionellen Badehäuser, die so eng mit der Seele des Landes verbunden sind. Japan ist Geothermalland – die gleichen Kräfte, die heiße Quellen hochschießen lassen, zeigen sich auch bei Vulkanen und Erdbeben. Für ein derart aktives Gebiet besitzt Japan erstaunlich wenige Geysire: Es sind nur vier. Im Fischerdorf Shikabe in der Südostecke des Hokkaido-Gebiets ist das süße kleine Blasloch nur ein paar Meter von der Küste entfernt. Der Geysir bricht alle zehn Minuten aus, während Sie in die angrenzenden heißen Quellen eintauchen und die Show genießen.

402 ANDERNACH-GEYSIR, DEUTSCHLAND

146

Es gibt viele Dinge, für die Deutschland bekannt ist – Lederhosen, Bierfeste, Elfmeterschießen gewinnen – Geysire aber gehören nicht dazu. Zugegebenermaßen hat Aachen die heißesten Quellen in Kontinentaleuropa, darunter eine, in der man sich bei 74 °C die Zehen verbrühen kann. Aber viele betrachten die Region nicht als Geothermalland. Und sie haben nicht ganz Unrecht, denn Quellen sind nicht gleich Geysire. In der kleinen Stadt Andernach, am rechten Rheinufer im westlich gelegenen Bundesland Rheinland-Pfalz finden Sie den weltweit größten Kaltwasser-Geysir. Angetrieben durch CO_2, sprüht diese Fontäne unerschrocken 60 m in die Höhe und ist damit ein großer Freudenquell für die stolzen Andernacher.

Der Geysir von Shikabe, ein seltener Anblick in Japan

Die Landschaft am Bogoriasee, ein Ort wunderbarer Entrückung

404 MOND TRITON, NEPTUN

Schon klar: Der Planet Neptun ist 4,3 Milliarden Kilometer von der Erde entfernt, und man kommt nicht so einfach dorthin. Doch Triton, der Mond des Planeten, sendet strahlenartige Explosionen in die Atmosphäre. 1989 nahm die Weltraummission Voyager zwei Bilder gasförmiger Stickstoffschwaden auf, die mehr als 8 km von der Mondoberfläche in die Höhe schossen, dabei über 150 km ihre Ablagerungen verstreuten. Eine beachtliche Leistung, wenn man bedenkt, dass die Eruption des größten bekannten Geysirs der Erde, des erloschenen Waimangu in Neuseeland, gerade mal 300 m hoch war. Etwas näher an unserer Heimat liegt der Mars, von dem Wissenschaftler annehmen, dass hier ähnliche Ausstöße auftreten. Die NASA rekrutiert Freiwillige für Mars-Expeditionen – Sie könnten also zu den ersten gehören.

405 POHUTU-GEYSIR, THERMALGEBIET WHAKAREWAREWA, NEUSEELAND

Vor langer Zeit, als Geysire einfach nur Geysire waren, trumpfte Neuseeland mit dem weltweit größten auf. Waimangu hatte ein kurzes, aber umwerfendes Leben: Er war nur vier Jahre lang aktiv (Anfang des 20. Jhs.), konnte aber einen 300 m hohen Dampfstrahl ausschießen. Mit diesem Verlust kann Neuseeland leben, denn es beansprucht noch immer für sich, fast 10 Prozent aller aktiven Fontänen zu beheimaten (nicht schlecht für solch ein kleines Land). Die größte Ausbeute machen Sie im Thermalfeld Whakarewarewa. Diese Geothermalregion nahe Rotorua hat über 60 Öffnungen, sieben davon sind noch immer aktiv. Pohutu toppt sie alle, indem er 30 m hoch aufschießt, und das so gut wie jede Stunde.

406 TAL DER GEYSIRE, KAMTSCHATKA, RUSSLAND

Wer kennt schon Kamtschatka? Weitab an Russlands östlichster Grenze im Norden von Japan und viel näher an Alaska als an Moskau, überspannt diese wilde Halbinsel den Pazifischen Feuerring, was zu einigen überraschenden tektonischen Aufwallungen führt. Das Tal der Geysire, das so abgelegen ist, dass Sie einen Hubschrauber brauchen, um dorthin zu gelangen, wurde erst 1941 entdeckt. Heute ist es als zweitgrößtes Geysirfeld der Welt bekannt, mit mehr als 90 Geysiren entlang der 6 km langen Schlucht. Die Instabilität der Region zeigte sich 2007, als ein Erdrutsch zwei Drittel des Tals zerstörte – viele Öffnungen wurden dadurch blockiert, aber Velikan – „Der Riese" – blieb aktiv.

407 BOGORIASEE, KENIA

Löwen, Leoparden, Elefanten, Büffel und Nashörner – das sind die kenianischen Attraktionen, die Tausende von Besuchern jedes Jahr anlocken. Safaris sind ein großes Geschäft, aber wer hörte je von Geysir-Touren? Im kenianischen Rift Valley, nur ein klitzekleines Stück nördlich des Äquators, liegt der Bogoriasee, ein flacher, 35 km langer Salinensee in einem Gebiet vulkanischen Ursprungs. Die wild lebenden Tiere haben hier noch die Oberhand – der See ist Heimat für die weltweit größte Population von Zwergflamingos. Aber das Schutzgebiet ist auch reich an Geysiren. Mindestens 18 Fontänen sind bekannt und – zusammen mit zahlreichen heißen Quellen – wegen ihrer therapeutischen Wirkung geschätzt.

410 STEAMBOAT, YELLOWSTONE-NATIONALPARK, WYOMING, USA

Die Tatsache, dass Yellowstone am Krater eines Supervulkans sitzt, bringt dem Park irgendwie einen ungerechten Vorteil, wenn es um geothermische Größe geht. Der Park besitzt über 50 Prozent der weltweit aktiven Geysire und auch einige der bekanntesten, darunter den alten, getreuen Old Faithful, und den größten Geysir der Welt mit dem etwas harmlos klingenden Namen Steamboat (Dampfschiff), der im Norris-Geysir-Becken sitzt. Seine Fontäne kann eine Höhe von max. 90 m erreichen. Zählen Sie aber besser nicht drauf – starke Eruptionen können bis zu 50 Jahre auseinanderliegen. Und selbst schwächere Ausstöße sind unvorhersagbar.

408 GEYSIR UND STROKKUR, HAUKADALUR, ISLAND

In den Anfängen des Geysir-Tourismus kamen Besucher zur Hauptsehenswürdigkeit Islands und forderten Eruptionen dadurch heraus, dass sie Dinge in die Öffnungen warfen. Kein Wunder, dass die Fontäne, die allen Geysiren ihren Namen gab – wörtlich heißt Geysir „strömen" –, langsam, aber sicher krank wurde. Die Schwaden wurden seltener, bis Geysir 1916 schließlich sein letztes Röcheln ausstieß. Erst in jüngster Zeit haben vulkanische Aktivitäten ihn wieder zum Leben erweckt. Aber glücklicherweise hat Haukadalur einen anderen umschwärmten Darsteller. Einst nur kleiner Bruder, ist der Strokkur heute dank seiner beständigen Darbietung aus eigener Kraft eine Celebrity. Und da er brav alle acht Minuten ausbricht, werden – bis jetzt jedenfalls – ungeduldige Touristen davon abgehalten, ihn zuzumüllen.

409 PANGALU-GEO-THERMALFELD, NEW BRITAIN ISLAND, PAPUA-NEUGUINEA

Die Hauptstadt von Papua-Neuguinea (PNG)? Das ist eine gute Quizfrage. Die Öffentlichkeit ist an kaum einem Land weniger interessiert als an PNG, einem größtenteils unterentwickelten Land und einer der am wenigsten erforschten Regionen der Welt. Es handelt sich um ein weiteres Land am Pazifischen Feuerring, wo vulkanische Eruptionen, Erdbeben und Tsunamis nichts Ungewöhnliches sind. Und ja, auch hier gibt es Geysire. Auf halbem Weg an der Ostseite der Willaumez-Halbinsel auf der Insel New Britain liegt das Geothermalfeld Pangalu, das zu erreichen einige Anstrengung erfordert. Aber unerschrockene Besucher werden belohnt mit heißen Quellen, kochenden Becken, Fumarolen, Schlammsprudel und einigen heftigen kleinen Geysiren.

GROSSARTIGE GEYSIRE

LEGENDÄRE LEICHEN

Dahingeschieden, aber doch unvergessen – diese leblosen Anführer und mumifizierten Persönlichkeiten sind noch immer sehr unter uns ...

413 HL. BERNADETTE, NEVERS, FRANKREICH

Die hl. Bernadette wirkt wie das Pin-Up-Girl unter den Verschiedenen. Die französische Nonne, deren Visionen im Teenageralter Lourdes zu einer der Hauptattraktionen der Christenheit machte, wird als „incorruptible" (unversehrt) angesehen. Nach ihrem Tod 1879 im Alter von 35 Jahren, wurde sie dreimal exhumiert – und jedes Mal wieder für unversehrt erklärt. Ihr Körper, in einem Glassarg in der Kapelle St. Gildard in Nevers ausgestellt, ist so schön wie immer – und wenn Ihnen die engelhafte Haut seltsam wächsern vorkommt, dann liegt es daran, dass sie auch wächsern ist: Man dachte, dass Bernadettes „etwas dunkle Haufarbe" Pilger abschrecken könnte.

411 GRIP, PHILADELPHIA, USA

„Und der Rabe weicht nimmer – sitzt noch immer, sitzt noch immer." Grip sitzt tatsächlich immer noch in der Free Library in Philadelphia. Die abweisende gefiederte Kreatur, die Edgar Allen Poe die Inspiration für sein berühmtes Gedicht „Der Rabe" gab, residiert dort momentan in einem kleinen Schaukasten. Dieser Rabe hat eine ziemlich literarische Vergangenheit: Charles Dickens brachte sein geliebtes Haustier in der Meisternovelle Barnaby Rudge unter, bevor Poe den Vogel in seinen Versen unsterblich machte. Dickens ließ das Tier ausstopfen, als es 1841 starb. Heute hat es in der Free Library die Abteilung für seltene Bücher im Blick, wo auch Werke von Dickens und Poe stehen.

412 JUANITA, AREQUIPA, PERU

Arme Juanita. Vor etwa 500 Jahren wurde das Mädchen im zarten Alter von 12 oder 13 Jahren – so heißt es jedenfalls – auf den 6310 m hohen Nevado Ampato gebracht und dort geopfert, um den Berg zu besänftigen. Ganz allein blieb sie in der Kälte zurück, bis 1995 ein Vulkanausbruch in der Nähe den Schnee der Jahrhunderte zum Schmelzen brachte und Juanitas zeremonielle Ruhestätte aufdeckte. Die Jungfrau aus dem Eis, wie man sie auch nennt, war durch die Höhenlage und die eisigen Temperaturen nahezu perfekt erhalten. Jetzt, wo sie in geringerer Höhe in Arequipas Museo Santuarios Andinos lebt, bieten ihre Muskeln, ihr Mageninhalt und sogar ihre einst feinen Kleidungstücke einen großartigen, aber schaurigen Einblick in das Inkaleben.

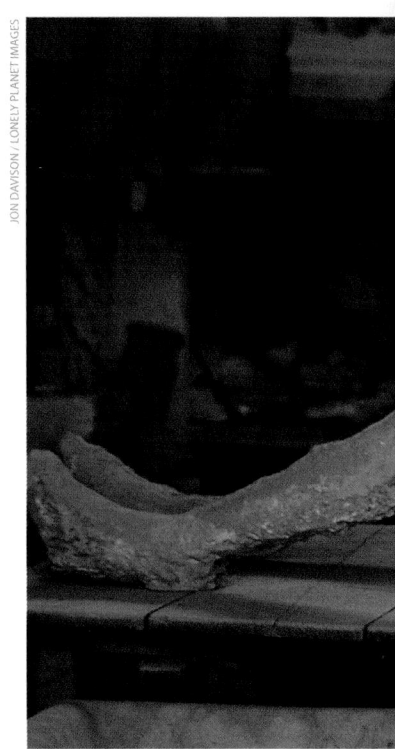

414 KAPUZINER-KLOSTER, BRNO (BRÜNN), TSCHECHIEN

Gleich mehrere Leichname sind in Brünns Kapuzinergruft ausgestellt. Die meisten von ihnen sind Mönche: Vor dem 18. Jh. verwendeten diese genügsamen Seelen gebrauchte Särge erneut, wenn ein Bruder starb. Nach den Grabritualen wurde der geliebte Verschiedene aus dem Recycle-Sarg geborgen und auf den Boden gelegt. Lediglich die guten Luftverhältnissen der Katakomben, die der Architekt mit dem irgendwie passenden Namen Moritz Grimm baute, erwiesen sich offenbar als geeignet dafür, an diesem Ort die Körper zu konservieren. Mit Roben bekleidet und Kruzifixen in den Händen weigern sich die zähen heiligen Männer, zu Staub zu werden.

415 POMPEIJ, ITALIEN

Nichts reizt die menschliche Neugier mehr als Massenkatastrophen, und wenige Katastrophen übertreffen das ruinierte Pompeji. Während seine Einwohner sicher nicht glücklich darüber waren, durch den Ausbruch des Vesuvs ausgelöscht zu werden, freuen sich heutige Archäologen um so mehr darüber. Denn die Schicht von *lapilli* (brennendem Bimstein), die die Stadt 79 n. Chr. überzog, konservierte auf unübertroffene Weise einen Schnappschuss römischen Lebens: gepflasterte Straßen, Amphitheater, Mosaike, Villen – und die Menschen. Man goss Gips in die Hohlräume, die die zerfallenen Toten hinterlassen hatten, und konnte so auf unheimliche Art ihre letzten Körperhaltungen für die Ewigkeit festhalten. Rund tausend sind gefunden worden, viele im Kornspeicher des Forums – eine Leichenhalle aus einem anderen Jahrtausend.

151

Pompeijs freigelegte Ruinen sind ein umfassender Mix aus Monumentalem und Alltäglichem, Wunderbarem und Grausamem.

152

Kairo: Tutanchamuns herrliche Totenmaske sollte eigentlich für immer in einem Erdloch begraben bleiben ...

416 TUTANCHAMUN, KAIRO, ÄGYPTEN

Hinter dem berühmtesten Gesicht des alten Ägyptens verbergen sich über 3000 Jahre alte Rätsel. Denn unter der Maske aus prächtigem Gold liegt ein zerfallener Körper, der nicht mehr auf folgende Fragen antworten kann: „Wie starb der 19 Jahre alte Pharao? War es Mord? Malaria? Ein Unfall mit dem Triumphwagen?" Wir werden es vermutlich nie erfahren. Das Grab im Tal der Könige ist heute leer. Als es 1922 entdeckt wurde, war es voller Schätze, die nun jedoch im Ägyptischen Museum in Kairo liegen. Das Museum ist der Ort, an dem Sie der Maske und dem noch eindrucksvolleren Sarg Tutanchamuns direkt gegenüberstehen: 1,88 m lang und 110 kg pures Gold.

419 LENIN, MOSKAU, RUSSLAND

In guter kommunistischer Tradition wurde Lenin nach seinem Tod 1924 gar nicht erst in ein unauffälliges Grab gelegt. Eine Gruft wurde sofort auf Moskaus Rotem Platz errichtet, so konnte der Held der Revolution weiterhin geehrt werden. Der provisorische Holzbau wurde inzwischen durch einen Steinbau ersetzt, der Mann dort drinnen jedoch hat sich erstaunlicherweise wenig verändert, er sieht für sein Alter gesund aus – Ergebnis geschickten Einbalsamierens und von Injektionen mit mysteriösem „Balsam". Aber ewig kann auch er wohl nicht halten.

417 DAINICHIBO- UND CHURENJI-TEMPEL, DEWA SANZAN, JAPAN

Es bedarf äußerster Disziplin, sich selbst zu mumifizieren. In den heiligen Bergen im Norden Honshus hat es eine Gruppe von Mönchen versucht. Die Getreuen Dewa Sanzans folgten einer strikten Ernährung: tausend Tage Nüsse und Samen, Kiefer und Borke für weitere tausend Tage, dazu Tee aus giftigem Saft, damit keine Würmer in den Körper dringen. Dann haben sie sich zu Tode meditiert. Nicht ganz erfolgreich – nur wenige Sokushinbutsu-Mumien sind erhalten, je eine davon in den Tempeln von Dainichibo und Churenji in der Nähe vom Yudono-Berg. Sie sehen gar nicht gut aus, aber Pilger strömen herbei, um diese Männer zu sehen, die auf der ultimativen Suche nach dem Nirvana waren.

418 HO CHI MINH, HANOI, VIETNAM

Offensichtlich wollte Ho Chi Minh, der viel geliebte Führer Vietnams, nach seinem Tod 1969 verbrannt werden. Traurig, dass ihm, der doch so sehr geliebt wurde, dieser letzte Wille nicht erfüllt wurde. Denn die Vietnamesen wollen ihren Befreier besuchen – daher wird sein einbalsamierter Körper weiterhin in einem strengen Mausoleum aus grauem Granit auf dem Ba-Dinh-Platz ausgestellt, dem repräsentativen Herzen des Landes. Denn hier erklärte Ho Chi Minh am 2. September 1945 die Unabhängigkeit, hier wird alljährlich mit Paraden der Unabhängigkeitstag gefeiert. Und hier stehen adrett gekleidete Fans vor der Gedenkstätte in der Schlange, um sich an dem hinter Glas liegenden „Onkel Ho" himself vorbeizuschieben.

420 TOLLUND MAN, SILKEBORG, DÄNEMARK

Vergessen Sie Botox und Antifalten-Creme – das Geheimnis ewiger Jugend ist in einem Torfhaufen begraben. So jedenfalls hat es beim Tollund-Mann geklappt. 2350 Jahre nachdem er dort hineingelegt worden war, wurde der Eisenzeitmensch um die 40 aus Jütlands Bjældskovdal-Moor geholt. Und er sieht gut aus für sein Alter von über 2000 Jahren. Sein Kopf, durch die Torfsäure wie Leder gebräunt und gegerbt, zeigt überraschende Details – Lippen, Augenlider, Fältchen, sogar Bartstoppeln sind überall auf seinem dunklen Gesicht zu sehen.

LEGENDÄRE LEICHEN

WUNDERBARE NACHTHIMMEL

Sterne waren dafür gedacht, Sie zu überwältigen.
Hier kommen die Plätze, an denen das noch klappt.

423 PISAC, PERU

In den Himmel zu schauen, bedeutete für die Inka weit mehr als Romantik und Horoskope. Das Firmament stellte für sie vielmehr eine überirdische Straße dar – die Milchstraße. Priester nutzten vermutlich dieses breite Band diffusen Lichts als Orientierung, um auf der Erde auf Pilgerschaft zu gehen. Mit dieser Denkweise können Sie sich in Pisac nahe Cuzco mit seinem himmelhohen Tempel-, Zitadellen- und Terrassenkomplex vertraut machen. Schauen Sie sich hier die Milchstraße genauer an. Die Inkas sahen in ihr Bilder wie auf einem Negativfilm; forschen Sie, wie das alte Volk es tat, in den dunklen Feldern zwischen den Sternen nach einem Fuchs, einer Schlange oder einem neugeborenen Lama.

421 BIG ISLAND, HAWAII, USA

Vielleicht wollen Sie die dampfende Landschaft am Crater Rim Drive erkunden, in den Kaumana Caves durch Lavatunnel kriechen oder einfach nur schnorcheln und chillen im perfekt weißen Sand von Kauna'oa Bay? Alles ok, aber es wäre eine Schande, Big Island zu verlassen, ohne einen langen Blick auf den Nachthimmel zu werfen – Hawaiis einsame Höhenlage gibt der Insel einen besonderen Vorteil in Sachen Firmament. Zwölf Kuppelteleskope stehen auf dem 4,2 km hohen Gipfel des Mauna Kea. Aber die beste Sicht haben Sie im Besucherzentrum 1,5 km weiter unten, wo man Sie durch die Teleskope schauen lässt. Der Blick auf die Sternenkonstellationen nach Sonnenuntergang wird Sie nach Luft ringen lassen.

422 SLOWENIEN

Oscar Wilde meinte: „Wir liegen alle in der Gosse, aber einige von uns betrachten die Sterne." Theoretisch sollten Sie in Slowenien eine Menge mehr Sterne sehen können als sonstwo – das Land hat kürzlich sein erstes Gesetz gegen Lichtverschmutzung verabschiedet. Sie bewundern also weiterhin Ljubljanas bezaubernde Architektur, fahren weiterhin die alpinen Abhänge Sloweniens hinunter, vielleicht aber bemerken Sie bei ihrem Aufenthalt nun auch vorsichtig getönte Straßenlampen und weniger grelles Licht in der Öffentlichkeit. Die International Dark-Sky Association rechnet damit, dass Slowenien dank des Gesetzes 10 Mio. Euro pro Jahr einsparen und der Planet seine enormen Ausschüttungen von Treibhausgasen reduzieren kann.

424 SHERBROOKE, KANADA

Sherbrooke, Quebec, war bis vor Kurzem nur dadurch bekannt, dass hier einmal die weltweite Eishockeyschläger-Produktion angesiedelt war. Besucher nehmen die französischsprachige Stadt zudem als Sprungbrett, um die ursprünglich gebliebenen Flüsse, Berge und Seen des nahe gelegenen Mont-Megantic-Nationalparks zu erkunden. Aber nun gibt es noch einen anderen Grund hierherzukommen: Sowohl Park als auch Stadt wurden zum weltweit ersten International Dark-Sky Reserve (Lichtschutzgebiet) erklärt. Das hatte zur Folge, dass 2500 Beleuchtungskörper ausgetauscht wurden, womit die Lichtverschmutzung um fast ein Viertel abnahm und dem Nachthimmel zu größerer Brillanz verhalf.

425 NATIONALPARK CALDERA DE TABURIENTE, KANARISCHE INSELN

In die See vor Westafrika geworfen, sind die Kanarischen Inseln die letzten Landbrocken vor einer Menge Meereswasser. La Palma ist die am westlichsten gelegene der Inseln. Und genau an ihrer Spitze liegt der Nationalpark Caldera de Taburiente. Dieser Ort ist ideal zum Sternebeobachten und beherbergt die Sternenwarte Roque de los Muchachos, die einen der größten Bestände an Teleskopen weltweit aufweist. Wenn Sie nicht gerade in den Nachthimmel schauen, durchwandern Sie die pinienbestandenen, von Bächen durchzogenen Hänge des massiven Kraters. Und dann auf zum Strand, um die schmerzenden Sehnen zu entspannen.

426 STONEHENGE, ENGLAND

Von einigen als riesige Ur-Sternenwarte angesehen, lässt Stonehenge die Vermutung zu, dass die „Ohs" und „Ahs" beim Anblick des funkelnden Himmels nichts Neuzeitliches sind. Die Bauarbeiten an diesem Monument im Kreis stehender Steine begannen vor rund 5000 Jahren. Und es ist immer noch ein guter Ort, um Sterne zu beobachten. Dort draußen in Salisbury Plain in Wiltshire gibt es nicht viele Lichter drumherum, die die Vorführung der Natur stören könnten. Wandeln Sie tagsüber auf dem Pfad um die Stätte herum und suchen Sie sich einen guten Aussichtspunkt in der Nähe. Und wenn die Sonne untergeht, machen Sie sich jahrtausendealte mystische Gedanken.

427 MCDONALD OBSERVATORY, TEXAS, USA

Um ein Nachtevent zu erleben, das es so kein zweites Mal gibt, machen Sie sich auf den Weg zur 2000 m über dem Meeresspiegel gelegenen Spitze des Mount Locke. Das McDonald Observatory in den Davis Mountains in Texas genießt einen der dunkelsten Himmel im Landesinneren der USA und garantiert Anblicke einer Himmelspracht, bei denen Ihnen die Kinnlade herunterklappt. Das Beobachtungszentrum veranstaltet außerdem regelmäßig Sternenpartys. Dann schauen Sie durch solche gewaltigen Teleskope, bei deren Anblick Astronomen vor Entzücken ihre Hände reiben. Schwelgen Sie in der unvergleichlichen Aussicht auf Planeten, Sterne und Galaxien – ein ganzes Universum wartet auf Sie.

428 SARK, KANALINSELN

Gehen Sie raus aus den Städten, um mehr Sterne zu sehen. Städtische Lichtverschmutzung bedeutet, dass sie nur 100 Sterne mit bloßem Auge sehen. In einem Dark-Sky-Bereich machen Sie dagegen 1000 Sterne aus. Solch einen wunderschönen Nachthimmel genießen Sie auf der Kanalinsel Sark. Diese felsige Insel ist fast 5 km lang und 2,5 km breit, hier gibt es wenig Häuser und keine Autos oder Straßenlaternen. Auf den pockennarbigen ungepflasterten Wegen im Mondlicht zu radeln, ist magisch. Aber nehmen Sie eine Taschenlampe mit. Dann schauen Sie von den schwindelerregend hohen Klippen über der tiefschwarzen See hinauf und können ernsthaft die Sterne zählen.

429 ATACAMA-WÜSTE, CHILE

Die Atacama-Wüste, das sind 1000 km² bestes Areal zum Sternenbeobachten. Was es so perfekt macht? Es ist die trockenste Wüste der Welt. Und kein Regen bedeutet keine Wolken. Die Wüste ist kaum besiedelt, das bedeutet: keine künstlichen Lichtquellen. Und die klare, trockene Höhenluft ermöglicht eine gute Fernsicht. Es ist in der Tat so perfekt, um Sterne zu beobachten, dass die Europäische Südsternwarte zwei Sternwarten hier betreibt, eine beherbergt das Very Large Telescope. Hier wurde auch das Atacama Large Millimeter Array (ALMA), ein riesiges neues Radioteleskop, gebaut.

430 KARIBISCHE INSELN

Wo kann man besser auf einen wie mit Juwelen besetzten Sternenteppich blicken als auf einer Insel, wo die Brise warm, die Nachtluft mit wohlriechenden Frangipani geschwängert und der Rum süß ist? Suchen Sie sich einen romantischen palmengesäumten Ort am Strand, legen Sie sich auf den Rücken und schauen Sie in die samtene Dunkelheit. Sie und Ihr Herzblatt können sogar einem Sternenbild einen eigenen, ganz persönlichen Namen geben.

BEEINDRUCKENDE KORALLENRIFFE

Korallenriffe bedecken weniger als ein Prozent der Weltmeere und doch bewahren und fördern sie eine unglaubliche Artenvielfalt – legen Sie den Schnorchel an und entdecken Sie diese unglaublichen Unterwassergärten.

431 GREAT BARRIER REEF, AUSTRALIEN

Klar, es ist ein naheliegendes Ziel, aber das Great Barrier Reef ist aus gutem Grund beliebt. Der weltweit größte Meerespark dehnt sich mehr als 2300 km entlang der klaren, seichten Gewässer vor der Nordostküste Australiens aus. Eine außerordentliche Artenvielfalt gedeiht in den tropischen Gewässern, darunter 400 Korallensorten, 1500 Fisch- und 400 Weichtierarten. Eine Armada von Booten fährt Schnorchler und Taucher von der Küste aus hin und her. Unzählige Touren und Dienstleistungen stehen im Angebot. Beobachten Sie in diesem Unesco-Weltnaturerbe Wale auf ihrer jährlichen Wanderung, Dorsche so groß wie Autos und schaurige Schiffwracks.

433 NEUKALEDONISCHES BARRIERRIFF, NEUKALEDONIEN

Korallenriffs kommen in vielen Formen und Größen daher und Neukaledonien im Pazifik rühmt sich eines ansehnlichen Doppelbarrier-Systems. Es ist 1300 km lang und umfasst die Hauptinsel Grand Terre. 30 km von der Küste entfernt, bildet das Riff eine riesige Lagune, die ein umwerfendes Spektrum an Meeresflora und -fauna bietet. Schnallen Sie sich Ihren Schnorchel an, wagen Sie den Sprung und Sie sehen sich Arten gegenüber wie Drückerfischen, Thunfisch, Haien und Schildkröten und das Ganze vor dem Hintergrund phosphoreszierender Korallen. Viele Arten sind endemisch, für die Unesco hat diese Region eine außergewöhnliche Bedeutung für die Natur – sie hat das Riff 2008 zum Weltnaturerbe erklärt.

432 ANDROS BARRIER REEF, BAHAMAS

Das kristallklare Wasser um Andros, der bevölkerungsärmsten Bahamas-Insel, bildet das drittgrößte Riff-System der Welt und bietet wahrlich einzigartige Taucherlebnisse. Die Korallen dehnen sich 225 km entlang der Ostküste bis zu einer Meeresbank aus, die den anschaulichen Namen „Zunge des Ozeans" trägt und von seichten 35 m auf eine Tiefe von 1800 m abstürzt. Das treibt den Puls in die Höhe. Ein faszinierendes Erlebnis – ebenso wie die Erkundung der wundersamen Korallenhöhlen des Petrified Forest. Näher an der Küste bieten Lagunen- und Mangrovengebiete Tauchgänge, die das Adrenalin weniger stark in die Höhe treiben und zu Zackenbarsch- und Snapperschwärmen sowie zu unterschiedlichsten Schwammsorten führen.

JEAN-BERNARD CARILLET / LONELY PLANET IMAGES

Schwelgen Sie in Neukaledonien in allen nur erdenklichen Blaue-Lagune-Fantasien.

Die indonesische Insel Raja Ampat wird immer beliebter; vor der Küste kreuzen ständig Tauchboote, auf denen man auch wohnen kann.

434 RAJA AMPAT, WEST-PAPUA, INDONESIEN

Vor der Küste Sorongs in West-Papua gelegen, ist Raja Ampat das Zentrum des sogenannten Korallendreiecks, das aus den Riffs Indonesiens, der Philippinen und Nord-australiens besteht. Die überwältigenden Riffs, die hier erblühen, zählen zu den spektakulärsten der Erde, sie kultivieren eine irritierend große Artenvielfalt von 1200 Fischarten und 600 Korallenarten, ungefähr 75 Prozent aller bekannten Formen. Das Ökosystem ist hier so vielfältig, dass ein Taucher einen Weltrekord aufstellte: Innerhalb einer Stunde hat er unglaubliche 283 Fischarten gezählt. Zählt man auch noch die vielfältigen Seefächer, Schwämme und Fahnenbarsche in allen möglichen Farben dazu, dann macht dies unterm Strich ein Tauchziel ohne jeden Vergleich.

435 CAROLINE-ATOLL, KIRIBATI

Der Südpazifik ist das ultimative Ziel für die, die einsame Inseln suchen. Die Republik Kiribati ist ein Land mit 32 Atollen und einer abgelegenen Koralleninsel. Sie liegt so fern jeglicher Zivilisation, eine der abgeschiedensten Regionen der Welt. Hier befindet sich auch ein außergewöhnliches Lagunenriff. Das Caroline-Atoll, 4200 km östlich der Hauptstadt Tarawa, ist eine winzige Gruppe kleiner Inseln, 13 km lang und 2,5 km breit. So abgeschieden das Atoll liegt, so unberührt ist es: Üppige Korallen und eine artenreiche Meeresfauna gedeihen hier wie Riesenmuscheln, Kokoskrebse und Napoleonfische.

MICHAEL GEBICKI / LONELY PLANET IMAGES

437 BELIZE BARRIER RIFF, BELIZE

Das Belize Barrier Riff ist Teil des größeren mittelamerikanischen Riffsystems, das sich von der mexikanischen Halbinsel Yucatán bis nach Honduras erstreckt. Die 300 km lange karibische Küstenlinie Belizes bietet 100 Korallensorten und 500 Fischarten Schutz- und Lebensraum. Sporttauchen ist hier die Hauptattraktion, das Riff hat einige der besten Stellen dafür weltweit, darunter das Blue Hole, eine 300 m breite und 124 m tiefe Doline. 1996 zeichnete die Unesco das Riff mit dem Welterbestatus aus, doch globale Erwärmung, Umweltverschmutzung und unkontrollierter Tourismus bedrohen seine Gesundheit.

438 KOMODO-NATIONALPARK, KLEINE SUNDA-INSELN, INDONESIEN

Erwähnen Sie den Namen „Komodo" und die Gedanken kreisen um Bilder vom furcherregend aussehenden Drachen, der gigantische Fleischfresser steht für die indonesischen Inseln. Daher ist es keine Überraschung, dass dieser Kerl der Star der Show im treffend benannten Nationalpark Komodo ist. Aber reißen Sie sich von den Echsen los hin zum Meer und Sie werden etwas gleichermaßen Außergewöhnliches finden. Das warme Gewässer schützt ein bunt schillerndes Netz von Riffen, das farbenprächtiges Meeresleben von Seepferdchen, Clown-Anglerfischen, Blaugeringelten Kraken und filigranen Seescheiden in Hülle und Fülle bietet. Der Kontrast zum fiesen Komododrachen könnte größer nicht sein.

439 ABROLHOS BANK, BRASILIEN

Die Meere sind die letzten unerforschten Grenzräume der Erde. Abrolhos Bank, in Brasilien in flachen Gewässern nahe der Südküste der Provinz Bahia gelegen, ist weltweit lange Zeit schon wegen seiner nur hier vorkommenden muschelförmigen Korallenarten von Bedeutung. 2008 jedoch entdeckten Forscher neue Riff-Formen, die doppelt so groß sind wie das bisherige System, das bereits das größte im Südatlantik ist. Die Riffs rund um das Archipel umfassen nun ein Gebiet von 46000 km^2 und sind die Heimat für bisher unbekannte Korallenarten, Mollusken und Fische.

440 RØST REEF, NORWEGEN

Weit oben, mitten im nördlichen Polarkreis liegt das erst 2002 entdeckte Røst-Riff, das als größtes bekanntes Kaltwasser-Korallensystem der Welt gilt. Es umfasst ein Gebiet von 120 km^2 und liegt 400 m tief. Røst ist eine Insel in der Lofoten-Inselgruppe, 200 km südwestlich von Tromsø. Für den Durchschnittstaucher ist das Riff vielleicht zu weit und zu tief, aber es gibt dort auch andere Möglichkeiten. Um die Inseln fließen nährstoffreiche Strömungen und lassen eine Welt voller Korallen und vielfältiger Lebensformen entstehen, die neben Wracks zu erkunden sind.

436 ALDABRA-ATOLL, SEYCHELLEN

Aldabra ist das zweitgrößte Atoll der Welt. Wegen seiner Lage ist es nicht dauerhaft bewohnt und nur wenige Touristen kommen hierher. Riff-Liebhaber sollten es aber vielleicht ihrer Hitliste hinzufügen. Das Atoll ist umgeben von einigen flachen Sandbänken, Gefällen und tiefer liegenden Riffsystemen, die voller unberührter Korallen, Fische und wirbelloser Tiere sind. Dieses Ökosystem bleibt autark, weil es vor menschlichen Einflüssen bewahrt wird. Das hat bisher den Raubbau verhindert. Daneben schützt Aldabra Arten wie Hammerhaie, Barrakudas und über 150000 endemische Riesenschildkröten.

BEEIN-DRUCKENDE KORALLEN-RIFFE

BEMERKENSWERTE U-BAHN-STATIONEN

Im Untergrund auf Sightseeing-Tour gehen? Aber sicher! Bei diesen Haltestellen gehen Ihnen die Augen über.

Viel Licht im dunklen Tunnel: Bei der Gestaltung der Haltestelle Westfriedhof setzte man die Leuchtkörper wie Skulpturen ein.

441 BAKER STREET, LONDON, ENGLAND

Baker Street ist die Adresse Sherlock Holmes, jenes Helden der berühmten Arthur-Conan-Doyle-Romane. Entsprechend ist die dortige U-Bahn-Station verziert mit Kacheln, auf denen die Umrisse des Pfeife rauchenden Detektivs abgebildet sind. Mit fünf Linien, die hier stoppen, um waggonweise Touristen zu Madame Tussauds und zum Regent's Park zu befördern, ist diese Haltestelle ein belebter Knotenpunkt der London Underground. Als 1863 die Metropolitan Railway, die erste U-Bahnlinie der Welt, in Betrieb genommen wurde, war Baker Street eine der ersten Haltestellen. Die Station hat überlebt – anders als einige andere, die inzwischen außer Betrieb sind und nur kurz als „Geisterstationen" an den Zugfenstern vorüberziehen.

443 T-CENTRALEN, STOCKHOLM, SCHWEDEN

Es gibt so vieles, was man an der Stockholmer Metro lieben kann. Erstens wird sie *tunnelbana* genannt. Zweitens hört man oft, sie sei „weltweit längste Kunstgalerie", weil in fast jeder Station irgendeine Art von Kunst präsentiert wird. Und drittens: Bei ihrem Bau blieb auf Linie B die natürliche Felsstruktur erhalten, die Bahnhofshallen wurden mit Bögen versehen, die sie wie Höhlen aussehen lassen. T-Centralen, der Knotenpunkt des Stockholmer Verkehrsnetzes, gibt einem das Gefühl, in die Halle des Königs vom goldenen Berg einzutreten: Die unebenen Gewölbe hat der finnische Künstler Per Olaf Utvedt in traditionellem Design blau-weiß bemalt. Es sind auch Mosaiksäulen und ein Wandgemälde zu sehen, das die Arbeiter der *tunnelbana* auf ihren Gerüsten darstellt.

444 KOMSOMOLS-KAYA, MOSKAU, RUSSLAND

Teils barocker Palast, teils Kunstgalerie und teils politischer Mahnruf – Komsomolskaya verweist im harten Wettbewerb die wunderschön ausgearbeiteten U-Bahn-Stationen Moskaus auf die Plätze und schießt den (hoch dekorierten) Vogel ab. Was macht die Station zur besten von allen? Die Kronleuchter, die mächtigen Marmorsäulen, die blassgelben Gewölbedecken mit schneeweißen Schmuckdetails ... ganz zu schweigen von den Mosaiken. Angeregt durch Stalins Rede auf der Moskauer Parade 1941 stellen die Mosaike russische Waffen und ruhmreiche Momente im Kampf um Russlands Freiheit dar und sind über die Jahre einigen Korrekturen ausgesetzt gewesen (inklusive einer Retusche, um den großen Stalin zu entfernen).

442 WESTFRIEDHOF, MÜNCHEN

Die Architektur stammt von Auer & Weber, aber es ist Ingo Maurer zu verdanken, dass dieser Ort auf Augenhöhe mit den großen Stationen weltweit steht. Erst Maurers Lichtdesign verwandelt diese Haltestelle, die unbeleuchtet, ehrlich gesagt, ziemlich öde daherkommt: überall nüchterne Linien und Beton – naja, bei dem Namen ist etwas Tristesse auch zu erwarten. Doch dank Maurer werfen riesige Lampen lebhaftes Farblicht auf die Mauern und Bahnsteige, lassen den Beton in satten Blau-, Gelb- und Rotnuancen erstrahlen. Und plötzlich steht man im Wunderland! Der Bahnsteig wird zu einem Ort, der beweist, wie einfach der menschliche Wunsch nach Gestaltung erfüllt werden kann. Und vielleicht auch der Ort, an dem man eine 80er-Jahre-Filmszene drehen könnte.

445 HOLLYWOOD/VINE, LOS ANGELES, USA

Ok, vielleicht ist sie kitschig. Aber kann die Hollywood/Vine-Station wirklich anders als kitschig sein? Die Haltestelle in Los Angeles überlässt in ihrem vom Film inspirierten Design dem Zelluloid die Bühne: mit einem Boden, der aussieht wie die Yellow Brick Road aus dem Film „Der Zauberer von Oz", mit Kino-Aufzügen und Ausstellungsstücken wie Projektoren aus den 1930er-Jahren. Im Geländer sind sogar die Noten des „Hooray for Hollywood"-Songs, der Hollywood-Hymne, verewigt. Die unechten Palmen und die Gewölbedecken erinnern an die alten Filmtheater der Stadt. Wer genau hinschaut, sieht lauter Filmspulen an den Decken.

446 BURJUMAN, DUBAI, VEREINIGTE ARABISCHE EMIRATE

Wie erwartet ist Dubais Metro pompös. Die Haltestellen sind durchweg in modernen Rundungen gestaltet und ihre Dekorationen nehmen als Thema die vier Elemente Erde, Luft, Feuer und Wasser auf. Neben der futuristischen Glätte gibt es auch einige traditionelle, ganz zurückhaltend eingesetzte Architekturelemente wie Erker und Bögen. Burjuman (auch Khalid Bin Al Waleed genannt) ist eine der eindrucksvollsten Stationen. Thema ist hier ganz unverkennbar das Element Wasser; die Muschelform des Gebäudes nimmt das Perlentauchererbe der Stadt auf. Die gesamte Haltestelle wirkt wie eine fantastische Unterwasser-Station aus blauem Licht und kitschigen Quallenlüstern.

447 FLORA, PRAG, TSCHECHIEN

Prag mag über der Erde eine magische Märchenstadt sein, aber kommen Sie nach unten in die U-Bahn erwartet Sie der reine 1970er-Sowjet-Sci-Fi-Stil. Die Ausstattung lässt mit ihren geometrischen Formen langgezogene, blanke Perspektiven entstehen, die schließlich im Dunkel der Tunnel verschwinden. Wer möchte da nicht dem Gefühl nachgeben, die Space Gun und das Teleporter-Armband anzulegen und die Gleise entlangzustürmen. Flora ist eine der atemberaubendsten Stationen, mit glänzenden goldfarbenen und burgunderroten Noppen auf den Wandfliesen, die im Vorbeirauschen zu Lichttrassen werden. Lassen Sie nicht die Schalterhallen mit den Wandgemälden aus, die das Grün der Natur zeigen.

448 NAMUR, MONTRÉAL, KANADA

Das U-Bahn-Netz Montréals stammt aus den 1960er-Jahren und beherbergt seitdem die Arbeit von Künstlern aus Québec. Die Haltestellen sind jede für sich unterschiedlich reizvoll – einige sind wegen ihrer architektonischen Besonderheiten bemerkenswert (bunte Glasfenster etwa, die sogar Tageslicht in die Hallen lassen) – andere werden durch Skulpturen und farbige Fliesen belebt. Namur wäre eigentlich eine ziemlich triste Station, wäre da nicht Systeme, eine riesige, beleuchtete Aluminiumskulptur von Pierre Granche, die von der Decke hängt. Die ineinandergreifenden Elemente erinnern an Moleküle oder Waben und verleihen der Station eine magisch-ätherische Atmosphäre.

449 SYNTAGMA, ATHEN, GRIECHENLAND

Die Metro Athens ist zwar recht neu, aber einige Stationen punkten mit antiken Kunstwerken, die bei den Erdarbeiten gefunden wurden und nun hier ausgestellt sind. In den frühen 1990ern begann man damit, die U-Bahn-Tunnel auszuheben. Die Zusammenarbeit zwischen den Ingenieuren des neuen Netzes und den Archäologen des Kulturministeriums, die die Ausbeute unter der Stadtoberfläche bargen und klassifizierten, war beispiellos. Bei der Station Syntagma

Die Metrostation Burjuman: ein Statussymbol – wie alles, was die einzigartige Architektur Dubais bietet

umfassten die Funde römische Bäder, eine Gießerei, eine antike Straße, ein Aquädukt und ein Flussbett. Die Ausgrabungsfunde bzw. Repliken versüßen Ihnen die Wartezeit bis zum nächsten Zug.

450 UNIVERSIDAD DE CHILE, SANTIAGO, CHILE

Es gibt viele Stationen, die Kunstelemente in sich tragen, aber wenige können es mit der Haltestelle Universidad de Chile aufnehmen. Betritt man diese Station, kommt man sich vor wie in einer Galerie oder einer Renaissancekirche. Die Wände der Haltestelle tragen ein gigantisches Gemälde von Mario Toral, das die chilenische Geschichte in einem großartig-heroischen Stil erschließt. An manchen Stellen erinnert dieser Stil an Sowjetkunst, an anderen an Art-déco-Kino. Es handelt sich aber nicht um fade Öffentlichkeitskunst. Toral übt sich nicht in Zurückhaltung: Der gesamte Schmerz der chilenischen Vergangenheit – Folter, Angst, Unterdrückung – ist hier dargestellt, ebenso werden herausragende historische Ereignisse präsentiert. Es ist ein wirklich erhabenes Werk und daher einen kleinen Schlenker wert.

BEMERKENS- WERTE U-BAHN- STATIONEN

GEFÄHRLICHE JÄGER

Sie sind wunderschön, sie sind wild. Nehmen Sie sich tierisch viel Zeit und besuchen Sie diese Raubtiere in ihren gut bestückten Jagdgründen.

453 JAGUAR, COCKSCOMB BASIN WILDLIFE SANCTUARY, BELIZE

Belizes bekanntestes Schutzgebiet ist ein riesiger Landstrich tropischen Walds, der 1984 zum weltweit ersten Naturreservat für Jaguare wurde. Heute ist das Gebiet nicht nur Heimat für schätzungsweise 40 bis 50 Jaguare, sondern auch für andere Wildtiere: In Belize streifen noch vier weitere Wildkatzenarten umher – Puma, Ozelot, Langschwanzkatze und Jaguarondi. Sie in natura zu erleben, ist zwar schwierig, aber nicht unmöglich, am besten stehen die Chancen oft in der Nähe der Park-Hauptverwaltung, wenn Jaguare, Ozelots und Pumas spät nachts auf der Straße zum Nationalpark herumtapern.

451 AFRIKANISCHER WILDHUND, CHOBE-NATIONALPARK, BOTSWANA

Botswanas berühmtester National-park ist vor allem für seine großen Elefanten- und Büffelherden bekannt. Aber man kann hier auch einige der wildesten Raubtiere des Kontinents sehen. Erster unter den hungrigen Fleischfressern ist der Afrikanische Wildhund – der sogenannte bunte Wolf –, vermutlich der tüchtigste Jäger in Afrika. Er ist ausgesprochen gemeinschaftsorientiert, streunt in großen Rudeln herum und ist vor allem in den offenen Regionen um die Savuti-Sümpfe im Westen des Parks zu sehen. Wenn es ab November und Dezember regnet, kommen Tausende von Burchell-Zebras in dieses Gebiet und locken die Wildhunde (und andere Raubtiere) an.

452 WEISSER HAI, PORT LINCOLN, AUSTRALIEN

Dass einige der Unterwasserszenen in Der Weiße Hai um die Fischerstadt Port Lincoln in Südaustralien gedreht wurden, ist alles, was man über den Hai-verseuchten Hotspot wissen muss. Das kühle Gewässer ist Heimat einer eindrucksvollen Menge an weißen Haien. Der Fisch mit den vielen Reißzähnen schlägt selbst den Furchtlosesten in die Flucht. Cage Diving zu den Haien ist um die Neptun-Inseln herum möglich. Hier lebt ungefähr die Hälfte aller in Australien beheimateten Neuseeland-Robben – einer der Lieblingssnacks der Haie. In einem Drahtkäfig werden Sie in die See voller Köder hinabgesenkt, wo die großen weißen Fische ganz nah und hoffentlich doch weit genug weg sind.

454 ORCAS, RESERVA FAUNÍSTICA PENÍNSULA VALDÉS, ARGENTINIEN

Die Halbinsel Valdés sieht ein bisschen wie ein Pickel an der östlichen Wange Südamerikas aus, ist aber eines der besten Wildreservate des Kontinents. Hier leben Seelöwen, Seeelefanten, Guanakos, Magellan-Pinguine und – zumindest zeitweise – vorbeiziehende Südkaper. Einmal im Jahr jedoch (Mitte Februar bis Mitte April) wird es grausam. Dann kommen Orcas ans nördliche Ende der Halbinsel, nach Punta Norte, um in arglosen Seelöwen-Kolonien zu jagen. Die spektakulären und berühmten Bilder der Dokumentation Spiele des Lebens, in der Orcas bewusst stranden, um an Seelöwen zu kommen, wurden hier gefilmt.

455 BRAUNBÄREN, MCNEIL RIVER STATE GAME SANCTUARY, USA

Erinnern Sie sich an all diese Braunbär-isst-springenden-Lachs-Poster? Könnte gut sein, dass die Aufnahmen aus diesem Reservat in Alaska stammen, das die weltweit größte Braunbärdichte aufweist. Hier sammeln sich jeden Sommer Bären an den McNeil-River-Wasserfällen (bis zu 72 Bären sind hier schon gesichtet worden), schnappen nach laichenden Lachsen, wenn die auf ihrem Weg stromaufwärts zwischen den Wasserfällen hervorspringen. Die Behörde für Fisch und Wild hat ein Beobachtungsareal eingerichtet, in dem täglich zehn Besucher die Tiere beobachten können. Hauptmonat für die Bärenbeobachtung ist der Juli.

456 TIGER, CORBETT-NATIONALPARK, INDIEN

Nur wenige Anblicke sind so packend wie der eines Bengaltigers in freier Wildnis. Indien hat 27 „Project Tiger"-Reservate. Corbett jedoch, das Original und Indiens erster Nationalpark, eignet sich nach wie vor am besten dafür, sich auf die Spur der großen Katze zu begeben. Das Reservat beheimatet schätzungsweise 10 Prozent der etwa insgesamt 1500 Tiger im Land und bietet Jeepsafaris an. Durch den Park geht's auch auf dem Rücken von Elefanten, die auf der Suche nach den Großkatzen durch den Wald aus Salbäumen schwanken. Wer zum Ende der Trockenzeit kommt (Ende Mai, Anfang Juni), hat bessere Chancen, einen Blick auf einen Tiger zu erhaschen. Nur dann gibt es nämlich einige wenige Wasserstellen, während das schützende Gras spärlich ist.

457 KANNEN-PFLANZEN, MALIAU-BECKEN, MALAYSIA

Das Maliau-Becken ist auch als Vergessene Welt Sabahs bekannt, und man versteht nur zu gut, warum. Es gibt keine Straßen und keinen Beleg dafür, dass seit den frühen 1980ern irgendwelche Menschen in dieses Gebiet gekommen wären. So ist ein dichtes Knäuel aus biologischer Vielfalt, üppigem Regenwald und Flüssen, die sich hindurchschlängeln, erhalten geblieben. Unter den 1800 Pflanzensorten gibt es sechs Arten von Kannenpflanzen, einer fleischfressenden Pflanze mit Klappblättern, die eine mit Flüssigkeit gefüllte Falle bilden. Insekten werden so angezogen und verschlungen. Und dank der Tourismusindustrie, die langsam um das Bassin entsteht, werden nun auch Menschen durch dieses florale Raubtier angelockt.

458 NILKROKODILE, GRUMETI-FLUSS, TANSANIA

Als Naturschauspiel wird die jährliche Gnu-Wanderung durch Ostafrika hochgeschätzt, besonders wenn eine Million der Viecher – eine wunderbar brodelnde Masse – gezwungen ist, den Grumeti-Fluss mit den hungrigen Krokodilscharen im westlichen Korridor des Serengeti-Nationalparks zu überqueren. Zwischen Mai und Juli (gewöhnlich im Juni) ist die Wanderung am spektakulärsten: Dann schnappen die riesigen Nilkrokodile nach dem schwächsten Gnu – wer das sieht, wird vermutlich nie wieder als Schlusslicht einer Gruppe herumtrödeln!

459 EISBÄREN, CHURCHILL, KANADA

Die Stadt Churchill in der Provinz Manitoba erhebt den nicht unberechtigten Anspruch darauf, Welthauptstadt der Eisbären zu sein. Sie liegt an der Wanderroute der Bären, die im Winter auf der gefrorenen Bay und im Sommer an Land jagen. Und auch wenn sie wie riesige Teddybären aussehen, Eisbären sind die größte aller Bärenarten und sehr gefährlich für Menschen. Gut gesichert beobachten Sie die weißen Riesen von eigens dafür gebauten Buggys aus, Kerngeschäft des hiesigen Tourismus jeden Oktober. Um zu intime Begegnungen mit den Bären zu vermeiden, haben die örtlichen Behörden von September bis November eine 24-Stunden-Wache eingerichtet. Nachts werden Schüsse abgefeuert, um jeden Herumtreiber in Stadtnähe zu verscheuchen.

460 LEOPARDEN, YALA-NATIONALPARK, SRI LANKA

Mit trompetenden Elefanten, Affen, die durch die Bäume krachen und Pfauen in ihrem feinsten Kleid hat der Yala-Nationalpark das Dschungelbuch ruhmvoll ins Leben gehoben, das alles abgerundet durch Bagheera, den Leoparden. Mit über 35 Leoparden besitzt Yala West eine der dichtesten Leoparden-Populationen weltweit. Gewöhnlich sind sie von ungefähr Februar bis Juni oder Juli zu sehen, mit Ende der Trockenzeit (März bis April) stehen die Chancen besonders gut, da die Tiere an den wenigen Wasserstellen zusammenkommen.

GEDENKSTÄTTEN DES ZWEITEN WELTKRIEGS

20 Jahre nach Ende des Ersten Weltkriegs wurden Europa und die Welt mit einem neuen Krieg überzogen. Wieder starben Millionen Menschen; schmerzliche Mahnmale stehen in allen Winkeln der Erde.

461 ANNE-FRANK-HAUS, AMSTERDAM, NIEDERLANDE

Auschwitz veranschaulicht, was der Zweite Weltkrieg für die jüdischen Gemeinden bedeutete. Um den Deportationen zu entgehen, versuchten viele, sich zu verstecken. Die berühmteste Vertreterin war Annelies Marie Frank, ein junges deutsches Mädchen, das mit ihrer Familie erst in die Niederlande übersiedelte und sich dann in einem Amsterdamer Hinterhaus verstecken musste. Über ihre heimliche Existenz in ihren frühen Teenagerjahren führte Frank Tagebücher, die für ihre Innensicht hoch geschätzt werden. Franks Familie wurde am Ende verraten und das Mädchen Anne starb im Konzentrationslager Bergen-Belsen – mit nur 15 Jahren. Das Zuhause der Franks in Amsterdam jedoch wurde erhalten und erzählt die bewegende Geschichte eines ergreifenden persönlichen Kampfes gegen die Naziverfolgung.

462 BLETCHLEY PARK MUSEUM, ENGLAND

In Zeiten, in denen die moderne Kriegsführung auf GPS, unbemannte Drohnen und bombenentschärfende Roboter vertraut, ist es manchmal schwierig, sich vorzustellen, dass der Zweite Weltkrieg vorwiegend ein Konflikt war, der in geheimen Bunkern ausgearbeitet wurde, und abhängig war von immenser menschlicher Arbeitskraft. Die richtungsweisende Computertechnologie, die im ländlichen England eingesetzt wurde, war jedoch entscheidend für den Erfolg der Alliierten. Versteckt hinter der Fassade eines traditionellen Herrensitzes surrten gigantische elektromagnetische Geräte, auch als Bomba bekannt, rund um die Uhr und versuchten, den deutschen Enigma-Code zu entschlüsseln. Das Museum in Bletchley Park beherbergt Repliken dieser Wundermaschinen; drahtlose Abhörstationen und Archive, die die Technologiegeschichte ausführlich beschreiben.

463 USS ARIZONA MEMORIAL, PEARL HARBOR, HAWAII, USA

Hohe Wellen zum Surfen und Vulkane machen Hawaii zum Traumziel für Urlauber, doch die Besucher vom 7. Dezember 1941 kamen mit finstereren Absichten. Ganz in der Nähe im Pazifik stationiert, starteten sechs japanische Flugzeuge einen Überraschungsangriff, bei dem jedes der in Pearl Harbor ankernden US-Schiffe entweder versenkt oder zumindest außer Gefecht gesetzt wurde. Diese Operation hatte zur Folge, dass die Amerikaner sich in den Konflikt einmischten – schon am nächsten Tag erklärten die USA Japan den Krieg. Heute besuchen US-Veteranen und Hinterbliebene die Gedenkstätte, die oberhalb der versenkten USS Arizona gebaut wurde, um jenen zu gedenken, die hier ihr Leben gelassen haben.

Das Schiff selbst mag untergegangen sein, die Erinnerungen sind es nicht: Besucher zollen am USS Arizona Memorial ihren Respekt.

BRENT WINEBRENNER / LONELY PLANET IMAGES

Hiroshimas Friedensdenkmal soll das tragische Vermächtnis der Stadt und die Lehren daraus bewahren.

464 FRIEDENSDENKMAL, HIROSHIMA, JAPAN

Wer an Hiroshima denkt, wird auch immer an den ersten Einsatz einer Atombombe überhaupt denken. Am 6. August 1945 um 8.15 Uhr warfen US-Bomber eine Waffe ab, die sie absurderweise Little Boy nannten. Sie explodierte 600 m über der Stadt und verursachte ein unfassbares Massensterben – 90 000 Menschen kamen sofort um, weitere 130 000 Menschen starben in den folgenden fünf Jahren an ihren Verletzungen oder der Strahlenkrankheit. Hiroshima wurde nahezu vollständig wieder aufgebaut, nur ein Gebäude, der Genbaku Dom, blieb in seinem zerstörtem Zustand erhalten. Die skelettartige, zerbrechliche und markante Ruine liegt direkt unter dem damaligen Detonationspunkt und bildet heute einen Teil des von der Unesco geschützten Peace Memorial Parks.

465 SOLDATEN-FRIEDHOF KATYN, RUSSLAND

Als der Krieg in Europa wütete, fanden Verfolgungen in unfassbarem Ausmaß weit von der Front entfernt statt. In den entlegendsten Ecken des Kontinents war Massenmord an der Tagesordnung und viele Straftaten kamen erst Jahre später ans Licht. Zu einem der furchtbarsten Massaker kam es in einem abgelegenen Wald in der Nähe der russischen Stadt Katyn, wo 22 000 polnische Offiziere, Ärzte und hochrangige Akademiker vom sowjetischen Geheimdienst ermordet wurden – dessen Kommandanten leugneten immer wieder jegliche Mitwirkung bis zum Zusammenbruch der UdSSR 1990. Heute beherbergt der Wald einen bewegenden Friedhof mit Gedenktafeln, um diejenigen zu würdigen, denen ein würdevoller Tod verwehrt war.

466 KOKODA TRACK, PAPUA-NEUGUINEA

Im Zweiten Weltkrieg planten die Japaner, über den Kokoda Trail durch Papua-Neuguinea einen geheimen Angriff auf Ausstralien zu starten. Aber die Aussies bekamen Wind davon und fingen die Feinde in der Mitte ab. In der Folge wurden in einer blutigen Schlacht viele Soldaten nicht nur im Kampf selbst, sondern auch durch Malaria, Hitze und Krankheiten getötet. Heute können Sie denselben Weg in einigen Tagen erwandern, aber stellen Sie sich auf Blasen, Blutegel und eine hohe Luftfeuchtigkeit ein – die geringsten Sorgen derjenigen, die hier einst kämpften. Die Kriegsumstände sind Vergangenheit, aber der Regenwald und seine Geschichte sind geblieben.

467 CHUUK LAGOON, MIKRONESIEN

Chuuk Lagoon wimmelt von üppigen, farbenprächtigen Korallen und tropischen Fischen, dennoch sind Taucher hier nicht am Ökosystem interessiert. Was sie zu dieser 70 km breiten Lagune lockt, sind Wracks – Chuuk dürfte die größte Ansammlung versenkter Schiffe weltweit aufweisen. Der Ort wurde von Japanern im Zweiten Weltkrieg als Marinebasis genutzt. Durch US-Angriffe wurden 1944 dutzende Schiffe versenkt, aber auch etliche Flugzeuge abgeschossen – es gibt sogar gruselig verkrustete Panzer in 35 m Tiefe. Bevorzugte Tauchgänge besuchen die Fujikawa Maru mit intakten Kampfflugzeugen im Inneren und die Shinkoku Maru, die mit Weichkorallen und Schwämmen natürlich ausgeschmückt ist.

468 D-DAY-STRÄNDE, NORMANDIE, FRANKREICH

Am 6. Juni 1944 starteten die Alliierten Streitkräfte die größte Invasion, die in der Geschichte vom Meer ausging. 160 000 Soldaten landeten an einem 80 km breiten Streifen der französischen Küste. Eine ungewöhnliche Mobilisierung mit 5000 Fahrzeugen und Unterstützung der Luftwaffe. Offiziell als Operation Overlord bekannt, war D-Day der Codename für die Angriffswelle, die drei Wochen dauerte und den Verlauf des Kriegs veränderte, jedoch mit riesigen Verlusten. Außer einigen Betonbunkern sind nur wenige Zeichen übriggeblieben, die an den Krieg erinnern, aber an den Hauptstränden finden sich bis heute Markierungen mit den Codenamen der Operation – Gold, Juno, Omaha, Pointe du Hoc, Sword und Utah. Auch Friedhöfe, Museen und Informationszentren in der Region widmen sich diesem entscheidenden Ereignis im Zweiten Weltkrieg.

469 KONZENTRA-TIONSLAGER AUSCHWITZ, OŚWIĘCIM, POLEN

Wenige Orte auf der Welt sind so abschreckend wie Auschwitz. Als der Holocaust über Europa fegte, starben 6 Millionen Juden im entsetzlichsten Genozid des 20. Jhs. Über eine Million von ihnen wurde in dem Konzentrationslagernetzwerk von Auschwitz vernichtet. Die Anlage war unfassbar groß, drei Hauptlager – Stamm, Arbeit und Vernichtung – bildeten zusammen mit 45 Außenlagern einen Komplex, der dafür angelegt war, Menschen schreckliches Leid zuzufügen. Es ist nicht einfach, sich dem Horror der Gaskammern, der Krematorien und Todeslager zu nähern und zu stellen, geschweige denn jenen ungezählten einzelnen, persönlichen Gegenständen, die die Gräueltaten individualisieren. Aber Auschwitz wirkt mächtiger als es ein Geschichtsbuch jemals könnte.

470 JÜDISCHES GHETTO, WARSCHAU, POLEN

Außerhalb der Konzentrationslager waren Europas jüdische Gemeinden in überfüllten innerstädtischen Ghettos grauenvollen Lebens-bedingungen ausgesetzt. Überall auf dem Kontinent schotteten Nazi-Kommandeure Viertel mit Steinmauern und Stacheldraht ab, ließen sie von bewaffneten und schießwütigen Patrouillen bewachen. Warschau besaß das größte Ghetto, in dem 450 000 Juden von der Außenwelt abgeschlossen waren. Die Umstände waren finster, doch trotz des Leidens kam Widerstand auf. Es gab geheime kulturelle Aktivitäten, Schwarzhandel mit der „anderen Seite" wurde betrieben. Ein gut geplanter Aufstand brach schließlich aus, wurde jedoch erbarmungslos niedergeschlagen – die Nazis löschten das Ghetto 1943 komplett aus. Inmitten des Massakers blieben einige Gebäude stehen und werden heute mit einfachen Gedenktafeln für die Erinnerung bewahrt.

GEDENK-STÄTTEN DES ZWEITEN WELTKRIEGS

ZAUBERHAFTE OPERNHÄUSER

Vollkommene Akustik ist die Primärtugend dieser Tempel der Klangkunst. Aber ohne ihre bewegte Geschichte und ihr blendendes Aussehen wären sie wohl nicht mehr als Schall und Rauch.

471 TEATRO AMAZONAS, MANAUS, BRASILIEN

Eine Oper am Amazonas? Nun, ja, Manaus, größte Stadt im Amazonasgebiet, ist ein urbaner Fremdkörper mitten im Dschungel. Das berühmte Opernhaus dort wurde 1896 eröffnet, als der Kautschukboom seinen Höhepunkt erreicht hatte. Und so symbolisiert die Oper den einstigen Wohlstand der Stadt. Die Künstler und fast alle Materialien (italienischer Marmor und italienisches Glas, schottisches Gusseisen) wurden aus Europa importiert; das Holz stammt zwar aus Brasilien, wurde jedoch in Europa bearbeitet. Tatsächlich „hausgemacht" war die Auffahrt – ein Gemisch u. a. aus Kautschuk, um die Geräusche der verspäteteten Kutschen zu dämpfen.

Die einen sehen Orangenspalten in der Dachkonstruktion der Oper von Sydney, die anderen kopulierende Schildkröten. Jeder wie er mag.

472 GARNIER-OPER, PARIS, FRANKREICH

Das legendäre „Phantom der Oper" lauerte in diesem opulenten Opernhaus (auch als Pariser Oper bekannt) – eines von zweien, die Charles Garnier entworfen hat; das andere steht in Monte-Carlo. Der Bau der Pariser Oper wurde 1860 begonnen und sollte den Glanz Frankreichs unter Napoleon III. demonstrieren – als aber die Oper nach 15 Jahren fertig war, hatte Napoleon III. unglücklicherweise schon seit zwei Jahren das Zeitliche gesegnet und das zweite Reich war nur noch in schwacher Erinnerung. Trotz alledem ist dieser Bau eins der eindrucksvollsten Monumente des 19. Jhs. in Paris – in einer Stadt voller Architekturschätze, heißt das wirklich etwas.

473 OPERNHAUS OSLO, NORWEGEN

Diese Skandinavier verstehen wirklich eine Menge von moderner Baukunst. Die neue Oper in Oslo ist eine wahre weiße Wonne – von Weitem und aus unterschiedlichen Perspektiven sieht sie aus wie ein dahintreibender Eisberg. Im Inneren wartet eine Symphonie aus Eiche, die in einen lichtdurchlässigen Kubus gesetzt wurde. Das Dach dürfte jedoch das größte Schmankerl sein. Seine großen Schrägen, die im Wesentlichen als Stadtpromenade genutzt werden, fallen zum Wasser hin ab. Folgen Sie der Menge hinauf, klettern Sie herum, spähen Sie ins Gebäude oder schauen Sie auf den Fjord hinaus. Sie werden sich fühlen wie auf einem Spielplatz für Erwachsene, auf dem – ach wie nett – auch eine Oper untergebracht ist.

474 STAATSOPER, WIEN, ÖSTERREICH

In der Stadt, die vielen als Welt-hauptstadt der Oper und der klassischen Musik gilt, muss die Oper der Gipfel der Kultur sein. Zwischen 1861 und 1869 gebaut, missfiel der Bau aber den Wienern und dem Habsburger Herrscherhaus zunächst; „versunkene Kiste" spottete man, weil die Oper unter Straßenniveau lag. Die Architekten steckten das schlecht weg: Der eine erhängte sich, der andere starb an einem Herzinfarkt. Trotz der frostigen Aufnahme des Baus wurde zur Eröffnung Mozarts Don Giovanni gespielt. Heute schätzen die Wiener ihre Oper sehr; Höhepunkt des Spielplans ist aber kein Musikwerk, sondern der kuk-mäßig daherkommende Opernball, wo sich alljährlich alles versammelt, was Geld, Glamour und manchmal auch Namen hat.

ROSS BARNETT / LONELY PLANET IMAGES

475 OPERNHAUS SYDNEY, AUSTRALIEN

„Die Sonne wusste nicht, wie schön ihr Licht war, bis es sich in der Oper von Sydney spiegelte", befand Louis Kahn. Selbst ein berühmter Baumeister wusste der Mann, wovon er redete. Die Konstruktion des dänischen Architekten Jørn Utzon ist Australiens markantestes Wahrzeichen. Gerüchten zufolge ließ Utzon sich von Orangenspalten, Palmwedel und Mayatempeln inspirieren. Verglichen wurde das Gebäude auch mit Muschelschalen und mit Schildkröten beim Liebesakt. Die Bauarbeiten starteten 1959, die offizielle Eröffnung fand 1973 statt, nach – wie stets bei spektakulärer öffentlicher Architektur – einer Seifenoper voller Machtkämpfe, technischer Schwierigkeiten und Verzögerungen.

171

476 TEATRO ALLA SCALA, MAILAND, ITALIEN

Wie eine wahre Diva ist Mailands legendäre Oper nur unter einem Namen bekannt: La Scala. Ihre eher schlichte Fassade steht in geplantem Widerspruch zum prachtvollen Innenleben: Sechs Loggia-Ränge sind mit Gold verziert und in Purpurrot ausgestattet. Zumindest zu den Abendveranstaltungen kleidet sich das Publikum angemessen. Mailändisches Geld – altes und neues – präsentiert sich hier ganz appetitlich auf dem Goldtellerchen. Ja, es gibt eine Kleidervorschrift, und ja, Eintrittskarten müssen weit im Voraus gebucht werden. Sie können sich aber auch bei einem Besuch des zur Oper gehörenden Museu Teatrale alla Scala ein Bild von all dem Glanz verschaffen – vorausgesetzt, es sind weder Auftritte noch Proben angesetzt.

477 TEATRO COLÓN, BUENOS AIRES, ARGENTINIEN

Nach einer dreijährigen Renovierung erst kürzlich wieder für seine Fans geöffnet, ist das wunderschöne und eindrucksvolle Teatro Colón mit seinen sieben Rängen bedeutendstes Wahrzeichen und ganzer Stolz Buenos Aires', eine Aufführungsstätte von Weltklasse für Oper, Ballett und klassische Musik. Es wurde ursprünglich 1908 eröffnet und war damals die größte Bühne auf der Südhalbkugel, bis die Oper in Sydney ihm die Show stahl. Die Stätte nimmt einen kompletten Straßenblock ein, bietet 2500 Sitzplätze und Stehplätze für weitere tausend Zuschauer. Zur Eröffnung wurde Verdis Aida gespielt. Seitdem ist das Publikum begeistert – Mikhail Baryshnikov hält das Colón für das „schönste Theater, das ich kenne". Er muss es ja wissen.

478 ARENA, VERONA, ITALIEN

Ist die Rede von Verona, denkt man an Romantik und Drama (Romeo und Julia sagt Ihnen etwas?). Dazu passt bestens seine großartige Open-Air-Oper. Das römische Amphitheater aus rosafarbenem Veroneser Marmor, kurz die Arena, liegt am Rande der trubeligen Piazza Brà. Im 1. Jh. v. Chr. gebaut, überstand sie im 12. Jh. gar ein Erdbeben. Derart gestählt, mogelte sie sich locker durch die folgenden paar Jahrhunderte bis in die Gegenwart und bietet heute 30 000 Menschen Platz unter freiem Himmel. Hier hatte Plácido Domingo einst sein Debüt. Nach wie vor zählt man hier alljährlich während der Opernsaison (von Juni bis August) um die 50 Auftritte von Weltstars. Noch nicht genug Atmosphäre für Sie? Warten Sie ab, bis nach Sonnenuntergang Kerzen um die Arena herum angezündet werden.

479 FESTSPIELHAUS, BAYREUTH

Mit der Unterstützung des „verrückten" Königs Ludwig II. machte Richard Wagner aus der Stadt Bayreuth ein Mekka für Opernfans und Exzesse auf hohem geistigen Niveau. Heute locken die jährlichen Festspiele rund 60 000 Opernfans an; ihre Wallfahrt endet am faszinierenden Festspielhaus. Eigens für seine Arbeit von Wagner selbst entworfen, wurde das Haus 1872 gebaut und lässt den Prunk vermissen, den viele andere Theater dieser Zeit zeigten. Hier geht es nur darum, wie Wagners Arbeit am

Ein Blick in den privilegierten inneren Zirkel: Mailands luxuriöse La Scala

geschicktesten präsentiert und das Publikum gepackt werden kann – vom versteckten Orchestergraben bis zur Bühnentechnik, die sich über drei Untergeschosse erstreckt.

480 MAGYAR ÁLLAMI OPERAHÁZ, BUDAPEST, UNGARN

Die prächtige ungarische Staatsoper im Neorenaissancestil ist eines der schönsten Gebäude Budapests. In der Nähe des Donauufers auf der Pest-Seite der Stadt gelegen, eröffnete das Haus 1884 und ist im Inneren so elegant eingerichtet wie

kaum eine andere Oper in Europa. Am beliebtesten sind vermutlich die Opernbälle – die Neujahrs-Gala und der renommierte Opernball im Februar/März. Letzterer ist eine Veranstaltung der feinen ungarischen Gesellschaft, für die Bühne und Zuschauerraum zu einem riesigen Ballsaal umfunktioniert werden, und wird von über 100 Debütanten eröffnet.

ZAUBERHAFTE OPERN- HÄUSER

PILGERZIELE FÜR GOURMETS

Schnallen Sie den Gürtel weiter und stellen Sie Ihre Geschmacksknopen auf Empfang für die Reise zu den weltbesten Leckerbissen.

481 DONGHUAMEN NACHTMARKT, PEKING, CHINA

Dieser geschäftige Nachtmarkt ist ein buntes Kaleidoskop der Gerichte: mit allen chinesischen Köstlichkeiten, die Sie sich nur wünschen (und dazu mit einigen Viechern am Spieß, die Sie vielleicht gar nicht probieren möchten). Für die Zartbesaiteten gibt es gegrilltes Lamm, Rind und Hühnchenschenkel, Maiskolben, Nudeln und Frucht-Spieße mit

Sehr passend für das Land, das Sushi erfunden hat: Tokios Fischmarkt ist prachtvoll – und hektisch.

kandierten Früchten. Für die Hartgesottenen: Wie wäre es mit stinkendem Tofu, frittierten und aufgespießten Krabbeltieren wie Grashüpfer, Skorpione, Seidenraupen oder Tausendfüßler? Für viele dürfte es hier nur ums Gucken gehen, wer traut sich schon, hier zuzulangen. Aber die Fotomotive sind auch nicht zu verachten. Dutzende von Ständen werden hier jeden Abend ab ca. 17.30 Uhr aufgebaut; die Verkaufsschilder sind fast immer in Mandarin und Englisch verfasst.

OLIVER STREWE / LONELY PLANET IMAGES

482 GELATERIA DI PIAZZA, SAN GIMIGNANO, ITALIEN

Es ist nicht nur das unglaublich schöne, von Mauern eingefasste toskanische San Gimignano, das Ihr Herz schneller schlagen lässt. Machen Sie Halt in der Gelateria di Piazza und Ihre Geschmacksknospen werden explodieren ... Die Bilder an der Wand beweisen, dass schon etliche Prominente die köstlichen Kugeln aus der Eisdiele weggeschleckt haben („Die ganze Familie war sich einig, dass das Eis sehr lecker war", bestätigte ein gewisser Tony Blair). Meister Sergio verwendet nur auserlesene Zutaten: Pistazien aus Sizilien und Kakao aus Venezuela. Viele traditionelle Geschmacksrichtungen stehen im Angebot. Aber versuchen Sie doch auch mal ungewöhnliche Kombinationen wie Himbeere mit Rosmarin oder Grapefruit mit Sekt.

483 LA GRANDE EPICERIE, PARIS, FRANKREICH

Wenn Einkaufen Sie normalerweise zu Tode langweilt, dann machen Sie sich auf eine Überraschung gefasst. Die exquisit präsentierten Schokoladen, Pasteten, Keksdosen, Früchte, Gemüsesorten, Meeresfrüchte, Käse und Weine in der prächtigen Lebensmittelabteilung des Kaufhauses Le Bon Marché sind ein unvergesslicher Anblick. Es gibt allerdings auch Nachteile, wenn Sie den Schrein der Delikatessen besuchen. Erstens: Kein Koffer (oder Budget) ist groß genug, um all das zu kaufen, was Sie sich wünschen, und dann mit nach Hause zu nehmen. Zweitens: In Ihren Supermarkt um die Ecke zurückzukommen, nachdem Sie La Grande Epicerie besucht haben, wird sie womöglich dann doch vor Langeweile umbringen.

484 FISCHMARKT TOKIO, JAPAN

Kommen Sie zur Thunfischauktion und bleiben Sie bis zum Sushi-Frühstück. Die meisten Fische und Meeresfrüchte Tokios passieren den Tsukiji-Markt, nachdem sie aus dem Meer gefischt wurden und bevor sie auf eine Sashimi-Platte landen. Die städtische Gastroszene hängt an diesem gigantischen pulsierenden Herz. Da wird geschrien, werden Eisblöcke geschnitten und riesige Blauflossen-Thunfische herumgeschleppt. Sie müssen früh eintrudeln, wenn Sie noch vor Morgengrauen sehen wollen, wie der Fisch ankommt und die Auktionen für Großhändler ablaufen (falls Besucher erlaubt sind). Aber selbst gegen 7 Uhr morgens ist immer noch viel Markttreiben und Fischschlachten zu sehen.

Zwei belgische Wahrzeichen in einem: Der Brüsseler Manneken Pis macht auch in Zartbitter einen glänzenden Eindruck.

485 LA MAISON DES MAÎTRES CHOCOLATIERS BELGES, BRÜSSEL, BELGIEN

Belgien produziert jährlich traumhafte 220 000 Tonnen Schokolade. Ihren guten Ruf verdankt diese überragende Schoki der seidig weichen Konsistenz, die durch vielfaches Conchen (Rühren) während des Produktionsprozesses und durch die Verwendung purer Kakaobutter entsteht. Der Siegeszug nahm 1912 seinen Ausgang, als man in Brüssel begann, Pralinen – gefüllte Schokolade – herzustellen. Auf dem großartigen Platz der Stadt, der Grand-Place, vereint die Maison des Maîtres Chocolatiers Belges zehn Schokoladen-Handwerker des Landes in einer exklusiven Boutique, die auch Führungen auf Englisch anbietet (selbstverständlich inklusive der äußerst wichtigen Kostprobe) um 16 Uhr am Samstag und Sonntag.

486 DARJEELING, INDIEN

Es beginnt alles mit dem Zug dorthin (oder ehrlich gesagt: mit jedem Zug in Indien) – der nasale Ausruf der *chai wallahs,* die auf den Bahnsteigen entlanggehen und dabei ihren masalagewürzten Nektar verhökern. Aber das ist nichts verglichen mit Darjeeling selbst. Wenn Sie erst in den engen Dampfzug umgestiegen sind, der Sie 2000 m hoch hinaufschleppt, und am Zielort angekommen sind, umgibt Sie das Zeug überall: Tee in den Cafés, Tee auf den Märkten und üppiges Dunkelgrün der Teeblätter und Pflanzen, die wasserfallartig über die Hänge fließen, im Hintergrund der mächtige Himalaya. Gehen Sie zwischen März und November (Pflück- und Verarbeitungssaison) auf Plantagentour und staunen Sie darüber, was alles in einen einfachen Teebeutel passt.

487 GEWÜRZBASAR, İSTANBUL, TÜRKEI

Obwohl er durch Touristenströme etwas in Verruf geraten ist, schafft es dieser Markt doch recht schnell, Sie zurück in die Blütezeit des Osmanischen Reichs zu versetzen – mit all den Farben eines Kaleidoskops von Safran, Sumac, Chilli und *salça* (Tomatenpaste), den Kräutertees, *lokum* (Türkish Delight) und so vielen Aphrodisiaka, dass selbst ein Sultan erröten würde. Neben *baharat* (Gewürze), Nüssen und Honigwaben gibt es lastwagenweise *incir* (Feigen) und *pestil* (Fruchtfleisch zu Blättern gepresst und getrocknet). Dies ist ein ganz regulärer Einkaufsplatz für die besten Köche der Stadt. Trauen Sie sich, es den Einheimischen gleichzutun: Probieren Sie, bevor Sie kaufen, und vergleichen Sie die Preise.

488 MAISON MERCIER, ÉPERNAY, FRANKREICH

Épernay ist die Hauptstadt des Champagners und die Heimat vieler weltweit berühmter Schampuskellereien, wo Sie sich durch die Keller führen lassen und probieren dürfen. Die beliebteste Champagnermarke in Frankreich, Mercier, gelangte nach der Gründung 1858 durch Eugène Mercier, Pionier in Sachen Publicity-Tricks und der eigentliche Erfinder der Kellereiführungen, dank unerschrockener Eigenwerbung zur Blüte. Alles hier ist protzig, auch das 160000-Liter-Fass, an dem zwei Jahrzehnte lang gebaut wurde, der Lift, der Sie 30 m nach unten bringt, und der Zug, der Sie durch einen Teil der 18 km umfassenden Champagner-Gewölbe führt.

489 ROQUEFORT-HÖHLEN, FRANKREICH

Im Herzen Südfrankreichs, direkt auf dem Land verwandelt man im Dorf Roquefort Schafsmilch in Frankreichs berühmtesten Käse. Die abschüssigen, engen Straßen führen zu Naturhöhlen, in denen sieben Produzenten jährlich 22000 Tonnen Roquefort reifen lassen – und einige Käsehersteller bieten Führungen an. La Société, 1842 gegründet, macht einstündige Führungen durch ihre scharf riechenden Höhlen (einschließlich Verkostung). Heute ist die Gemeinschaft einer der größten Roqueforthersteller, der 70 % des weltweiten Bedarfs abdeckt. Und wussten Sie, dass die schimmeligen blaugrünen Adern, die sich durch den Roquefort ziehen, in Wahrheit die Sporen mikroskopisch kleiner Pilze sind, die auf Sauerteigbrot kultiviert werden? Hmm, lecker.

490 WEISSER TRÜFFELMARKT, SAN MINIATO, ITALIEN

Der *tuber magnatum pico* (weißer Trüffel) herrscht uneingeschränkt in dem mittelalterlichen Bergdörfchen San Miniato, das auf halbem Weg zwischen Pisa und Florenz liegt. Die umliegenden Wälder sind in ganz Italien als erstklassige Trüffelgebiete bekannt. Zwischen Mitte September und Dezember sind hier alle in Aktion. Am besten zu genießen ist das alles auf dem Weißen Trüffelmarkt in San Miniato, der an den letzten drei Wochenenden im November stattfindet. Während der Festtage kommen Gastronomen und Trüffel-Spezialisten aus allen Ecken der Welt, um Vorräte zu kaufen, Trüffel-Delikatessen in Läden und Restaurants zu testen und eines der unverwechselbarsten Aromen der Welt einzuatmen.

PILGERZIELE FÜR GOURMETS

FABELHAFTE HÖHLEN-MALEREIEN

Machen Sie einen Ausflug in die Galerien der Vorgeschichte – durch Zeit, Fels und Dunkelheit hinein in die unterirdischen Kunsttempel der uralten Völker.

491 KAKADU-NATIONALPARK, AUSTRALIEN

Australiens größter Nationalpark ist zugleich die ultimative Schatzkammer der Höhlenkunst der Aborigines. Inmitten ausgedehnter Feuchtgebiete und hoher Steilwände liegen rund 5000 antike Kunststätten, Besucher kennen die meisten von ihnen nicht. In Ubirr liegt die Hauptgalerie mit Kunstwerken, deren älteste bis zu 20 000 Jahre alt sind. Jüngere Malereien dokumentieren den ersten Kontakt zu weißen Siedlern (suchen Sie die Pfeife rauchende Figur mit den Händen in den Taschen). Markant sind die Tiere im Röntgenstil, die Bilder der Regenbogenschlange und der Namarrgarn-Schwestern. Südlich von Ubirr liegt Nourlangie, ein Ausläufer der Arnhemland-Steilwand, der berühmt für seine Malereien des Namarrgon (Blitzwesens) ist und in den 1960ern von einem Aborigines-Künstler nachgemalt wurde.

492 BHIMBETKA, INDIEN

Verborgen in einem dichten Teak- und Salbaumwald 46 km südlich von Bhopal liegen mehr als 700 Felsunterschlüpfe, darunter 500 mit prähistorischen Malereien – um die 12 000 Jahre haben die ältesten auf dem Buckel. Ein ganzer Kosmos von Figuren und Szenen ergießt sich über die Felsen: Gaur (indischer Bison), Rhinozeros, Bär und Tiger, Jagdszenen, Initiationszeremonien, gemeinschaftliche Feste mit Tanz und Umtrunk, religiöse Riten und Bestattungszeremonien. Die jüngsten Malereien sind grobe geometrische Figuren, vermutlich aus dem Mittelalter, als viel von der Kunstfertigkeit verlorengegangen war. Der „Zoofelsen" ist berühmt für seine vielfältigen Tierzeichnungen, während Raum 15 einen prächtigen roten Bison zeigt, der ein hilfloses Strichmännchen angreift.

493 CAVE HILL, AUSTRALIEN

Weniger berühmt als Kakadu, aber genauso faszinierend ist diese kleine Höhle in Zentralaustralien. Sie ist Teil der längsten intakten Songline, einer jener Traumpfade der Aborigines, die sich vom Golf von Carpentaria bis zur Großen Australischen Bucht erstreckt. Die Höhlenbilder sind über 20 000 Jahre alt und erzählen Geschichten von den Sieben Schwestern oder Plejaden, die am Himmel von einem Mann namens Wati Nyrhu verfolgt werden. Sie suchen nach den Inspirationsquellen der Maler? Steigen Sie auf den Gipfel. Von dort haben Sie den 100 km entfernten, geheimnisvollen Uluru und seinen weniger bekannten Kollegen, den Mount Conner, im Blick.

494 AKAKUS-GEBIRGE, LIBYEN

Im äußersten Südwesten Libyens erheben sich dunkle Basaltberge neben hohen Saharasanddünen: Ein natürliches Kunstwerk, das gut zu den vielen Malereien passt, die den Stein zieren. Die Zeichnungen entstanden zwischen 12 000 v. Chr. und 100 n. Chr. und halten Veränderungen in Flora, Fauna und Lebensstil dieser Periode fest. Einige der schönsten Malereien finden sich um den kleinen Berg Awanini. Besonders aussagekräftig nimmt sich eine Jagdszene in Ocker und Weiß aus, in der der Jäger und seine Beute scheinbar um den Felsen tanzen. Ganz in der Nähe zeigt eine 6000 Jahre alte Zeichnung eine der Hochzeitsszenen, für die Akakus berühmt ist. Frauen waschen sich darauf ihre Haare und kleiden sich an.

495 CUEVA DE LAS MANOS, ARGENTINIEN

Im Spanischen bedeutet der Name „Höhle der Hände". Einfach, aber passend. Diese Stätte liegt nahe der Stadt Perito Moreno in Patagonien, am Rio Pinturas, der wie eine riesige La-Ola-Welle aus der Vorzeit aussieht. Vor nahezu 10 000 Jahren wurden die Wände der 1999 von der Unesco auf die Welterbeliste gesetzten Höhle mit Schablonenzeichnungen menschlicher Hände geschmückt. Überraschend: Mehr als 90 Prozent der rund 800 Bildern zeigen die linke Hand, darunter eine mit sechs Fingern. Ein wenig Abwechslung bringen Abbildungen von Guanakos, Nandus und jüngeres abstraktes Design.

496 HÖHLE DER SCHWIMMER, ÄGYPTEN

In Ägypten müssen Sie fast die Grenzen Ihrer Landkarte hinter sich lassen, wenn Sie es bis zum gebirgigen Glif el-Kebir an der libyschen Grenze schaffen wollen. Und Sie könnten glatt denken, an diesem Ort komplett aus der Wirklichkeit gefallen zu sein: In der ausgedörrten Wüste stolpern Sie über Höhlenmalereien, die Schwimmende zeigen. Ja, Schwimmer im Wasser, nicht im trockenen, sandigen Wadi, das die Höhle umgibt. *Der englische Patient* machte den Landstrich berühmt (obwohl im Film nur ein Nachbau in Tunesien verwendet wurde), in dem die Höhlenkunst den kuriosen Umstand aufnimmt, dass dieser ausgedörrte Flecken vor 10 000 Jahren ein weit nasserer Ort war.

497 HÖHLE VON ALTAMIRA, SPANIEN

„Nach Altamira", soll Pablo Picasso einmal gesagt haben, „wirkt alles dekadent". Damit ist eindeutig geklärt: In dieser Höhle in Kantabrien bekommen Sie etwas ganz Besonderes zusehen. Legen Sie den Kopf in den Nacken und bewundern Sie die 21 Bisons an der Höhlendecke. Die Figuren sind dank der Tiefe der Höhle jahrtausendelang erstaunlich gut erhalten geblieben. Altamira war die erste Höhle mit vorzeitlicher Kunst, die entdeckt wurde, und daher so bedeutend für die Moderne. Man stolperte 1879 über sie, ihre Echtheit wurde 1902 verbürgt. Zu ihrem Schutz wurde die Höhle, die auf der Welterbeliste steht, inzwischen für die Öffentlichkeit geschlossen (stattdessen ist eine Nachbildung zugänglich).

498 HÖHLE VON LASCAUX, FRANKREICH

Frankreichs Tal der Vézère mit seinen Felsen und Höhlen ist ein prähistorisches Zentrum. Die interessanteste ist die Höhle von Lascaux auf einem Hang 2 km von Montignac entfernt. „Sixtinische Kapelle der Frühzeit" nennt man sie auch. Die Besucher betreten eine brillante Nachbildung der originalen Höhle (die für die Öffentlichkeit 1963 zum Schutz der Kunstwerke geschlossen ist), deren Wände mit 2000 wunderschön gezeichneten Tierfiguren bedeckt sind – Pferde, Hirsche, Bisons, sogar ein Rhinozeros. Höhepunkte der Bilder sind ein 5,5 m langer Bison – das größte Tier, das jemals auf prähistorischen Kunstwerken entdeckt wurde – und eine menschliche Figur auf dem Boden einer 5 m tiefen Grube.

499 CHURCH HOLE CAVE, ENGLAND

Bis 2003 glaubte man, dass es in Britannien keine Felsenkunst gibt. Aber dann entdeckten Archäologen in den Kalksteinklippen von Cresswell Gorge an der Grenze zwischen Derbyshire und Nottinghamshire in der Church Hole Cave eingravierte Tierfiguren, darunter Hirsche und Vögel. Und vorbei war es mit der Theorie. Die Kunstwerke sind, so wird geschätzt, 13 000 Jahre alt. 2009 öffnete ein schickes Besucherzentrum an der Stätte. Also ab in die Höhle und Kunst genießen!

500 CHAUVET-HÖHLE, FRANKREICH

Im Dezember 1994 erreichten drei Höhlenforscher eine Höhle in einem Kalksteinfels in der wilden französischen Ardèche-Region, entdeckten Tierknochen und die Zeichnung eines Mammuts in rotem Ocker. Und sie fanden noch mehr: Zeichnungen und Gravuren, deren Alter auf 33 000 Jahre geschätzt wird; damit wären Sie die ältesten bekannten Höhlenmalereien weltweit. Wegen der verhältnismäßig frischen Entdeckung dauern die Forschungsarbeiten noch an, die Höhle ist daher der Öffentlichkeit nicht zugänglich.

DIE BESTEN HEISSEN QUELLEN

Dampfende Fumarolen, kochende Pools und zischende Schlote – diese spektakulären Geothermalquellen sind schön anzuschauen und eine Wohltat für die Glieder.

501 GROSSER AFRIKANISCHER GRABENBRUCH, ÄTHIOPIEN

Der Große Afrikanische Grabenbruch ist eine gigantische geografische Bruchlinie, die den Kontinent auf einer Länge von 6500 km spaltet. Im äthiopischen Teil brodelt's im Graben nur so vor seismischer Energie. Hier liegen einige der weltweit unwirtlichsten Gebiete. Im Nordwesten des Landes liegt die tiefe Danakil-Senke. Die Temperaturen steigen dort bis auf 50 °C. Das ist Ihnen nicht heiß genug? Dann widmen Sie sich dem Vulkan Dallol. Er ist seit 1926 nicht mehr nennenswert ausgebrochen, heiße Solequellen sprudeln jedoch kräftig. Tritt das Wasser aus, kristallisiert das Salz und bildet dabei die charakteristischen durch Schwefel und Kalium eingefärbten weißen, roten und gelben Strukturen.

502 OIMJAKON, SIBIRIEN, RUSSLAND

Wenn irgendeine Stadt eine heiße Quelle dringend braucht, dann ist es diese. Oimjakon hält den hartnäckig den Rekord als weltweit kältester, aber dauerhaft bewohnter Ort. Aber wie kalt ist denn hier kalt? Das Rekordtief belief sich 1933 auf -67,7 °C, im normalen Winter liegen die Temperaturen hier durchschnittlich bei lächerlichen -45 °C. Mummeln Sie sich also gut ein, bevor Sie die wundersame Landschaft mit ihren schneebedeckten Bergspitzen, wunderschönen Panoramablicken und weiten Horizonten erforschen. Und wenn Sie jemals dachten, dass Mutter Natur ungerecht ist, denken Sie noch einmal nach. Oimjakon bedeutet „frostbeständiges Wasser", das heißt, ob Sie in der eisigen Tundra sind oder die dampfend-heißen Quelle aufsuchen: Das Quecksilber bemüht hier ganz locker beide Enden des Thermometers.

503 DECEPTION ISLAND, ANTARKTIS

Eine heiße Quelle an einem kalten Ort ist irgendwie cool. Und es gibt kaum kältere Orte als diesen hier. Deception Island ist ein antarktisches Wunder, ein ringförmiges vulkanisches Eiland mit überflutetem Inneren, mit kargen Klippen, Horden von Zügelpinguinen und mit der einzigen Geothermal-Lagune des Kontinents. Der Strand von Whalers Bay ist ein beliebter Anlaufpunkt für Besucher – noch beliebter, wenn die Guides ihre Spaten herausholen und kurzschlossen Löcher in den Sand buddeln. Heißes Grundwasser fließt dann in die Becken und bietet eine Spa-Erfahrung, die ihresgleichen sucht.

Den außergewöhnlichen Regenbogenschattierungen, wie sie sich im Prisma brechen, verdankt Grand Prismatic Spring seinen Namen.

504 WAIMANGU VOLCANIC VALLEY, ROTORUA, NEUSEELAND

In Neuseeland sind Thermalstrände, heiße Flüsse und kegelförmige Vulkane normal. Wohin sollten Sie sich also für das ultimative Heiße-Quellen-Erlebnis wenden? Definitiv ins Waimangu Volcanic Valley; Rotorua ist ein guter Ausgangspunkt, dafür. 1886 nach einem Vulkanausbruch entstanden, lockt das jüngste Geothermalsystem der Welt mit Paradiesen wie Warbrick Silica Terrace und faszinierenden geheimen Geysiren. Noch entscheidender: Hier finden Sie den Frying Pan Lake (Bratpfannensee), die weltweit größte heiße Quelle und ein Muss für jeden Genießer.

505 GRAND PRISMATIC SPRING, YELLOWSTONE NATIONALPARK, USA

Yellowstone ist ein erstklassigstes Geothermalgebiet und Grand Prismatic seine größte Quelle. Kaum eine andere ist allein von ihrem Anblick her so atemberaubend schön. Zunächst einmal: Sie ist riesig – 90 m breit und 50 m tief –, aber der Schlüssel zu ihrer Schönheit liegt im Namen. Prismatic bedeutet „einem Prisma ähnlich", und die Regenbogentöne des Wassers reichen von erdigen Rot- bis zu tiefsten Violettschattierungen. Die Quelle liegt im Herzen des Midway Geyser Basin. Aber auch wenn es noch so verlockt: Stecken Sie Ihren großen Zeh lieber nicht hinein – Grand Prismatic stößt mehr als 2000 l pro Minute aus und das bei einer Temperatur von über 70 °C.

181

182

„Nee, Jungs, was ist das Wasser heute wieder schön warm": Primaten-Spa in Yamanouchi, Japan

506 JIGOKUDANI MONKEY PARK, YAMANOUCHI, JAPAN

Es gibt Quellen, die nicht zum Baden taugen. Temperaturen um den Siedepunkt, schädliche Gase oder unzugängliche Lagen halten auch den leidenschaftlichsten Abenteurer fern. Und dann gibt es die Quellen, die besetzt sind, weil andere dieselbe Idee hatten wie Sie, aber schneller waren. Wie zum Beispiel im Jigokudani Monkey Park. Abgelegen und nur zu Fuß zu erreichen ist diese wenig besuchte Ecke des Nationalparks Joshin Etsukogen berühmt für die Rudel wilder Makakenaffen, die sich in den kalten Wintermonaten genüßlich in die heißen Quellen sinken lassen. Und während die Schneeflocken weich aus dem Bleihimmel fallen, linsen zig rote Gesichter durch den Dampf. Während Sie grün vor Neid wieder abziehen dürfen.

507 HEISSE QUELLEN TROLL & JOTUN, SVALBARD, NORWEGEN

Weit, weit weg im eiskalten arktischen Norden, an der Spitze Norwegens und auf halbem Weg zum Nordpol liegt das Svalbard-Archipel, eine Ansammlung abgelegener Inseln mit sieben Nationalparks und 23 Naturreservaten. Der Nordvest-Spitsbergen-Nationalpark ist ein Paradies für Seevögel, Polarfüchse, Rentiere und Eisbären. Aber es gibt etwas noch viel Ungewöhnlicheres in dem frostigen Klima: Die heißen Quellen von Troll und Jotun sind die nördlichsten der Welt, sie liegen auf 80° nördlicher Breite. Die Becken sind nicht richtig heiß (zwischen 24 und 28 °C), aber in einer Gegend, wo die Höchsttemperatur im Sommer bei 5 °C liegt, ist das allemal warm genug.

508 PAMUKKALE-TERRASSEN, TÜRKEI

Über nahezu 3 km ziehen sich die Sinterterrassen von Pamukkale auf einem Bergplateau hin und fallen dann 160 m ab in das weite mäandernde Flusstal. Die Sinterterrassen sind nicht weniger als ein geothermisches Wunder. Kalzitreiches Wasser aus Quellen, die sich durch seismische Aktivitäten gebildet haben, fließt den Abhang mit 250 l pro Minute hinunter. Über die Jahrhunderte erstarrten Ansammlungen von Kalziumkarbonat und weißem Kalkstein zu sichelförmigen Becken – perfekte Whirlpools im Freien inklusive Ausblick. Gemeinhin als „Baumwollburg" bekannt und von den Türken als achtes Weltwunder betrachtet, hat Pamukkale doch über die Jahre unter dem Tourismus gelitten. Aber er bleibt eines der weltweit schönsten Naturwunder.

509 LANDMANNA-LAUGAR, ISLAND

Island knistert vor vulkanischer Unersättlichkeit, und Naturbecken gibt es reichlich. In den Highlands im Süden der Insel, nahe dem brütenden Hekla-Vulkan, markiert der Zungenbrecher Landmannalaugar (Das Becken der Leute von Land) das Ziel der großartigsten Inselwanderung. Die Trekker erreichen den kargen Campingplatz nach einer Viertagestour von Thórsmörk, wobei sie Lavafelder und Rhyolith-Felsen passieren. Was für ein atemberaubend schöner Ort, um Fußschmerzen zu lindern. Heiße und kalte Dämpfe vermischen sich zur perfekten Badeatmosphäre – lassen Sie sich einfach hineingleiten und rühren Sie mit Ihren Armen ein bisschen um, um die ideale Temperatur zu finden.

510 BLOOD POND HOT SPRING, BEPPU, JAPAN

Das Wasser ist hier so rot, dass die Einheimischen der Quelle den Namen Blood Pond (Blutteich) gaben. Die zinnoberrote Farbe entsteht durch den hohen Anteil an Eisen, das bei Kontakt mit Wasser oxidiert. Eisenoxid ist Rost, und wer will schon in einem rostigen Pool baden? Aber nicht verzweifeln. Wenn Ihre Augen sich am Blutteich geweidet haben, erkunden Sie einfach das restliche Beppu – Japans führende Spa-Stadt, die die meisten Quellen des Landes besitzt.

DIE BESTEN HEISSEN QUELLEN

OPTISCHE TÄUSCHUNGEN UND WUNDER

Sie trauen Ihren Augen? Machen Sie sich keine Illusionen: Diese irren Phänomene verdrehen auch Ihnen garantiert den Kopf.

511 FATA MORGANA, ANTARKTIS

Tief im Süden (oder hoch im Norden) bekommen Objekte, die in der Ferne liegen, dank der klaren, reinen Luft extrem scharfe Umrisse, rücken optisch näher heran. Tiefe richtig einzuschätzen ist dann schlicht unmöglich. Die Welt erscheint seltsam zweidimensional. Auf Karten und in Tabellen haben die frühen Entdecker peinlich genau Inseln, Landzungen und Berge aufgezeichnet, die so gar nicht existierten. Oder nehmen Sie das Erlebnis eines schwedischen Forschers, der eine zerklüftete Landspitze mit zwei ungewöhnlich symmetrischen Tal-Gletschern in seinem Notizbuch beschreiben wollte. Er hatte tatsächlich auf ein Walross geschaut! Eine Fata Morgana wird durch Reflexion von Wasser, Eis oder Schnee verursacht. Zusammen mit Inversionstemperaturen schaffen sie die Illusion von festen, scharf umrissenen Formen, wo eigentlich keine sind.

512 ELMSFEUER, EDINBURGH CASTLE, SCHOTTLAND

Für Herman Melville war es „Gottes brennender Finger". Caesar sah es in der Nacht vor der Schlacht an den Speerspitzen seiner Truppen. Dieses spektakuläre Phänomen (eine durch elektrische Ladung hervorgerufene Lichterscheinung, wenn die Elektrizität von Sturmwolken sich auf die Erde entlädt) hat immer schon Vorstellungen von Omen und göttlicher Einmischung genährt. Das Phänomen wird oft während eines Sturms an Schiffsmasten beobachtet. Für Segler ist es ein willkommenes Zeichen, denn es erscheint meist dann, wenn der Sturm am Abklingen ist. St. Elmo war Schutzpatron der Segler. Und das Elmsfeuer wurde als seine

513 Polarlichter, Alta, Norwegen

Als Weltraumspektakel sind die Polarlichter ein überwältigendes Schauspiel an Arktis und Antarktis, wenn ihre farbigen Lichter die endlosen Winternächte in natürliche Lavalampen verwandeln. Die Polarlichter – auch bekannt als *autora borealis* und *aurora australis* – entstehen, wenn Solarpartikel aus Explosionen auf der Sonne in den Weltraum gelangen und durch das Magnetfeld der Erde Richtung Nord- und Südpol angezogen werden. Wenn sie mit atmosphärischen Gasen zusammenstoßen, treten Photonen oder Lichtpartikel aus. Das Ergebnis: surreal anmutende Lichtbögen in Grün, Rot, Weiß, Lila und Blau.

185

Die Polarlichter – keine Beschreibung wird ihnen gerecht.

RICHARD JERRY / ALAMY

Das Brockengespenst: Botschaft aus dem Jenseits?

Visitenkarte angesehen. Der Effekt ist gelegentlich auf den Höhen des Castle Rock in Edinburgh zu sehen.

514 BROCKENGESPENST, BROCKEN, HARZ

Seinen Namen verdankt dieser „Geist" dem Berg Brocken, weil der optische Effekt dort zum ersten Mal beobachtet wurde – immerhin schon 1780. Und es ist nachvollziehbar, dass Menschen über Jahrtausende dabei an ein Gottes-zeichen glaubten. Letztlich kann das Phänomen auf jedem Berg auftreten; der Brocken, mit 1141 m höchste Erhebung im Harz, eignet sich allerdings besonders gut, weil hier an 300 Tagen im Jahr Nebel herrscht. Und den braucht es. Plus schräg einfallendes Licht. Der Betrachter wird dann mit einem Abbild seines Schattens konfrontiert, der von einem Lichthof umgeben ist – gewöhnlich um den Kopf. Das Licht bildet den Schatten auf den Wassertropfen des Dunstes aus – wenn das kein Wunder ist.

515 GRÜNER BLITZ, ST.-JEAN-DE-LUZ, FRANKREICH

Eine Erscheinung vor allem für diejenigen, die romantische Bilder lieben: Der Grüne Blitz (auch Grünes Leuchten) scheint für einen Moment nur die unfassbare und vergängliche Natur der Existenz einzufangen. Das Phänomen tritt am Ende eines Sonnenuntergangs auf, wenn ein grüner Punkt oder ein grüner Strahl aus der Sonne herauszuschießen scheint. Die Gründe für diese Täuschung sind

186

komplex. Es geht um Lichtbrechung, die Dichte der Atmosphäre und um die Erdkrümmung. In St.-Jean-de-Luz können Sie es beobachten – der legendäre Filmemacher Eric Rohmer hat der Stadt und dem Phänomen einen ganzen gefühlvollen Film gewidmet: Das Grüne Leuchten.

516 JUNGE TRIEBE DER KONIFEREN, MT. ST. HELENS, WASHINGTON, USA

Ein gutes Ziel für einen Frühlingstag. Wenn Sie sich Mount St. Helens im Bundesstaat Wahington nähern, erkennen Sie, dass das neue blasse Grün, das auf den dunkelgrünen Koniferen wächst, ein Muster bildet, das die Augen irritiert, fast wie Op-Art-Malerei. Laufen Sie durch den großen Wald und der Effekt ist bemerkenswert. Der Ausbruch Mount St. Helens' 1980 war spektakulär, seine Nordflanke brach unter den Gesteinsmassen zusammen und erzeugte dabei eine riesige Aschewolke. 57 Menschen kamen damals ums Leben, die Umgebung war nur noch triste Mondlandschaft. Seitdem wird die Region geschützt, damit sie sich regenerieren kann.

517 MAGNATIC HILL, LADAKH, INDIEN

In Ladakh, einem Land mit hohen schneereichen Pässen und antiken Gompas im Grenzgebiet zu Tibet, kann ihre Fantasie mit ihnen durchgehen. Hier treffen Sie auf den Magnet-Hügel. Er ist auch als Hügel der Schwerelosigkeit bekannt, wo Fahrzeuge im Leerlauf aufwärts zu rollen scheinen. Dieses erstaunliche Phänomen führte zu Geschichten

über Irrflüge von Flugzeugen, die durch die magnetischen Kräfte von ihrem Weg abgebracht wurden. Doch in Wirklichkeit ist das alles eine kraftvolle optische Täuschung – der Hang führt in Wahrheit leicht abwärts, aber das Profil der Umgebung und der bergreiche Horizont nehmen uns unsere normalen Bezugspunkte.

518 WÜSTEN-WUNDER, NULLARBOR, AUSTRALIEN

Das hat jeder schon mal gesehen – einen Hitzeschleier, der die Luft zum Schimmern bringt und Straßen nass erscheinen lässt. Es ist ein gemeiner Trick, wirklich. Ausgelaugten Reisenden in brutaler Hitze macht die Erscheinung eines Sees in der Ferne erst auf grausame Weise Hoffnung, um sie dann zunichtezumachen. Wenn Sie allerdings mit einer Mineralwasserflasche bequem im Auto unterwegs sind, fügen sich die verschwommenen Lichtbrechungen gut in die Atmosphäre ihres Road Trips ein. Australiens extrem platte Nullabor-Wüste (der Name bedeutet „keine Bäume") bietet den perfekten Horizont für dieses Phänomen. Wer hier die scheinbar endlose Straße entlangfährt, dem bieten sich großartige Möglichkeiten, mit den Täuschungen zu spielen.

519 PAASSELKÄ-TEUFEL, PAASSELKÄ-SEE, FINNLAND

In anderen Kulturen sind es Irrlichter, zu Geisterfratzen ausgehöhlte Kürbisse und Spuklichter: Das Phänomen, auf

das sich all diese Namen beziehen, ist ein Licht, das nachts oft in morastigen Gebieten erscheint. Beim Näherkommen weicht es zurück. Es kann Sie auch verfolgen. Die meisten Kulturen sahen in solchen Lichtern böse Geister, die Reisende ins Verderben locken oder Unglück ankündigen. Finnlands tiefer See Paasselkä ist berühmt für seine mysteriösen Lichtkugeln. Sie sind sogar schon auf Film gebannt! Im finnischen Volksmund markieren die Lichter Orte, an denen Schätze versteckt liegen.

520 NEBENSONNEN, TIMBUKTU, MALI

Eine Nebensonne (hochgestochen Parhelia genannt) ist ein Phänomen, das um die Sonne herum beobachtet wird. Helle Lichtpunkte (oder Scheinsonnen) sitzen offenbar seitlich der Sonne. Das kann stundenlang dauern. Früher wurde dieses Pänomen als Zeichen für schlechte Zeiten angesehen. Aber wenn Sie wissen, dass hier nur unschuldige Eiskristalle Prismen in der Luft bilden, ist es weniger beängstigend. Die beste Möglichkeit, Nebensonnen zu sehen, bieten flache Ebenen mit weiten Horizonten. Timbuktus in Sand gebackene Ausblicke und antike Lehmtempel könnten ein guter Ort dafür sein.

OPTISCHE TÄU-SCHUNGEN UND WUNDER

WELTBESTE MEISTER-WERKE

Klar, die Liste könnte länger sein, viel länger. Aber wir haben uns entschieden und spannen Ihre Reiseroute der Malerei zwischen diesen berühmten Gemälden auf.

521 „DIE BESTÄNDIGKEIT DER ERINNERUNG", MUSEUM OF MODERN ART, NEW YORK, USA

Erfolgreicher Maler, Entertainer, schamloser Selbstdarsteller oder einfach nur schrullig? Salvador Dalí war definitiv ein ganz besonderer Charakter. Seine surrealistischen Gemälde waren für ihn „handgemalte Traumfotografien". Die Beständigkeit der Erinnerung von 1931 gibt Ihnen einen Einblick in die schöpferischsten (und fiebrigsten) Fantasien des 20. Jhs. Hier fügt Dalí geschmeidige, schmelzende Taschenuhren in die Landschaft seiner geliebten Heimat Katalonien ein. Schmelzende Uhren wurden zu einem wiederkehrenden Thema für Dalí als Hinweis für die Vergänglichkeit. Das Gemälde, das so großen Ruhm genießt, ist verhältnismäßig klein: nur 24 mal 33 cm.

522 „DER KUSS", OBERES BELVEDERE, WIEN, ÖSTERREICH

Sie haben bestimmt schon unzählige Nachbildungen gesehen, Gustav Klimts glänzendes Original von 1908 wird Sie aber dennoch in den Bann ziehen – durch die schimmernden Goldwirbel, die geometrischen Muster der Küssenden („männliche" Rechtecke, „mädchenhafte" Wirbel), die zärtlichen Details in der Darstellung der Hände. Und, ahhhh, der Kuss und die verzückte Verschmelzung zweier Liebender. Das Gemälde ist charakteristisch für Klimts Arbeit: erotisch aufgeladen, überwältigend ausgestaltet, voller Metalltöne. Und auch das Museum sollte zu seinem Recht kommen – Schloss Belvedere gilt als eins der weltweit schönsten Barockschlösser. Mit anderen Worten: Das hier ist etwas für Romantiker ...

523 „DIE GEBURT DER VENUS", UFFIZIEN, FLORENZ, ITALIEN

In einer Galerie voller Schätze bekommen die einheimischen Meister natürlich einen Ehrenplatz, so wie Sandro Botticelli (1445–1510) in den Florentiner Uffizien. In der Sala di Botticelli entlockt die Verträumtheit seiner Geburt der Venus den Betrachtern die meisten Seufzer. Der Künstler ließ sich von der klassischen Mythologie inspirieren, nach der Venus, Göttin der Liebe und der Schönheit, in voller Reife der See entstieg – und hier ist sie. Mit ihrer ganzen kurvig-knackigen Herrlichkeit erreicht sie, angetrieben vom Wind des Zephyros, das Ufer in einer Muschel. Wunderschön!

524 „MONA LISA", LOUVRE, PARIS, FRANKREICH

Der Star des Louvre, Leonardo da Vincis Mona Lisa, residiert hinter einer hölzernen Brüstung und dickem Sicherheitsglas – so stark ist ihre Anziehungskraft. So viel ist über das Gemälde geschrieben worden, und doch ist so wenig über die Dame hinter dem rätselhaften Lächeln bekannt. Jahrhundertelang spekulierten Bewunderer, dass sie vielleicht in den Porträtmaler verliebt gewesen sei. Die Wahrheit ist nüchterner. Die Figur wird für Lisa Gherardini gehalten, Ehefrau des Florentiner Geschäftsmanns Francesco del Giacondo, die zwischen 1503 und 1506 gemalt wurde. Und dieses Lächeln? Ist zu 83 Prozent ein glückliches Lächeln, glaubt man den Computerprogrammen zur Gefühlserkennung.

525 „DAS LETZTE ABENDMAHL", CENACOLO VINCIANO, MAILAND, ITALIEN

Sind Sie durch mit den weltlichen Genüssen von Mailand? Sorge der Himmel also für geistiges Entkommen. Mailands berühmtestes Kunstwerk ist da Vincis Letztes Abendmahl. Es hält den Augenblick fest, in dem Jesus die Worte ausspricht: „Einer von euch wird mich verraten." Das Gemälde schmückt eine Wand im Cenacolo Vinciano, dem Refektorium des Klosters Santa Maria delle Grazie; es wurde im späten 15. Jh. gemalt, seine Restauration hat einen steinigen Weg hinter sich. Sie werden sehen, dass die vielen zwielichtigen Reproduktionen gegen das meisterliche Original verlieren, wenn Sie erst direkt davor stehen.

526 SIXTINISCHE KAPELLE, VATIKANSTADT

Meisterwerke aus dem 15. Jh. schmücken die Wände der Sixtinischen Kapelle, doch den Vogel schießen Michaelangelos frappierende Fresken ab – im Bild festgehaltene Sünder und Propheten ergießen sich in 3-D-Brillanz über das Mauerwerk. Sein unglaublich detailliertes Erschaffungsfresko an der tonnengewölbten Decke (gemalt 1508–1512) wird weitgehend als Höhepunkt des künstlerischen Schaffens im Abendland angesehen. 24 Jahre später nahm Michaelangelo das dramatische Letzte Gericht an der abschließenden Wand in Angriff. Vier schwere und einsame Jahre lang bemalte der zurückhaltende Künstler die 800 m² große Decke. Und 500 Jahre später erzeugt das Ergebnis noch immer eine Gänsehaut.

527 „DER SCHREI", NASJONALGALLERIET, OSLO, NORWEGEN

Das Klischee der gequälten Künstlerseele ist nur ein Klischee, weil es der Wahrheit entspricht. Robuster geistiger Gesundheit erfreuen sich längst nicht alle der Megastars der Kunst. Um nicht zu sagen, eher wenige. Edvard Munch (1863–1944) war da vielleicht nur die Spitze des Eisbergs. Paradebeispiel 1: Der Schrei, eine eindringliche Darstellung der inneren Zerrissenheit eines norwegischen Künstlers. Munchs Familienhintergrund erklärt diese Angst ein wenig – seine Mutter und seine ältere Schwester starben an Tuberkulose, seine jüngere Schwester litt an einer psychischen Krankheit. Die Geschichte des Gemäldes ist fast genauso wirr – es wurde seit 1994 zweimal gestohlen (und zweimal wiedergefunden).

528 „DAS FRÜHSTÜCK DER RUDERER", PHILLIPS COLLECTION, WASHINGTON, DC, USA

Hier war kein innerlich zerrissener Künstler am Werk – diese Szene, vom französischen Impressionisten Pierre-Auguste Renoir 1881 gemalt, sprüht vor Leben und vermittelt die pure *joie de vivre*. Das Gemälde fängt eine idyllische feuchtfröhliche Atmosphäre beim Mittagessen ein, in der Renoirs Freunde mit Blick auf die Seine beim Maison Fournaise-Restaurant in Chatou (außerhalb von Paris) essen, trinken, rauchen und flirten. Renoir malte einen seiner Lieblingsorte, die Pariser kamen am Wochenende in Strömen hierher, liehen sich Ruderboote aus und genossen ein gutes Mittagessen.

529 „SCHWERTLILIEN", GETTY CENTER, LOS ANGELES, USA

Als Vincent van Gogh (1853–90) in den Niederlanden und Belgien lebte, waren seine Gemälde nicht nur in der Farbgebung dunkel und schwer. Dann zog er nach Frankreich und der braun-graue Sozialrealismus wich leuchtend-bunten Blumen, Porträts und weiten Landschaften. Nach diversen psychischen Krisen kam van Gogh 1889 in eine Nervenheilanstalt in Saint-Rémy in Frankreich. Hier schuf er fast 130 Kunstwerke, darunter die Schwertlilien. Vincents Bruder Theo, ein Kunsthändler, beschrieb das Gemälde als eine wunderschöne Studie voller Luft und Leben. Und er ist nicht allein mit seiner Bewunderung – das herrliche Bild gehört zu den zehn teuersten Gemälden, die je verkauft wurden.

530 „GUERNICA", CENTRO DE ARTE REINA SOFÍA, MADRID, SPANIEN

Picassos Guernica ist unverkennbar ein Werk des Kubismus, dessen Entstellung der menschlichen Figur wurde ein beredtes Symbol für die weltweite Entrüstung gegenüber dem Horror, den die Kriege der Moderne über die Unschuldigen bringen. In Größe (es misst 3,5 m mal 7,8 m) und Thema imposant, war Guernica Picassos Protest dagegen, dass die Deutschen das baskische Städtchen Gernika (Guernica) auf Bitten Francos während des Spanischen Bürgerkriegs 1937 bombardierten. Fast 2000 Menschen starben bei dem Angriff. Selten ist die Wut eines Künstlers und das Leid eines Volkes so bewegend auf Leinwand festgehalten worden.

BÄUME WIE IKONEN

Staatswappen, religiöse Rückzugsorte, Kunstwerke – diese Riesengewächse sind weit mehr als nur ein Mix aus Wurzeln, Stämmen, Ästen und Blättern.

531 CHÊNE-CHAPELLE, ALLOUVILLE-BELLEFOSSE, FRANKREICH

Bäume taugen nicht nur als Brenn- und Bauholz. Hat man ein Exemplar gefunden, dass groß genug ist, kann man sogar Dinge (oder Menschen) in den Baum stellen: In Australien dienen solche Gewächse als Knast, während es in Südafrika sogar eine komplette Bar in einem Baum gibt – mit Dartscheibe. Im Frankreich des 17. Jhs. waren religiöse Gründe Anlässe für Bauten in Bäumen. Als in der kleinen Gemeinde Allouville-Bellefosse in der Normandie der Stamm einer alten Eiche durch einen Blitzschlag ausgehöhlt wurde, war daher nur eines zu tun: im Inneren eine Kirche einzurichten. Voilà! – die Chêne-chapelle (Eichenkapelle) mit der Notre Dame de la Paix (Unsere Liebe Frau vom Frieden).

532 LIBANONZEDER – ZEDERN DES GOTTES, LIBANON

Seit Menschengedenken wird sie verehrt, über sie geschrieben, mit ihr gebaut, Medizin aus ihr gemacht – die Libanonzeder. Die Phönizier bauten ihre Schiffe aus ihren Stämmen, die Ägypter mumifizierten die Toten mit ihrem Harz, Salomons erster Tempel wurde mit Zedern aus dem Libanon errichtet. Eine mächtige Zeder ist auf der libanesischen Flagge zu sehen, doch die einst großen Bestände sind weitgehend Vergangenheit. Hoch in den Bergen im Norden des Landes allerdings, ragt bei Bcharré ein wertvoller Hain empor – der Arz el-Rab oder die Zedern des Gottes. Nur eine Handvoll der Zedern hier sind über tausend Jahre alt, das ist alles, was von dem ausgedehnten Wald übrig geblieben ist, der sich einst über das Land erstreckte.

533 JŌMON SUGI, YAKUSHIMA, JAPAN

Pflanzen haben ja eigentlich keine Gesichter, aber diese hier besitzt gleich mehrere. Der wahrlich vorsintflutliche Baum, eine Sicheltanne (den Zypressen verwandte Konifere), ist mindestens 2000 Jahre alt, wahrscheinlich sogar noch älter. Manche behaupten, er habe sogar 7000 Jahre auf dem Buckel. Das würde erklären, warum er so gewunden, knorrig und graumeliert ist: Auf seinem wulstigen Stamm wachsen Nasen, Kinne, Kanten und Falten, wie Grimassen eines greisen Trolls. Natürlich sollten Sie solche Gedanken lieber für sich behalten – man weiß ja nie. Außerdem ist der Baum größer als Sie und mit über 25 m Höhe und einem Umfang von 16 m zugleich Japans größte Konifere.

534 TANE MAHUTA, WAIPOUA FOREST, NEUSEELAND

Einem Gott begegnet man nur selten. Doch in diesem gigantischen Kauriwald weit im Norden Neuseelands ist es leicht zu glauben, man sei unter Himmelsherrschern: Hier wachsen riesige Bäume über 50 m in die Höhe und stellen alles um sich herum in ihren Schatten. Zwei dieser altehrwürdigen Bäume dominieren den ganzen Waipoua Forest: Te Matua Ngahere (Vater des Waldes) sitzt seiner eigenen Lichtung vor, ein wenig nördlicher hält Tane Mahuta Hof. Benannt nach dem Maori-Gott des Waldes, ist dieser größte Kauribaum der Welt in seinen über 1200 Jahren 51 m hoch gewachsen. Hier kann man nicht anders, als ehrfürchtig zu schweigen.

ANDERS BLOMQVIST | LONELY PLANET IMAGES

„Allee der Götter" könnte ein geeigneterer Name für die symbolträchtige Reihe an Affenbrotbäumen auf Madagaskar sein.

535   ALLEE DER BAOBABS, MADAGASKAR

Viel Flora und Fauna dieser einzigartigen Insel im Indischen Ozean scheint direkt der bunten Fantasiewelt einer Kindergeschichte entsprungen zu sein: Chamäleons, die ihre Farbe verändern und Augen wie eine Schwenkkamera haben, rotgoldene Lemuren, die über den Sand tanzen, und natürlich die Affenbrotbäume. Diese riesigen Gewächse – auch "auf dem Kopf stehende Bäume" genannt, weil sie so aussehen, als hätte man sie auf den Kopf gestellt – wachsen in Afrika und Australien. In Madagaskar jedoch läuft dieser Baum zu seiner Höchstform auf: Hier ragt der mächtige Grandidieri weit über die Landschaft. Fahren Sie östlich von Morondava ins Zentrum der Insel und schlendern Sie zwischen den Giganten der Baobab-Allee genannten Straße entlang.

191

192

GENERAL SHERMAN

Betrachten Sie das lebendige Wunder, das den klangvollen General Sherman trägt.

536 GENERAL SHERMAN, SEQUOIA-NATIONALPARK, KALIFORNIEN, USA

Maximum heißt das Ziel aller Bäume, die in Kalifornien wachsen. Denken Sie nur an *Methusalem*: Diese greise Borstenkiefer trieb vor fast 5000 Jahren an den Hängen der White Mountains aus und ist damit die weltweit älteste ihrer Art. Oder statten Sie dem höchsten Baum im Redwood-Nationalpark einen Besuch ab – der Küsten-Mammutbaum, wird über 115 m hoch. Aber der Papa von allen – der dickste Baum und damit zugleich das größte Einzellebewesen der Erde – ist ein Riesenmammutbaum namens General Sherman im Sequoia-Nationalpark: 83,8 m hoch, Umfang 11,1 m, über 2000 Jahre alt, Volumen über 1500 m³. Sein Anblick ist atemberaubend – hier ist dick wirklich schön.

539 ÁRBOL DEL TULE, SANTA MARÍA DEL TULE, MEXIKO

Sie wissen, dass adrettes Aussehen im Alter irgendwie unwichtiger wird? Vielleicht erklärt das, warum dieser Baum eine so enorme Größe entwickeln konnte – er ist mit einem Umfang von 58 m mehr breit als hoch. Der Árbol del Tule hat schon über 2000 Jahre lang (einige geben noch 1000 Jahre dazu) Pfunde angesammelt. Daher ist es kein Wunder, dass diese riesige Montezuma-Zypresse nicht mehr so grazil ist. Heute als Herzstück eines Kirchhofs in der Kleinstadt in Oaxaca gelegen, empfängt der Baum Besucher, die über sein 500-Tonnen-Gewicht staunen.

537 SRI MAHABODHI, ANURADHA-PURA, SRI LANKA

Die meisten werden ganz nachdenklich, wenn Sie einen hübschen Baum sehen. Siddhartha Gautama war da keine Ausnahme. Als er unter einem dicken, alten Feigenbaum im heutigen Bodh Gaya in Indien sinnierte, ereilte ihn ein Geistesblitz: Man kann es auch Erleuchtung nennen – spätestens nachdem er als Buddha bekannt geworden war, bezeichnete man es so. Der Baum wurde – natürlich – zu einem Heiligtum. Und als Prinzessin Sangamitta im 3. Jh. n. Chr. einen Ableger in Anuradhapura pflanzte, wurde auch diese Pflanze verehrt. Heute ist der Baum das Herzstück eines faszinierenden, alten Tempel-und-Palast-Komplexes.

538 COTTON TREE, FREETOWN, SIERRA LEONE

Ein Baum kann durchaus mehr sein als nur ein Baum. Er kann Symbol einer Bewegung, eines Volks oder einer Nation sein. Etwas, das so beständig und doch wandelbar und letztlich anfällig erscheint, kann eine ganze Palette an Empfindungen ausdrücken. Das ist der Fall beim mächtigen Cotton Tree (Baumwoll-Baum), das Wahrzeichen der Hauptstadt Sierra Leones. 1792 landeten afroamerikanische Sklaven, die während des amerikanischen Unabhängigkeitskriegs freigelassen worden waren, an der nahe gelegenen Küste. Die Legende besagt, dass sie genau auf diesen Baum zuliefen und unter seinem Blätterdach ihren Dank für die Befreiung aussprachen. Heute ist der Baum ein mächtiges Hoffnungssymbol, besonders nach dem brutalen Bürgerkrieg, der das Land zerrissen hat.

540 MAJOR OAK, SHERWOOD FOREST, ENGLAND

Den alten Sagen zufolge zog Robin Hood mit seinen Getreuen durchs Land, nahm von den Reichen, gab den Armen und verwirrte den König. Der Sherwood Forest von einst – dessen Existenz tatsächlich nachgewiesen ist – besteht noch immer, ist jedoch sehr geschrumpft. In seiner Mitte steht die Major Oak. Der Legende nach gewährte diese 800 Jahre alte Eiche in ihrem hohlen Stamm Robin und seinen Männern Unterschlupf. Ob das wahr ist oder nicht, sei dahingestellt – die alten, herabhängenden Zweige sind nichtsdestotrotz majestätisch.

BÄUME WIE IKONEN

SEHENSWERTE SAURIER-SPOTS

Sie sind alt, sie sind ziemlich tot. Aber immer noch äußerst faszinierend. Tauchen Sie an diesen Plätzen bis zu den Ellenbogen in die Dinogeschichte ein.

541 FLAT ROCKS, AUSTRALIEN

Der Fossilien-Hotspot Flat Rocks südöstlich von Melbourne ist ein bedeutsamer Flecken in Sachen australischer Paläontologie – in der Nähe wurde 1903 der erste Dinosaurierknochen des Landes gefunden. Seit 1991, als in Flat Rocks weitere Knochen gefunden wurden, graben hier alljährlich Spezialisten und Amateure nach Dinosaurierüberresten. Dann wird die Öffentlichkeit eingeladen, eine Woche lang um das Felsplateau an der Küste auf Jagd nach Fossilien zu gehen. Der Ergebnis kann sich sehen lassen: Jedes Jahr werden durchschnittlich 700 Knochen ausgegraben. Öffentliche Grabungen finden im Februar statt.

Als hätten die Dinosaurier in dieser leblosen Gegend ihre Eier im Galopp verloren: das Tal des Mondes – Ischigualasto.

542 **MUSEUM OF WESTERN COLORADO, USA**

Sie möchten lieber Paläontologe als Zuschauer sein? Dann hat das Museum in Grand Junction das richtige Programm für Sie. Natürlich können Sie einfach zwischen den Knochen der Ausstellung herumlaufen, die Sie in Fruita auf eine Dinosaurierreise mitnimmt. Sie dürfen sich aber auch die Hände schmutzig machen und selbst nach Dinosaurierresten in der Wüste West-Colorados und Utahs graben. Die Arbeit im Feld kann kurz sein (einen halben Tag) oder fünf Tage dauern. Sie beginnt mit einer Einweisung ins Graben, bevor Sie sich aufmachen, im Jagdgebiet nach Knochen zu stöbern.

543 **BAYANZAG, MONGOLEI**

In der Region, die im Süden der Wüste Gobi auch als „Flaming Cliffs" („Brennende Klippen") bekannt ist, wird schon seit 1922 gegraben. Sie ist bekannt für die vielen gefundenen Dinosaurierknochen und -eier (schauen Sie sich einige im Museum of Natur History in der Hauptstadt Ulaanbaatar an). Gespenstisch schön ist es hier – eine typische Felswüste, roter Sand, Buschwerk, Sonne, Wahnsinnseinsamkeit und eine Knochen-Schatzkammer. „Kämpfende Dinosaurier" nennt sich der berühmteste Fund. Die 80 Mio. Jahre alten Fossilien zeigen einen Protoceratops und einen Velociraptor, die im Kampf ineinander verschlungen sind. Man vermutet, dass diese und andere Momentaufnahmen von einem heftigen Sandsturm oder einstürzenden Sanddünen begraben und versteinert wurden.

544 **BURGESS SHALE, KANADA**

Hoch in den Rocky Mountains im Yoho-Nationalpark gibt es einen Ort, der so etwas wie das Paradies für Entwicklungshistoriker ist. Der Burgess-Schiefer bewahrt 515 Mio. Jahre alten Fossilien von Meereslebewesen aus dem Kambrium – eine der ältesten Lebensformen der Erde überhaupt. Auf dem kleinen Raum gibt es Hunderttausende, wenn nicht sogar Millionen von Fossilien: Sie gelten seit ihrer Entdeckung 1909 als die ersten weltweit dokumentierten Weichtier-Fossilien. Nehmen Sie an einer Führung durch den Park zum Schiefer teil, wo Sie zwischen den Felsen selbst nach Fossilien stöbern können.

AARON MCCOY / LONELY PLANET IMAGES

545 **PARQUE PROVINCIAL ISCHIGUALASTO, ARGENTINIEN**

Dieser Park, auch als Valle de la Luna (Mondtal) bekannt, hat seinen Namen von dem Diaguita-Wort für Land ohne Leben, was allerdings nur teilweise stimmt. In dieser Landschaft, die aus einer anderen Welt zu stammen scheint, gab es einst ganz sicher Leben im Überfluss, wie der Fossilienreichtum beweist. Einige der Fundstücke sind 180 Mio. Jahre alt. In einem Wüstental zwischen zwei Sediment-Bergketten gelegen, stellt das Parkmuseum eine Vielfalt von Fossilien aus, darunter den Fleischfresser Herrerasaurus (dem Tyrannosaurus rex nicht unähnlich) und den Eoraptor lunensis (der älteste bekannte Räuber unter den Sauriern).

195

546 NEUQUÉN, ARGENTINIEN

Die argentinische Stadt Neuquén ist einer der Dinosaurier-Hotspots auf Erden. Drei wichtige paläontologische Stätten – Plaza Huincul, Villa El Chocón und Centro Paleontológico Lago Barreales – liegen ein paar Autostunden von der Stadt entfernt. Dort liegen die Knochen des weltweit größten bekannten Dinosauriers (Argentinosaurus huinculensis) und des größten bekannten Fleischfressers, des 8 t schweren Giganotosaurus carolinii. Echte Dino-Freaks besuchen das Centro Paleontológico Lago Barreales, wo Sie tatsächlich graben können – Seite an Seite mit den Paläontologen in einer der weltweit wenigen öffentlich zugänglichen Dinosaurier-Ausgrabungsstätten. Das Centro liegt 90 km nordwestlich von Neuquén.

547 NATURRESERVAT KUGITANG, TURKMENISTAN

Das eindrucksvollste und unberührteste turkmenische Naturreservat, Kugitang, wurde 1986 eingerichtet, um das Kugitang-Gebirge und die seltene Schraubenziege zu schützen. Im Reservat liegen die höchste Erhebung des Landes (Airybaba, 3137 m), einige riesige Canyons, üppige Wälder, Gebirgsbäche, die Karlyuk-Höhlen und das einmalig schöne Dinosaurier-Plateau. Es wird vermutet, dass die Ebene das Bett eines flachen Sees ist, der austrocknete und dabei Dinosaurier-Fußabdrücke sichtbar machte, die die Sonne einbrannte und später durch einen Vulkanausbruch in Lava eingeschlossen wurden. Bei einem steilen Anstieg sind 438 Abdrücke zu sehen.

548 DINOSAUIER-PROVINZPARK, KANADA

Sein Name erinnert an einen Freizeitpark, doch der Dinosaurier-Provinzpark in Alberta ist seriöses Saurierland. In der von Erosionen zerfressenen und gewundenen Landschaft der Badlands östlich von Calgary förderte man im 73 km² großen Naturreservat bis jetzt mehr Saurierknochen (von mehr als 40 Dinoarten) zutage als an jedem anderen Ort der Welt. Über zwei Drittel des Parks ist Naturreservat, ein Sperrgebiet, das mit Bus- und Wandertouren erkundet werden darf, die von Rangern geführt werden. Dies ist der Ort, an dem Sie die meisten Knochen finden, die oft einfach so auf dem Boden verstreut wie Kies herumliegen. Steuern Sie anschließend die nahe gelegene Stadt Drumheller an und schauen Sie sich im Royal Tyrrell Museum die große Fossiliensammlung an.

549 MONTANA DINOSAUR TRAIL, USA

Die meisten US-Bundesstaaten haben ein eigenes Staatsfossil (etwa eine Blume, einen Baum und sogar Erde), aber nur wenige haben eine so starke Berechtigung dazu wie Montana. Der Bundesstaat hat so viele Dinosaurierknochen (um kurz festzuhalten: sein Staatsfossil ist der Entenschnabeldinosaurier), dass der Staat einen Dinosaur Trail für Touristen eingerichtet hat. Der Weg führt an 15 Stätten

AARON MCCOY / LONELY PLANET IMAGES

„Was starrst du so, mickriger Mensch?" Mit dieser hochmütigen Haltung ist es kein Wunder, dass die Dinosaurier ausstarben.

vorbei, die mit Dinos zu tun haben: von Museen über Parks bis zu Ausgrabungsfeldern. Zu den Highlights gehören das Museum of the Rockies in Bozeman, das den weltweit größten T-Rex-Schädel zu seinen Exponaten zählen kann, Makoshika State Park, wo zehn Saurierarten ausgegraben wurden, und das Great Plains Museum and Field Station in Malta, berühmt dafür, dass es das mumifizierte Skelett eines Entenschnabeldinosauriers beherbergt, von dem behauptet

wird, dass er der am besten erhaltene Dinosaurier der Welt ist.

550 LARK QUARRY, AUSTRALIEN

Vor rund 95 Mio. Jahren, auf ein paar mehr oder weniger kommt es nicht an, als das westliche Queensland üppig bewachsen und tropisch war, bekam eine kleine Saurierherde Angst vor einem Raubtier und sprengte auseinander. Die Flucht hinterließ mehr als 3000

Fußabdrücke im Flussbett. Die Natur hat sie heimlich versteinert und damit für uns erhalten. Und es gibt in der Gegend mehr als nur Fußabdrücke: 2005 wurden in der Nähe von Eromanga die größten Dinosaurierknochen Australiens entdeckt – die eines Titanosaurus.

SEHENS-WERTE SAURIER-SPOTS

GROSSARTIGES AUS GOLD

Das bringt Ihre Augen zum Glänzen – von großen Buddhas bis zu einsamen Stränden.

561 **GOLDENES DACHL, INNSBRUCK, ÖSTERREICH**

Ok, eigentlich ist es Kupfer (über 2700 vergoldete Kupferschindeln, um genau zu sein). Aber dieser eindrucksvolle Baldachin mit Blick auf den Hauptplatz der Tiroler Stadt glänzt allemal wie pures Gold. Das Goldene Dachl wurde 1500 gebaut, damit Maximilian I. von hier oben Turniere und andere Top-Events

Staunen Sie und sprechen Sie ein Gebet ob der Pracht in Shwedagon Paya, der goldenen Pagode des alten Burmas.

verfolgen konnte, die damals auf dem Platz stattfanden. Heute ist es Innsbrucks berühmtestes Wahrzeichen. Eigentlich ein zarter, dreistöckiger Erker, verziert mit Figurenreliefs, Wappen und auch Maximilian selbst ist dargestellt. Der Herrscher wird sowohl mit seiner ersten als auch mit seiner zweiten Frau dargestellt (die aus verschiedenen Regionen stammten) – diplomatisch sehr geschickt: Man wollte die internationalen Beziehungen nicht gefährdet.

JANE SWEENEY / LONELY PLANET IMAGES

562 BALSA MUISCA, BOGOTÁ, KOLUMBIEN

Ein Boot aus Gold wäre kaum zu gebrauchen. Eine 19 cm lange Kopie jedoch – nun, die nimmt in Bogotás Museo del Oro einen Ehrenplatz ein. Das Goldmuseum funkelt nur so vor Artefakten, das Balsa Muisca ist jedoch das wertvollste Exponat. Es steht für die El-Dorado-Legende um den Kratersee Guatavita, die die spanischen Kolonisten so sehr marterte. An diesem Ort ließ der Muisca-Stamm mit Smaragden und Gold beladene *balsa* (Flöße) als Opfergaben an die Götter zu Wasser. Viele Schatzsucher haben bisher den See abgefischt – mit geringem Erfolg. Aber das Balsa Muisca, das man Kilometer entfernt davon gefunden hat, hält die Legende am Leben.

563 GOLDENER BUDDHA, BANGKOK, THAILAND

Nach dieser Entdeckung haben Tempelgänger vermutlich thailandweit zu ihrem Meißel gegriffen: Als 1957 dieser bis dahin unauffällige Gips-Buddha mit einem Kran in sein neues Zuhause gebracht wurde, ließ man ihn fallen. Der Gips brach und offenbarte den wahren Schatz – die weltweit größte Statue aus Massivgold. Dieser Buddha ist rund 700 Jahre alt und wurde ursprünglich getarnt, um seinen Wert vor den Burmesen zu verstecken. Heute steht die Figur im Wat Traimit in Bangkok. Sie ist 3 m hoch und wiegt über 5 t. Fragmente des Stucks, in den der Goldene Buddha eingefasst war, sind ebenfalls zu sehen – vielleicht um deutlich zu machen, dass nur die inneren Werte zählen.

564 SHWEDAGON-PAYA, YANGON, MYANMAR (BURMA)

Sie können es gar nicht verfehlen – Shwedagon-Paya, auf einem Hügel mit Blick auf Yangon gelegen, sticht wie ein großer, goldener Daumen heraus. Zwischen mehreren Buddhaschreinen und -statuen glänzt dieser Hauptstupa am prächtigsten. Er ist 98 m hoch, seine riesige glockenförmige Kuppel ist mit Blattgold überzogen und von einer edelsteinbesetzten Spitze gekrönt, die wiederum mit einer Kugel aus 4351 Diamanten abschließt. Und wofür ein derart opulentes Schmuckkästchen? Irgendwo unter all dem Pomp ist eine Schatulle mit acht Haaren Buddhas verborgen. Als sie früher einmal gezeigt wurden, kam es angeblich zu Tumulten und Ekstase unter den Menschen. Shwedagon Paya kontrolliert das Chaos.

565 GOLDENER TEMPEL, AMRITSAR, INDIEN

Offiziell wurde er 2005 umbenannt in Harmandir Sahib, aber das wird in absehbarer Zeit niemanden davon abhalten, dieses funkelnde Gebäude „Goldener Tempel" zu nennen: Denn sein Hauptschrein ist mit 100 kg dieses Edelmetalls überzogen. Der Komplex in Nordwestindien umfasst geweihte Räumlichkeiten, Pilgerschlafsäle und eine große Küche. Er ist das höchste Heiligtum der Sikhs. Der goldene Hari Mandir auf dem Wasser inmitten des heiligen Pools ist der Knüller. Das Beste jedoch: Hier wartet keine fade Touristenstätte – sondern eine Tempelanlage voller Leben, in der von den Mauern die Verse widerhallen, die die Sikhs vor sich hinbeten, und in der die riesige Küche 35 000 Menschen am Tag bewirtet.

566 GOLDENE MUMIEN, WESTLICHE WÜSTE, ÄGYPTEN

1996 stolperte ein Esel in ein Loch – und machte unfreiwillig eine der für Ägyptologen wichtigsten Entdeckungen. Unter dem Wüstentreibsand in der Nähe der abgelegenen Oase Bahariyya fand man einen 2000 Jahre alten, vergessenen unterirdischen Friedhof. In der ausgedehnten Stätte aus griechisch-römischer Zeit lagerten völlig unberührt Weinkrüge, Amulette und vermutlich bis zu 10 000 bestattete Tote. Die mumifizierten Körper sind zwar nicht so gut erhalten wie ihre Pendants aus dem alten Ägypten, aber sie wurden doch liebevoll mit Beigaben bedacht – einige mit einer Unmenge von Gold. Besuchen Sie das Museum in Bahariyya, um die besten Funde zu sehen: Goldmasken, goldene Brustplatten und sogar vergoldete Fingernägel.

567 BONANZA CREEK, DAWSON CITY, KANADA

Die Macht des Goldes durchzieht die gesamte Menschheitsgeschichte. 1896 hat es quasi über Nacht eine Kuhweide in eine Weltmetropole verwandelt, nachdem sich herumgesprochen hatte, dass der gelbe Stoff 18 km vom heutigen Dawson entfernt in Rabbit Creek (aus nahe liegenden Gründen kurzerhand in Bonanza – Goldgrube – Creek umbenannt) gefunden worden war. Und so kam es, dass Dawson explodierte, als 30 000 Goldsucher, Prostituierte, Kneipiers und Halunken herbeiströmten kamen, um ihr Glück in der Wildnis am Yukon zu suchen. Können Sie heute auch noch: Vergessen Sie die Karten in der Spielhalle Diamond Tooth Gertie's, packen Sie Ihre Goldpfanne ein und auf zu Claim 6, wo alles begann und wo Sie Ihr Glück und immer noch ein Vermögen finden können.

568 SUPER PIT, KALGOORLIE, AUSTRALIEN

Wer hätte gedacht, dass ein so großes Loch so interessant sein könnte? Aber dies ist wahrlich keine unbedeutende Grabungsstätte: Das von Menschen geschaffene Super Pit bei Kalgoorlie ist 3,5 km lang, 1,5, km breit und 370 m tief – die umgekehrten Maße Ulurus. Der Grund für diesen tiefen Einschnitt ist, natürlich, Gold. 1893 landeten einige Goldschürfer hier einen Glückstreffer; Tausende folgten und strömten zum angeblich reichsten goldhaltigen Flecken weltweit – der Super Pit allein brachte schon 50 Mio. Unzen zutage. Vom Aussichtspunkt können Sie überlegen, wie viel man noch immer finden kann.

MICHAEL GEBICKI / LONELY PLANET IMAGES

Amritsars vergoldeter Sikh-Tempel glitzert in der Mitte des heiligen Beckens wie ein riesiger Goldbarren und ist Magnet für Millionen.

569 GOLDEN BEACH, KARPAS, ZYPERN

Orte wie diese sind wirklich golden – dieser Strand in Nordzypern ist nicht nur ein herrlicher langer Sandstreifen, an den sich Dünen anschließen, er wird wohl auch der einzige Strand dieser Größe und Vollkommenheit im gesamten Mittelmeerraum sein, an den keine Ferienanlagen angrenzen. Fast an der Spitze der Karpas-Halbinsel gelegen, wird diese Küste eher von Eseln als von Menschen besucht; sie gilt als Naturschutzgebiet – wegen der Schildkröten, die hier ihre Eier ablegen. Die Straße, die hierher führt, ist kurvenreich, der Weg ist mühsam, ein weiterer Grund, der den Massentourismus zurückhält. In der Tat Gold!

570 HAND OF FAITH, LAS VEGAS, NEVADA, USA

Es passt zu dieser glitzernden Stadt, in der man in einer Würfelrunde ein Vermögen machen (oder verlieren) kann, dass hier eins der weltweit größten Goldstücke aufbewahrt wird. Dass dieses Stück auch noch von einem Mann mit einem einfachen Metalldetektor gefunden wurde – nicht mit einer dieser Riesenmaschinen –, macht daraus einen Stoff, der für Hollywood geeignet wäre. Die 24 kg schwere Hand of Faith, wegen ihrer Finger-Form so genannt, stammt aus Australien, weilt nun aber im Foyer des Casinos „Golden Nugget", eine 1-Million-Dollar-Schönheit sichtbar für alle, die daran vorbeigehen.

GROSS-ARTIGES AUS GOLD

DIE COOLSTEN HÖHLEN UND GROTTEN

Willkommen in der Unterwelt: Entdecken Sie religiöse Relikte, Saurierverstecke, hungrige Elefanten und noch viel mehr

Kitum-Höhle: ein Paradies für Dickhäuter, aber achten Sie auf herunterfallende Felsbrocken.

NIGEL PAVITT / CORBIS

571 SELMA-PLATEAU, OMAN

Es war einmal ein mutiges Schäfer-Mädchen namens Selma, die Gott belohnte. Das Geschenk waren sieben Sterne, die auf die Erde niederfielen und sieben tiefe Schächte in ein Plateau in Nord-Oman rissen. Soweit die Legende. Fakt ist: Diese unterirdischen Wege mit Abseilmöglichkeiten bieten einen so aufregenden und anstrengenden Zugang zu ausgedehnten Kammern in der Tiefe, dass Ihre Fingerknöchel dabei weiß werden. Die Höhle der Geister ist eine der größten der Welt; bei Redaktionsschluss war sie gesperrt, da die Regierung dort eine Aussichtsplattform einrichtet. Wie auch immer, Selmas andere vertikalen Zugänge sind für Ihre Erkundungen geöffnet. Wenn Sie Höhe mögen, lassen Sie sich in das Siebte Loch fallen und erforschen Sie die Canyon-Kammer: Stalaktiten und Tunnel in 120 m Tiefe …

573 LÓNGMÉN-GROTTEN, LUÒYÁNG, CHINA

Eine wahre Fleißarbeit: In einen 1 km breiten Streifen von Kalksteinkliffs, die den Y-i-Fluss säumen, wurden 2345 Grotten und Nischen geschlagen und dann mit über 100 000 Buddha-Skulpturen ausgestattet – von 2 cm großen Ausführungen bis zu einem 17 m hohen Buddha, der in der Ancestor-Worshipping-Höhle sitzt. Der gesamte Komplex wurde von der Nördlichen Wei-Dynastie erschaffen, die ihre kunstvollen Grabungen um 500 n. Chr. begann. Die Kulturrevolution forderte ihren Tribut – viele der religiösen Kunstwerke wurden über die Jahre geraubt oder verunstaltet. Aber was bleibt, ist eine in Fels gehauene Galerie voller offener Mäuler.

574 FAYE'S UNDERGROUND HOME, COOBER PEDY, AUSTRALIEN

Nur wenige Höhlen verfügen über Küche, Billardraum und Ankleidezimmer. Aber wenn der Wunsch so groß ist, der 40°-Hitze des Outbacks zu entkommen, dann kann es eine Frau auch dazu bringen, ein Zuhause mit allem Drum und Dran zu graben. Coober Pedy, was im lokalen Aborigines-Dialekt so viel bedeutet wie „weißer Mann im Loch", ist ein unwirtlicher Ort. Trotzdem ziehen seine Opalschätze seit 1915 Schürfer an. Viele von ihnen haben auf der Suche nach kühlen Rückzugsorten Häuser, Bars und sogar Kirchen aus den Berghängen gehauen. Faye's ist der schönste Ort von allen: kein Museum, sondern ein tatsächliches Zuhause. Es zeigt, wie Menschen im ausgedörrten Outback am Ende der Welt tatsächlich zurechtkommen.

572 KITUM-HÖHLE, MOUNT-ELGON-NATIONALPARK, KENIA

Der Mount Elgon Park erstreckt sich über das Grenzgebiet zwischen Uganda und Kenia, ein wenig besuchtes Überraschungspaket von Wasserfällen, Schluchten, heißen Quellen und Höhlen. Kitum ist eine davon, 180 m tiefe Heimat von Flughunden und vermutlich die einzige weltweit, die von Elefanten aufgesucht wird. Allnächtlich tauchen die Dickhäuter in langen Prozessionen in das schwarze Loch in den Hängen des Mt. Elgon ein, um von den salzreichen Ablagerungen im Inneren zu naschen. Sie kratzen mit ihren Rüsseln an den Wänden, picken dann die heruntergefallenen Leckereien auf. Eine Portion Mineralien – ein Elefantenskelett unter einem abgestürzten Felsen lässt jedoch vermuten, dass der Snack nicht ungefährlich ist.

575 BLAUE GROTTE, CAPRI, ITALIEN

Einige glauben, dass an diesem Ort die Sirenen schlafen oder der Teufel jeden verhext, der ihn betritt. Doch die einzige Sorge, die Besucher wirklich umtreibt, ist die um ihre Köpfe. Der Zugang zur Blauen Grotte ist nur 1 m hoch. Um hineinzukommen, muss man sich in ein Ruderboot legen, das gerade groß genug für zwei ist, und dem italienischen Bootsmann vertrauen, der Sie hindurchrudert. Aber setzen Sie sich wieder aufrecht, sobald Sie drin sind: Wunderschön illuminiert breitet sich die Höhle vor Ihnen aus, das Sonnenlicht wird durch das Wasser gefiltert und knipst den Schalter an für dieses Juwel im Mittelmeer.

205

576 CENOTE DZITNUP, VALLADOLID, MEXIKO

Mexikos Halbinsel Yucatán ist geologisch gesehen ein Schweizer Käse. Diese vom Karibischen Meer umspülte Halbinsel besteht aus ausgespültem Kalkstein und ist ein leichtes Opfer für unterirdische Wasserläufe, die an ihr herumknabbern. Sie lassen *cenotes* (Dolinen) zurück, die sich unter dem Dschungel verbergen, meistens zumindestens. Einige, wie das Cenote Dzitnup, sind entdeckt worden und bieten perfekte Naturschwimmbecken. Bei Dzitnup führt ein winziger Tunnel runter in den Höhlenschacht, wo Stalaktiten heruntertropfen und Sonnenstrahlen durch ein Loch in der schroffen Decke Licht geben – natürliche Scheinwerfer. Das Wasser darunter, ein Kreis aus eisigem Türkis, ist der ultimative Ort, um zusammen mit den Fischen abzutauchen.

577 CUEVA DEL MILODÓN, PUERTO NATALES, CHILE

Man braucht nicht wahnsinnig viel Fantasie, um sich vorzustellen, wie 4 m große Dinosaurier die Wildnis Patagoniens durchstreifen. Das ist ein ziemlich urwüchsiger Ort. Und doch haben die Chilenen einen lebensgroßen Plastik-Mylodon (Riesenfaultier) vor den Eingang zu dieser 70 m breiten Höhle geknallt – der Einfachheit halber. Der Grund: In den 1890ern wurde hier ein Mylodon-Skelett ausgegraben. Die Überreste sind lange schon nicht mehr hier (sondern im British Museum), aber die Höhle, von deren Decke Stalaktiten tropfen, strahlt immer noch eine prähistorische Atmosphäre aus. Ein kurzer Spaziergang zu dem nahen

Aussichtspunkt gibt schöne Blicke frei über den früheren Tummelplatz vom Mylodon.

578 PAINSHILL PARK, ENGLAND

Wenn Mutter Natur ihre Arbeit nicht gemacht hat, probier's doch selbst. So ähnlich dachte es sich wohl Garten-Guru Charles Hamilton, der auf seiner Grand Tour durch Europa die Höhlen, die er sah, so toll fand, dass er seine eigene schuf. 1738 begann er damit, Painshill Park landschaftlich zu gestalten; das Herzstück: eine falsche, aber tolle Grotte. Gebaut aus Holz und Steinen, voller „Stalaktiten" aus Gipskristallen und Kalkstein, der wie Gebeine und Totenschädel aussieht – ein märchenhafter Fantasieflug. Nachdem die Höhle jahrelang vernachlässigt worden ist, wird sie nun renoviert und zum Teil wiederhergestellt. Was am interessantesten ist: etwas von der Pracht der Grotte zu sehen, aber auch, welche Tricks dahinterstehen.

579 DEER CAVE, GUNUNG MULU NATIONAL PARK, MALAYSIA

Supergroß und supermiefig – im Deer Cave gibt's keine halben Sachen. Diese kolossale Karsthöhle im Regenwald Borneos ist 2 km lang. Ihre Öffnung klafft 174 m breit und 122 m hoch. Die Grotte ist Heimat für rund 2 Mio. Faltenlippenfledermäuse – und für ihre Kothaufen. Wer trotz des Gestanks den Weg wagt, wird belohnt. Ein von Laternen beleuchteter Pfad führt hinein in die riesige Höhle, die Unerwartetes birgt: einen Lichtschacht, der ein einsames Stück Dschungel erhellt. Und wenn

Sie vorsichtig durch die Öffnung im Südeingang schauen, werden Sie in einem Fels das Profil Abraham Lincolns erkennen, der alles genau beobachtet.

580 MAMMOTH CAVE NATIONAL PARK, KENTUCKY, USA

Nomen est omen – Mammut, dieser unterirdische Riese, ist die weitläufigste der bekannten Höhle der Welt. Selbst wenn man die zweit- und drittlängsten Höhlen zusammenrechnet, würde die Mammoth-Höhle tatsächlich noch immer weitläufiger ausfallen: Denn sie ist um die 600 km lang – wobei die Zahl jährlich mit jeder weiteren Erforschung der Höhle wächst – und übertrifft damit leicht jede andere. Kommt dazu, dass all der Raum ganz und gar nicht leer ist: in sich verdrehte Heliktit-Formationen und blumenartige Gipskristalle wachsen von den Wänden; Fossilien von Haizähnen und Gastropoden liegen im Fels. Und mehr als 100 Tierarten – von Fledermäusen und Salamandern, die Feuchtigkeit lieben, bis zum augenlosen Höhlenblindfisch – lassen es sich hier gut gehen – ein vielfältiges Höhlenleben.

Türkisblaue Träume im Cenote Dzitnup

GRANDIOSE KIRCHEN UND KATHEDRALEN

Gelobt sei wer auch immer für diese Sammlung Ehrfurcht gebietender Gotteshäuser, in denen man sich am besten mucksmäuschenstill verhält.

581 CANTERBURY CATHEDRAL, ENGLAND

Canterbury steht ganz oben auf der Hitliste, wenn es um englische Kathedralenstädte geht. Die Stadt gilt als spirituelles Herz Englands. Ihre Kathedrale, eine der schönsten Europas und folglich auf der Weltkulturerbeliste, dominiert Canterburys Stadtzentrum. Die mittelalterlichen Gassen, die Gärten an der Flussseite und die antiken Stadtmauern tragen sehr zur altehrwürdigen Atmosphäre bei. Nichtgläubige könnten im Inneren der prächtigen frühgotischen Kathedrale voller packender Geschichten, beeindruckender Architektur und beständiger spiritueller Innerlichkeit glatt zu Konvertiten werden. Natürlich fehlen auch die Gerüchte über Gewalt und Bluttaten nicht; seit der Ermordung ihres Erzbischofs Thomas Becket im Jahr 1170 etwa, hat die Kirche Scharen von Pilgern angezogen.

582 MARKUSDOM, VENEDIG, ITALIEN

Im Herzen der Serenissima konzentriert sich am Markusplatz auf wunderschöne Weise die Pracht der venezianischen Vergangenheit und ihre von Touristen geprägte Gegenwart – den größten Teil des Tages teilen Besucher- und Taubenscharen den Platz unter sich auf. Und alle blicken nur auf ein Gebäude – den Markusdom. Da stört sich keiner mehr an den astronomischen Preisen in den Cafés am Platz, solange er nur die Pracht dieses architektonischen Sammelsuriums in aller Ruhe genießen kann: geschmückte Türmchen, byzantinische Kuppeln, Mosaiken und Marmor. Im Inneren des hoch aufragenden Steinbaus setzt sich die Effekthascherei fort: von der komplexen Gestaltung der mehrfarbigen Marmorböden aus dem 12. Jh. bis zu den Mosaikkuppeln aus dem 11.–15. Jh., auf denen millionenfach vergoldete Glasfliesen glitzern.

583 LALIBELA, ÄTHIOPIEN

Eine der Sternstunden christlicher Architektur breitet sich im abgeschiedenen Lalibela zu Ihren Füßen aus. Hier wurden elf Kirchen jeweils im Ganzen aus dem vulkanischen Grundgestein herausgeschlagen und -gemeißelt, was der Stadt den wohlverdienten Arbeitstitel „Afrikas Petra" einbrachte. König Lalibela gab die Kirchen vor 800 Jahren in Auftrag; seine Arbeiter müssen dabei von Engeln unterstützt worden sein, anders ist die Meisterleistung kaum vorstellbar. Diese fantastischen christlich-orthodoxen Gotteshäuser im Untergrund, komplett erhalten und nach wie vor nutzbar, wirken, als seien sie in Stein gefroren. Sie bilden im Stadtzentrum zwei Gruppen, die *coup de grâce* – die als Kreuz geformte Bet Giyorgis – steht leicht versetzt, geradezu ehrerbietig daneben.

584 METEORA, GRIECHENLAND

Der Steinwald bei Meteora gehört zu den Lieblingsorten für Kletterer, aber lange, bevor hier Seile und Karabiner Einzug hielten, haben Mönche auf den Felsspitzen eine Reihe von Klöstern errichtet, unter – wie die Unesco es in ihrer Aufnahmebegründung schreibt – „unmöglichen Bedingungen". Sechs dieser Klöster sind erhalten (es gab eine Zeit, da waren es 24), hoch auf den Felsen, die bis zu 400 m weit über der Thessalischen Ebene aufragen. War der Zugang einst nur mit Netzen möglich, die Hunderte von Metern hochgezogen werden mussten (und die die frommen Mönche von heute immer noch nutzen), führen inzwischen Treppen auf die Felsen und in die Klöster.

585 BASILIKA DE NOTRE DAME DE LA PAIX, YAMOUSSOUKRO, ELFENBEINKÜSTE

Die Elfenbeinküste besitzt einen Bau, von dem man immer wieder behauptet, er sei das größte Kirchengebäude der Welt. Die Basilika in der Hauptstadt Yamoussoukro ist eine der erstaunlichsten Stätten Westafrikas. Nachdem 1500 Arbeitskräfte drei Jahre Tag und Nacht unter strenger Geheimhaltung daran bauten, wurde sie 1989 fertig gestellt. Ihre große Ähnlichkeit mit dem Petersdom in Rom ist übrigens beabsichtigt. Jeder einzelne der 7000 Sitzplätze ist separat mit einer Klimaanlage ausgestattet. Die Buntglasfenster sind 7400 m² groß, der Vorplatz misst 3 ha – eine ziemlich bombastische Basilika für nur eine Million Katholiken im ganzen Land.

586 SACRÉ CŒUR, MONTMARTRE, PARIS, FRANKREICH

Nördlich der Seine und im Herzen von Paris liegt Montmartre, ein romantisches Viertel mit gepflasterten Gassen und Treppen, schläfrigen Cafés und efeubewachsenen Balkonen. Über allem thront seit dem 19. Jh. die prachtvolle weiße Basilika du Sacré Coeur aus Travertin. An langen Sommerabenden drängen sich Liebespaare und Touristen auf den Stufen, die zum höchst gelegenen Wahrzeichen der Stadt führen. Musiker singen von der Revolution, Straßenkünstler treten auf und der Rotwein fließt. Und unter ihnen allen entfaltet sich der schönste Blick auf Paris, einer der Ihnen garantiert Schauer über den Rücken jagt.

587 TEMPPELIAUKIO-KIRCHE, HELSINKI, FINNLAND

Diese in den Fels gemeißelte Kirche wurde 1969 von Timo und Tuomo Suomalainen entworfen und ist ein Must-see in Helsinki. Sie steht für die kompromisslos moderne Originalität finnischer Kirchenarchitektur. Das Dach hat einen Durchmesser von 24 m und ist mit 22 km Kupferstreifen bedeckt. Von außen mutet die flache, von einer Felssteinmauer gesäumte Kirchenkuppel wie eine gigantische Untertasse an, die mitten zwischen Wohnhäusern in einem Felsenkrater gelandet ist. Durch den äußersten transparenten Ring der Kuppel strömt Tageslicht nahezu senkrecht ins Innere und leuchtet den felsumschlossenen Kirchensaal effektvoll aus. Die Kirche hat – natürlich – eine tolle Akustik, es finden regelmäßig Konzerte statt.

588 BASILIUS-KATHEDRALE, MOSKAU, RUSSLAND

Kein Bild bereitet Sie auf das wunderbar verrückte Wirrwarr an Farben, Formen und Wirbeln vor, das Sie mit der Moskauer Basilius-Kathedrale erwartet. Russlands stärkstes Symbol wurde zwischen 1555 und 1561 gebaut, um die Einnahme von Kazan durch Ivan den Schrecklichen zu feiern. Hinter der scheinbaren Anarchie der Formen versteckt sich ein exakter Plan von neun Kapellen: die hohe mit Zeltdach in der Mitte; vier weitere große, die achteckig herausragen und mit Zwiebeltürmen versehen sind; vier kleinere dazwischen. Die Legende sagt, dass Ivan die Baumeister nach Vollendung geblendet haben soll, damit sie nie wieder so etwas Schönes schaffen konnten.

589 BORGUND-STABKIRCHE, NORWEGEN

Mittelalterliche Stabkirchen sind v. a. ein norwegisches Phänomen, das eine Tradition der Wikinger für den Bau hölzerner Palisaden aufnahm. Borgund ist eine der bekanntesten, meist fotografierten und am besten erhaltenen Stabkirchen. Die Kirche ist dem hl. Andreas geweiht und wurde im 12. Jh. an einer der Haupthandelsrouten zwischen Ost- und Westnorwegen gebaut. Nebenan liegt Norwegens letzter freistehender mittelalterlicher Glockenturm aus Holz. Wenn sie gern wandern, dann planen Sie genügend Zeit ein für die zweistündige Tour auf antiken Wegen und Pfaden, die an der Kirche beginnt und dort auch endet.

590 PETERSDOM, VATIKAN

Die Liste der großartigsten Kathedralen wäre unvollständig ohne den Petersdom, Italiens größte, reichste und atemberaubendste Kirche, Hort des Katholizismus. Seinen Ruhm verdankt der Dom vor allem Michelangelo, der die Gestaltung des Kirchenbaus 1547 im Alter von 72 Jahren übernahm. Er war verantwortlich für die 136 m hohe Kuppel und die ergreifend schöne Pietà (die einzige Arbeit, die er je signierte) hinter der Porta Santa (Heilige Pforte). Grabungen unter der Basilika haben einen Teil der ursprünglichen Kirche freigelegt und – wie Archäologen glauben – das Grab des namensgebenden St. Peter, eines der zwölf Apostel.

KOLOSSALE MENSCHENMASSEN

Wenn auf Festivals und in Stadien weltweit die größten Mengen zusammenkommen, dürfen Sie sich wie ein Sandkörnchen fühlen.

Wo Menschen zu ferngesteuerten Mosaiksteinchen werden – der beängstigende Pomp nordkoreanischer Massenspiele.

591 SONNTAGS- MARKT, KASHGAR, CHINA

Dieser chinesische Außenposten ist ein Treffpunkt, seit die allerersten Reisenden ihre Rucksäcke schulterten – „Silk Road Central", der historische Ort auf der Seidenstraße, an dem zwischen Ost und West pendelnde Händler ihre Ware verhökerten, bevor sie ihre langen Reisen fortsetzten. Seine Lage ist überraschend, Kashgar liegt mitten in der Mitte vom Nirgendwo, am Rande einer so unwirtlichen Wüste, dass ihr Name (Taklamakan) übersetzt so viel wie „geh hinein und du kommst niemals hinaus" bedeutet. Wer allerdings am Wochenende kommt, der wird auf Kashgars ehrwürdigem Markt ein Gewimmel von Uiguren, Tadschiken, Touristen, Ziegen und Taschendieben vorfinden: Es scheint, als ob sich die ganze Welt an ihrem Ende versammelt hat.

593 GLASTONBURY- FESTIVAL, ENGLAND

Mickrige 1500 Menschen liefen 1970 beim ersten Glastonbury-Festival auf. Die Milch der Kühe von der Worthy Farm war im Eintrittspreis enthalten. Inzwischen, ein paar Jahrzehnte später, zieht es jedes Jahr um die 135 000 Menschen zu diesem grünen Partyflecken im ländlichen Somerset. Die Musik deckt so gut wie jedes Genre ab, ergänzt durch alles Mögliche von Comedy bis Varieté, und die Festivalbesucher neigen zu stärkeren Getränken. Ausmaß und Bandbreite des Vergnügens sind irrsinnig – 80 Bühnen, über 700 Darsteller – genau so irrsinnig ist es, sich auf der Anlage zurechtzufinden: zwischen all den internationalen Imbissbuden, den Hippie-Bereichen, Schlammsümpfen und 134 999 anderen vergnügungssüchtigen Seelen.

594 GRAND CENTRAL STATION, NEW YORK, USA

Schon komisch – der mit 44 Bahnsteigen weltweit größte Bahnhof liegt in einem Land, das dem Auto einen viel höheren Stellenwert beimisst. Aber wir sind schließlich in New York, jener etwas anderen Stadt in den USA. Und die Grand Central ist mehr als nur ein Begriff – die Hälfte der Menschen, die in der wie ein Theater wirkenden Bahnhofshalle umherwandern, haben vermutlich gar nicht vor, in einen Zug zu steigen: Das Gebäude ist eine Sehenswürdigkeit ganz eigener Art. Das Interieur im Beaux-Arts-Stil beeindruckt mit opulenten Kronleuchtern, ausladenden Treppen, einer kultigen Marmor-Blech-Uhr und der astronomisch anmutenden Decke, die mit goldenen Sternenkonstellationen bemalt ist. Bei den 750 000 Menschen, die täglich diese Halle durchqueren, sorgt das für eine glamouröse Pendelzeit.

592 MASSENSPIELE, PJÖNGJANG, NORDKOREA

Beängstigend und spektakulär zugleich: Nordkoreas Massenspiele sind ein Sinnbild seiner totalitären Politik. Formationen minutiös aufeinander abgestimmter Tänzer und Turner – rund 100 000 insgesamt – geben eine visuelle Vorstellung, in der persönliches Können hinter perfekt-synchronen Choreografien zurücksteht. Das Wunder liegt im Zusammenspiel der Massen. Sie führen Geschichten von nationaler Einheit auf, zollen ihrem jeweiligen Geliebten Führer Tribut und mischen dabei viel von der „Ist unsere Regierung nicht toll?"-Propaganda auf durchaus erfinderische Weise unter: 20 000 Teilnehmer sitzen auf einer Seite des May-Day-Stadions in Pjöngjang und halten farbige Karten in die Höhe, um auf diese Weise aufwendige Bilder zu schaffen, die die Regierung positiv darstellen.

595 KUMBH MELA, INDIEN

Als die guten und bösen Hindu-Mächte um den kumbh (Krug) mit heiligem Nektar kämpften, fielen vier Klumpen auf die Erde hinab: auf Allahabad, Haridwar, Nasik und Ujjain. Diese Städte sind daher heilige Orte, und heute begegnet man dort massenhaft menschlicher Unordnung, wenn sie abwechselnd zum Kumbh-Mela-Festival einladen – größte religiöse Zusammenkunft der Welt. Bis zu 70 Millionen Menschen sind dabei: Die Teilnehmer – jung, alt, viele Sadhus – versammeln sich, um gemeinsam in die Flüsse der Städte einzutauchen, im Großen und Ganzen ein kolossales öffentliches Bad.

211

596 HADSCH, MEKKA, SAUDI-ARABIEN

Nicht jeder ist zu dieser gigantischen Versammlung zugelassen – die Hadsch ist nur für Muslime. Um die zwei Millionen Menschen nehmen jedes Jahr daran teil. Jeder Muslim, der gesund und dazu in der Lage ist, muss mindestens einmal im Leben die Pilgerreise antreten – sie gehört zu den Fünf Säulen des Islam. Daher brechen jährlich für vier Tage die Massen über Mekka herein, um die religiösen Rituale durchzuführen: In Weiß gekleidet umrunden die Pilger massenweise die Kaaba gegen den Uhrzeigersinn, trinken von der Zamzam-Quelle, lobpreisen Allah von den unbeschatteten Abhängen des Berges Arafat aus und kommen ins Gespräch mit Muslimen aus allen Teilen der Welt.

597 SHIBUYA CROSSING, TOKIO, JAPAN

Dass etwas so Nüchternes wie ein Fußgängerübergang als eine ultimative Sehenswürdigkeit gelten darf, ist ein Beleg für das überwältigend große Menschengetümmel, das über diese japanische Kreuzung wuselt. Shibuya Crossing ist angebunden an ein trendiges Shopping-Viertel – bestehend aus Modegeschäften und Digital-Glitzer – und liegt vor dem Bahnhof Shibuya Station, eine der geschäftigsten Haltestellen der ganzen Welt. Es ist auch eine „Drängel-Kreuzung" – die vielen, vielen Ampeln werden alle gleichzeitig rot. Das führt dazu, dass alle Bürger der Stadt auf die Kreuzung zuströmen und bei Grün einen simultanen Massenhechtsprung auf die andere Seite vollführen.

598 CAMP NOU, BARCELONA, SPANIEN

Nicht bloß eine große Menge, sondern auch eine der leidenschaftlichsten – die 98 787 Seelen, die sich an Spieltagen in den Goliath unter den Stadien, das Camp Nou des FC Barcelona, drängen sind keine Fans, sie sind Pilger. Dieser Fußballverein steht nicht nur für Sport, sondern es geht um die katalanische Sache, eine Macht, hinter der sich die Patrioten dieses Landstrichs zusammentun. Nie drückt sich die Leidenschaft stärker aus als dann, wenn Barca den Erzrivalen Real Madrid zum *classico* empfängt. Wenn die Jungs der Hauptstadt zum Fußballspielen nach Barcelona kommen, bricht auf den schwindelerregenden drei Rängen des Camp Nou – bis unters Dach vollgestopft – der ultimative Fußballrausch aus.

599 KEJETIA-MARKT, KUMASI, GHANA

Es gibt viele große Ansammlungen von allem Möglichen in Kejetia. Natürlich Menschen– sie kaufen Essen oder Bestattungsgaben, tragen randvolle Körbe auf ihren Köpfen mit geflochtenen Frisuren, preisen marktschreierisch Ramsch an. Aber auch alle anderen Dinge kommen hier nur massenhaft vor: lebende und getrocknete Chamäleons, Ashanti-Sandalen, Voodoo-Plunder, Seife und Shampoo, Plastikspielzeug und in der Region hergestellte Kente-Webstoffe.

Der Haj: Zwei Millionen Muslime pro Jahr können nicht irren.

Kejetia ist einer der größten Märkte Afrikas, ein Township des Handels, dessen unzählige Wellblechdächer den Verkäufern und Einwohnern, die ihnen vertrauen, Schatten spenden. Es ist heiß und eng. Es ist groß und faszinierend. Es ist ganz Ghana in einem lebendigen Mikrokosmos.

600 CARNAVAL, SALVADOR, BRASILIEN

Pst ... Verraten Sie es nicht Rio, aber auf der Straße munkelt

man, dass Salvador's Karneval tatsächlich besser sein soll ... Ok, Rios Samba-Extravaganzen locken ein wenig mehr Menschen an, aber die 2 Millionen tanzenden Seelen, die stattdessen nach Salvador aufbrechen, scheint es nicht zu kümmern. Karneval ist hier merklich anders – die übergroßen Paradenpartys sind extrem beeinflusst vom afro-brasilianischen Erbe Salvadors: Aus *trios eletricos* (Wagen mit Lautsprechern) ertönen Afrobeats, dabei schlagen Bands donnernde Stammesrhythmen auf ihre

Trommeln. Durch die Theatralik schimmern die Traditionen der Candomblé-Religion. Unterm Strich aber haben schrecklich viele Menschen einfach nur schrecklich viel Spaß.

KOLOSSALE MENSCHEN- MASSEN

VON OBEN BETRACHTET

Wunder wie diese entfalten erst aus der Perspektive der Engel ihre wahre Magie.

601 THE WORLD ARCHIPELAGO, DUBAI, VEREINIGTE ARABISCHE EMIRATE

Das gibt es nur in Dubai: Ein gewaltiges Ingenieursprojekt wollte einfach den Erdball in einer Reihe von künstlichen Inseln nachahmen. Das Motiv: Die Inseln sollten als Resort und Spielplatz der Reichen verkauft werden. Die dunklen Wolken am weltweiten Finanzhimmel bremsten den Bau aus, das Projekt verlor an Schwung, auch wenn an den Gerüchten, die Inseln versänken wieder im ins Meer, offensichtlich nichts dran ist. Aus der Luft bieten sie ein beeindruckendes, wenn auch verrücktes Bild. Ganz so, als habe ein James-Bond-Bösewicht seinen Größenwahn in (scheinbar) harmlosere Formen umgelenkt.

602 VERBOTENE STADT PEKING, CHINA

Pekings Verbotene Stadt war das Zuhause der Herrscher der Ming- und Xing-Dynastien und für die Außenwelt mehr als 500 Jahre nicht zugänglich. Die Potentaten verließen kaum die Grenzen ihres Vergnügungsbaus – alles, was sie brauchten und wünschten, lag innerhalb der Mauern. Die Maße müssen Sie erstmal begreifen. Es gibt über 800 Gebäude und nahezu 1000 Räume. Der Innenhof, auf den das Tor der Höchsten Harmonie schaut, ist so groß, dass bis zu 100 000 Zuschauer darin Platz fanden. Es dauert mindestens einen Tag, sich die Anlage zumindest grob anzuschauen. Einen tollen Eindruck der Ausmaße erhält man am besten aus der Vogelperspektive.

603 DEAN'S BLUE HOLE, BAHAMAS

Blaue Löcher scheinen dafür geschaffen, dass man sie sich von oben anschaut. Sie sind Dolinen, einst durch Erosion entstanden. Und sie sind so tief und dunkel, dass sie scharf herausstechen aus dem helleren Blau des Wassers drumherum. Von oben nehmen sie sich aus wie ein prächtiges offenes Auge im Meer. Dean's Blue Hole ist die weltweit tiefste meerwassergefüllte Doline, eine gewaltige Höhle, die 203 m tief abfällt. Genauso spektakulär wie von oben ist der Blick hinein in die Doline. Sie besitzt einen der weltweit größten Unterwasserhöhlenräume. Bei klarer und ruhiger See ist die Sicht einzigartig.

604 PURNULULU-NATIONALPARK, AUSTRALIEN

Bis zur Veröffentlichung von Luftaufnahmen in den frühen 1980ern war diese abgeschiedene Wildnis in Westaustralien der Außenwelt komplett unbekannt. Ursprünglich von den Kija-Aborigines in der Regenzeit genutzt, sind in dem schroffen Netz aus Rinnen, Felsen, Schluchten, Kuppeln und Kämmen viele Aborigines-Kunstwerke und Grabstätten in der außergewöhnlich geformten Landschaft erhalten. Über 20 Mio. Jahre sind die Sandsteinhügel der Bungle Bungle Range peu à peu in einer Bienenkorbstruktur erodiert. Heute sprenkeln die surrealen Kegel mit ihren auffallenden orangenfarbenen und grauen Streifen dieses immense Labyrinth im Australischen Outback.

605 FRANZ-JOSEF-GLETSCHER, NEUSEELAND

Die Maori kannten Franz Joseph als Ka Roimata o Hine Hukatere („Tränen des Lawinenmädchens"). Der Legende nach verlor ein Mädchen ihren Geliebten, als er von den heimischen Gipfeln herabstürzte, und ihr Tränenfluss gefror zu einem Gletscher. Von oben sieht Franz Josef tatsächlich aus wie ein Eis-Fluss, der sich durch unnachgiebiges Gestein windet. Örtliche Guides nehmen Sie auf einen Helikopter-Rundflug mit oder bringen Sie auf den Gletscher, damit Sie einen Blick aus der Nähe auf die bergige eisblaue Szenerie werfen können. Auch schön: Eiswandern oder genüßlich in heißen Pools schwimmen, die mit Gletscherwasser gespeist werden.

WADE EAKLE / LONELY PLANET IMAGES

215

Seine Majestät, der Franz-Josef-Gletscher

Smithsons Spiral Jetty: zeitlose Kunst in Harmonie mit der Natur

606 „SPIRAL JETTY", UTAH, USA

Von allen Erdarbeiten der 1970er ist Spiral Jetty (Spiral-Mole) die berühmteste und beliebteste. Jetty, eine erstaunlich einfache Spirale aus Basaltgestein in Uthas Great Salt Lake, ist das Meisterwerk des Künstlers Robert Smithson. Es dreht sich vom Ufer aus 460 m in Kreisen gegen den Uhrzeigersinn in den See hinein. Nach der Fertigstellung hat die Natur als heimischer Künstler übernommen. Smithson legte die Jetty in einer Trockenperiode an; als die normale Wetterlage wieder einsetzte, ging die Arbeit für 30 Jahre unter. Inzwischen kommt und geht das Werk je nach Witterung, ursprünglich schwarz ist es nun durch Salzablagerungen weiß geworden.

607 BAGAN, MYANMAR (BURMA)

Das alte Bagan an den Ufern des mächtigen Ayeyarwady-Flusses ist eine der unvergesslichsten Sehenswürdigkeiten Südostasiens. Allein die Anzahl an Tempeln, Klöstern und Stupas (ca. 4400) schreit förmlich danach, dass Sie den wundervollen Blick auf das Gesamtwerk mit all den Stupas von oben genießen. Den Sonnenuntergang vom Aussichtspunkt eines Tempels zu erleben, ist auch ein wichtiger Teil des Bagan-Erlebnisses. Der beste Schauplatz jedoch ist ein Heißluftballon bei Sonnenaufgang. Sie gleiten über die Tempel und genießen aus der Vogelperspektive die Sicht auf den örtlichen Verkehr (Fahrräder und Ochsenkarren herrschen vor) und auf das morgendliche Markttreiben. Sensationell.

608 KAPPADOKIEN, TÜRKEI

Für die unheimliche Landschaft Kappadokiens in der Zentraltürkei muss man sich Zeit nehmen. Die Leinwand für das wechselnde Spiel der Lichter ist fast baumlos und voll rosa- und honigfarbener Schluchten, Klippen, die mit Vogelnestern gespickt sind, Felsklöstern und Feenkamine, deren skurrile Formen durch Erosion entstanden sind. Kein Wunder, dass hier eins der weltweit größten Ballonfahrer-Zentren liegt. An einem schönen Morgen steigen in der Stadt Göreme massenweise Ballons in den Himmel auf. Buchen Sie zum Sonnenaufgang und gleiten Sie über Felsen hinweg, die Schlössern, Löwen und Penissen ähneln.

609 PETERSPLATZ, VATIKAN

Einer der größten öffentlichen Plätze der Welt, Berninis Piazza, wurde zwischen 1656 und 1667 für Papst Alexander VII. gelegt. Von oben ähnelt er einem riesigen Schlüsselloch mit den zwei halbkreisförmigen Kolonnaden, die jeweils aus vier Reihen dorischer Säulen bestehen. Sie umschließen eine riesige Ellipse, auf der sich die Gläubigen massenweise versammeln und in den Dom strömen. Der Effekt war gewollt – Bernini beschreibt die Kolonnaden als „mütterliche Arme der Kirche", die ihre Kinder aufnimmt. Die Maße des Platzes überwältigen: An seiner breitesten Stelle misst er 340 x 240 m, es gibt 284 Säulen und obendrauf 140 Heilige.

610 UFFINGTON WHITE HORSE, ENGLAND

Großbritannien besitzt eine Menge antiker Hügelfiguren – große Formen, eingefräst in Abhänge und voller Kreide – aber diese ist mit ihren 3000 Jahren bei Weitem die älteste. Die Meinungen über ihre Bedeutung gehen auseinander; einige bezweifeln, dass es sich wirklich um ein Pferd handelt. Die Form ist auf alle Fälle sehr abstrakt und weist eine fast katzenartige Kurve auf. Aber Berichte aus dem Mittelalter sprechen von einem Pferd und die Figur ist Pferdefiguren recht ähnlich, die auf Münzen aus der Eisenzeit abgebildet sind. Das Pferd muss regelmäßig gereinigt werden, sonst geht die Figur schnell verloren. Im 19. Jh. war sie einmal fast vollständig verschwunden.

VON OBEN BETRACHTET

BIZARRE FELSFORMEN

Von der Natur geschaffen, um bewundert zu werden – also lassen Sie sich ein auf diese skurrilen Steinhaufen.

613 MOERAKI BOULDERS, NEUSEELAND

Vom Fischerdorf Moeraki erstreckt sich in nördlicher Richtung Koekohe Beach, den man auch gut für eine Kegelbahn der Götter halten könnte. Über den Sand verstreut liegen Dutzende von großen, dunklen, auffallend kugelförmigen Steinen. Nach der Maori-Sage sind es Überreste von Aalreusen, Flaschenkürbissen und Süßkartoffeln, die vom Wrack eines sagenumwobenen Kanus an Land gespült wurden. Für Geologen ist es einfacher; für sie ist das Geröll die Folge von Erosionen der Schluffsteinfelsen, die an den Strand anschließen. Die größten der Steinkugeln haben einen Durchmesser von bis zu 3 m.

611 TORRES DEL PAINE, CHILE

Über 2000 m und nahezu vertikal ragen die Granitpfeiler von Torres del Paine über die Steppe Patagoniens und beherrschen die Landschaft des wohl schönsten südamerikanischen Nationalparks. Die zerklüfteten Spitzen ähneln gebrochenen Finger und bilden eines der abstraktesten Bergpanoramen der Welt. Die meisten Besucher kommen hierher, um den beliebten W-Trek zu wandern und dabei den Blick der charakteristischen Felsnadeln in sich aufzunehmen. Hartgesottene machen eine komplette Tour um die Berge herum, was mindestens eine Woche dauert. Wer nicht so viel Zeit hat, nimmt sich gut einen Tag und wandert von Laguna Amarga zum Aussichtspunkt der Torres del Paine, direkt unterhalb der Türme.

612 KAPPADOKIEN, TÜRKEI

So skurril und unwirtlich sind die Mondlandschaften im Herzen der Türkei, dass frühe Siedler in den Untergrund gingen und dort Häuser, Kirchen und Klöster in die weichen Felsen gruben. Komplette unterirdische Städte entstanden so und halfen den ersten Christen, sich vor den Römern zu verstecken. Über der Erde, in dem Gebiet, das Erosion und Vulkanausbrüche vor 9 Mio. Jahren formten, schuf die Kombination aus rosafarbenen Säulen, Felsen mit Bienenwabenstruktur, seltsamen Gesteinsstrukturen, als Feenkamine bekannten Vulkankegeln und dramatischen Schluchten eine einzigartige Szenerie. Mittendrin ist das antike Klosterzentrum von Göreme mit seinen in den Fels gehauenen Kirchen und den byzantinischen Fresken das Highlight Kappadokiens.

614 MOUNT AUGUSTUS, AUSTRALIEN

Australien hat einen Hauptmonolithen – den Uluru. Dabei erhebt ein ganz anderer Fels, der weniger besuchte und abgeschieden gelegene Mount Augustus in West-Australien, eigentlich Anspruch auf den Titel des weltweit größten Monolithen. Er ist zweimal so groß wie der Uluru (rund 8 km lang, erstreckt er sich über ein Gebiet von fast 48 m²) und ist bedeckt mit Buschwerk. Er sträubt sich beharrlich dagegen, in eine Kameralinse zu passen, was dazu führte, dass er kaum auf dem Programm von Touristen auftaucht. Wer die lange Fahrt zu diesem Gascoyne-Wahrzeichen wagt (immerhin 380 km von der nächstgrößeren Stadt Meekatharra), wandert 12 km zum 1105 m über dem Meeresspiegel liegenden Berggipfel und zurück.

615 SHÍLÍN (STEINWALD), CHINA

Der Steinwald, eine höchst skurrile, aber eindrucksvolle Karstlandschaft in der Yúnnán-Provinz, ist ein natürliches Wunderland: eine gewaltige Ansammlung grauer Kalksteinsäulen, die durch Wind und Regen gespalten und frei gespült (die höchste bringt es auf 30 m) wurden. Der Legende nach zerschlugen Unsterbliche einen Berg zu einem Labyrinth, damit Liebende hier Ruhe fanden. Heute werden Sie hier inmitten der Touristenhorden kaum zur Ruhe kommen, aber idyllische, zurückgezogene Spaziergänge sind 2 km vom Zentrum aus möglich, und bei Sonnenuntergang oder im Mondlicht wirkt Shílín wie aus einer anderen Welt.

616 ZWÖLF APOSTEL, AUSTRALIEN

Na gut, es sind keine zwölf und es sind auch nicht wirklich Apostel, aber das Herzstück der Great Ocean Road in Australien – eine der spektakulärsten Küstenstraßen der Welt – ist definitiv ein Ort, der ein paar biblische Vergleiche durchaus nicht zu scheuen braucht. Als Ableger der Kalkstein-Küstenklippen in ihrem Rücken ragen diese Felsennadeln als Formation bis zu 45 m aus dem stürmischen Südpolarmeer auf. Der weiche Kalkstein ist ständigen Angriffen der Wellen ausgesetzt – 2005 brach eine der Felsnadeln unter den konstanten Wellenschlägen der See zusammen, sodass nur noch acht aufrechte „Apostel" übrig blieben.

617 HALF DOME, KALIFORNIEN, USA

Über 1400 m ragt der Half Dome im Osten des Yosemite Valley empor. Der Granitmonolith sieht aus wie eine Welle, die sich gerade übers Tal ergießt – ein ziemlich paradoxes Stück Fels also. Und das markanteste Stück Natur im Nationalpark, das mit 93 Prozent Neigung zugleich steilster Felsen in Nordamerika ist. Aus der ganzen Welt kommen Kletterer hierher, um mit der legendären Nordwand zu ringen. Gute Wanderer können den Gipfel über einen 27 km langen Rundweg vom Yosemite Valley aus erreichen. Auf den letzten Metern bis zum Gipfel helfen Drahtseile, die als Geländer dienen.

618 WAVE ROCK, AUSTRALIEN

Große Granitausbisse sprenkeln die Weizengürtel um Perth in West-Australien. Der berühmteste ist der perfekt geformte, vielfarbige Wellenkamm des Wave Rock. Er wurde durch Witterung und Wassererosion vor über 60 Mio. Jahren geformt, die Farbstreifen bildeten sich durch Ablagerungen der lokalen Mineralquellen. Um möglichst viel von Wave Rock zu haben, empfiehlt es sich, auf den vielen Wanderwegen zu wandeln, besonders auf dem, der zur herrlichen Mulkas Cave führt, eine wichtige Felskunststätte der Aborigines mit über 450 Schablonen- und Handzeichnungen.

619 BALANCED ROCK, UTAH, USA

Im Arches-Nationalpark in Utah dreht sich alles um skurrile Felsformationen – Bögen, Brücken, Grate, Hochebenen, Spitzkuppen. Doch das eindrucksvollste Gebilde ist natürlich der einfach nur Balanced Rock genannte Fels, der aussieht wie ein überdimensionaler Lolli. Der 3244 t schwere Felsblock schwankt gefährlich auf der Spitze eines dünnen 17 m hohen Sockels, während der Fels selbst noch einmal 21 m in die Höhe ragt. Der Sockel ist aus weichem Schlammstein und erodiert schneller als der Fels darüber. Es ist nur eine Frage der Zeit, bis er zusammenfällt und der gesamte Fels einstürzt.

620 PETRA, JORDANIEN

Aus hoch aufragenden Felsen gehauen, bilden die großartigen Fassaden der Tempel und Grabstätten von Petra eine Stadt, die die Nabatäer – Araber, die die Weihrauchrouten der Region in vorrömischer Zeit kontrollierten – in einem verborgenen Tal fern von der Außenwelt meißelten. Sie nähern sich Petra durch eine enge 1,2 km lange Felsschlucht, auch bekannt als Siq. Gerade, wenn Sie beginnen darüber nachzudenken, dass der Siq kein Ende nimmt, erhaschen Sie einen Blick auf Petras eindrucksvollste Sehenswürdigkeit: die Khazne al-Firaun (das Schatzhaus). Von hier führen Wege zu einer Reihe von anderen Gebäuden. Aber Sie brauchen wirklich zwei volle Tage, um Petra gerecht zu werden.

MAGISCHES MITTELALTER

Burgen, befestigte Städte, Tyrannen und Folter –
Europas reiche mittelalterliche Vergangenheit ist
ein Traum für Historiker.

DUNSTANBURGH CASTLE, NORTHUMBERLAND, ENGLAND

Das englische County Northumberland ist berühmt für seine mittelalterlichen Burgen – Bamburgh und Alnwick locken viele Menschen an, was aber seine abgeschiedene Schönheit angeht, ist Dunstanburgh nicht zu schlagen. Die Festung aus dem 14. Jh. liegt dicht an der Nordseeküste auf einer Anhöhe zwischen den kleinen Dörfern Craster und Embleton. Sie ist

Das Symbol fürs Mittelalter in Frankreich: die befestigte Stadt Carcassonne

wunderbar verfallen – nur das Haupttorhaus ist zusammen mit einem bröckelnden Turm und einigen Abschnitten der gedrungenen Verteidigungsmauer erhalten. Nur zu Fuß erreichbar sollten Sie die Burg am besten im weichen Licht der sommerlichen Abenddämmerung besuchen. Dann ist es nicht schwer zu verstehen, warum der englische Landschaftsmaler William Turner es liebte, hier zu malen.

IZZET KERIBAR / LONELY PLANET IMAGES

622 TOWER OF LONDON, ENGLAND

In keiner Festung wird das mächtige mittelalterliche England besser verkörpert als im Tower von London, der offiziell Her Majesty's Royal Palace & Fortress heißt. Das befestigte Schloss aus dem 11. Jh., ehemalige königliche Residenz, ist ein Mix aus privaten Gemächern, großen öffentlichen Räumlichkeiten und ausladendem Pomp. Doch was die Besucher am meisten lieben, ist die makabre Geschichte des Palasts. Im 15. Jh. sollen hinter den dicken Mauern des Tower of London zwei junge Prinzen für immer verschwundensein: Es heißt, dass Edward V. von England und sein Bruder Richard von Shrewsbury hier starben, nachdem sie als illegitime Söhne Edwards IV. interniert wurden. Die Gefangenen sind längst Vergangenheit, aber das Rätselraten geht weiter.

624 ÁVILA, SPANIEN

Nur einen Sprung von Madrid entfernt liegt Ávila, Weltkulturerbestätte und eine der schönsten mittelalterlichen Städte Europas. Sie sollten hier bei einem Spaziergang unbedingt die Stadtmauer aus dem 11. Jh. in Augenschein nehmen. Unterbrochen von 88 Befestigungstürmen und mit sechs Toren versehen, umschließt sie über 2,5 km Länge die komplette Stadt. König Alfonso VI. ließ die massive Befestigungsanlage als Schutz während der christlichen Reconquista bauen. Ávila liegt 1130 m über dem Meeresspiegel und ist damit Spaniens höchstgelegene Stadt. Im Süden Ávilas tut sich ein schönes Bergpanorama auf – ein Ausblick, der sich über die Jahrhunderte nicht verändert hat. Innerhalb der Mauern sind die romanischen Kirchen und Konvente, Renaissancepaläste und kastilischen Herrenhäuser wunderschön erhalten zwischen den stimmungsvollen Kopfsteinpflasterstraßen.

623 CARCASSONNE, FRANKREICH

Will man das Beste, muss man sich bisweilen mit den Massen arrangieren. Wie in Carcassonne. Frankreichs bilderbuchschönes Mittelalter-Juwel aus dem 13. Jh. ist ein Traum – für Sie wie für Tausende andere Tagesausflügler. Bleiben Sie gelassen im Gedränge und denken Sie daran: Alle sind nur hier, weil diese befestigte Stadt so einmalig ist. Die Mauern schirmen in einem Doppelring ein hoch aufragendes Schloss mit zentralem Bergfried ab, Schutz gewährten 52 Wehrtürme und ein tiefer Graben mit klassischer Zugbrücke – unbezwingbar, abschreckend. Besuchen Sie Carcassonne am besten sehr früh oder spät am Tag, dann genießen Sie die Stadt ohne all die Massen.

625 CASTELO DOS MOUROS, SINTRA, PORTUGAL

Jahrhundertelang kämpften islamische Mauren und christliche Europäer um die Vorherrschaft auf der iberischen Halbinsel. Zwischen 711 und 1492 hatten die Mauren die Oberhand und drückten dem Gebiet, das wir heute als Portugal und Spanien kennen, ihren Stempel auf. Die portugiesische Stadt Sintra besitzt die besterhaltenen Relikte dieser Zeit: das herrlich verfallene maurische Schloss – Castelo dos Mouros – liegt in einem Wald außerhalb, überblickt die Stadt und alles darüber hinaus bis zum Blau des Atlantischen Ozeans. Dass das Schloss so heruntergekommen ist, hat auch Vorteile: Selten fühlt sich Mittelalter so authentisch an.

626 RHODOS, GRIECHENLAND

Wer an griechische Insel denkt, träumt von weißen Stränden und der blauen Ägäis. Was Sie sich dabei vielleicht weniger vorstellen ist eine mittelalterliche Stadt, die so bedeutend ist, dass sie seit 1988 zum Weltkulturerbe zählt. Im Mittelalter mal von Christen, mal von Muslimen besetzt, birgt Rhodos-Stadt einen interessanten Mix verschiedener Architekturstile und Glaubensrichtungen. Vom Großmeisterpalast in der Oberstadt bis zu den Moscheen und Hammams (Badehäusern) aus osmanischer Zeit in der Unterstadt gibt es für Kulturliebhaber eine Menge zu sehen. Aber keine Sorge: Natürlich besitzt auch Rhodos seine weißen Strände mit Blick auf die blaue Ägäis.

627 MÜNSTER VON YORK, ENGLAND

In der ummauerten Stadt York, 320 km nördlich von London, schickte man sich 1220 an, die größte gotische Kathedrale Engands zu bauen. Es dauerte einige Zeit, bis das Münster vollendet war – unglaubliche 250 Jahre, um genau zu sein. Aber das Warten hat sich gelohnt. In klassischer Kreuzform gebaut, erhebt sich das Münster über Yorks berühmten engen Gassen und dicken Stadtmauern. Raffiniert ausgeschmückt, mit gespenstischen Krypten und einem enormen 10-t-Glockenwerk lässt dieses Design die Muskeln spielen. Es sind aber die herrlichen Fenster, die die Touristen am meisten lieben – einige stammen aus dem 13. Jh. Und das 23 m hohe Great East Window ist das weltweit größte Stück aus mittelalterlichem Buntglas.

628 VISBY, GOTLAND, SCHWEDEN

Auf dem Höhepunkt des mittelalterlichen Ostseehandels boomte die Hansestadt Visby. Auf der schwedischen Insel Gotland gelegen, erblühte die Stadt unter reichen Kaufleuten und wurde zu einem der strategischen Zentren Europas. Man baute Kathedralen, Kirchen und Herrschaftshäuser – Statussymbole einer erfolgreichen mittelalterlichen Siedlung. Als Visby zudem die neidischen Blicke Dänemarks auf sich zog, verschwendete die Stadt keine Zeit und zog eine mächtige Verteidigungsmauer hoch. Heute ist Visby eine angesagte Destination für schwedische Partylöwen und ein beliebtes Ausflugsziel für die Urlauber an Gotlands Küsten. Es hat aber auch seinen Platz auf der Liste des Unesco-Weltkulturerbes als eine der schönsten mittelalterlichen Städte, die in Skandinavien erhalten sind.

629 BURG ELTZ, WIERSCHEM, DEUTSCHLAND

Burgen: Nichts drückt „mittelalterlich" besser aus als ein massives, aus Stein gebautes, wehrhaftes Gebäude, das von aufragenden dicken Türmen gekrönt wird. Auf einem Kontinent voller Burgen gilt die von Eltz aus dem 12. Jh. als eine der schönsten Anlagen. In ihrer fantastischen romanischen und barocken Gestaltung ist die Burg Eltz ein klassisches Märchenschloss. Die blanken Mauern ragen acht Geschosse hoch auf einem 70 m hohen Fels über dem Fluss Elzbach auf. Die acht erhabenen Türme lassen Bilder von Rapunzels goldenem Haar entstehen. Seit 33 Generationen ist die Burg im Besitz derselben Familie, das Mobiliar entspricht fast exakt dem vor 500 Jahren, damit bietet Eltz einen faszinierenden Einblick in das Leben der mittelalterlichen Elite.

KARL BLACKWELL / LONELY PLANET IMAGES

Was lange währt: 250 Jahre Arbeit investierten Generationen von Bauarbeitern, bis das Münster von York endlich vollendet war.

630 CASTLE POENARI, WALACHEI, SÜDKARPATEN, RUMÄNIEN

Auf einem exponiert gelegenen Fels im rumänischen Argeş-Flusstal, nahe den wunderschönen Făgăraş-Bergen, steht eine Schlossruine, von der behauptet wird, dass sie die Inspiration für Bram Stroker's Dracula war. Die abgeschiedene und unzugängliche Festung wurde im 13. Jh. von örtlichen Herrschern in Auftrag gegeben. 200 Jahre später jedoch wurde sie aufgegeben. Auftritt Fürst Vlad, der Pfähler. Der gute alte Vlad, dessen Vater als Träger des mittelalterlichen Drachenordens den Beinamen „Dracul" führte, rettete das Schloss vor dem Verfall. Er war bekannt dafür, dass er seine Gefangenen pfählte. Poenari wird für einen der weltweit am meisten heimgesuchten Orte gehalten. Sie können die Ruinen besuchen, wenn Sie scharf darauf sind, 1480 Treppen aus dem Talgrund in Angriff zu nehmen. Sie sollten allerdings keine Furcht vor Geistern und Vampiren haben.

MAGISCHES MITTELALTER

SAGENHAFTE STRÄNDE

Puderzuckerstrände, Meerwasser, das einfach verschwindet, und verwandelte Trolle – wäre das ganze Leben ein Strand, käme hier die Hitparade seiner ungewöhnlichsten Tage.

631 BOWLING BALL BEACH, CALIFORNIA, USA

Gemessen an grünem Sand oder dem gigantischen Auf und Ab der Gezeiten klingt „round rocks" erstmal nicht besonders spektakulär. Doch wenn Sie diesen Strand in Kalifornien besuchen und die „Bowlingkugeln" wie ein ordentlich aufgebautes Spiel der Riesen im Sand liegen sehen, dann werden sie doch ziemlich begeistert sein. Wie abgefahren rund und gleichmäßig die Steine sind, zeigt sich am besten bei Ebbe: dicht an dicht liegen sie, als hätte jemand sie mit Bedacht so angeordnet. Die Wahrheit ist: Die Burschen sind beinhart. Der weichere Stein drumrum ist weggespült, aber diese zähen Kerne leisten den Wellen Widerstand.

632 HARBOUR ISLAND, BAHAMAS

Blinzeln Sie mal. Ist das gerade eine Halluzination mit Zuckerwatte und Hello-Kitty-Torte? Oder ist der Sand wirklich ... rosa? Ja, ist er. Die Farbe entsteht durch winzige Korallenpartikel, die sich mit dem hellen Sand vermischen. Rosafarbene Sandstrände gibt es entlang der gesamten Ostküste von Harbour Island. Und als ob das nicht genug wäre, um diese Insel für immer zu Ihrem Lieblingseiland zu erklären, ist da auch das für die Bahamas typische säuselnde, leuchtend blaue Meer.

633 GLASS BEACH, KALIFORNIEN, USA

Dieser Strand ist ein Beweis für die unglaubliche Fähigkeit der Natur, Abfall in Erlesenes zu verwandeln. Der Ort, der früher lediglich als Müllhalde für die Abfälle der Stadt Fort Bragg galt, wird überragt von Klippen. Bis in die späten 60er stießen die Leute ihren Müll – darunter alte Autos und Haushaltsgeräte – von ihnen hinab direkt ins Meer. Die Behörden setzten dem ein Ende. In den folgenden Jahrzehnten hat das Meer ein bemerkenswertes Kunststück vollbracht, indem es wie eine riesige Drehtrommel das Glas aus dem Müll herausfilterte und es glatt schliff. Heute ähnelt der Strand einem Edelsteingeschäft. Früher haben die Leute das hübsche Glas am Strand gesammelt, inswischen ist das verboten.

634 PRINCE WILLIAM SOUND, ALASKA, USA

So nah am nördlichsten Punkt des Golfs von Alaska wirken die Strände wie von einem anderen Stern. Meeresgletscher erstrecken sich in die See. Kalte klare Luft. Bergspitzen, die sich im glasklaren Wasser spiegeln. Und schwarzer Sand, dahinter grüne Hügel und blaues Eis. Das alles präsentiert sich Ihnen, noch bevor Sie überhaupt die Wildtiere dieser Region entdeckt haben – Seehunde, Seeotter, Wale, Adler und Bären, um nur einige zu nennen. Kein Wunder, dass dies ein Paradies für Kajakfahrer ist.

635 PAPAKŌLEA, HAWAII, USA

Wenn es um Strände geht, dann begnügen sich die Vulkaninseln Hawaiis nicht einfach mit schneeweißem Sand. Nein, auf diesen Inseln ist der Sand auch schwarz wie Ebenholz, marsrot – und grün! Der Strand von Papakōlea leuchtet nicht gerade smaragdgrün, aber er hat eine deutlich grüne Färbung durch die Olivinkristalle, die sich nach einer Vulkanexplosion vor ungefähr 10 000 Jahren am Strand abgelagert haben. Und weil diese Kristalle schwerer sind als der Rest des vulkanischen Materials, wird der Strand immer grüner, je mehr das Wasser vom Rest wegträgt. Irgendwann wird auch das Olivin verschwinden und der Strand grau werden, aber keine Sorge, das wird noch ein paar tausend Jahre dauern.

PHOTO RESOURCE HAWAII / ALAMY

Ist von Papakōlea die Rede, werden alle andern Strände weltweit grün vor Neid.

So perfekt kann die Natur nicht bauen? The Giant's Causeway ist der Gegenbeweis. Auch wenn die Mythen das Werk lieber Rittern und Riesen zusprechen.

636 CHANDIPUR, INDIEN

Hier kann das Meer zaubern – es verschwindet einfach! Bei Ebbe glätten sich die Wogen, das Meer nimmt Abschied und macht sich auf eine 5 km weite Reise (ja, das ist ungewöhnlich weit weg; wenn Sie es erleben, wissen Sie, wie verrückt das ist). Das allein reicht vielleicht nicht aus, um Sie hierher zu locken. Aber während Sie darauf warten, dass die See mit einem „War nur ein Scherz!" zurückgestürzt kommt, können Sie den lebendigen Meeresboden unter die Lupe nehmen, mit seinen Muscheln, kleinen Krabben und Treibholz. Und wenn Sie schon in Orissa sind, warum dann nicht auch noch ein paar andere Strände abseits der Touristenpfade erkunden?

637 PERISSA, SANTORIN, GRIECHENLAND

Gehen Sie nicht davon aus, dass Sie diesen Strand ganz für sich allein haben – einen so berühmten Beach müssen Sie teilen. Perissa ist wahrscheinlich der schönste von Santorins schwarzen Sandstränden. Er wird überragt vom riesigen

GARETH MCCORMACK / LONELY PLANET IMAGES

638 GIANT'S CAUSEWAY, NORDIRLAND

Klar, dass sich Legenden um dieses Meisterwerk der Natur ranken. Ein Vulkanausbruch brachte Tausende von Basaltsäulen hervor, die alle sechseckig geformt wie Orgelpfeifen eng aneinandergereiht stehen. Kaum zu glauben, dass Menschen damit nichts zu tun hatten. Die Mythologie besagt, dass ein berühmter Krieger auf irischer Seite und ein Riese in Schottland sich über das Meer hinweg bedrohten. Um den anderen nun endlich am Kragen packen zu können, bauten sie diesen Damm. (Geologische Funde „stützen" die Legende: Es gibt ähnliche Gebilde an der schottischen Küste.) Schauen Sie sich unbedingt die besonders skulpturalen Gebilde wie den Giant's Boot (Stiefel des Riesen) oder die Chimney Stacks (Schornsteine) an.

639 RAINBOW BEACH, AUSTRALIEN

Eine besondere Farbe wie Grün oder Rot? Damit begnügt sich dieser Strand nicht. Der Rainbow Beach nimmt gleich die ganze Palette der Farben auf. Auf Fraser Island (der weltweit größten Sandinsel) vor der Ostküste Australiens stehen spektakuläre Klippen am Strand, an denen Sie die Farben des Regenbogens so klar und verführerisch sehen, dass Sie sie am liebsten aufessen wollen: Nougat, Rose, Honig und Sahne. Nach einer Sage der Aborigines tauchte ein im Regenbogen personifizierter Geist während eines Kampfes um eine Frau in die Klippen ab und färbte den Stein mit seinen Farben. Von Weitem sieht der Sand golden aus, aber nehmen Sie ihn in die Hand und Sie werden den Regenbogen entdecken.

640 VÍK-STRAND, ISLAND

Die kleine Stadt Vík hat drei Besonderheiten. Erstens: Sie ist der südlichste Punkt Islands. Zweitens: Sie ist der verregnetste Ort der Insel. Drittens: Hier versteckt sich einer der schönsten Strände der Welt – wegen erstens und zweitens mehr zum Anschauen als zum Sonnen und Baden. Weiße Wellen rollen an pechschwarzen Sand. Die Klippen oberhalb leuchten grün vom vielen Regen. Seltsame Basaltfiguren stehen hier und da wie Skulpturen – vom Pech verfolgte Trolle, heißt es, die eines Morgens von den ersten Sonnenstrahlen überrascht und in Stein verwandelt wurden.

Berg Mesa Vouni, der nachts angestrahlt wird. Der Strand ist lang, daher werden sie sich nicht wie die Sardinen in der Büchse fühlen. Sollten Sie sich aber doch nach etwas Zeit und Raum für sich allein sehnen: Die Ruinen der antiken Stadt Thira sind nur eine Spritztour weit weg. Und: Nehmen Sie Flip-Flops mit an den Strand, der schwarze Sand wird ziemlich heiß.

SAGENHAFTE STRÄNDE

DIE NETTESTEN BUCHLÄDEN

Die besten Orte, um zu schmökern, zu entspannen, von Lieblingsschriftstellern zu schwärmen und in Bücher vernarrte Menschen zu treffen.

643 LIVRARIA LELLO, PORTO, PORTUGAL

Auch mit über 100 Jahren bleibt dieses Art-Nouveau-Juwel in Portugals zweitgrößter Stadt einer der überwältigendsten Läden der Welt. Mit den Büchern um Aufmerksamkeit kämpfen neugotische umlaufende Regalwände inklusive Holztafeln, in die Figuren der portugiesischen Literatur eingraviert sind. Schienen, auf denen das Personal in einem Karren die Bestände transportiert, führen vom Eingang zur roten Treppe, die sich wie eine exotische Blume in den ersten Stock hochwindet. Bücher sind auf Englisch und Portugiesisch erhältlich, und es gibt ein kleines Café unter dem bunten Glasdach.

641 ANOTHER COUNTRY, BERLIN

Das lobenswert exzentrische Another Country ist das Zentrum für jeden, von Berlins Expat-Community bis zu Indie-Bands. Die Kreuzberger Institution ist mehr ein Bücherreich als ein konventioneller Buchladen: Man kann für ein Buch bezahlen, es nach dem Lesen zurückgeben und das Geld zurückbekommen – bis auf 1,50 Euro. Neben den 20 000 Büchern bietet der große Shop-mit-Club viel geliebte Events, darunter den Filmclub am Dienstagabend, die TV-Nacht am Donnerstag und das Dinner am Freitag. In der schönen Tradition linker Buchläden inspiriert Another Country zu kreativen Leistungen genauso wie es sie verkauft.

642 SHAKESPEARE & COMPANY, PARIS, FRANKREICH

Wohin gingen amerikanische Beat-Poeten, um Zigaretten und Tiefe auszutauschen, solange sie in Europa waren? Zu Shakespeare & Company, natürlich – im Pariser Quartier Latin, nur einen Schmökerwurf von Notre Dame entfernt. George Whitman, der exzentrische amerikanischer Bücherliebhaber, der 1951 den gemütlichen Laden eröffnete, legte die Leitung noch vor seinem Tod 2011 mit 98 Jahren in die Hände seiner Tochter. Nichtsdestotrotz blieb viel vom kreativen, chaotischen Geist erhalten. Der Laden ist noch immer ein erstklassiger Ort, um seinen Rucksack mit Taschenbüchern zu füllen, mit den Rive-Gauche-Literaten herumzuhängen und die voll bepackten Regale, das Holzgebälk und die poetischen Poster zu bestaunen.

644 WAANDERS IN DE BROEREN, ZWOLLE, NIEDERLANDE

Himmlisch ist nicht nur das Angebot dieses Buchladens in der aus dem Jahr 1466 stammenden Broeren-Kirche. Man möchte niederknien zwischen den Regalen mit Koch-, Kinder-, Reise- und Hörbüchern, Kunstbänden und Werken aus Literatur und Poesie, so schön sind die weißen Bögen, die über dem Hauptschiff das Gewölbe des Daches bilden. Die Längsachse der Kirche, die seit 1982 keine mehr ist, wurde bewusst freigelassen, die Brasserie im Chor badet im bunten Licht der Kirchenfenster. Die seitlichen Etagen zwischen den Pfeilern wurden so eingebaut, dass sie jederzeit wieder ohne Spuren zu hinterlassen entfernt werden können – falls doch irgendwann wieder der Geist Gottes statt dem der Literatur durch das wunderschöne Ambiente wehen sollte.

645 BOOKÀBAR, ROM, ITALIEN

Allein der Gedanke an große, sexy Kunstbücher kann dazu führen, das Reisebudget in Coffee-Table-Schönheiten zu investieren. Das mag ein bisschen weit hergeholt sein, aber selbst abgehärtete Traveller könnten schwach werden, wenn ihnen die kunstvollen Wälzer im Bookàbar ins Auge fallen. Unter einer gewölbeartigen Decke hortet der cool-moderne, schneeweiße Laden in langen, glatten Regalen Bücher, Kataloge, CDs, DVDs und Merchandise-Produkte. Die Innenausstattung sieht wie eine Raumstation aus, deren Personal aus belesenen Astronauten besteht. Sie brauchen auch nicht ehrfürchtig die Stimme zu senken, hier ist immer etwas los, ist das Geschäft doch Teil des Ausstellungszentrums Palazzo delle Esposizioni. Das angeschlossene Café serviert Gerichte, die Bezug auf die Ausstellungen nehmen.

646 THE BOOKWORM, PEKING, CHINA

Dieser Bücherwurm tut weit mehr, als nur Bücher zu verkaufen. Das Pekinger Mutterschiff, das Zweigstellen in Sūzhōu und Chéngdū hervorgebracht hat, bietet sowohl einheimische als auch fremdsprachliche Literatur an. Das Geschäft ist nicht nur einer der wenigen Orte in China, wo man Bücher finden kann, die im Land verboten sind, sondern es gibt auch eine Leihbibliothek mit mehr als 16 000 Titeln. Solide ist das Veranstaltungsprogramm von Gigs bis zu einem jährlichen Literaturfestival. Es gibt sogar eine Whiskybar und einen Weinclub, der sich monatlich trifft.

647 DAUNT BOOKS, LONDON, ENGLAND

London ist ein Traum für Möchtegern-Entdecker, denn es bietet so geniale Reiseliteratur-Höhlen wie Standford's und The Travel Bookshop. Unser Favorit ist Daunt Books. Der Bestand dieser Mini-Kette geht weit über Reiseführer und Karten hinausgeht. Alles – von Biografien bis zu Romanen – ist griffbereit nach Ländern sortiert. Das grüne Daunt-Books-Zeichen findet man in fünf properen Bezirken der Stadt, die Marylebone-Filiale aber ist der Original-Shop und der beste. Er residiert in einem Laden aus edwardianischen Zeiten und die langen Eichengalerien mit polierten Gängen und Regalen, das elegante Deckenlicht und William-Morris-Drucke schaffen eine friedlich-entspannte Atmosphäre.

648 POWELL'S CITY OF BOOKS, PORTLAND, OREGON, USA

„Stadt der Bücher" ist ein treffender Namen für diesen größten unabhängigen Buchladen der USA. Der Flagship Store nimmt vier Stockwerke und einen gesamten Wohnblock ein. Sie können sich in den vielen Räumen ernsthaft verlaufen. Mit mehr als einer Million neuer und gebrauchter Bücher, einer Abteilung für seltene, handsignierte Bücher und Erstausgaben, regelmäßigen Kunstausstellungen und Autorenlesungen und einem Coffee Shop ist es ein gefährlich-verführerischer Ort. Verlassen Sie sich darauf: „Nur mal kurz schauen" ist nicht; kaum eingetaucht in diese Stadt der Bücher, verbummeln Sie hier garantiert den ganzen Tag.

649 ATLANTIS BOOKS, SANTORIN, GRIECHENLAND

In einer Zeit, in der unabhängige Buchläden durch Ketten und Websites ersetzt werden, hat eine Gruppe amerikanischer und europäischer Universitätsabsolventen einen eröffnet – auf einer griechischen Insel. Der Laden liegt im Keller einer weißen Villa am Klippenrand, die das auf Gemeinschaft achtende Personal Zuhause nennt. Die Terrasse über der Ägäis wird für kulturelle Happenings genutzt, während das Geschäft vor Kultromanen und qualitativ hochwertigen Büchern geradezu überquillt. Über so viel Idealismus könnte man glatt ein Buch schreiben …

650 LIBRERÍA EL ATENEO GRAND SPLENDID, BUENOS AIRES, ARGENTINIEN

Er ist groß und großartig, ein ernst zu nehmender Anwärter auf den Titel des schönsten Buchladens der Welt. In einem Theater aus den 1920er-Jahren im Zentrum von Buenos Aires hat El Ateneo das prächtige Originalmobiliar des Zuschauerraums übernommen und Bücher dazugestellt. Unter der bemalten Decke sind Regale in die Zuschauerränge eingebaut. Die ehemaligen Logen wurden geschützte Schmökerecken. Es gibt ein Café auf der Bühne zwischen roten Samtvorhängen. Und das Beste: Das literarische Schauspiel hat rund um die Uhr geöffnet.

DUNKLE KAPITEL DES 20. JAHRHUNDERTS

Düstere Orte, die uns die Schrecken der Geschichte lehren – zollen Sie den Opfern Respekt und beten Sie, dass solche Gräuel nie wieder geschehen.

Ein Bild des Gedenkens in Hiroshimas Friedenspark

651 BERLINER MAUER

Es ist schon Ironie des Schicksals, dass Berlins bekannteste Touristenattraktion gar nicht mehr existiert. 28 Jahre lang teilte die Berliner Mauer, stärkstes Symbol des Kalten Krieges, nicht nur eine Stadt, sondern die ganze Welt. 1961 gebaut, war die Mauer ein 155 km langes Symbol der Unterdrückung: Westberlin wurde zu einer Insel der Demokratie inmitten eines sozialistischen Meeres. Über die Zeit ständig aufgerüstet, wurde die Mauer schließlich zu einem komplexen Grenzsicherheitssystem, das über einen „Todesstreifen" aus Gräben, Flutlicht, Straßen für die Patrouillen, Hundestaffeln, Elektro-Stacheldraht und Wachtürmen verfügte, deren Wachpersonal die Order hatte, auf jeden zu schießen, der den Wall überwinden wollte.

653 AUSCHWITZ-BIRKENAU, OŚWIĘCIM, POLEN

Am Rand der Kleinstadt Oświęcim errichteten die Nazis 1940 ein Konzentrationslager, das sich zum größten Genozid-Instrument in der Geschichte auswuchs. Gemeinhin unter seinem deutschen Namen Auschwitz bekannt, wurden hier anfangs polnische politische Gefangene eingesperrt. Später wurde es dann für die Auslöschung von Juden bestimmt, eine größere Anlage wurde im nahen Birkenau errichtet. Rund 1,5 Mio. Menschen aus 27 Nationen, davon 1,1 Mio. Juden, wurden hier schätzungsweise ermordet. Beide Lager sind als Staatliches Museum Auschwitz-Birkenau erhalten geblieben. Ein Besuch ist erschütternd und tief bewegend.

652 HIROSHIMA-FRIEDENSPARK, JAPAN

Am 6. August 1945 fiel die weltweit erste Atombombe auf Hiroshima, 90 000 Zivilisten fanden den Tod. Drei Tage später fiel eine zweite Bombe, dieses Mal auf Nagasaki, mit weiteren 75 000 Toten. Beide Städte haben ergreifende Gedenkstätten und Museen eingerichtet, die den Horror jener Ereignisse skizzieren und die Opfer ehren. Über den Hiroshima-Friedenspark sind Denkmäler verteilt, am Flussufer gegenüber steht die sogenannte Atombombenkuppel, Unesco-Welterbe und vielleicht in seiner Schlichtheit das eindringlichste Mahnmal für die Zerstörung, die die Stadt heimsuchte. Es ist eins der wenigen Gebäude, die im Epizentrum des Einschlags stehengeblieben sind; mit den schwer beschädigten Überresten seiner Kuppel dient es heute als starkes Symbol für die tragische Vergangenheit der Stadt.

654 WORLD TRADE CENTER SITE, NEW YORK, USA

Sicher, 9/11 fällt aus dem 20. Jh. heraus, einige Monate sogar, aber die Einbeziehung in dieses Kapitel ist dennoch berechtigt. Am 11. September 2001 entführten Terroristen Flugzeuge, flogen mit ihnen in die Twin Towers des World Trade Centers, legten den gesamten Komplex in Schutt und Asche und töteten fast 2800 Menschen. Viele Ideen zum Wiederaufbau und zu einer Gedenkstätte wechselten sich seitdem ab, aber Konsens (und Bau) schritten nur langsam voran. Der Gedenkplatz *9/11 Memorial*, auf dem Opfern und Helfern gedacht wird, ist ein baumbestandener Park mit zwei viereckigen *reflecting pools*, genau dort, wo einst die Türme standen. Das Mahnmal wurde zum zehnten Jahrestag des Anschlags eröffnet und inzwischen um ein Museum ergänzt.

655 KILLING FIELDS VON CHOEUNG EK, KAMBODSCHA

Zwischen 1975 und 1978 wurden ungefähr 17 000 Kambodschaner, die zuvor von den Roten Khmer inhaftiert und gefoltert worden waren, ins Vernichtungslager Choeung Ek abtransportiert. Die meisten wurden hier zu Tode geprügelt, denn man wollte keine Kugeln verschwenden. 1980 wurden die sterblichen Überreste von 8985 Menschen aus Massengräbern exhumiert; 43 von 129 solcher Gräber sind hier unberührt geblieben. Über 8000 Schädel, geordnet nach Geschlecht und Alter, sind hinter Glas in der 1988 gebauten Memorial Stupa ausgestellt. Es ist ein düsterer, gnadenlos konfrontierender Ort, aber absolut notwendig, um zu verstehen, wie

656 KIGALI MEMORIAL CENTRE, RUANDA

Ruanda steht für einen der schlimmsten Völkermorde aller Zeiten, der sich tief ins globale Bewusstsein eingebrannt hat. Was in dem zentralafrikanischen Land 1994 geschah, entzieht sich jeder Vorstellung: 800 000 Ruander, so die Schätzungen, wurden in nur drei Monaten getötet – vor allem Angehörige der Tutsi-Minderheit und gemäßigte Hutu, die sich dem Morden der eigenen Milizen entgegenstellten. Aber das Land hat große Schritte hin zur Entspannung unternommen. Das zutiefst bewegende Kigali Memorial Centre ist ein Muss für Ruanda-Besucher. Das Erdgeschoss ist dem ethnischen Genozid und seinen Opfern gewidmet. Im Obergeschoss werden andere Völkermorde auf der Welt thematisiert. Im Garten der Gedenkstätte haben die sterblichen Überreste von 250 000 Opfern ihre letzte Ruhestätte gefunden.

weit Kambodscha in weniger als drei Jahrzehnten gekommen ist.

657 PERM-36, RUSSLAND

Perm-36 liegt ungefähr 125 km von der Stadt Perm im russischen Ural entfernt. Mit anderen Worten: total abgelegen. Was zweckdienlich war: Perm-36 war eines der berüchtigten Sowjet-Arbeitslager des GULAG, das die gesamten Gefangenenlager der Sowjetunion verwaltete. 1946 ordnete Stalin persönlich den Bau des Lagers an, das ausschließlich für politische Häftlinge bestimmt war. Künstler, Wissenschaftler und Intellektuelle verbrachten Jahre in den kalten, feuchten Zellen, viele in Isolationshaft. Heute ist Perm-36 ein Museum und eine anrührende Gedenkstätte für die Opfer der politischen Unterdrückung.

658 APARTHEID-MUSEUM, JOHANNESBURG, SÜDAFRIKA

Während der Apartheid (1948–1990) versuchte die südafrikanische Regierung, alle Einwohner in vier Bevölkerungsgruppen zu unterteilen: Afrikaner, Farbige (Mischrasse), Asiaten und Weiße. Auf diesen Klassifizierungen fußte ein Reglementierungs-System, das vorschrieb, wo, wie und mit wem Leute arbeiten und leben durften. Diese Rassentrennung diskriminierte in hohem Maß die drei Gruppen der Nichtweißen. Widerstand gegen das System wurde mit staatlicher Gewalt beantwortet. Das Apartheid-Museum in Johannesburg rüttelt wach, indem es Aufstieg und Fall der Ära von Diskriminierung und Unterdrückung in Südafrika illustriert. Besonders abschreckend ist die kleine Kammer, in der 131 Schlingen hängen. Sie stehen für die 131 Regierungsgegner,

Ruandas Kigali Memorial Centre

die unter den Antiterror-Gesetzen exekutiert wurden.

659 SREBRENICA-POTOČARI GEDENKSTÄTTE, BOSNIEN-HERZEGOWINA

Als der Vielvölkerstaat Jugoslawien zusammenbrach, flammten in den verschiedenen Gebieten ethnische Spannungen wieder auf. Der Staat Bosnien-Herzegowina erklärte 1991 seine Unabhängigkeit. Es folgte ein dreijähriger brutaler und außerordentlich verwickelter Bürgerkrieg. Im Juli 1995 fiel das angeblich „sichere Gebiet" von Screbrenica an eine Streitkraft bosnischer Serben, die Rolle der dort stationierten holländischen Friedenstruppen bei den folgenden Vorgängen ist bis heute umstritten.

Etwa 8000 muslimische Bosnier, Männer und Jungen, wurden in Europas schlimmstem Massenmord seit dem Zweiten Weltkrieg abgeschlachtet. Dem Massaker wird heute mit einem großen Friedhof und einer Freiluft-Moschee in Potočari gedacht, ca. 8 km nordwestlich der Stadt.

660 ZIZERNAKABERD, JEREWAN, ARMENIEN

In einer der weniger bekannten Tragödien starben geschätzte 1,5 Mio. Armenier im Zuge der Agonie des Osmanischen Reichs (1915–1923). Viele sprechen vom ersten systematischen Genozid des 20. Jhs., bei dem Teile der armenischen Bevölkerung im Reich Massakern und Deportationen zum Opfer fielen. Deportation bedeutete:

Gewaltmärsche durch die syrische Wüste unter Bedingungen, die dafür geschaffen waren, die Deportierten umzubringen. In Gedenken an die Todesqualen ermöglichen das Armenische Genocide Museum und die Gedenkstätte ein bewegendes Erlebnis. Das unterirdische Museum beherbergt große Fotografien, die die Geschichte des Völkermords einfach und nüchtern erzählen. Draußen haben Sie einen herrlichen Blick über den Berg Ararat, Armeniens Wahrzeichen, das 40 km im Inneren der heutigen Türkei liegt.

DUNKLE KAPITEL DES 20. JHS.

GEFÄHRDETE SEHENSWÜRDIGKEITEN

Einige unserer großartigsten Natur- und Kulturdenkmäler sind in Gefahr – leisten Sie Ihren Beitrag zur Erhaltung und verzichten Sie. Es gibt faszinierende Alternativen.

661 ABU MENA, ÄGYPTEN

Steigendes Grundwasser durch die Kanalisierung des Nils, sich ausdehnende Städte und die landwirtschaftliche Entwicklung bedrohen die archäologische Stätte von Abu Mena, 45 km südwestlich von Alexandria. Die Konsequenzen für die Ausgrabung dieser frühchristlichen Ansiedlung sind erschreckend – der Lehmboden wird fortgespült, und unter weiten Bereichen des Komplexes öffnen sich gewaltige Hohlräume. Die Behörden müssen die gefährdeten Gebäude mit Sand unterfüttern, um eine weitere Zerstörung zu verhindern. Als Besichtigungsalternative bieten sich die Katakomben von Kom el-Shoqafa in Alexandria an, ein kaninchenbauartiges Labyrinth mit frühägyptischen Sarkophagen, die als eines der sieben Wunder der mittelalterlichen Welt gelten.

TIM MAKINS / LONELY PLANET IMAGES

Die Bagrati-Kathedrale bietet einen großartigen Ausblick über Tiflis – und wertvolle Einblicke in die georgische Geschichte.

662 MITTEL-ALTERLICHE MONUMENTE, KOSOVO

Wer Kosovo hört, denkt an Konflikt und Zerstörung und nicht an einen erlesenen Schatz byzantinisch-romanischer Kirchenarchitektur und an eine mittelalterliche Größe. Vier Relikte – die Klöster von Dečani, Patriarchat Peć und Gračanica sowie die Frauenkirche von Ljeviša – bilden die Gruppe der „Mittelalterlichen Monumente". Trotz ihrer kunstvollen Wandfresken sind die Stätten nach wie vor durch politische Instabilität gefährdet. Im Gegensatz dazu pulsiert das moderne, geschäftige Leben in der Hauptstadt Priština. Genießen Sie die gut besuchten Bars und Cafés; in der Mentalität der Menschen dieser selbstbewussten Nation kann man den Stolz auf ihr Land und ihren Unabhängigkeitsdrang förmlich greifen.

664 MEERESRESERVAT BELIZE BARRIER REEF, BELIZE

Vom Pazifik auf der einen und dem Karibischem Meer auf der anderen Seite begrenzt, zeichnen sich alle mittelamerikanischen Länder durch die Vielfalt ihres Meereslebens aus. Das im südöstlichen Ausläufer Mexikos gelegene Belize bietet eine 386 km lange idyllische Küste und das größte Barriereriff der nördlichen Halbkugel. Unberührte Atolle, Lagunen und Korallen sowie Naturwunder, wie das 124 m tiefe Great Blue Hole ziehen Taucher aus aller Welt an. Die Abholzung der Mangrovenwälder und zunehmende Bebauung der Küstengebiete bedrohen allerdings das fragile Gleichgewicht des Ökosystems. Statt tauchen zu gehen, könnten Sie einen Ausflug in die Maya Mountains unternehmen, wo sich die höchsten Gipfel von Belize und verschiedene Maya-Ruinen bestaunen lassen.

665 GRÄBER DER BUGANDA-KÖNIGE, KASUBI, UGANDA

Als ein Feuer im März 2010 durch die Gräber der Buganda-Könige wütete, geriet dies zum nationalen Eklat. Die von der Unesco geschützten Grabstätten von vier Königen des Königreichs Buganda im Staatsgebiet Ugandas entstanden im späten 19. Jh. Obwohl die Ursache des Feuers unbekannt war, brachen sofort Unruhen aus, es wurde geplündert und die Spannungen zwischen Angehörigen des Buganda-Stammes und Regierung spitzten sich zu. Beide Seiten verpflichteten sich, die heilige Stätte wieder aufzubauen, doch die Lage bleibt unruhig. Statt die Gräber anzusehen, bietet sich ein Besuch am Märtyrerschrein in Namugongo an, eine Gedenkstätte für über 30 Opfer der 1886 dort verübten, religiös motivierten Massaker.

663 BAGRATI-KATHEDRALE & GELATI-KLOSTER, GEORGIEN

Im 3. Jh. war Georgien eines der ersten Länder, die das Christentum annahmen, und seit damals baute man dort Kirchen, Kathedralen und Klöster. Das berühmteste ist das bei Bagrati. Die Kathedrale aus dem 11. Jh. ist ein Meisterwerk christlicher Architektur, und das Gelati-Kloster ist im Inneren reich verziert mit Fresken und Wandgemälden. Beide Gebäude wurden unter osmanischer Herrschaft zerstört, doch 1952 begann man mit dem Wiederaufbau. Doch die dazu eingesetzten Baumaßnahmen betrachtet man heute mit Skepsis, sie gefährden die gesamte Stätte. Dabei wartet auch die Hauptstadt Tiflis mit Dutzenden bedeutender Kirchen auf, viele davon aus georgischem und armenischem Erbe und von großer kultureller Bedeutung.

666 CORO, VENEZUELA

An Venezuelas Nordküste liegt die spanische Kolonialstadt Coro, ein Musterbeispiel karibischer Lehmarchitektur. An die 602 historische Gebäude, zumeist Kirchen und Kaufmannshäuser aus dem 18. und 19. Jh., bilden das Zentrum der Stadt. Der niederländische Einfluss ist unverkennbar. Doch starke Regenfälle, eine Folge des Klimawandels, sowie rücksichtslose Entwicklungspläne beschädigen die Gebäude und brachten Coro auf die Liste des gefährdeten Welterbes. Ein Ausflug in den nahegelegenen Nationalpark Médanos de Coro mit seinen bis zu 40 m hohen Wanderdünen ist eine gute Alternative zur Stadtbesichtigung.

235

Die Everglades: ein zeitloses Wunder in Gefahr

667 REISTERRASSEN IN DEN PHILIPPINISCHEN KORDILLEREN

Reisanbau prägt die Kultur Asiens und die Reisterrassen der Philippinischen Kordilleren im Norden der Insel Luzon stellen ein 2000-jähriges Kulturerbe dar. Die von Menschen geschaffenen, zum achten Weltwunder erkorenen Terrassen steigen unglaublich steile Talwände empor und schmiegen sich in die grüne Landschaft. Obwohl sie Zeugnis vom baulichen wie landwirtschaftlichen Geschick und der religiösen Kultur der Bewohner ablegen, sind viele der Terrassen heute vom Verfall bedroht, denn die jungen Bauern zieht es in die Städte. Ihr aktueller Zustand lässt keine größeren Besucherzahlen zu. In den Philippinischen Kordilleren erhebt sich Mt. Pulag; mit seinen 2992 m ist er der zweithöchste Gipfel des Landes und eine gute Alternative zur Besichtigung der Terrassen.

668 ATSINANANA-REGENWÄLDER, MADAGASKAR

Rund 60 Mio. Jahre geografische Isolation gaben Madagaskar ein einzigartiges Ökosystem, das so ungewöhnlich ist, dass Wissenschaftler die Insel als achten Kontinent bezeichnen. Die meisten Tierarten sind endemisch, von den allseits beliebten Lemuren bis hin zu seltsamen Wesen wie den Tenreks, Fanalokas und Fingertieren. Die Regenwälder

JIM WARK / LONELY PLANET IMAGES

669 EVERGLADES NATIONAL PARK, FLORIDA, USA

Die Everglades sind nicht zum ersten Mal bedroht. Der Park umfasst das größte Mangroven-Ökosystem der westlichen Hemisphäre, das nun gegen sinkende Wasserstände und eine wachsende Verunreinigung durch Nährstoffe ankämpft, die das Netzwerk der Wasserläufe beeinträchtigen und seinen darin lebenden Arten schaden. Solange die Behörden an einer Lösung des Problems arbeiten, bietet sich der Biscayne Nationalpark als Alternative an. Er liegt zwar nah an Miami, doch kann man hier nach Herzenslust schwimmen, schnorcheln und Kayak fahren, oder einfach sein Zelt aufstellen und die Aussicht bewundern.

670 ALTSTADT, PALAST DER SCHIRWANSCHAHS & JUNGFERNTURM, BAKU, ASERBAIDSCHAN

Die meisten Menschen denken bei Baku an industrielles Brachland und Öldollar, und doch gibt es dort eine Kulturgeschichte, die wertvoller ist als alle Fördertürme. Die befestigte Altstadt Bakus aus dem 12. Jh. steht in einer Gegend, die schon in der Steinzeit besiedelt wurde. Das Flair historischer Reiche, die der Araber, Perser und Osmanen, umweht sie. Zu den faszinierenden Sehenswürdigkeiten zählt der Jungfernturm, eine Festung aus dem 12. Jh. und das Symbol nationaler Identität, sowie der reich verzierte Palast der Schirwanschahs aus dem 15. Jh. Diese und weitere Bauten sind unschätzbare Beispiele der Prunkarchitektur des islamischen Spätmittelalters, die jedoch durch

die zunehmende Modernisierung der Stadt bedroht sind. Weniger gefährdet ist die Museumsanlage steinzeitlicher Felskunst bei Gobustan in der Halbwüste von Zentral-Aserbaidschan, wo 6000 Felszeichnungen Zeugnis früher menschlicher Besiedlung ablegen.

der Provinz Atsinanana im Osten der Insel liegen in sechs Nationalparks, in denen seltene und gefährdete Arten geschützt werden. Allerdings sind die Wälder durch illegale Abholzung bedroht, was international Besorgnis erregt. Der Ruf nach strengen Ausfuhrverboten wird laut. Um die Situation nicht weiter zu erschweren, empfiehlt sich ein Besuch der weniger gefährdeten Insel Nosy Komba mit ihren versteckten Buchten und schönen Höhenwanderwegen.

GEFÄHRDETE SEHENSWÜR-DIGKEITEN

HEILIGE STÄTTEN

Pilgern Sie zu den bedeutendsten spirituellen Orten auf dieser Welt.

673 MEĐUGORJE, BOSNIEN & HERZEGOWINA

Am 28. Juni 1981 verkündeten sechs Jugendliche aus dem bosnischen Bergdorf Međugorje, ihnen sei die Jungfrau Maria erschienen. Sofort entstand dort ein Pilgerort, mit Bustouren und einer ganz und gar unheiligen Masse von Souvenirläden. Die Jungfrau soll sich immer noch in Međugorje zeigen und Nachrichten an die Welt überbringen. Dabei bedient sie sich der ursprünglichen sechs „Visionäre". Drei von ihnen sehen die Jungfrau täglich. Wenn Sie selbst Visionen haben wollen, starten Sie von der berühmten Brückenstadt Mostar aus. Međugorje liegt etwa 30 bergige Kilometer weit entfernt.

671 QUELLE DES GANGES, INDIEN

Der Ganges, der heiligste Fluss der Hindus, entspringt den Himalaya-Gipfeln von Uttar Pradesch und ergießt sich nach mehr als 2000 km in den Golf von Bengalen. Für Hindus ist die Quelle des Ganges das Allerheiligste; Tausende begeben sich auf die Pilgerreise zu seinem Ursprung bei Gangotri. Wer sich anschließen will, muss sich auf den 24 km langen Marsch durch die Täler des Himalayas von Gangotri nach Gaumukh machen, bis zu dem kleinen Rinnsal, das in seinem späteren Verlauf zu einem der großen Flüsse Asiens wird. Pilger zelebrieren *darshans* (Opferdarbringungen) so nahe wie möglich an der Stelle, an der das Wasser aus der Eiswand unterhalb der Endmoräne herausfließt.

672 PILGERWEG DER 88 TEMPEL, JAPAN

Auf der japanischen Insel Shikoku stehen 88 Tempel, genauso viele, wie es nach buddhistischem Glauben menschliche Schwächen gibt. Wollen Sie all diese Untugenden auf einmal abstreifen, brauchen Sie nur den Pilgerweg der 88 Tempel beschreiten. Traditionell wurde der 1500 km lange Weg zu Fuß unternommen, obwohl der Abstand zwischen einigen Tempeln über 100 km beträgt. Heutzutage darf man auch den Bus nehmen; das ist durchaus akzeptabel – wer sagt denn, dass sich die Götter nicht der Zeit anpassen? Der Rundweg beginnt in Tokushima, und die meisten Pilger folgen ihm im Uhrzeigersinn.

674 JAKOBSWEG, SPANIEN

Eine der großen christlichen Pilgerrouten führt zum Grab des Heiligen Jakob in der spanischen Stadt Santiago de Compostela. Der Weg ist spirituell von so großer Bedeutung, dass er als Europas wichtigste kulturelle Reiseroute gilt und von der Unesco als Weltkulturerbe gelistet wird. Er beginnt in Roncevalles an der französischen Grenze und verläuft 783 km quer durch Spanien bis zur Atlantikküste. Die Pilger dürfen für den Weg auch das Fahrrad oder ein Pferd nehmen, aber die meisten Menschen pilgern zu Fuß und übernachten in einem weitgespannten Netz an *albergues* (Herbergen). Im Schnitt bringt der moderne Pilger einen Monat auf dieser Reise zu.

675 ADAM'S PEAK, SRI LANKA

Im Hochland Sri Lankas steht ein Berg, der jeder Religion etwas bedeutet. Je nach spiritueller Ausrichtung stellt die Einbuchtung im Gestein auf dem Gipfel (Sri Pada) entweder den Ort dar, an dem Adam zum ersten Mal seinen Fuß auf die Erde gesetzt hat, oder den Fußabdruck Buddhas, Shivas oder des Heiligen Thomas. Kein Wunder, dass der schmale Weg zum Gipfel während der Pilgersaison (Dezember bis Mai) einem Ameisenpfad gleicht. Aber auch Nichtgläubigen ist der wunderbare Ausblick vom Gipfel die Anstrengung wert. Bei klarer Sicht reicht er bis zur 65 km entfernten Hauptstadt Colombo.

676 BERG KAILASH, TIBET

Am Kailash entspringen einige der mächtigsten Flüsse Asiens – der Ganges, der Karnali und der Indus. Deshalb ist der Berg gleich mehreren Religionen heilig. Die Umrundung des Kailash ist eine Pilgerreise für Buddhisten, Hindus, Bön-Anhänger, Jains und in jüngerer Zeit auch für Gläubige in Sachen Trekking. Die ambitioniertesten Pilger schaffen den 52 km langen Rundweg an einem Tag, während sich die frömmsten bei der Umrundung des Berges immer wieder flach auf den Boden niederwerfen, die Arme nach vorn ausstrecken, dann aufstehen und sich an dem Punkt wieder zu Boden werfen, den ihre Hände zuvor erreicht hatten. Da braucht es naturgemäß etwas länger, bis man um den Berg rum ist. Schon die Anreise zum Kailash ist ein Erlebnis, das an sich bereits als Pilgerreise gelten kann. Man sollte sich also viel Zeit dafür nehmen.

677 MASHHAD, IRAN

Die Stadt, deren Name etwa so viel wie „Ort des Märtyrers" bedeutet, ist den Schiiten heilig, weil dort der Imam Reza, der achte Imam und ein direkter Nachkomme des Propheten Mohammed, im Jahr 817 verstarb. Jedes Jahr pilgern deshalb über 15 Mio. Schiiten in diese Stadt im Osten Irans, die sich strahlenförmig vom Heiligtum Haram-e Razavi aus erstreckt. Die meisten Pilger kommen um das iranische Neujahrsfest am 21. März herum oder während der offiziellen Pilgersaison Mitte Juni bis Ende Juli. Nicht-Muslime dürfen das Heiligtum selbst nicht betreten, können jedoch die drei angeschlossenen Museen besuchen.

678 WALLFAHRTS-STÄTTE LOURDES, FRANKREICH

Lourdes wurde zur größten christlichen Wallfahrtsstätte, seit dort 1858 der 14-jährigen Bernadette Soubirous die Jungfrau Maria in einer Reihe von 18 Begegnungen erschien. Die Stätte enthält vier Heiligtümer, doch am meisten Verehrung genießt die Erscheinungsgrotte, deren Wände, von Millionen Händen blankgewetzt, im Kerzenlicht glänzen. Daneben liegen 19 Bäder, in denen freiwillige Helfer Besucher einen Moment lang ins eiskalte Wasser tauchen. Oft suchen Kranke diese wundertätigen Bäder auf und erhoffen sich Heilung; jeder ist willkommen, auch wer keiner oder einer anderen Religion angehört.

679 SASHEMENE, ÄTHIOPIEN

Die Rastafari-Bewegung basiert auf dem Glauben, der äthiopische Kaiser Haile Selassie sei ein afrikanischer Messias. Kein Wunder also, dass die Rasta-Gemeinde in Äthiopien Wurzeln geschlagen hat. In den 1960er-Jahren schenkte Haile Selassi an diesem etwa 240 km von Addis Abeba entfernten Ort jamaikanischen Rastafari-Anhängern Land. Ursprünglich siedelten sich zwölf Jamaikaner an, und heute ist die Gemeinde mehrere Hundert stark. In den späten 1970er-Jahren besuchte Bob Marley, der berühmteste aller Rastafaris, Shashamene, und vor einiger Zeit sprach seine Witwe davon, seine Gebeine hierher überführen zu lassen. Das würde aus dem Städtchen tatsächlich einen Ort der Reggae-Musik und der Rasta-Pilgerschaft machen.

680 BERG ATHOS, GRIECHENLAND

An den Hängen des 2033 m hohen Heiligen Bergs Athos auf der Halbinsel Chalkidikí wurde eine autonome Gemeinde aus 20 griechisch-orthodoxen Klöstern gegründet. Der Zugang wird streng kontrolliert, damit jeweils nur maximal 100 orthodoxe und 10 nicht-orthodoxe Pilger eingelassen werden. Und das dürfen nur Männer über 18 Jahren sein. Nicht-orthodoxe Besucher müssen ihren Einreiseantrag mindestens sechs Monate im Voraus stellen. Die *diamonitiria* (Erlaubnis) gilt normalerweise nur für einen Aufenthalt von vier Tagen.

PARADIESE FÜR PFERDELIEBHABER

Liegt das Glück der Erde für Sie auf dem Rücken der Pferde, sollten Sie diese Events und Orte nicht verpassen.

681 MELBOURNE CUP, AUSTRALIEN

Dieses Rennen, heißt es, bringt Australien zum Stillstand, und im Bundesstaat Victoria gilt dieses Datum sogar als gesetzlicher Feiertag. Der Melbourne Cup am ersten Dienstag im November ist eines der großen Sportereignisse der Welt: ein 3,2 km langes Rennen, an dem 24 der reinrassigsten Vollblüter der Nation – und der Welt – gegeneinander antreten. Es wurde 1861 erstmals ausgetragen und ist heute das höchstdotierte Pferderennen der Welt (der Gewinner erhält über 3 Mio. AU$).

Über 100 000 Zuschauer zeigen sich an der Rennbahn von Flemington in den unterschiedlichsten Mode-Outfits, von formell bis verrückt. Dabei wird eifrig gewettet – da belaufen sich die Wetteinsätze gern mal auf über 100 Mio. AU$.

682 PALIO DI SIENA, ITALIEN

Dieses Stadtfest mit aufwendigen Paraden in historischen Kostümen dreht sich um ein todesmutiges Rennen auf ungesattelten Pferden rund um die Piazza del Campo von Siena, das zweimal pro Jahr veranstaltet wird. Schon nach etwa 100 Sekunden bzw. drei Runden um den Platz ist es wieder vorbei. Aber die restliche Zeit des Tages (und die Tage vorher und danach), wird gefestet und gefeiert. Bei den oft brutalen Pferderennen treten je 10 Pferde mit Jockeys aus den traditionell rivalisierenden Stadtvierteln von Siena, den *contrade*, gegeneinander an (Heiraten zwischen Bewohnern unterschiedlicher Viertel ist tabu). Mit Stürzen muss gerechnet werden, denn hier wird tatsächlich mit allen Mitteln gekämpft. Am Ende siegt

683 CALGARY STAMPEDE, KANADA

„Kuhstadt" nennt man Calgary auch scherzhaft, aber an 10 Tagen im Juli schnallt man dort die Sporen an für die nach eigenen Worten „größte Freiluft-Show der Welt". Hier findet das bestdotierte Rodeo weltweit statt, bei dem über 2 Mio. CAN$ Preisgeld ausgesetzt werden, und nur die besten, zähesten Cowboys der Welt auf Einladung teilnehmen können. 10 Events werden auf die 10 Tage verteilt, die im Großen Showdown am letzten Sonntag gipfeln. Der Gewinner eines jeden Showdowns zieht mit 100 000 CAN$ Preisgeld ab. An den Abenden im Stampede-Park findet das nur in Alberta bekannte Planwagenrennen statt, die „Half-Mile of Hell", bei der vier Planwagen mit Vorreiter die Rennstrecke mit etwa 60 km/h entlangrasen – eine Mischung aus Ben Hur und Ascot.

Yee-haa! Dieser harte Cowboy lässt sich in „Kuhstadt" nicht von einem halbwilden Pferd unterkriegen.

Wiens Spanische Hofreitschule – extravagante Darbietung von Reitkunst

das Pferd, das als erstes durchs Ziel kommt – selbst wenn es seinen Reiter unterwegs verloren haben sollte.

684 SPANISCHE HOFREITSCHULE, WIEN, ÖSTERREICH

Die weltbekannte Spanische Hofreitschule ist eine unvergleichliche Dressur-Darbietung mit Lipizzanerhengsten, einer Kreuzung von spanischen, arabischen und Berber-Pferden. Diese eleganten Hengste vollführen ein Reitballett zu klassischer Musik unter dem glitzernden Licht der Kronleuchter. Tickets für die Vorführungen sind Monate im Voraus ausverkauft, doch Sie dürfen auch beim Trainieren und Verlegen der Pferde zuschauen. Recht regelmäßig gibt es die „Morgenarbeit" zu sehen. Tickets dafür sind am selben Tag am Tor 2 in der Hofburg am Josephsplatz zu haben. Frühmorgens ist die Schlange an der Kasse lang, aber gegen 11 Uhr hat sie sich meist aufgelöst, und oft kommt man dann schnell hinein.

685 HOCHLAND VON VICTORIA, AUSTRALIEN

Im australischen Busch kursieren viele Legenden, doch kaum eine ist so beliebt wie die des Mannes vom Snowy River, dem Titelheld in einem Gedicht von „Banjo" Patersons, der auf der Suche nach einem ausgerissenen Pferd durch das Hochland reitet. Die Geschichte lockt seither immer wieder Reiter in diese Gegend. Wer die echten Schluchten des „Manns vom Snowy River" hinunterreiten will, muss nach Corryong im Quellgebiet des Murray River. Die meisten Nachahmer zieht

es aber direkt nach Mansfield, von wo aus man die in der Verfilmung der Geschichte gezeigte Felswand leicht hinaufkommt und zu Craigs Hütte gelangt, der Viehtreiberhütte, die extra für den Film gebaut wurde.

686 ASCOT, ENGLAND

Die berühmteste aller Pferderennbahnen feierte gerade ihren 300. Geburtstag, allerdings wurde das Rennen des Royal Ascot erst 1768 als Vier-Tage-Rennen ins Leben gerufen. Daraus entwickelte sich das fünftägige Reitsport-Ereignis unserer Zeit: ein Gewirr von Jockeys in Seidenmontur, edlen Pferden, eleganten Hüten, Kleidern und Anzügen. 1825 begann die Tradition der „Royal Procession", als die Königliche Familie in ihren Kutschen bis zur Mitte der Tribünen vorfuhr. In der legendären Pferderennbahn finden bis zu 80 000 Menschen Platz.

687 FERIA DEL CABALLO, JEREZ, SPANIEN

Mit dem „Fest der Pferde" von Jerez de la Frontera, das drei Wochen nach Ostersonntag beginnt, feiert Andalusien eine Woche lang seine größte Fiesta, bei der sich alles um Reitsport und Pferde dreht. Das Ereignis zieht mehr als eine Million Besucher an, die sich neben den Musik- und Tanzdarbietungen auch Stierkämpfe und die verschiedensten Pferdewettkämpfe ansehen – von der Dressur bis hin zum Polospiel. Täglich finden auf dem Festplatz im Parque González Hontoria farbenfrohe Paraden statt, mit Hunderten von Pferden, deren aristokratisch anmutende Reiter sich in flachen Hüten und

mit Spitzenjabots zeigen, während ihre Partnerinnen in ihren vom Flamenco inspirierten Kleidern im Damensattel sitzen.

688 MONUMENT VALLEY, ARIZONA/UTAH, USA

Erwecken sie den Cowboy in sich und begeben Sie sich in das Land, das Hauptdarstellern in zahllosen Western die Show gestohlen hat. Mit seinen feuerroten Felsnadeln, den schroffen Mesas und Grand Buttes (Tafel- und Zeugenberge) war das Monument Valley schon immer bei Filmemachern beliebt. Ein Cowboy muss hier einfach gewesen sein. Das Tal gehört zum Stammesland der Navahos, die den Tourismus streng beschränken – Besucher müssen meist auf der Straße bleiben. Am nächsten kommt man dem Ort auf einer der von Navahos geführten Reittouren.

689 CAMARGUE, FRANKREICH

Südlich von Arles liegt die Camargue, Frankreichs Gegenstück zum Outback, ein sonnengebleichtes, flaches Marschland, das sowohl für seine Vogelwelt (besonders die rosa Flamingos) als auch seine kleinen, weißen Pferde bekannt ist. Zweifeln Sie nicht an sich selbst, wenn Sie braune Pferde sehen: Camargue-Pferde werden erst weiß, wenn sie ausgewachsen sind. Da diese schon seit Jahrhunderten dort in Freiheit lebenden Pferde äußerst gutmütig sind, lässt sich die Gegend – ein Flickenteppich aus Salinen, Reisfeldern und Wiesen voll grasender Stiere – gut auf ihrem Rücken erkunden.

690 MUSÉE VIVANT DU CHEVAL, FRANKREICH

Die großen Ställe des Schlosses Chantilly beherbergen das „Lebendige Pferdemuseum", in dem 30 Pferde in Luxusställen verwöhnt werden, die einst von Louis Henri de Bourbon gebaut wurden. Der glaubte fest daran, als Pferd wiedergeboren zu werden (daher die Luxusausstattung). Gezeigt wird dort Reitausstattung, Spielzeug für Pferde und Porträts, Zeichnungen und Skulpturen berühmter Rösser. Äußerst fesselnd ist die 30-minütige Présentation Equestre Pédagogique (Einführung zur Dressur), die unbedingt zum Besuchsprogramm in Chantilly gehört und im Preis inbegriffen ist. Noch faszinierender und begehrter sind die wenigen, jährlichen Reitkunstvorführungen in den Ställen. Eintrittskarten sind rar wie Gold und können online reserviert werden (www.museevivantducheval.fr).

PARADIESE FÜR PFERDE-LIEBHABER

SCHÖNSTE SONNENAUF- UND -UNTERGÄNGE

Der große Zaubertrick des Planeten: Die Sonne taucht auf, die Sonne verschwindet wieder! Mit grandios leuchtenden Farben! Jeden Tag von Neuem!

691 SWAYAM-BHUNATH, KATHMANDU, NEPAL

Die Rundumsicht vom Swayam-bhunath – wegen der dort hausenden, verspielten Makaken auch „Tempel der Affen" genannt – lohnt den Treppenaufstieg. Der Legende nach war das Tal von Kathmandu einst ein See, und der Hügel, auf dem der Tempel errichtet wurde, hat sich selbst aus dem Wasser erhoben (*swayambhu*) wie ein Lotusblatt. Und er schwebt noch immer ruhig und gelassen über dem Smog und dem Lärm der Stadt. Die aufgehende Sonne taucht den Dunst in rosa Licht, Glocken ertönen, Stimmen erheben sich zu spirituellem Gesang, Gebetsmühlen rattern, Taubenschwingen rauschen und Affen schreien. Nach einer Umrundung der Stupa schmeckt das Frühstück im Teehaus des Tempels besonders gut.

RICHARD I'ANSON / LONELY PLANET IMAGES

692 GRAND CANYON, ARIZONA, USA

Es gibt Sonnenuntergänge, die sich nur am Himmel abspielen, andere verzaubern die ganze Umgebung. Doch für das Lichtspiel der sinkenden Sonne lässt sich keine schönere Szenerie vorstellen als die spektakuläre Schlucht des Grand Canyon mit ihren nougat-, lavendel- und ockerfarbenen Gesteinsschichten. Nach Sonnen-untergang spiegeln sich die letzten Himmelsfarben an den Felsnadeln, und am Firmament erscheinen die funkelnden Sterne. Ein beliebter Standort – leider auch überlaufen – ist Hopi Point. Auch Yaki Point ist spekta-kulär, bietet dazu aber ein eher meditatives Erlebnis.

693 KILIMAN-DSCHARO, TANSANIA

Ein schneebedeckter Berg am Äquator über den schon Hemingway geschrieben hat – selbst wenn man nicht beabsichtigt, das Dach Afrikas zu erklimmen, fühlt man sich vom Kilimandscharo magisch angezogen. Dazu noch ein Sonnenaufgang über den leuchtenden Ebenen und die Möglichkeit, Nektarvögel und Colobus-Affen zu beobachten – schon ist man dem Berg verfallen. Der Anstieg auf Afrikas höchsten Berg führt durch Felder und üppige Regenwälder hinauf zu Almen und der kahlen Mondlandschaft auf dem Gipfel. Für viele Menschen ist der Kilimandscharo so attraktiv, weil er ohne Ausrüstung bestiegen werden kann; aber ungefährlich ist er nicht, und man sollte sich seine Bergführer gut aussuchen.

694 ANGKOR WAT, KAMBODSCHA

Dieser mit Skulpturen göttlicher Nymphen verzierte Tempelkomplex, der sich im unterhalb liegenden See spiegelt, wurde im 12. Jh. von einer Reihe von Khmer-Königen zu Ehren des Gottes Vishnu errichtet. Im 15. Jh. wurde die heilige Stätte aufgegeben, und viele der Bauten verschwanden unter der Umklammerung gigantischer Banyanwurzeln und üppigem Urwald. Am schönsten wirken die Silhouetten der lotusförmigen Türme im goldenen Abendlicht, wenn der gesamte Tempelkomplex aufleuchtet. Doch auch bei Sonnenaufgang ist er bezaubernd schön, wenn die Türme in zarten Farben nach und nach im Morgenlicht auftauchen.

245

Zu schön, um wahr zu sein: der Grand Canyon im goldenen Glanz der untergehenden Sonne

695 CABLE BEACH, BROOME, AUSTRALIEN

Das Rot von *pindan* (rostfarbene Erde), das Aquamarin der Roebuck Bay und das Perlweiß des Sandes von Cable Beach – diese Kombination leuchtender Farben machen Broomes Landschaft zum unvergesslichen Erlebnis. An diesem Strand zu liegen und der Sonne dabei zusehen, wie sie im Indischen Ozean versinkt, ist eine der schönsten Erfahrungen im Leben. Das Schauspiel ist zwar meist recht beliebt, aber bei einem 22 km langen Strand lässt sich immer noch ein stilles Plätzchen finden, von dem aus man in Ruhe zusehen und das gleißende Lichtspektakel genießen kann. Aktiver als im samtigen Sand zu liegen – wenn auch nicht schöner – ist es, den Sonnenuntergang vom Kamelrücken aus zu erleben.

696 STONEHENGE, ENGLAND

Wer schleppte diese 50 Tonnen schweren Felsen von Südwales bis hierher und warum? 600 Menschen bräuchte man, um einen Stein ein bis zwei Zentimeter zu verrücken. Die berühmte Megalithstruktur aus äußerem Ring und hufeisenförmig angeordneten Steinen im Innern üben auf jeden eine besondere Faszination aus, selbst wenn dort bisweilen verschrobene Gestalten herumtanzen, Zauberformeln sprechen und trommeln. Der Druidenkult hat während der Sommersonnenwende Hochsaison, doch wen das nicht stört, der kann den magischen Moment genießen, wenn die Sonne im Spalt zwischen den Megalithen erscheint. Der Heel-Stein ist auf die aufgehende Sonne ausgerichtet, was vermuten lässt, dass die Anlage eine Art himmlischer Uhr darstellt.

697 WADI RUM, JORDANIEN

Es heißt zwar „Tal des Mondes" doch auch in der Sonne ist es beeindruckend. Die romantische Wüstenlandschaft wurde der westlichen Welt durch die Geschichte von T. E. Lawrence (Lawrence von Arabien) nahegebracht, der sie literarisch in seinem Roman *Die Sieben Säulen der Weisheit* verarbeitete und von hier aus seine subversiven Militäroperationen dirigierte. Der Regisseur David Lean hat seine Verfilmung der Lebensgeschichte von T. E. Lawrence vorwiegend in den engen Tälern hier gedreht. Überragt von hohen Sandsteingebirgen ist Wadi Rum eine erhabene Szenerie für den Wandel des Lichts. Zuzusehen, wie der Sonnenaufgang die karge Landschaft verwandelt, ist ein tiefgreifendes Erlebnis.

Wenn das keinen Stil hat: ein Kamelzug am Cable Beach bei Sonnenuntergang

698 SONNENTOR, MACHU PICCHU,

Stellen Sie sich vor, Sie sind hoch oben in den Anden; Sie brechen in der Morgendämmerung vom Camp am Inka-Pfad auf, um bei Sonnenaufgang am Intipunku (Sonnentor) zu sein. Sie sind rechtzeitig dort, durchschreiten das Tor und entdecken die verlassene Stadt der Inkas, die sich weiter unterhalb auf den grünen Terrassen vor dem hohen Felsmassiv des Huayna Picchu ausbreitet. In den Ruinen können Sie Paläste, Bäder, Tempel, darunter auch den Tempel zur Anbetung des Sonnengottes Inti, ausmachen. Mit zunehmendem Licht wird das Grün der Pflanzen immer leuchtender, die Ruinen nehmen Gestalt an. Was für ein unvergesslicher Morgen!

699 IA, SANTORIN, GRIECHENLAND

Es wäre kein leichtes Unterfangen, die Vulkaninsel Santorin mit ihren schwarzen Sandstränden und dem Gewirr weißer Häuser, das sich kreuz und quer die Hänge hinunter zum leuchtend blauen Meer hin erstreckt, an Schönheit zu übertreffen. Diese malerische Kulisse kann eigentlich nur noch durch ihren spektakulären Sonnenuntergang im Mittelmeer getoppt werden. Der Strand von Ia ist der klassische Standort, von dem aus man das Lichterspiel beobachten kann, denn nichts stört hier die Sicht, bis die Sonne im Meer versinkt. Wenn Ihnen die lebhafte Menschenmenge zuviel wird, gehen Sie einfach in südlicher Richtung am Rand der Caldera entlang.

700 SVALBARD, NORWEGEN

Der nördlichste Zipfel Europas ist ein frostiges Wunderland voller Gletscher, Eisberge, Wale, Rentiere und Eisbären. Vier Wintermonate lang herrscht tiefe Dunkelheit, doch zum Ausgleich dafür gibt es die weißen Nächte im arktischen Sommer, von Ende April bis Ende August. Dann herrscht dort am Himmel die Mitternachtssonne. Sie taucht nie unter den Horizont, folgt aber trotzdem einem geschwungenen Lauf und ruft ein fantastisches Farbenspiel auf der eisigen Landschaft hervor. Das magische Licht der Mitternachtssonne genießt man am besten bei einer Gletscherwanderung oder einer Kajakfahrt.

SCHÖNSTE SONNENAUF- & -UNTERGÄNGE

GIPFELTREFFEN DER REKORDE

Ein Urinstinkt drängt die Menschen zur Konkurrenz: schneller zu laufen, höher zu klettern weiter zu springen und – äh – mehr Hotdogs zu essen als andere. Hier die Top Ten der Wettbewerbe.

701 APNOETAUCHEN, DEAN'S BLUE HOLE, LONG ISLAND, BAHAMAS

Bei Wettkämpfen im Frei- oder Apnoetauchen (Free Diving) müssen die Taucher versuchen, mit einem einzigen Atemzug Luft in der Lunge in gewaltige Tiefen zu gelangen, ausgedehnte Strecken zurücklegen oder bedeutend länger unter Wasser bleiben als ihre Gegner. Dean's Blue Hole vor Long Island auf den Bahamas ist ein beliebter Ort für Freitaucher, wenn es um darum geht, die bisher aufgestellten Rekorde zu brechen. Soweit bekannt, ist Dean's mit seinen 203 m Tiefe das weltweit tiefste Blue Hole im Ozean. Im Dezember 2010 hat William Trubridge hier den Rekord für den längsten Tauchgang der Welt ohne Flossen aufgestellt. Dabei gelangte er in 100 m Tiefe und blieb vier Minuten und 10 Sekunden unter Wasser.

702 DER HÖCHSTE HOCHSEILAKT, ZUGSPITZE, DEUTSCHLAND

Bei einem Hochseilakt geht es darum, auf einem gespannten Drahtseil, meist hoch oben in der Luft, von einer Seite zur anderen zu balancieren. Dabei darf eine Balancierstange mitgeführt werden, oder die Arme werden im rechten Winkel nach außen gestreckt. 1974 überquerte der Franzose Philippe Petit ohne Netz und Gurt den 60 m tiefen Abgrund zwischen den beiden Türmen des World Trade Center in New York auf einem Hochseil und wurde auf diese Weise weltberühmt. 2009 setzte der Schweizer Seil-Artist Freddy Nock den neuen Weltrekord für den höchsten Hochseilakt, indem er die Seilbahnkabel zur Zugspitze, dem höchsten Berg Deutschlands, hochbalancierte und bei abenteuerlichen 2943 m unbeschadet oben ankam.

703 AUKTIONSHAUS CHRISTIE'S

Christie's ist die erste Adresse in der Welt für Auktionen von Kunstgegenständen, asiatischer Kunst, von Schmuck, Fotografien und auch von Weinen. Hier werden ständig neue Rekordpreise erzielt, die die Reichen und Schönen bereit sind, für seltene Kunst- oder Schmuckgegenstände zu zahlen. 2010 erzielte Pablo Picassos *Akt mit grünen Blättern und Büste* die Rekordsumme von 106,5 Mio. US-Dollar, den höchsten Betrag, der je bei einer Kunstauktion erzielt wurde. Christie's hat Verkaufsräume auf der ganzen Welt – in New York, London, Paris, Amsterdam, Genf, Mailand, Zürich, Dubai und Hongkong – doch die spektakulärsten Verkäufe sind so exklusiv (und teuer), dass sie gar nicht in der Öffentlichkeit stattfinden.

704 DER STÄRKSTE MANN DER WELT

Sie sehen aus wie überlebensgroße Spielzeug-Actionhelden, wenn sie bei den Ausscheidungskämpfen zum stärksten Mann der Welt ihren Basketball-großen Bizeps rollen lassen und zeigen, wer ein Flugzeug ziehen, ein Fass werfen, einen Felsen schleppen, einen riesigen Baumstamm anheben oder mit zwei Kühlschränken über den Schultern eine bestimmte Strecke rennen kann (abgesehen von anderen außergewöhnlichen Kraftakten). Die Wettkämpfe finden oft an Orten statt, die genauso überdimensioniert sind wie die Männer selbst: 2010 in Südafrikas ausgedehntem Sun City Resort, und 2009 durften sich die bärenstarken Typen auf der Insel Malta produzieren.

705 KLETTERROUTE „THE NOSE", EL CAPITAN, YOSEMITE NATIONALPARK, KALIFORNIEN, USA

1958 erstiegen drei Männer erstmalig die 910 m hohe Granitwand „The Nose" des El Capitan. Sie benötigten insgesamt 47 Tage dazu, zur damaligen Zeit eine klettertechnische Meisterleistung, wenn man bedenkt, dass dieser Monolith lange als absolut unbezwingbar galt. Heutzutage benötigen Kletterer nur etwa vier bis fünf Tage dazu, und die besten (oder verrücktesten) unter ihnen versuchen, sich gegenseitig auszustechen und in etwa zweieinhalb Stunden die „Nase" hinaufzuklettern. Ganz richtig: in 2 ½ Stunden! Und selbst Frei-kletterer („Kuck mal, Mami, ohne Seil!") sind schon in weniger als 12 Stunden emporgekraxelt.

706 INSTALLATIONEN VON SPENCER TUNICK

Wenn Sie schon immer mal mit ein paar tausend Gleichgesinnten nackt sein wollten, dann sind Spencer Tunicks groß angelegte Installationen nackter Menschen eine künstlerisch gebilligte Art, die Hosen herunterzulassen. In seinen frühen Werken zeigte Tunick meist einzelne Nackte, doch seit den späten 1990er-Jahren stiegen seine Ambitionen, nackte Körper zu zelebrieren. Er machte Aufnahmen von Nackten in New Yorks Central Park und auf dem Aletsch-Gletscher in der Schweiz. 2007 brachte er 18 000 Nackte auf dem Zocalo-Platz von Mexiko City zusammen und brach damit seinen eigenen Rekord von 7000 Nackten in Barcelona 2003.

707 KELLNER-RENNEN, BRÜSSEL, BELGIEN

In verschiedenen Ländern auf der ganzen Welt (Hongkong, Russland, Finnland, Deutschland, Frankreich und andernorts) haben sich Kellner-Rennen als eine Art internationales „berufliches Schaulaufen" etabliert. Einer der ältesten und populärsten Wettkämpfe dieser Art findet jährlich im September an der Esplanade du Cinquantenaire in Brüssel statt. Die Teilnehmer müssen dabei eine Flasche mit Spirituosen und drei gefüllte Gläser auf einem Tablett 2,5 km bis zum Ziel tragen. Dabei darf kein Tropfen verschüttet werden, will man die Siegerkrone davontragen. Begleitet wird dieses Wettrennen von einer Art Minifestival mit Verkaufsbuden, Blaskapellen und Weinverkostung.

708 GESCHWINDIG-KEITSREKORD ZU LAND, BONNEVILLE SALT FLATS, UTAH, USA

Die etwa 160 km² große Salzebene von Bonneville entspringt einer Laune der Natur. Auf ca. 20 km Länge und 8 km Breite liegt Salz bis zu 1,5 m hoch und die Fläche ist komplett eben. In diese sur-reale Mondlandschaft strömen Geschwindigkeits-Junkies aus aller Welt, um zu zeigen, was in ihnen steckt, und um den Geschwindig-keitsrekord zu Lande zu brechen. Jedes Jahr im August werden „Geschwindigkeitswochen" abgehal-ten, in denen hunderte Fahrer in einer verwirrenden Vielzahl von Kategorien antreten, zu viele, um sie alle aufzulisten. Bei den Fahrzeugen reicht die Bandbreite von Zweirädern bis zu solchen, die horizontal fliegenden Raketen gleichen.

709 TREPPENLAUF AUF DAS EMPIRE STATE BUILDING, NEW YORK, USA

Der Treppenlauf das Empire State Building hinauf wird seit 1978 einmal jährlich ausgetragen. Jeden Februar drängen sich die Läufer über 1576 Stufen das schmale Treppenhaus hinauf – von der Lobby im Erdgeschoss bis zur Ziellinie oben auf der Aussichtsplattform im 86. Stockwerk. Es dürfen sowohl Männer als auch Frauen teilnehmen, doch den Frauen werden beim Start fünf Minuten Vorsprung eingeräumt. Der Rekord bei den Männern liegt seit dem Jahr 2003 bei 9 Minuten und 33 Sekunden, bei den Frauen seit 2007 bei 13 Minuten und 12 Sekunden.

710 HOTDOG-WETTESSEN, CONEY ISLAND, NEW YORK, USA

Das weltweit berühmteste Wettessen soll am 4. Juli 1916 entstanden sein, als vier Einwanderer in die Vereinigten Staaten sich gegenseitig zu einem Hotdog-Wettessen herausforderten, um festzustellen, welcher von ihnen wohl am patriotischsten sei. Im Lauf der Zeit wurde dieses skurrile Wett-Fressen so populär, dass 2010 schon über 40 000 Fans nach Coney Island strömten, um zuzusehen, wie sich die Besten schlugen. Der Champion des Jahres 2010, Joey Chestnut, konnte den begehrten senffarbenen Gürtel mit nach Hause nehmen, ebenso wie 10 000 US-Dollar Preisgeld, nachdem er 54 Hotdogs in 10 Minuten verschlungen hatte.

WUNDERSCHÖNE GÄRTEN

Warum stellen sich viele Kulturen das Paradies als Garten vor?
Wandern Sie durch diese Gärten Eden und Sie sind im Bilde.

711 GÄRTEN DES GENERALIFE, GRANADA, SPANIEN

Das Schönste an der Alhambra sind die Wasserspiele – in der islamischen Kultur war reines Wasser ein Symbol für das Paradies. Der Sommerpalast Generalife wurde auf einer Anhöhe über dem berühmten Fort gebaut. Dorthin zogen sich die Emire mit ihren Harems zur Entspannung zurück. Die Gärten sind ein stilles Wunderland, in dem reihenweise Wasserfontänen in längliche Becken plätschern und Rinnsale die Treppen hinunterfließen. Die langen Sichtachsen sind eingerahmt von Zypressen, Hecken, Blumengärten und überhängenden Kletterpflanzen. Von der efeubewachsenen Terrasse aus sieht man bis ins Tal hinunter.

712 SOMMERPALAST, PEKING, CHINA

Die „Gärten gepflegter Harmonie" waren geplant als Rückzugsort für Mitglieder der Kaiserfamilie, die der aufgeheizten Atmosphäre in der Verbotenen Stadt entkommen wollten. Heute sind sie ein Park für die Stadtbewohner und ein bedeutender Touristenmagnet. Im Zentrum erhebt sich der Hügel der Langlebigkeit, der aus dem Aushub des Sees besteht. Am Rande des Sees steht das Marmorboot, ein Projekt der Kaiserwitwe Cixi, die sich damit sehr unbeliebt machte, weil sie für die Marine gedachte Geldmittel für ihre Spielereien abzweigte. Der Garten ist ein klassisches Beispiel chinesischer Gartenbaukunst, mit Steingärten, Pavillons, Tempeln und Wasserbecken.

713 MONETS GARTEN, GIVERNY, FRANKREICH

Das Dörfchen Giverny ist das Mekka für Monet-Fans und Anhänger der impressionistischen Schule. Claude Monet lebte hier von 1883 bis zu seinem Tode 1926 in einem weitläufigen Haus, umgeben von einem Blumengarten. Dieser „Clos Normand" befindet sich im nördlichen Teil des Anwesens, und in dem blassrosa Haus liegt das Wasserlilien-Atelier Monets. Am stärksten spürbar ist die künstlerische Inspiration jedoch im „Jardin d'Eau", dem Wassergarten mit seiner berühmten japanischen Brücke, die Monet in vielen seiner Gemälde abgebildet hat. Licht und Farbe, dazu der betörende Blumenduft – das ist mehr als genug, um jeden Besucher zum Malen zu inspirieren.

714 RYOAN-JI, KYOTO, JAPAN

Die Gärten im „Tempel des zur Ruhe gekommenen Drachens" wurden zum Unesco-Weltkulturerbe erklärt. Man findet dort einen See mit verschiedenen Inselchen, ein Teehaus, je nach Jahreszeit blühende Bäume und vieles andere mehr. Am berühmtesten aber ist der Zen-Garten mit seinem kunstvoll in grafische Muster gerechten Kies und den moosbewachsenen Steinen. Insgesamt sind es 15 Steine, aber sie sind auf eine Weise angeordnet, dass man nie mehr als 14 von ihnen gleichzeitig sieht – wenigstens bis zum Stadium der Erleuchtung. Wenn Sie davor meditieren, denken Sie über die Abstände zwischen den Steinen nach und darüber, wie sie arrangiert wurden: Für viele Liebhaber dieses Gartens besteht genau hierin seine besondere Magie.

DARRELL GULIN / CORBIS

Erfreut das Auge: die bunte Blütenpracht in Keukenhof. Und Tulpen sind natürlich auch dabei.

715 BOTANISCHER GARTEN KIRSTENBOSCH, KAPSTADT, SÜDAFRIKA

Kirstenbosch zeichnet sich vor anderen botanischen Gärten durch seine Lage am Fuß des Tafelbergs aus. Und als erster botanischer Garten der Welt beschränkte er sich einzig auf die heimische Flora. Es werden über 7000 Arten ausgestellt, sowohl im Freien als auch in den Gewächshäusern. Berühmt sind die Ausstellungen des Biotops Fynbos und der Silberbaumgewächse; außerdem gibt es eine ständige Ausstellung von Steinplastiken im simbabwischen Stil. Wem nach so viel Kultivierung der Sinn nach Wildnis steht, der kann einem der vielen Wege folgen, die auch auf den Tafelberg hinaufführen.

716 KEUKENHOF, LISSE, NIEDERLANDE

Ein Besuch in diesem Garten will geplant sein, denn er ist jedes Jahr nur von März bis Mai geöffnet. Hier wird einzig und allein die Farbenpracht und Schönheit des Frühlings gefeiert, und zwar durch liebevoll arrangierte Tulpenanpflanzungen. Auf 32 ha Land verteilen sich zudem Skulpturen, ein See, waldiges Gelände, dazu 4,5 Mio. Tulpen sowie ein Glockenspiel – ein wundervoll kitschiges, durch und durch niederländisches Spektakel. Neben all den Tulpen gibt es auch noch Osterglocken, Hyazinthen und Glockenblumen, die in sich windenden Bändern zwischen die anderen Blumenbeete gesät werden, sodass sie einem Wasserlauf gleichen. Nach einem langen Winter ist ein Spaziergang hier genau das Richtige, um die müden Lebensgeister zu wecken.

251

Ah, Versailles! Die Schönheit vergangener Zeiten …

717 ISOLA BELLA, LAGO MAGGIORE, ITALIEN

1632 machte sich Graf von Borromeo daran, diese kleine Felseninsel in ein Fantasiereich für seine Frau Isabella zu verwandeln. Die Fischer, die einst dort wohnten, würden die Insel heute nicht wiedererkennen – sie wird von einem Palazzo dominiert, umgeben von üppigen Gärten, die sich terrassenartig von der zentralen

Statue eines Einhorns aus bis zum Wasser hinunter erstrecken. Lange Sichtachsen, von Statuen eingefasst, geben den Blick auf den See und die Berge frei. Kamelien, Magnolien, Azaleen und Rhododendren ergießen sich über die Terrassen hinweg bis ans Seeufer. Und wenn man sich gerade verwundert fragt, ob man hier in einem Märchenland gelandet ist – so wie auf einem Kitschbild aus den 1950er-Jahren –, stolziert vor einem plötzlich ein weißer Pfau über den Weg.

718 SISSINGHURST CASTLE GARDEN, ENGLAND

Sissinghurst war das Lieblingsprojekt der britischen Schriftstellerin Vita Sackville-West, die der Bloomsbury-Künstlergruppe angehörte, und ihres Ehemanns Harold Nicolson. Die weitläufige Gartenanlage ist aufgeteilt in verschiedene, von Hecken gesäumte „Räume", die jeweils einen ganz eigenen Charakter

ANN CECIL / LONELY PLANET IMAGES

719 VERSAILLES, FRANKREICH

Die ganze verschwenderische Pracht des *ancien régime* zeigt sich in den prunkvollen Gärten des Versailler Schlosses. Ihre exakt geplante Anordnung – gepflegte Rasenflächen, akkurat gerechte Kieswege, Hecken und Beete – entstand nicht ohne Absicht. Diese Gärten dienten als Symbol für die Macht des Königs und für zivilisatorische Disziplin. Obwohl die Gärten etwas zu penibel getrimmt aussehen, ist man doch auch immer wieder tief von ihnen beeindruckt. Zahlreiche Springbrunnen erfreuen das Auge, darunter auch jener mit Apollo in seinem Sonnenwagen (ein Symbol für den König), dazu gesellen sich ein ganzer Olymp klassischer Statuen, eine beeindruckende Orangerie sowie verschiedene Lustwäldchen.

720 HUNTINGTON BOTANICAL GARDENS, LOS ANGELES, KALIFORNIEN, USA

Der amerikanische Wirtschafts-Tycoon Henry E. Huntington hat seinen Reichtum gut eingesetzt: Die „Huntington in San Gabriel Valley" ist eine exzellente Forschungsbibliothek und Kunstsammlung. Damit aber nicht genug. Der botanische Garten davor wurde von Huntington 1903 auf dem Land einer ehemaligen Ranch angelegt. Mit über 14 000 Pflanzenarten in 14 verschiedenen Gärten ist dies die beeindruckendste Anlage dieser Art in den USA. Ein Dschungelgarten mit Orchideen, ein roter Hortensienbaum, ein Shakespeare-Garten mit Pflanzen, die der Barde in seinen Theaterstücken erwähnte, ein japanischer Garten, ein Wüsten-garten und eine Seerosenteich sind nur einige der Glanzpunkte.

ausstrahlen und in einer speziell zusammengestellten Farbkombination blühen. Am bekanntesten ist der sogenannte „Weiße Garten". Zentraler Blickpunkt des Parks ist der Doppelturm, und zu den Themengärten zählen auch ein Obstgarten, ein Rosengarten, ein Nussgarten sowie ein Wassergraben. Im Restaurant können Sie die Erzeugnisse des eigenen Gemüsegartens probieren.

WUNDER-SCHÖNE GÄRTEN

FELSWÄNDE ZUM FÜRCHTEN

Der Blick in die Tiefe kostet echte Überwindung –
ganz gleich, ob die Felsformationen schneebedeckt, meerumbrandet
oder geologisch uralt sind.

Vestmanna: Wunderland der Natur

721 BANDIAGARA-FELSMASSIV, MALI

Für das 50 km breite Bandiagara-Massiv mit seinen wie mit dem Messer abgeschnittenen senkrechten Sandsteinwänden gilt das Motto „my home is my castle". Unter und im Steilhang leben schon seit Jahrhunderten Menschen. Vor langer Zeit grub dort der Stamm der Tellem seine Gräber und Wohnhöhlen an fast unerreichbaren Stellen in den Fels hinein. Heute haben sich die Dogon oben auf dem 500 m hohen Plateau und unten auf den sandigen Ebenen vor dem Felsmassiv niedergelassen. Wer die Gegend erkunden will, darf sich auf Abenteuer gefasst machen – die Wanderung von Dorf zu Dorf über uralte, in den Sandstein gehauene Treppen, vorbei an Höhlen im Steilabhang, die als Getreidespeicher dienen, und dann

GRANT DIXON / LONELY PLANET IMAGES

die Dogon selbst, mit ihrer Kultur, ihrem animistischen Glauben, ihren Fetischen und den spektakulären Masken-Zeremonien.

722 KALAUPAPA, MOLOKAI, HAWAII, USA

Im 19. Jh. verbannte man Leprakranke auf die Halbinsel Kalaupapa, wo die Ausgestoßenen komplett isoliert lebten. Die Landzunge aus altem Lavagestein ragt in den Pazifik hinaus und wird durch die höchsten Klippen der Welt vom Rest der Insel abgeschirmt. Die bis zu 1000 m hohen *pali* (Klippen) waren für die Menschen der Leprakolonie ein unüberwindliches Hindernis. Heute ist Kalaupapa eine historische Stätte und Besucher kommen freiwillig hierher: Wenn sie die steile, 1400 Stufen zählende Treppe vom luftig hohen

723 VESTMANNA, FÄRÖER-INSELN

Die unwirtliche Landschaft wird ständig von Winden zerzaust und von wütenden Wellen umtost, die von Nordamerika aus ungehindert über den ganzen Atlantik rollen. Und doch ist die dramatische Steilküste von Vestmanna auf den Färöer-Inseln – jenem einsamen Archipel im Nordatlantik zwischen Schottland und Island – voller Leben. Eissturmvögel, Klippenmöwen, Lummen und Papageientaucher kreischen, tauchen und nisten an den 500 m hohen Basaltwänden, ziehen ihre Jungen auf und sausen zwischen den Felstürmen mit ihren gespenstischen Grotten hin und her. Am nächsten kommt man dem Geschehen mit einem Boot, das entlang der steilen Felswände und in die Höhlen hinein tuckert. Das Fernglas sollte immer zur Hand sein.

255

Beachy Head: Vorsicht Abgrund!

724 BEACHY HEAD UND DIE SEVEN SISTERS, ENGLAND

Deutlicher kann man seine Grenzen nicht abstecken. Dieser blanke Wall aus kreideweißem Gestein, der einen Teil der Küste Englands am Ärmelkanal schützt, muss kontinentaleuropäischen Invasoren einst wie ein unüberwindliches Hindernis vorgekommen sein. Das hochgelegene Land der South Downs wellt sich mehrere Kilometer hinweg über die Kliffküste der Seven Sisters und steigt dann an bis zur ultimativen natürlichen Barriere: Beachy Head – mit 162 m höchster Kreidefelsen im Land. Was leider auch zu trauriger Berühmtheit geführt hat: Seit dem 17. Jh. zieht der Aussichtspunkt verzweifelte Menschen an, die sich von dort zu Tode stürzen, sodass der malerische Ort die höchste Selbstmordrate Großbritanniens verzeichnet.

Aussichtspunkt zur Leprasiedlung hinuntersteigen, eröffnet sich ihnen nicht nur die Sicht auf die überwältigende Natur, sondern auch auf die menschliche Tragödie, die sich hier unter Ausschluss der Öffentlichkeit abspielte.

725 CABO GIRÃO, MADEIRA

Seit den 1930er-Jahren steht auf dem Cabo Girão eine Statue der Madonna von Fatima. Ein wenig göttlichen Schutz kann man auch schon brauchen, wenn man von hier aus nach unten sieht. Mit 570 m gehört die Steilklippe über dem Atlantik zu den höchsten Europas. Sie ist typisch für Madeira, denn die portugiesische Insel bildet die Spitze eines unterseeischen Vulkangebirges, das vor etwa 5 Mio.

Jahren aufgeworfen wurde. Nichts ist lieblich an dieser Insel. Hier zeigt sich die Natur von ihrer rauen Seite, und das Cabo Girão (Kap der Umkehr) gibt der dramatischen geologischen Formation ein Gesicht …

726 AMPHITHEATER, DRAKENSBERGE, SÜDAFRIKA

Es ist das geologische Gegenstück zu einer Zulu-Kampftruppe: Krieger aus Gestein. Die Zulus nennen die Drakensberge deshalb auch Quathlamba („Wand der aufgestellten Speere"), was besonders auf die 8 km lange Felswand des Amphitheaters zutrifft. Die hufeisenförmige Steilwand mit ihren Wasserfällen erhebt sich dramatisch 1000 m hoch über der Talsohle. Tugela, einer der höchsten Wasserfälle der Welt, ergießt sich in fünf Stufen von der Böschung aus ins Tal. Ein anderer Wasserfall, der Khubedu, der dem Gipfelgebiet Mont-aux-Sources am Amphitheater entspringt, wird zum Oranjefluss, der am Ende seines Laufs 2000 km entfernt in den Atlantik mündet.

727 ACAPULCO, MEXIKO

Der eigene Schwindel spielt hier eine weniger wichtige Rolle als der Schauder, mit dem man den todesmutigen, absolut verrückten *clavadistas* (Kliffspringern) zusieht, wie sie sich von der 35 m hohen Klippe von La Quebrada ins Meer hinabstürzen. Seit Jahren beten junge Männer am Schrein oben am Felsgipfel, bevor sie den eleganten Sprung wagen. Schon die Höhe des Absprungs ist eindrucksvoll, doch das eigentlich Wichtige ist das

728 GROSSE AUSTRALISCHE BUCHT, AUSTRALIEN

Kliff folgt hier auf Kliff auf Kliff auf Kliff… Wer vom einsamen Städtchen Eucla in der dürren Wüstenregion an der Südküste Australiens nach Osten blickt, sieht kein Ende dieses riesigen Bollwerks. Die Große Australische Bucht besteht aus einer 1000 km breiten, ununterbrochenen Abfolge von Steilbuchten mit 60 bis 120 m hohen Felsen aus bleichem Sedimentgestein – eine lebensfeindliche Landschaft. Nur wenige Menschen bevölkern diesen einsamen Landstrich (der an die ebenso unbelebte Nullarbor-Wüste grenzt), aber eine erstaunliche große Zahl anderer Lebensformen hat sich den harten Bedingungen angepasst. Australische Seelöwen wälzen sich an den Stränden zwischen den Kliffs, große Fetzenfische verbergen sich im seetangreichen Wasser und ganze Geschwader Südlicher Glattwale überwintern vor der Küste.

729 BAJANDSAG, WÜSTE GOBI, MONGOLEI

Besonders hoch sind die Felsen nicht, aber sie erheben sich dramatisch und blutrot mitten im Niemandsland der Wüste Gobi. Das Schwindelerregende an den „Flaming Cliffs" (flammenden Klippen) ist aber nicht ihr Aussehen, sondern ihr Alter und die erdgeschichtlichen Funde, die dort gemacht wurden: Bei Ausgrabungen in den 1920er-Jahren

wurden erstmalig Dinosauriereier entdeckt. Es folgten noch viele weitere Fossilien, einschließlich Skelettüberresten eines hornlosen Rhinozerosses, eines der größten Säugetiere, die je auf der Erde lebten. Selbst wenn die Felswände nicht groß sind – ihre Geschichte ist es.

730 NANGA PARBAT, PAKISTAN

Der Nanga Parbat lässt sich am besten von der Fairy Meadow (Feenwiese) aus betrachten, einem schönen Erholungsort mit Grashügeln und Polospielern. Was für ein Kontrast zu dem furchteinflößenden Gipfel im äußersten Westen des Himalaya-Gebirges! Der Nanga Parbat – im Englischen auch Killer Mountain genannt – ist der neunthöchste Berg der Welt, und die nackte, 4600 m tief abfallende Rupal-Flanke ist die höchste Gebirgswand überhaupt. Der nackte Steinwall mit seiner ungeheuren Ausdehnung – oft von donnerndem Steinschlag oder Lawinen durchzogen –, sieht so tödlich aus wie sein Beiname verspricht. Da bleibt man doch besser bei den Feen und bewundert den Berg von Weitem.

FELSWÄNDE ZUM FÜRCHTEN

DIE HÖCHSTEN GEBÄUDE

Baukunst ohne Höhenangst – in diesen Wolkenkratzern kommen Sie ganz weit nach oben.

733 CN-TOWER, KANADA

Für manche Menschen sind solche Einzelheiten wichtig: Der 553 m hohe CN-Tower von Toronto zählte nie zu den höchsten Gebäuden der Welt, weil er keine Stockwerke besitzt und daher genau genommen gar kein „Hochhaus" ist. Stattdessen ist er einfach der höchste Turm der Welt. Er dient in erster Linie als Funk- und Fernsehturm, aber eine weitere wichtige Funktion scheint darin zu bestehen, Besuchern so viel Geld wie möglich aus der Tasche zu ziehen. Glaslifts schießen an der Außenseite des Turms bis zu den Aussichtsplattformen ganz oben empor. Eine der Plattformen bietet den zusätzlichen Nervenkitzel eines Glasbodens. An klaren Tagen sieht man bis zu 160 km weit.

731 PETRONAS-TÜRME, MALAYSIA

Die Petronas-Türme sind Dreh- und Angelpunkt des großen Stadtentwicklungsprojekts im Zentrum Kuala Lumpurs. Die stahlummantelten Doppeltürme wurden 1998 eröffnet und bieten auf 88 Stockwerken Nutzfläche bis in 452 m Höhe. Der argentinische Architekt Cesar Pelli entwarf die markanten Türme mit dem Grundriss eines achtstrahligen Sterns, der an Arabesken erinnert. Weitere islamische Elemente sind die Konstruktion in fünf Stufen (die die fünf Säulen des Islam repräsentieren) und die 63 m hohen Masten, die beide Bauten krönen und an Minarette und den Stern des Islam erinnern. Besucher kommen höchstens bis zur „Skybridge", der Stahlbrücke, die die beiden Türmen im 41. Stock verbindet, bescheidene 170 m über dem Erdboden.

732 TAIPEI 101, TAIWAN

Bevor das Burj Khalifa in Dubai in den Himmel vorstieß, war dieses Monster in der taiwanesischen Hauptstadt stolzer Träger der Bezeichnung „höchstes Gebäude der Welt". Der Name 101 leitet sich von der Anzahl der Stockwerke ab. Das Gebäude ist 508 m hoch und überragt die ganze Stadt wie ein gigantisches Bambusrohr. Baubeginn war 1997, und schon 2003 stand die komplette Außenstruktur. Zwar wurde das Hochhaus in puncto Höhe geschlagen, aber es hält immer noch den Rekord für den schnellsten Fahrstuhl: Der Lift mit Druckausgleich bewegt sich mit 1010 m pro Minute und benötigt nur 40 Sekunden vom Erdgeschoss bis zur Aussichtsplattform im 89. Stock.

734 RYUGYŎNG HOTEL, NORDKOREA

Nordkoreas Ambitionen sind bisweilen vermessen – wie z. B. im Fall des Ryugyŏng Hotels. Baubeginn war 1987, schon damals mit dem Ziel, höchstes Hotel der Welt zu werden. Doch nach 1992 blieb es 16 Jahre lang eine stillgelegte Bauruine. Das Magazin *Esquire* verlieh ihm den Titel „Schlimmstes Gebäude in der Geschichte der Menschheit", denn die halb pyramiden-, halb raketenförmige Struktur dominierte mit ihren 330 m Pjöngjangs gesamte Skyline. Als 2008 die Bautätigkeit wieder aufgenommen wurde, erhielt die Fassade mittels Glasplatten ein neues Gesicht, sodass die graue Sowjetarchitektur etwas aufgelockert wurde. 2012 erklärte man die Außenkonstruktion für abgeschlossen, die Eröffnung des Hotels steht aber immer noch aus.

735 KVLY-FERNSEHMAST, NORTH DAKOTA, USA

Dieser Fernsehturm in der ansonsten unspektakulären Stadt Blanchard in North Dakota war lange Zeit das höchste Bauwerk der Welt. 1963 errichtet, ragt der Mast wie eine Nadel 628,8 m in den Himmel hinein – über 170 m höher als die Petronas-Türme. Erst sieben Jahre später wurde in Polen der Sendemast Radio Warschau errichtet, der mit 646 m noch höher war, 1991 allerdings während einer Reparatur zusammenbrach. Nun stand dem KVLY-Mast wieder der Titel „höchstes Bauwerk der Welt" zu, zumindest bis 2010, als er durch das Burj Khalifa abgelöst wurde. Ein weiterer Grund, die Gegend zu besuchen, ist die Stadt Fargo ganz in der Nähe, die die Coen-Brüdern mit ihrem gleichnamigen Film unsterblich machten.

736 BURJ KHALIFA, DUBAI, VEREINIGTE ARABISCHE EMIRATE

Ist es eindrucksvoll oder der reine Wahnsinn? Eins steht auf jeden Fall außer Frage: dass der Burj Khalifa ein bahnbrechendes Projekt der Architektur und Ingenieurskunst ist. Das größte Gebäude der Welt – 162 Stockwerke hoch – ragt 828 m (mehr als doppelt so hoch wie das Empire State Building) in den Himmel. Es wurde am 4. Januar 2010 eröffnet, sechs Jahre nach dem ersten Spatenstich. Bis zu 13 000 Bauarbeiter schufteten Tag und Nacht, fügten bisweilen alle drei Tage ein neues Stockwerk hinzu. Hauptattraktion ist die Aussichtsplattform „ganz oben" im 124. Stockwerk, luftige 442 m über dem Erdboden.

737 VIADUKT VON MILLAU, FRANKREICH

Brücken werden meist für ihre Länge gerühmt, aber im Süden Frankreichs steht eine Talbrücke, die für ihre Höhe bekannt ist: Der Viadukt von Millau ist mit 343 m die höchste Brücke der Welt. Sie ist an die 20 m höher als der Eiffelturm und erstreckt sich über das südliche Flusstal des Tarn, der im Massif Central entspringt. Die Brücke wurde 2004 für den Verkehr freigegeben. Ihr Architekt ist der Brite Norman Foster, zu dessen Werken der Swiss-Re-Tower (bekannt als The Gherkin – die Gurke) in London ebenso gehört wie der Hearst Tower in New York. Und noch ein Rekord der Brücke: Sie ist die längste Schrägseilbrücke der Welt.

738 Q1-TOWER, AUSTRALIEN

Dieser Wohnturm am Surfers Paradise, Australiens berühmtesten Strand, überragt die Skyline der Gold Coast und lässt die anderen Hochhäuser winzig erscheinen. Der 2005 erbaute Wolkenkratzer ist 322 m hoch, einschließlich der 97 m hohen Stahlspitze. Mit 526 Apartments auf 74 Etagen ist es das höchste Wohngebäude der Welt und blickt auf die Bettenburgen und Vergnügungsparks der Ferienkapitale herab. Besucher erreichen die Aussichtsplattformen auf der 77. und 78. Etage am Fuß der Stahlspitze mit einem direkten Aufzug in nur 43 Sekunden. Der Blick reicht bis nach Brisbane und Byron Bay.

739 SINGAPORE FLYER, SINGAPUR

Wer im streng überwachten Singapur abheben will, muss nur einen Platz im größten Riesenrad der Welt einnehmen. Es dreht sich bis in eine Höhe von 165 m – hoch wie ein Gebäude mit 42 Stockwerken, und das Rad ist so riesig, dass eine einzige Umdrehung länger als eine halbe Stunde dauert. Die 28 Kabinen können jeweils 28 Besucher aufnehmen. Ursprünglich drehte sich das Rad gegen den Uhrzeigersinn, doch als Feng-Shui-Meister warnten, dass dies gegen den Lauf der Sonne gerichtet war und somit der Stadt Singapur Glück entzog, wurde das schnell geändert. Der Besucher bekommt einen schönen Überblick und die Stadt Singapur gutes Feng Shui. Win-win.

740 KINGDA KA, NEW JERSEY, USA

Wem schwindelerregende Höhe als Nervenkitzel nicht genügt, der kann bei Kingda Ka, der höchsten Achterbahn der Welt, noch Geschwindigkeit und das Gefühl des freien Falls hinzufügen. Die Konstruktion ragt 139 m über den Freizeitpark Six Flags Great Adventure in Jackson, New Jersey, hinaus, ist höher als die Pyramide von Gizeh und die Wagen beschleunigen von Null auf 206 km/h in unglaublichen 3,5 Sekunden. Bis zur Konstruktion der Formula Rossa in Abu Dhabi 2010 war Kingda Ka die schnellste Achterbahn der Welt.

DIE SPEKTAKULÄRSTEN FEUERWERKE

Freuen Sie sich auf krachende und pfeifende Wundertüten: Hier kommen die weltbesten Kulissen für Nächte voll schillernd-buntem Budenzauber!

741 EDINBURGH INTERNATIONAL FESTIVAL, SCHOTTLAND

Dieses Ereignis lebt von seiner besonderen Atmosphäre und Szenerie. Es bildet den Höhepunkt des International Festival, das die Stadt jeden Sommer in eine einzige große Theaterbühne verwandelt und das Publikum abwechselnd verzaubert, erschöpft und berauscht. Hoch oben auf der vulkanischen Erhebung wacht Edinburgh Castle über die georgianischen Stadthäuser und gotischen Innenhöfe, und der überwältigende Eindruck dieser letzten Momente des Festivals bleibt für immer unvergesslich. Das Feuerwerk wird im Princes Street Garden abgebrannt, dazu spielt das Scottish Chamber Orchestra. Das Konzert dauert etwa eine Stunde.

742 SILVESTER IN SIDNEY, AUSTRALIEN

In dieser Nacht ist die ganze Stadt auf den Beinen, strömt in die Parks, auf Dachterrassen und hinunter zum Hafen. Schon vor dem großen Feuerwerk gibt es jede Menge Unterhaltung, aber eigentlich warten alle nur gespannt, welche effektvolle Illuminierung der Harbour Bridge sich die Pyrotechniker in diesem Jahr ausgedacht haben. Nach einem unvergesslichen Millenniumsfeuerwerk und der Olympiade 2000 liegt die Messlatte sehr hoch. Jedenfalls ist es immer ein grandioses Lichtspektakel, das sich im Wasser von Sydneys Hafenszenerie und an den perlweißen Flanken des Opernhauses widerspiegelt. Das große Feuerwerk findet um 21 Uhr statt, ein kleineres um Mitternacht, und ein wunderbarer, nicht überlaufener Aussichtspunkt ist der Observatory Hill.

743 ERLÖSERFEST, VENEDIG, ITALIEN

Im schimmernden Wasser der Kanäle und der Lagune steigen am dritten Wochenende im Juli zwischen festlich beleuchteten Gondeln Feuerwerksfontänen in den Himmel über den berühmten Türmen, Kuppeln und Campaniles der Stadt auf – ein erhabener Anblick. Und es ist nicht nur ein flüchtiger Spuk: Das Lichtwunder dauert eine geschlagene Stunde! Schließlich feiert die Stadt ihre Rettung durch Christus im 16. Jh., als die furchtbare Pestepidemie ein Drittel ihrer Bewohner dahinraffte – da erwartet man schon etwas Außergewöhnliches. Im Gegensatz zum Karneval, der doch eher einem Touristenzirkus gleicht, ist Redentore noch immer ein Fest der Venezianer, die liebevoll ihre Häuser schmücken und das Feuerwerk genießen.

OLIMPIO FANTUZ / 4CORNERS IMAGES

Das Feuerwerk zur Feier des Erlöserfestes in Venedig erlöst auch geplagte Seelen und Sinne.

Guy Fawkes Night: Jedes Jahr am 5. November sprengt man in ganz England symbolisch den verhinderten Attentäter Fawkes in die Luft.

744 SILVESTER IN AMSTERDAM, NIEDERLANDE

Die Holländer lassen es am Silvesterabend krachen. Und da sie es mit dem Datum ganz genau nehmen, nennen sie ihn zum einen viel korrekter Oudejaarsdag (Altjahrstag) oder Oudejaarsavond (Altjahrsabend) oder bisweilen sogar Oude en Nieuw (Alt und Neu). Zum anderen nehmen sie ihn zum Vorwand, einmal im Jahr richtig einen draufzumachen. Amsterdam ist das Epizentrum der Partys, und seine berühmte Clubszene schaltet für diese Nacht der Nächte noch einen Gang höher. Das Feuerwerk gerät zu einem riesigen Straßenfest für Groß und Klein, besonders ausgelassen feiert man auf dem Nieuwmarkt mitten im Zentrum.

745 MACY'S FEUER-WERK AM 4. JULI, NEW YORK, USA

Niemand ist so verrückt nach Feuerwerken wie die Amerikaner am 4. Juli, und niemand so verrückt nach dem 4. Juli wie das New Yorker Kaufhaus Macy's, das den amerikanischen Unabhängigkeitstag besonders aufwendig zelebriert. Sechs Lastkähne als Abschussrampen reihen sich auf dem Hudson River und präsentieren Macy's Markenzeichen, die goldene Meile, als Funkenkaskade, die sich entsprechend eine Meile über den Fluss erstreckt. Das Feuerwerk ist gigantisch, dauert aber nicht sehr lange (meist etwa eine halbe Stunde), und die Pyrotechnik-Show wird untermalt von Auftritten populärer Musikstars.

746 POORAM-FEST IN THRISSUR, INDIEN

In Thrissur, dem Zentrum der Tempelfeste in Kerala, findet alljährlich im April/Mai die schwer beeindruckende Elefantenparade statt. Höhepunkt ist das bis zu vierstündige, riesige Feuerwerk. Die Wartezeit darauf verkürzt die Elefantenprozession, untermalt vom stetigen Trommeln. Dabei ziehen zwei Teams der mit prächtigen Schabracken geschmückten Dickhäuter übers Tempelgelände. Die Mahouts auf ihrem Rücken halten Sonnenschirme, die höher sind als die Elefanten selbst, andere fächeln ihnen mit Yakschwanz-Wedeln wie mit Fächern Luft zu, eine Choreografie zur Musik des Tempelorchesters.

747 BONFIRE NIGHT, LONDON, ENGLAND

Dieses Feuerwerk hat eine Geschichte, und noch eine ziemlich schlimme obendrein. Die Guy Fawkes Night oder Bonfire Night am 5. November erinnert an die Vereitelung eines Sprengstoffanschlags, des "Gunpowder Plot" von 1605, auf das britische Parlament. Guy Fawkes und seine katholischen Mitverschwörer hatten die Ermordung König Jakobs I. geplant, doch Fawkes wurde mit Sprengstoff unter dem Westminster Palace ertappt und das Attentat verhindert. In der Bonfire Night wird in ganz England der unglückselige Fawkes symbolisch in tausenden privaten und öffentlichen Feuerwerken in die Luft gesprengt. Ursprünglich war es ein Fest für Kinder, doch heute ist man vorsichtiger, daher feuern die Erwachsenen die Raketen ab.

748 CHINESISCHES NEUJAHRSFEST, SHANGHAI, CHINA

Es hat einen gewissen Reiz, das Chinesische Neujahrsfest – weltweit auch in den jeweiligen Chinatowns zelebriert – in einer *echten* chinesischen Stadt zu feiern, und Shanghai ist einer der besten Orte dafür. Es ist zwar eher ein Familienfest als touristisches Ereignis, aber wer gerne Feuerwerke anschaut, kommt voll auf seine Kosten. Um Mitternacht gibt es ganze Kaskaden davon, um das Neue Jahr willkommen zu heißen und zugleich böse Geister abzuwehren. Am fünften Tag des Neuen Jahres folgt noch ein Sperrfeuer aus Böllern und Raketen, um den Gott des Wohlstands feierlich zu begrüßen. Das chinesische Neujahrsfest folgt dem Mondkalender und fällt jedes Jahr auf einen anderen Tag irgendwann im Januar oder Februar.

749 INTERNATIONAL FIREWORKS FESTIVAL, MONTREAL, KANADA

Der Sommer ist Feuerwerksaison in Montreal. Von Juni bis August drängt sich das Publikum jeden Mittwoch und Samstag in La Ronde, dem Vergnügungspark der Stadt, um die weltbesten Pyrotechniker bei den 30-minütigen Licht-und-Musikevents zu erleben. Hier geht es nicht darum, die größten und buntesten Raketen in die Luft zu feuern: Nein, das Lichtkunstwerk muss raffiniert choreografiert sein und mit der Musik harmonieren. Was nicht heißt, dass hier keine spektakulären Feuerwerksalven und magische Lichteffekte zu bewundern wären. Es ist das weltweit größte Feuerwerksfestival, und die Pyrotechnik-Cracks geben vor diesem anspruchsvollen Publikum ihr Allerbestes.

750 YAMAYAKI, NARA, JAPAN

Dieses zischende und krachende Feuerspektakel auf dem Berg Wakakusa bei Nara geht auf eine jahrhundertealte Fehde unter buddhistischen Mönchen zurück. Auf dem Berg standen einst zwei rivalisierende Tempel, und da die Schlichtung des Konflikts zwischen den beiden Klöstern scheiterte, ging schließlich alles, was auf dem 342 m hohen Berg stand, in Flammen auf. Zum Gedenken daran entzünden die Mönche seither rituelle Feuer im Kasuga-Schrein, tragen die Glut den Berg hinauf und setzen die Bergkuppe in Brand. In der Regel lodert das Feuer dort etwa eine halbe Stunde, gefolgt von einem Feuerwerk, wie es nur die Japaner in Szene setzen können. Am besten lässt es sich vom Nara-Park im Osten der Stadt beobachten. Um einen guten Platz zu ergattern, empfiehlt es sich, rechtzeitig zu kommen und sich warm einzupacken, da es im Januar bitterkalt wird.

DIE SPEKTAKULÄRSTEN FEUERWERKE

MÄCHTIGE FLÜSSE

Adrenalinkicks, Naturwunder, Ingenieurskunst, Pilgerziele – die Auswahl faszinierender Flusserfahrungen ist groß.

751 DER GANGES WÄHREND KUMBH MELA, INDIEN

Sie ist das größte religiöse Fest und zugleich die größte Menschenansammlung der Welt – die Kumbh Mela. Alle drei Jahre pilgern Hindus aus der ganzen Welt zum Bad in den heiligen Wassern des Ganges. Das Fest zieht sich über Wochen hin, und improvisierte Zeltstädte sprießen an den Flussufern wie Pilze aus dem Boden. Die rituellen Waschungen

„Schnapp dir ein Paddel, Mann, und leg dich ins Zeug!" Beim Rafting auf dem Colorado River kann sich nur der Frontmann erholen.

im Fluss sollen die Seele läutern, denn zu dieser Zeit sind seine Wasser wegen einzigartiger Planetenkonstellationen mit reinigendem Nektar angereichert, heißt es. Im Jahr 2010 besuchten 40 Mio. Gläubige dieses religiöse Großereignis. Mit von der Partie sind Hindu-Heilige selbst aus dem fernen Himalaya, eigentlich Eremiten, die sich sonst so gut wie nie in der Öffentlichkeit zeigen, darunter weise Männer, Seher, Sadhus sowie Yogis.

JOHN ELK III / LONELY PLANET IMAGES

752 WANDERUNG DER LACHSE AM KENAI RIVER, ALASKA, USA

Jeden Sommer zwischen Mai und September sind die Flüsse Alaskas Schauplatz eines spektakulären Naturereignisses: Tausende Lachse kämpfen sich stromaufwärts zu ihren Laichgründen. Besonders gut lässt sich die Lachswanderung am Kenai River beobachten, der reich ist an Königs-, Rot-, Silber- und Buckellachs. Dabei beeindruckt dort nicht nur die schiere Zahl der Fische, sondern es sind auch wahre Prachtkerle auf Wanderschaft – mit 44 kg wurde hier der Weltrekord-Königslachs gefangen. Ob man selbst angeln, Grizzlies beim Fischen zusehen oder Elche und die bunte Vogelwelt vor die Linse bekommen will, der Kenai River ist der richtige Ort dafür.

753 ZUSAMMEN-FLUSS DES NIL, KHARTOUM, SUDAN

Mark Twain sagte über den längsten Fluss der Welt: „Wenn man mitten in der Sahara eine Ente aufzieht, kann sie sicher schwimmen, sobald man sie in den Nil setzt." Das ist eine originelle Umschreibung dafür, dass der 6650 km lange Nil der ausgedorrten Erde Nordafrikas Leben einhaucht; die alljährlichen Überflutungen bescheren das Lebenselixier, das die trockenen Ebenen fruchtbar macht. Keine Zeit für eine mehrtägige Kreuzfahrt? Dann besuchen Sie Khartoum. In der Hauptstadt des Sudan vereinigen sich die beiden großen Arme des Flusses: Der schnell fließende Blaue Nil und der träge Weiße Nil vermischen sich in einem Strudel lehmigen Wassers, bevor sie zum Nildelta im fernen Ägypten weiterfließen.

754 RAFTING-TOUR AUF DEM COLORADO RIVER, GRAND CANYON, ARIZONA, USA

Es werden hitzige Debatten darüber geführt, ob man sich den Grand Canyon besser von oben oder von unten ansieht. Die einheimischen Hualapai-Indianer meinen, ihr atemberaubender gläserner „Skywalk" biete den besten Ausblick, doch 1100 m tiefer, auf dem Colorado River sind wagemutige Schlauchbootfahrer ganz anderer Meinung. Auf einem mehrtägigen Bootsausflug isst und schläft man im Canyon, atmet seine Luft, erkundet seine geheimnisvollen Spalten, gleitet den Fluss hinunter und kampiert im Freien unter Segeltuch. All das verpasst man oben auf der Aussichtsplattform. Die Sache hat nur einen Haken: Bei der halsbrecherischen Fahrt über gefährliche Stromschnellen wird es so spannend, dass man glatt vergisst, den grandiosen Blick nach oben zu genießen..

265

Trekking auf dem zugefrorenen Zanskar-Fluss

755 EIS-TREKKING AUF DEM ZANSKAR RIVER, CHADAR, INDIEN

Flüsse eignen sich bestens für eine Bootsfahrt, um müde Füße zu kühlen oder die Angel auszuwerfen. Ganz anders in der Region Chadar: In den großen Höhen der Himalaya-Pässe und den entlegenen Tälern Ladakhs bietet der Zaskar-Fluss extrem „coole" Abenteuer. Einmal im Jahr, Ende Januar, friert der Gebirgsfluss teilweise zu und eröffnet den Einheimischen eine vorübergehende Reisemöglichkeit durchs Zanskar-Gebiet. Für die Menschen dort ist das eine kostbare Verbindung zur Außenwelt. Extremtrekkern bietet die fünf- bis achttägige Tour – Chadar Ice Trek genannt – herrliche Panoramablicke auf die Bergwelt, den Besuch abgeschiedener Klöster und das Schlafen in Höhlen bei -30 Grad in der Nacht.

756 JANGTSE & DREI-SCHLUCHTEN-STAUDAMM, CHINA

Chinas Drei-Schluchten-Projekt war aus vielerlei Gründen umstritten – wegen negativer Umweltfolgen, der Zwangsumsiedlung der Bewohner und dem Verlust an kulturellem Erbe – dennoch ist die fertiggestellte Talsperre am Jangtse ein modernes Weltwunder. Die Dimensionen sind gigantisch: Mit seinen 2335 m Breite und 185 m Höhe stemmt sich der Damm dem mächtigen Jangtse entgegen und bildet einen Stausee, der sich über 650 km stromaufwärts erstreckt; immerhin hat das Projekt satte 40 Mrd. US-Dollar verschlungen. Hinzunehmen, dass mit dem Bau 1200 Siedlungen und 1300 archäologische Stätten für immer verlorengingen, ist extrem hart. Andererseits steht das Staudammprojekt für die Dynamik und Zielstrebigkeit des modernen China und die rasante Entwicklung, die das ganze Land erfasst hat.

757 SHOTOVER RIVER PER SPEEDBOOT, QUEENSTOWN, NEUSEELAND

Ginge es nur um Extrem- und Fun-Sportarten (Bungee-Jumping, Canyon Swinging), wäre Queens-town Neuseelands Hauptstadt. Bei der rasanten Bootstour sorgen ein paar extra PS für den Adrenalinkick. Wenn man dann mit Vollgas über den Shotover River jagt und die Landschaft vorüberfliegt, kommen einem die Canyonwände bei jeder scharfen Kehre erschreckend nahe. Auf unsicheren Beinen tappt man danach zurück ans Ufer, erlangt das Gleichgewicht wieder, erholt sich und kann nun die Umgebung in ihrer ganzen Herrlichkeit genießen.

758 FÄHRE ÜBER DEN MERSEY, LIVERPOOL, ENGLAND

Liverpools Skyline lieferte nicht nur die Inspiration für die großartige Popmusik der 1960er-Jahre, sondern beeinflusste auch die Architektur im fernen China. Während die Beatles, Gerry & the Pacemakers und Konsorten die britische Industriestadt ins weltweite Rampenlicht rückten, nahmen Anfang des 20. Jhs. die westlichen Kolonialherren, die in China Handel trieben, Anleihen bei der Liverpooler Architektur. Shanghais historische Gebäude der Hafenpromenade Bund – die mittlerweile neben den überwältigenden Hochhäusern von Pudong eher klein wirken – erinnern stark an die Architektur des Custom House und der Häuser am Pier Head in der Liverpooler Hafengegegend. Am Mersey-Ufer in Liverpool gibt es zwar weniger grelle Lichtreklamen und hohe Wolkenkratzer, dafür ist die legendäre Fährverbindung über den Mersey bis heute eine nostalgische Flussfahrt geblieben.

759 AMAZONAS-FLOSSRENNEN, IQUITOS, PERU

Was 1999 als Spaß begann – ein paar Crews zimmerten Holzflöße für ein 20-km-Rennen –, hat sich mittlerweile zu einem populären Wettkampf gemausert, der Teams aus aller Welt anzieht. Drei Tage lang (12 Stunden und 19 Minuten ist derzeitiger Rekord) paddeln die Rafter die 180 km auf dem peruanischen Amazonas von Nauta nach Iquitos in piranhaverseuchtem Wasser durch abgelegenen Urwald. Teilnehmer sollten Abenteuerlust und das handwerkliche Geschick mitbringen, ein Floß aus Balsaholz zu bauen. Zu gefährlich? Dann reisen Sie stattdessen direkt nach Iquitos, um den Zieleinlauf nicht zu verpassen.

760 FEUERWERK-FESTIVAL AM SUMIDA, TOKYO, JAPAN

Alljährlich im Juli drängen sich über eine Million Japaner an den Ufern des Sumida. Viele kampieren Wochen im Voraus draußen, um sich die besten Plätze zu sichern – und all das im Namen der Pyrotechnik. Das Feuerwerks-Festival am Sumida ist das älteste seiner Art in Japan und geht zurück auf das Jahr 1732, als ein Shogun zum Gedenken an die Opfer einer Hungersnot eine Wasserzeremonie veranstaltete und Einheimische aus diesem Anlass Raketen und Böller zündeten. Daraus hat sich heute ein Feuerwerks-Wettkampf entwickelt – gefragt ist das größte, lauteste und hellste. Suchen Sie sich ein freies Plätzchen am dicht besetzten Ufer und sehen Sie zu, wie die Skyline am Fluss unter dem Funkenregen am nächtlichen Himmel erstrahlt.

MÄCHTIGE FLÜSSE

AUSTRALIENS DICKE DINGER

Sie glauben in Texas ist vieles oversized? Dann haben Sie die australische Vorliebe für alles, was gigantisch und aus Beton ist, noch nicht entdeckt.

761 GOLDENER GUMMISTIEFEL, QUEENSLAND

In einem derart trockenen braunen Landstrich ist es alles andere als müßig, darüber zu streiten, ob nun Tully oder Babinda die Stadt mit dem meisten Regen Australiens ist. Daher wetteifern die beiden Orte im Norden von Queensland um den Titel des größten Regenlochs und feiern das Messergebnis alljährlich im Mai mit einem „Fest des Goldenen Gummistiefels". In Tully ging man einen Schritt weiter und errichtete ein Denkmal für die 150 Regentage pro Jahr: den riesengroßen „Golden Gumboot" (an dessen Seite ein grüner Laubfrosch hochklettert). Doch Tully hat die Schlacht damit nur halb gewonnen, denn schon länger kursieren Gerüchte, dass Babinda den Bau eines Großen Regenschirms plant.

762 GROSSER PINGUIN, TASMANIEN

Für australische Maßstäbe ist der Inselstaat Tasmanien klein, aber immerhin steht dort der Große Pinguin, in einer Stadt an der Nordküste zwischen Burnie und Devonport, die ebenfalls Penguin heißt und wie der Name richtig sagt, kommen dort jeden Abend Pinguine an den Strand. Der Big Penguin im Penguin-Strandpark, in dem die Mülleimer pinguinförmig sind und Verkaufsstände Souvenirs wie z.B. aufblasbare Plastikpinguine anbieten. Wenn man so weit gereist ist, um einen Pinguin aus glasfaserverstärktem Beton zu bestaunen, dann will man auch seine natürlichen Vorbilder sehen. Sie tummeln sich zwischen September und März am Strand – ja, am Penguin Point. So viel zum Thema Besessenheit.

763 RIESENHUMMER, SÜDAUSTRALIEN

An der australischen Südostküste kann man wirklich ziemlich große Hummer fangen, aber nichts von der Liga jenes Hummers aus glasfaserverstärktem Stahl, der das Küstenstädtchen Kingston fest im Griff hat. Das Viech wurde in den 1970er-Jahren von demselben Konstrukteur gefertigt, der auch für den Big Bagpiper, das Wahrzeichen bei Scotty's Motel in Adelaide verantwortlich zeichnet. Seine Fühler sind 17 m hoch, denn anders als die übrigen „Big Things" Australiens ist diese Nachbildung ziemlich lebensecht. Im Inneren von Larry the Lobster befindet sich ein Restaurant, in dem man – natürlich – genüsslich Hummer speisen kann.

764 GROSSES U-BOOT, NEW SOUTH WALES

Endlich mal ein großes Gebilde, bei dem man zumindest ansatzweise eine Bedeutung, wenn auch keinen echten Nutzen erkennen kann. In Holbrook, auf halber Strecke zwischen Sydney und Melbourne, am meistbefahrenen Highway des Landes, hunderte Kilometer vom nächsten Hafen entfernt, taucht es plötzlich auf: ein 90 m langes U-Boot mit ungewöhnlicher Geschichte. Vor dem Ersten Weltkrieg hieß Holbrook noch Germanton, doch nach dem tollkühnen Angriff eines britischen U-Boots unter Leitung von Kommandant Norman Holbrook in den Dardanellen nahm die Stadt dessen Namen an. 1997 kaufte die Stadt besagtes U-Boot, HMAS *Otway*, und stellte es in einem Park aus.

765 GROSSE ANANAS, QUEENSLAND

Die Mutter aller „Big Things" in Australien ist die „Große Ananas" in Woombye. Angeblich war der Big Pineapple einst die am zweithäufigsten besuchte Touristenattraktion des Landes (hinter dem Opernhaus von Sydney). 1983 erlangte sie weltweite Berühmtheit als Station des Australienbesuchs von Prinz Charles und Prinzessin Diana. Mit ihren 16 m Höhe thront sie über den Ananasfeldern im Hinterland der Sunshine Coast, ist seit Jahrzehnten ein Favorit bei Familienausflügen und errang sogar einen Platz auf der Liste des Kulturerbes. 2009 ging der Betreiber des angeschlossenen Themenparks in Konkurs, aber Big Pineapple wacht nun wieder über einem wöchentlichen Markt, einer Kunstgalerie und einem Zoo mit Café.

GRAHAM MONRO / PHOTOLIBRARY

Big Pineapple: Selbst die britischen Royals haben diesem Wahrzeichen ihre Aufwartung gemacht.

269

Als seien australische Krokodile an sich nicht schon furchterregend genug, haben sie nun auch noch das Boxen entdeckt.

766 BIG BOXING CROCODILE, NORTHERN TERRITORY

Das Städtchen Humpty Doo gab sich nicht damit zufrieden, einen albernen Namen zu haben, es setzte noch einen drauf, indem es das albernste „Big Thing" des Landes aufstellte. Die meisten Besucher begegnen dem 8 m hohen Big Croc auf der Fahrt zwischen Darwin und dem Kakadu National Park. Es hat ein höhnisches Grinsen im Gesicht – und Boxhandschuhe an. Die Stadt selbst zeugt für ehemals hochfliegende Pläne, denn sie wurde mit dem Ziel gegründet, auf den umliegenden Überschwemmungsebenen Reis anzubauen. Der Plan scheiterte. Also tröstete sich Humpty Doo mit Bic Croc.

767 RIESENBANANE, NEW SOUTH WALES

Vielleicht ist das Original immer noch das Beste. An einer scharfen Kurve des Pacific Highway im Städtchen Coffs Harbour wurde 1964 die Große Banane offiziell geschält. Seither animierte sie Millionen Reisende auf einem der meistbefahrenen Highways Australiens zum Anhalten, auch wenn man sie einst zur „bizarrsten Touristenattraktion der Welt" erkoren hat. Alles, was nur im weitesten Sinne mit einer Banane zu tun hat, kann im Innern des Big-Banana-Komplexes erworben werden: Bananen-Milchshakes, Bananenmarmelade, frische Bananen, Bierkühler in Bananenform. Die Big Banana hier darf aber nicht verwechselt werden mit der anderen in Carnarvon an der australischen Westküste.

768 MAMMUT-SCHAUKEL-PFERDCHEN, SÜDAUSTRALIEN

Fast alle Tiere Australiens sind als „Big Things" verewigt worden, auch ein in freier Wildbahn so selten gesehenes wie das Schaukelpferd. Hoch im Küstengebirge bei Adelaide Hills, im Städtchen Gumeracha, ist es das Markenzeichen der örtlichen Spielwarenfabrik. Als Besucher kann man durch das Pferd zu drei Aussichtsplattformen klettern – einer auf den Kufen, einer auf dem Sattel und einer oben auf dem Kopf. Das Pferdchen ist mit 18 m Höhe von beeindruckender Größe, wiegt 25 t und steht auf einem Betonfundament von 80 t. Aber schaukeln kann man damit nicht.

769 BIG GALAH, SÜDAUSTRALIEN

Wenn Sie mit dem Auto durch halb Australien gefahren sind, ist es nachvollziehbar, wenn Sie plötzlich meinen zu halluzinieren. Doch dieser rosafarbene Vogel neben der Tankstelle im Städtchen Kimba am Highway ist wirklich ein 8 m hoher Galah, der Rosakakadu, seines Zeichens der lauteste und bekannteste der australischen Buschvögel. Warum er ausgerechnet hier steht und ob er wirklich die Hälfte der Wegstrecke quer durchs Land markiert, weiß niemand so genau, aber er thront hier seit fast 30 Jahren, also glauben Sie es einfach … Große Vögel nehmen eben manchmal den Mund etwas voll.

770 KARRIBÄUME, WESTAUSTRALIEN

Wie wäre es nach all dem menschengemachten Kitsch mit einem natürlichen Giganten, den in Südwestaustralien heimischen Karribäumen? Mit einer Höhe von 90 m zählen sie weltweit zu den höchsten Bäumen und einige von ihnen dienten früher zur Brandausschau. Heute sind drei von ihnen zu „Kletterbäumen" umfunktioniert worden. Besucher können an den Stämmen auf Metalltritten hoch zu Aussichtsplattformen in ihrem Blätterdach steigen. Der bekannteste von ihnen ist der Gloucester Tree am Stadtrand von Pemberton, dessen Plattform in 60 m Höhe angebracht ist. Noch höher, auf 75 m, schwebt jene auf dem Dave Evans Bicentennial Tree.

AUSTRALIENS DICKE DINGER

AUTHENTISCHE ZEITREISEN

Ein lebensechter alter Markt oder simuliertes Schlachtengetümmel: eindrucksvolle Erfahrungen an historischen Orten

773 INTI RAYMI, SAQSAYWAMÁN, PERU

Bevor die spanischen Eroberer in Südamerika das Inkareich stürzten, war das Fest Inti Raymi eines der bedeutendsten religiösen Rituale der Inka. Es wurde alljährlich bei der Wintersonnenwende zu Ehren des Sonnengottes zelebriert. Im 16. Jh. geriet die Zeremonie in Vergessenheit, doch seit den 1940er-Jahren wird sie jedes Jahr am 24. Juni bei den Inkaruinen von Saqsaywamán, am Stadtrand von Cuzco, wieder abgehalten. Ranghohe Priester und Adelige ziehen in einer Prozession über blumenbestreute Straßen zu einer alten Festung, wo sie die Zeremonien, die auf alten Inkatraditionen basieren, wieder durchführen.

771 BRISTOL RENAISSANCE FAIRE, WISCONSIN, USA

Der alljährlich von Anfang Juli bis Anfang September an Wochenenden abgehaltene Jahrmarkt findet keineswegs in der Nähe von Bristol (ja, nicht einmal in England) statt, aber er empfindet getreulich das Gepräge und die Atmosphäre Englands zur Zeit der Renaissance nach. Der besondere Anlass war der Besuch Elizabeths I. in der britischen Hafenstadt im Jahr 1574. Vieles wird wie auf der Theaterbühne nachgespielt, und Schauspieler ziehen kostümiert durch die Straßen, parlieren in elisabethanischem Englisch, schwingen das Schwert und beziehen die Besucher mit ein. Obendrein wird an Ständen und auf Fahrten viel Kurzweiliges geboten, wenn man vom historisch Korrekten genug hat.

272

772 SOVEREIGN HILL, AUSTRALIA

Die turbulenteste Zeit der australischen Kolonialgeschichte war der Goldrausch der 1850er-Jahre, als Schürfer aus aller Welt auf den äußerst ergiebigen Goldfeldern von Ballarat, Victoria, einfielen. Diese Ära lebt wieder auf im Freiluftmuseum Sovereign Hill, wo man eine Straße, ungepflastert und gesäumt von stilechten Läden und Pubs, angelegt hat, und damalige Schürfgründe am Ufer eines Flusses realitätsnah mit Goldstaub angereichert wurden. Historisch kostümierte „Bewohner" schlendern durch die Straßen, außerdem können die Besucher nachgestellte Szenen erleben, in denen Soldaten, Goldschürfer, Händler und Geschäftsleute aus dem 19. Jh. sowie die einst berüchtigte Kurtisane Lola Montez historisch getreu das Leben von damals nachspielen.

774 BELAGERUNG DER MARIEN-BURG, POLEN

Die riesige, einst als Marienburg bekannte Backsteinfestung in der polnischen Stadt Malbork, etwa 60 km südöstlich von Danzig, kommt einem im Verhältnis zum Dorf unterhalb davon unverhältnismäßig groß vor. Im Mittelalter war die Burganlage der Sitz der Deutschordensritter, die in diesem Teil Mitteleuropas ihr Reich errichteten. Die Marienburg ist eine der größten Festungen der Welt, und alljährlich Ende Juli wird dort die Belagerung im 15. Jh. durch das polnische Heer nachgespielt – ein dreitägiges Geschichtsspektakel mit berittenen Söldnern in historischen Uniformen, untermalt von Klang- und Lichteffekten. Beeindruckend sind die inszenierten nächtlichen Angriffe, die vielen alten Langschwerter und sonstigen historischen Waffen.

775 RAPSKA FJERA, RAB, KROATIEN

Der hl. Christopherus ist nicht nur Schutzheiliger der Reisenden, sondern auch der Patron der Insel Rab in Kroatien: ein guter Grund, die weite Reise auf sich zu nehmen, um dort den jährlichen Mittelaltermarkt vom 25. bis 27. Juli zu besuchen, bei dem auch historische Szenen nachgestellt werden. Erstmals wurde der Markt 1364 abgehalten, hat also eine lange Tradition. Höhepunkt ist wie in vergangenen Jahren ein Armbrust-Turnier. Davor können Sie sich über traditionelle Handwerkskunst und mittelalterliche Haushaltführung informieren und eine faszinierende Kostümparade bewundern.

776 INTERNATIONAL LIVING HISTORY FAIR, ENGLAND

Manche Menschen schauen sich bisweilen ganz gern historische Rollenspiele an, zumal sie eine historische Stätte mit Leben erfüllen. Für andere hingegen ist Reenactment – die historische Simulation – eine Art der Lebensgestaltung. Besuchen Sie den Markt für historisches Reenactment im Februar und Oktober in Leamington Spa, Warwickshire, und lassen Sie sich überraschen vom breiten Angebot an geschichtsgetreu nachgemachten Produkten von Handwerkern und Kunsthandwerkern aus ganz Europa. Viele Reenactment-Gesellschaften werben auf dem Markt auch um Mitglieder. Würde es Sie nicht auch reizen, ein Kettenhemd anzulegen und eine Zeitreise in die Vergangenheit anzutreten?

777 BATTLE OF WATERLOO, BELGIUM

Den Namen dieser Stadt würde man sofort mit der entscheidenden Schlacht der Napoleonischen Kriege in Verbindung bringen, hätte ihn nicht die schwedische Popgruppe ABBA als Titel ihres Siegerlieds beim Eurovision Song Contest von 1974 gewählt. Die historische Schlacht fand am 18. Juni 1815 nahe der gleichnamigen Stadt in Belgien statt und endete mit der Niederlage der Franzosen durch die alliierten Truppen unter dem britischen General Wellington und dem Preußen von Blücher. Die Schlacht wird nun, zwei Jahrhunderte später, alljährlich im Juni spektakulär nachgestellt.

778 SCHLACHT VON HASTINGS, ENGLAND

Diese Entscheidungsschlacht im Jahr 1066 stürzte Englands damalige Monarchie und brachte durch Wilhelm den Eroberer die Herrschaft der Normannen über den Ärmelkanal. Das änderte für England den Lauf der Ereignisse dramatisch, daher gilt er als denkwürdigster Krieg in der britischen Geschichte. Jedes Jahr wird die „Battle of Hastings" bei Battle Abbey in dem passenderweise Battle genannten Ort in East Sussex mit tausenden von Teilnehmern und Zuschauern aus aller Welt nachgestellt. Über das reine Schlachtgetümmel hinaus geben rekonstruierte Feldlager ein anschauliches und lehrreiches Bild vom Leben im 11. Jh. Das Reenactment der Schlacht findet entweder am Wochenende vor oder nach dem 14. Oktober statt.

779 BÜRGERKRIEGS-GEDENKEN, MICHIGAN, USA

In den 1860er-Jahren spaltete der Amerikanische Bürgerkrieg den Norden und den Süden der Vereinigten Staaten. Es ging um die Abschaffung der Sklaverei und die Rechte der Bundesstaaten. Geschichtlich gesehen ist das so nahe an der Gegenwart, dass es immer noch zu Kontroversen kommen kann, etwa darüber, wie man des Krieges gedenkt. Alljährlich zum Memorial Day Ende Mai veranstaltet Greenfield Village in Michigan ein Gedenkwochenende. Verkleidet als Soldaten beider Seiten, Zivilisten, Musiker und Moderatoren lassen Rollenspieler diese konfliktreiche Zeit wieder lebendig werden.

780 JIDAI-MATSURI, KYOTO, JAPAN

Von den drei großen Festen, die in jedem Jahr in Kyoto abgehalten werden, zeichnet sich das Jidai-Matsuri am 22. Oktober besonders durch seinen historischen Umzug aus. Bei der farbenprächtigen Prozession ziehen Gestalten verschiedener Epochen der japanischen Geschichte, in authentische Kostüme gekleidet, an den Zuschauern vorbei; sie rufen dabei vor allem die einstige Bedeutung Kyotos als Hauptstadt des Kaiserreichs ins Bewusstsein zurück. Zu der Parade werden Darsteller kunstfertig und geschichtsgetreu in Samurai, Soldaten, Taglöhner, Dorfbewohner und Mitglieder des kaiserlichen Hofs zurückverwandelt. Der Umzug beginnt um die Mittagszeit am Kaiserpalast in Kyoto und endet am Hejan-Jingu-Schrein.

SEEN MIT TIEFGANG

Die einen liegen in himmlischer Höhe, die anderen sind heilig, in einigen wimmelt es von Quallen – und alle sind gleichermaßen spektakulär.

Unterwasser-Pracht im Jellyfish Lake

781 TITICACASEE, PERU/BOLIVIEN

Nur auf wenige Seen trifft die Behauptung zu, die Grundlage einer ganzen Zivilisation zu sein. Doch nach dem Glauben der Inka brachte der Schöpfergott Viracocha die Sonne, den Mond und auch den Menschen aus den Wassern des hochgelegenen Titicacasees hervor; auf zwei der über 40 Atolle des Sees, Isla del Sol und Isla de la Luna, stehen die Ruinen von Inkaschreinen. Noch heute ist der See den Andenbewohnern heilig: den Urus mit ihren schwimmenden Inseln, den aus Schilf geflochtenen Islas Flotantes; den Quechua auf der Insel Amantaní, wo sie ihre Alpakas weiden lassen; den ponchotragenden Fischern, die ihre Netze in das tiefblaue Wasser auswerfen; und den vielen am Ufer lebenden Aymara mit ihren lebendigen Folklorefesten.

782 CRATER LAKE, OREGON, USA

Ein gewaltiger Vulkanausbruch, unergründliche Tiefen, die Mythen der Klamath-Indianer und ein 100 Jahre alter, auf dem Wasser treibender Baumstamm, der nicht sinken will – eine geheimnisvolle Schönheit prägt den Crater Lake in Oregon. Je nachdem, wen man fragt, bekommt man entweder die Antwort, dieses tiefblaue, kreisrunde Gewässer sei vor etwa 7700 Jahren nach einem gewaltigen Vulkanausbruch oder aber bei einer Schlacht zwischen dem Gott des Himmels und dem der Unterwelt entstanden. Der See ist fast 600 m tief; eine herrliche Bergszenerie umgibt ihn. Vermutlich will deshalb der „Alte Mann vom See" nicht von hier weg – erstmals 1896 gesichtet, treibt dieser verwitterte Stamm einer Hemmlocktanne im Wasser pro Tag bis zu 6 km weit, wie eine Küstenpatrouille.

CASEY & ASTRID MAHANEY / LONELY PLANET IMAGES

783 JELLYFISH LAKE, PALAU

Stellen Sie sich diesen paradiesischen See wie eine Riesenportion türkisfarbener Suppe vor, bei der die Einlage sehr lebendig ist ... Im Inselstaat Palau, einer weit versprengten Gruppe pilzartiger Felseneilande im Nordpazifik, gibt es eine Lagune, die von Millionen – zig Millionen – Quallen bevölkert ist. Diese anmutigen Meeresbewohner drehen ihre Pirouetten durchs Wasser wie ein endloser Schwarm durchscheinender Ballerinas – und man kann zwischen ihnen herumschwimmen. Millionen Jahre Abgeschlossenheit vom Meer und die Evolution haben bewirkt, dass Stiche dieser Quallen harmlos sind, daher können sich vorsichtige Schnorchler gefahrlos zwischen den Quallen bewegen und ihren Part im prachtvollen Wasserballett übernehmen.

275

784 NICARAGUA-SEE, NICARAGUA

Die Nahua-Indianer brachten es auf den Punkt, als sie der größten Insel in Mittelamerikas größtem See den Namen Ometepe – „zwei Berge" – gaben: Zwei nahezu identisch aussehende Vulkane ragen aus den Tiefen des Nicaragua-Sees heraus. Die miteinander verbundenen Bergkegel – der größere, 1610 m hohe Concepción ist noch aktiv und raucht – bieten nicht nur Raum für 30 000 Bewohner, sondern auch für rätselhafte präkolumbianische Petroglyphen und für Wälder voller Affen. Früher dachte man, im Nicaragua-See lebten die weltweit einzigen Süßwasserhaie, aber tatsächlich handelt es sich um Bullenhaie, die sich dem Süßwasser angepasst haben. Sie schwimmen vom salzhaltigen Karibischen Meer stromaufwärts, um im warmen Wasser am Fuße der einstigen Vulkane ihre Kreise zu ziehen.

785 MÝVATN-SEE, ISLAND

Ende der 1960er-Jahre schickte die NASA die Crew von *Apollo 11* auf die Lavafelder Nordislands, um sie auf ihre Mondspaziergänge vorzubereiten. Keine schlechte Idee, denn den seichten Mývatn, mit etwa 37 km² Islands viertgrößter See, umgibt eine wahre Mondlandschaft. Inseln vulkanischen Ursprungs, kahle Ufer voller Krater, Lavakegel und -säulen und blubbernde heiße Quellen: Die geologisch aktive Gegend mutet an wie aus einem Science-Fiction-Film. Gäbe es nicht die vielen Enten, die die Sandbänke bevölkern, so könnte man sich sehr wohl auf einem fremden Planeten wähnen.

786 MANASAROVAR-SEE, TIBET

Kein Gewässer kann heiliger sein als der Manasarovar-See. In himmlischen Höhen von 4556 m im tibetischen Himalaya kräuselt sich dieser saphirblaue See, der sowohl Hindus als auch Buddhisten heilig ist. Erstere glauben, der Schöpfergott Brahma habe ihn als heilige Stätte hervorgebracht, letztere, es sei der Ort, an dem Buddha gezeugt wurde. Beide pilgern zu seinen Ufern, um sich im eisigen Wasser von Sünden reinzuwaschen und ihn auf 88 km zu umrunden. Der gewaltige Berg Kailash – noch heiliger als der See, da er von vier Religionen verehrt wird– erhebt sich über dem abgeschiedenen Gewässer. Außer einigen Klosterruinen und ein paar robusten Yaks ist der Gipfel das einzige, was die Pilger auf ihrer Wanderung ständig begleitet.

787 LLYN Y FAN FACH, WALES

Dieses abgeschiedene blaue Juwel am Fuße eines Kranzes rauer walisischer Berge bezaubert – und verzaubert. Man sagt, im 13. Jh. habe ein Bauer, der sein Vieh an den Uferhängen weidete, die schönste Frau der Welt entdeckt. Sie war eine Feenjungfrau und willigte ein, ihn zu heiraten – unter einer Bedingung: Er dürfe sie nicht öfter als zweimal schlagen. Doch alle guten Vorsätze halfen nichts – drei Schläge – und die Fee verschwand wieder im See. Heute ist das Tal reich an seltenen Sumpfpflanzen und an Heilkräutern, vielleicht als Abschiedsgeschenk der misshandelten Fee.

788 TOBA-SEE, SUMATRA, INDONESIEN

Der Ausbruch des Berges Toba vor etwa 75 000 Jahren erreichte auf dem Vulkanexplosivitätsindex den Wert 8 – höher geht die Skala nicht; der größte Knall, den der Planet je erlebt hat. Zurück blieb der größte Kratersee der Erde, eine 100 mal 30 km umfassende Caldera, die wie eingestanzt in den Urwäldern von Nordsumatra liegt. Jahrzehntelang war der See ein Traveller-Mythos, und er ist auch heute noch ein malerisches, aber risikoreiches Reiseziel, denn der Vulkan ist nach wie vor sehr aktiv. Die lebensfrohen Batak leben trotzdem in der Region und bieten jedem, der ihre gefährliche Heimat besucht, einen herzlichen Willkommensgruß (und einen Palmwein oder zwei) an.

789 LAKE EYRE, AUSTRALIEN

Manchmal ist der Lake Eyre Australiens größter See. Und dann ist er wieder komplett verschwunden. So groß sind die Schwankungen in dieser riesigen – wahlweise überfluteten oder verdorrten – Salzpfanne im nördlichen Südaustralien. Sie erstreckt sich über 9690 km², was in etwa dem Gebiet der Niederlande entspricht, und ist in der Regel staubtrocken und salzverkrustet, eine gewaltige Ödnis. Doch sobald es regnet, erwacht sie zum Leben: Eine blaue Wasserzunge sickert quer durch die Wüste im Outback, Zugvögel machen Rast, winzige Shrimps schlüpfen und die geduldigen, wenn auch selten geforderten Mitglieder des Lake Eyre Yachtclub setzen die Segel.

Der Garten des Teufels? Nein, ganz falsch, hier liegt das Paradies: Plitvicer Seen

790 PLITVICER SEEN, KROATIEN

Kroatiens kostbares Netz aus 16 miteinander durch Wasserfälle verbundenen Seen steht auf der Liste des Unesco-Weltnaturerbes. Die Plitvicer Seen sind auch als „Teufelsgarten" bekannt, denn der Sage nach wurde die Gegend einst von der Schwarzen Königin – nach einer langen Dürrezeit und zahllosen Gebeten der Menschen um Regen – von einer großen Flut heimgesucht. Die Landschaft ist durchzogen von Kalkstein- und Travertinhöhlen, und dichte Wälder drängen sich an den Ufern der oberen Seen.

SEEN MIT TIEFGANG

GEISTERSTÄDTE ZUM GRUSELN

An diesen unheimlichen, verlassenen Orten lässt sich gut über Vergänglichkeit nachdenken. Wenn die Geister es zulassen ...

791 PRYPYAT, UKRAINE

Ein Riesenrad, das sich drohend über der verfallenen Stadt erhebt. Autoscooter, aus denen Unkraut wächst. Undichte Dächer und abblätternde Farbe an den Hauswänden. Verrostete Autos und verlassene Züge. Ja, Sie sind in der Sperrzone rund um den Ort der Reaktorkatastrophe von Tschernobyl. Prypyat, einst sowjetische Vorzeigestadt, symmetrisch angelegt, mit breiten Boulevards, wurde für die Arbeiter des Kernkraftwerks in Tschernobyl gebaut und hatte einmal 50 000 Einwohner. Sie wurden innerhalb von zwei Tagen nach der Reaktorexplosion 1986 evakuiert, bei der ein Schauer radioaktiver Stoffe auf die Umgebung niederging. Für Unerschrockene gibt es Touren durch die verlassene Stadt.

792 PYRAMIDEN, SVALBARD, NORWEGEN

Was Geisterstädte anbelangt, so gibt es wohl nur wenige, in denen man einem Eisbär oder Rentier auf den leeren Straßen begegnet, ganz zu schweigen davon, dass man dort den nördlichsten Flügel der Welt findet. Pyramiden auf Spitzbergen wurde 1927 von Schweden an eine russische Bergbaugesellschaft verkauft und in eine sowjetische Musterstadt verwandelt. Als die Kohle in den 1990er-Jahren abgebaut war, gab die Bergbaugesellschaft das Werk überstürzt auf – so überstürzt, dass vieles in der Stadt zurückblieb. In der Bibliothek stehen noch Bücher in den Regalen, und Schaukeln baumeln auf den Spielplätzen. Wegen der extremen Kälte wird die eingefrorene Stadt wohl noch auf Jahre hin in diesem Zustand bestehen bleiben.

793 PLYMOUTH, MONTSERRAT, KLEINE ANTILLEN

Montserrat war einmal eine Postkartenidylle – klares Wasser, weiße Strände und eine entspannte Stimmung, die Traveller aus aller Welt anzog. Dann explodierte im Sommer 1995 die Kuppe des lange inaktiven Vulkans Soufrière Hills in einer gewaltigen, gasförmigen Eruption und machte den Tourismus mit einem Schlag zunichte. Plymouth, die Inselhauptstadt, versank unter einer Ascheflut und wurde augenblicklich zur Geisterstadt. Sie bleibt verloren, doch die Insel bietet weiterhin herrliche Tauch- und Segelgründe sowie die Gelegenheit, das als „modernes Pompeiji" bekannte Plymouth zu durchstreifen.

794 SILVERTON, AUSTRALIEN

In den 1880er-Jahren war Silverton eine boomende kleine Silberbergbau-Stadt. Es gab dort ein eigenes Footballteam, eine Zeitung und einen Jockey Club, aber Silverton war erledigt, als im nahegelegenen Broken Hill neue Silberminen erschlossen wurden. Die meisten Bewohner zogen weiter und nahmen ihre Stadt buchstäblich mit, auch ihre Häuser. Heute ist nur noch ein Bruchteil der Gebäude des einstigen Silverton erhalten, darunter so interessante wie ein Hotel und das Gefängnis. Da ringsum nur kahles rotes Land liegt, ist die Stadt ein Traum für Filmlocationscouts; unter anderem in *Mad Max 2* und in *Priscilla, Königin der Wüste* ist sie zu sehen.

795 CRACO, ITALEN

„Baut euer Haus nicht auf Lehm" – so könnte die Moral der Geschichte von Craco lauten, einem mittelalterlichen Bergstädtchen in Süditalien. Zwar überdauerte es Jahrhunderte, bevor die Grundmauern durch Erdbeben erschüttert wurden. Die Bevölkerung war da schon durch Krieg und Auswanderung zusammengeschmolzen, doch Mitte des 20. Jhs. erhöhten Erdstöße die Instabilität der auf Lehm gebauten Fundamente. Eine rasch errichtete Stützmauer verschlimmerte die Situation, denn sie hielt das Wasser zurück, wodurch der lehmige Boden austrocknete und zu Erdrutschen neigte. Die Bewohner zogen hinunter ins Tal, und Craco wurde zu einem einsamen, bröckelnden Wächter oben auf dem Berg.

UGO MELLONE / CORBIS

279

Craco und seine Lektion für alle Zeiten: nie auf lehmigem Grund bauen

Bodie in Kalifornien ist so gruselig, dass man meinen möchte, sogar die Ruinen zwinkern einem zu.

796 BELCHITE, SPANIEN

Das Dorf in der spanischen Region Zaragoza wurde im Spanischen Bürgerkrieg 1937 im Kampf zwischen faschistischen und kommunistischen Einheiten zerstört. Später wurde ein neues Dorf neben den Ruinen erbaut. Das Gerippe der Kirche, in die man von außen hineinsehen kann, dominiert die zerstörten Gebäude

mit Einschusslöchern, aber viele Ortsteile sind auch wegen Einsturzgefahr gesperrt. Das Dorf wurde zum Gedenken an den Bürgerkrieg erhalten.

797 GRYTVIKEN, ANTARKTIS

South Georgia Island, das in der tosenden See des Südatlantik nahe

der Antarktis den Stürmen trotzt, wirkt nicht gerade so, als könnte man hier gute Geschäfte machen. Dennoch erlebte die Insel mehrere Besiedlungswellen. Die ersten Robbenjäger im 19. Jh. jagten dort so lange, bis sie alle Tiere erlegt hatten, und verließen dann die Insel. Anfang des 20. Jhs. etablierte sich eine Walfänger-Gemeinde in Grytviken, und sägte sich wiederum den Ast ab, auf dem sie saß: Die

DOUGLAS STEAKLEY / LONELY PLANET IMAGES

798 BODIE, KALIFORNIEN, USA

Dieses durchaus lebendige Geisterstädtchen zählt Hunderttausende Besucher pro Jahr. Es ist auch ein Prachtexemplar seiner Gattung, da sich die Gebäude in einem Zustand „aufgehaltenen Verfalls" befinden – seit den 1940er-Jahren sieht hier ein Verwalter nach dem Rechten, daher wurde der Ort nie geplündert und verwüstet. Bodie wurde Knall auf Fall verlassen, nachdem der kalifornische Goldrausch abebbte. Einst war es ein aufstrebender Ort mit mehr als 10 000 Einwohnern, doch als die Goldminen erschöpft waren, zogen die Leute fort. Heute kann man durch diese Zeitkapsel des Wilden Westens mit echtem zeitgenössischen Inventar spazierengehen.

Wale wurden nahezu ausgerottet und die Station in den 1960er-Jahren verlassen. Auf einer Bootstour können Sie den verrosteten Überresten (und dem Grab des Antarktikforschers Shackleton) einen Besuch abstatten.

799 REAL DE CATORCE, MEXIKO

„Adlernest" wird die einstige Bergwerksstadt Real de Catorce auch genannt – was etwas griffiger klingt als „Königliche Minen Unserer Lieben Frau von Guadelupe von den Vierzehn Pappeln", der eigentliche Name. Diese Beinahe-Geisterstadt liegt atemberaubend auf den Ausläufern der Sierra Madre Oriental und war bis Anfang letzten Jahrhunderts eine wohlhabende Silberbergbau-Gemeinde. Bis vor Kurzem war sie fast verlassen, die Straßen gesäumt von verfallenen Gebäuden, die Mine eine Ruine. In den 1970er-Jahren wurde sie für ihren Peyote bekannt und von Meskalin-Pilgern besucht. Mittlerweile steigt die Bevölkerung wieder, wenn Sie also den Ort noch als Geisterstadt mit verlassenen Gebäuden, Ruinen und im Wind knarrenden Türen erleben wollen, dann sollten Sie sich beeilen.

800 SEWELL, CHILE

Diese „Stadt der Stufen" hoch in den Anden mit ihren schwindelerregenden Straßen und pastellfarbenen Art-déco-Gebäuden, sieht so malerisch aus, dass man am liebsten hinziehen würde. Sie wurde 1905 für Arbeiter der El-Teniente-Kupfermine gebaut und nach dem Manager der amerikanischen Bergbaugesellschaft benannt. Als der Kupferboom vorüber war, siedelte das Unternehmen die Bewohner unten im Tal neu an. Ende der 1970er-Jahre war für Sewell die Zeit als lebendige Gemeinde vorbei. Die Stadt wurde 2006 auf die Liste des Unesco-Weltkulturerbes gesetzt.

GEISTER-STÄDTE ZUM GRUSELN

SONDERBARE STUFEN UND TREPPEN

Welt ist voller seltsamer Wege nach oben – von verhexten Wendeltreppen bis zum Stufen-Kalender.

801 SKLAVENHAUS, ILE DE GORÉE, SENEGAL

Nie gab es eine größere Diskrepanz zwischen den Geschicken oberhalb und unterhalb einer Treppe. Auf der vom Atlantik umtosten Insel

vor der Küste der senegalesischen Hauptstadt Dakar trennten die unscheinbaren Stufen jenes verfallenen, ehemals holländischen Kolonialhauses die Menschenhändler von den Sklaven darunter. Die Privilegierten konnten auf die eingekerkerten Männer,

Frauen und Kinder, die zu je 20 in einer 2,6 m² großen Zelle gefangen gehalten wurden, hinunterblicken und überlegen, welche von ihnen sie auswählen und in die Sklaverei verschiffen sollten. In den dunklen, stinkenden Eingeweiden unten im Haus wurde die menschliche Fracht

RICHARD I'ANSON / LONELY PLANET IMAGES

Waschtag an den heiligen Ghats am Flussufer: wo das Leben gedeihen kann ... und endet.

durch einen Gang direkt zum Meer geführt: das „Tor ohne Wiederkehr".

Schwarzweißbilder sind ein Meilenstein der Filmgeschichte.

ausruhen. Man darf hier nur nicht sein Picknick ausbreiten: Das Essen auf dieser einzigartigen Freitreppe ist streng verboten.

802 POTEMKINSCHE TREPPE, ODESSA, UKRAINE

Diese breite, gedrungene Freitreppe, die von den großen Plätzen dieser selbsternannten „Stadt der Helden" zu ihrem Hafen am Schwarzen Meer hinunterführt, ist weit mehr als ein Verkehrsweg. Zunächst einmal ist sie eine optische Täuschung – wenn Sie von unten die 192 Stufen hinaufblicken, dann erscheint Ihnen die ganze Treppe viel länger – ein Phänomen architektonischer Perspektive. Und sie ist ein Symbol: 1905 verwüstete eine Schlacht zwischen zaristischen Truppen und meuternden Matrosen Odessa, und der Stummfilm *Panzerkreuzer Potemkin* des Regisseurs Sergej Eisenstein wählte sie als Schauplatz für seine Darstellung von Tod und Zerstörung. Die erschütternden

803 SPANISCHE TREPPE, ROM, ITALIEN

Eine Spanische Treppe, die zu einer französischen Kirche in der italienischen Hauptstadt führt, daneben ein Haus, in dem ein englischer Dichter starb – dieser malerische Aufgang mit 137 Stufen aus dem 18. Jh. ist seit jeher ein Ort, an dem sich die Kulturen vermischen. Und das bis heute: Auf der majestätischen Piazza di Spagna drängen sich Straßenhändler aus aller Welt sowie Touristen, die Münzen in die Fontana della Barcaccia werfen, und dem Keats-Shelley-Haus (Keats' letzter Aufenthaltsort, heute ein Museum) einen Besuch abstatten, zur prächtigen Renaissance-Kirche Trinità dei Monti hinaufsteigen oder einfach nur auf den Stufen

805 MIRABELL-GARTEN, SALZBURG, ÖSTERREICH

Venus, Vesta, Minerva, Juno ... Liesl, Marta and Fräulein Maria – in diesem herrlichen Barockgarten wandeln sie alle – im Geiste zumindest. Statuen antiker Götter und Göttinnen stehen anmutig neben Blumenrabatten in diesem wunderschön angelegten Park, aber die Magie des Films *The Sound of Music* zieht Fans von Julie Andrews zu dem kleinen cremefarbenen Treppenaufgang von Schloss Mirabell, um dort auf den Stufen rasch „Do-Re-Mi" zu trällern. Anschließend empfiehlt sich ein Spaziergang durch das Heckenlabyrinth und ein Besuch im Zwergelgarten mit seinen grässlichen und grotesken Statuen aus dem 18. Jh. – für die angeblich echte Personen aus der Zeit Modell standen, die vom Schicksal mit einer Missbildung geschlagen waren.

804 GHATS, VARANASI, INDIEN

Varanasi ist einer der farbenprächtigsten, chaotischsten Orte der Welt – aber keiner für Zartbesaitete. Gläubige verrichten ihre Gebete, Jungen werfen Cricketbälle, alte Männer kauen blutrote Betelnüsse und Frauen waschen ihre leuchtend bunten Saris: Die Ghats von Varanasi – etwa 80 Ufertreppen, die zum Ganges hinunterführen – sind in der heiligsten Stadt des Hinduismus Plätze, an denen sich alles Leben abspielt. Sie bieten Badenden Zugang zum Wasser, führen hinauf zu den Palästen und Tempeln, sind Feierstätten für rauschende Feste. Auf ihnen findet das Leben aber auch sein Ende: Einige Ghats sind als Bestattungsorte reserviert, wo Leichen auf Holzfeuern verbrannt werden – vielleicht eine makabre Szene, aber für Hindus eine verheißungsvolle Abschiedszeremonie.

806 TREPPE ZUM MOND, BROOME, WESTAUSTRALIEN

Wenn der Vollmond über dem feuchten Watt von Roebuck Bay aufsteigt, dann erscheint eine leuchtende Treppe zum Himmel. Zumindest mutet es so an, wenn sich sein Licht auf dem Sand spiegelt und als glänzende Stufen in den Himmel führt. Das geschieht von März bis Oktober in drei Nächten pro Monat. Wenn Mutter Natur ihr Lichtkunstwerk darbietet, gibt es am Strand einen „Vollmondmarkt", wo sich

283

Die Tulpentreppe: prächtig genug für Königinnen, Könige ... und Gespenster

Besucher mit Essen verwöhnen lassen dürfen. Das Watt wiederum versorgt andere Besucher mit Nahrung: 150 000 Vögel fliegen alljährlich hier ein und machen den Strand zu einem der wichtigsten Vogelparadiese weltweit.

807 EL CASTILLO, CHICHÉN ITZÁ, MEXIKO

Für die Maya waren einfache Tischkalender keine Option – sie mochten ihre astronomischen Zeitmesser groß und auffällig. Der Tempel von Kukulcán – oft El Castillo, die Burg –genannt, besteht aus einer 24 m hohen Stufenyramide mit einem Tempel auf der Spitze, mitten im Urwald von Yucatán. Mit 365 Stufen (eine für jeden Tag des Jahres) auf allen vier Seiten, ist er ein steinernes Tagebuch, das bei jeder Tag-und-Nacht-Gleiche voll zur Geltung kommt: Dank der raffiniert berechneten Größe, Neigung und Ausrichtung wirft die Sonne an diesen beiden Tagen einen die Stufen hinauf mäandernden Lichtbalken auf die Treppe, der aussieht wie eine Schlange, die zum Tempel oben auf der Spitze hinaufkriecht.

809 TULPENTREPPE LONDON, ENGLAND

Diese Wendeltreppe mit ihrem blumenverzierten Eisengeländer wurde für eine Königin erbaut, die sie zu Lebzeiten gar nicht mehr hochsteigen konnte. Die Treppe zählt zur Originalausstattung von Queen's House in Greenwich. Entworfen wurde die Konstruktion für die Frau Jakobs I. Anfang des 17. Jhs. von Inigo Jones, der von seinen Reisen durch Europa frisch inspiriert war und die erste geometrische, selbsttragende Wendeltreppe Englands baute. Heute liegt allerdings ihr Reiz eher in ihrem Mysterium als in ihrer Bauweise: ein unscharfer Schnappschuss aus den 1960er-Jahren zeigt scheinbar eine gespenstische Gestalt, die die Stufen hinaufsteigt. Oder ist es einfach nur ein schlechtes Foto? Das Rätsel bleibt ungelöst.

triumphierend die Arme emporriss, tun ihm das jetzt Legionen von Fans nach. Genießen Sie von der Treppe oben die Aussicht auf die Wolkenkratzer der Stadt und besuchen Sie das Museum, das eine der besten Sammlungen in den USA beherbergt. Und wenn Sie Rocky höchstpersönlich begegnen wollen: Am Fuß der Treppe steht eine Bronzestatue des Boxers, ein Requisit aus *Rocky III*.

Picchu – dieser weltberühmten Pyramidenspitze, die auf jeder Postkarte von Machu Picchu zu sehen ist – emporschlängeln, ist nur etwas für besonders Mutige. An manchen Stellen steigt diese Treppe praktisch vertikal an, die Stufen sind schmal und niedrig und fallen seitlich steil ab in die Tiefe. Der Aufstieg zur Spitze, 350 m über den Ruinen selbst, ist mühevoll und haarsträubend, doch zur Belohnung hat man von ganz oben die beste Aussicht auf die grandiose untergegangene Stadt.

808 PHILADELPHIA MUSEUM OF ART, PENNSYLVANIA, USA

Eher Metapher für den Triumph des Underdogs als eine schlichte Treppe ist der Aufgang zu Philadelphias romanischem Kunsttempel: Sylvester Stallone machte sie unsterblich gemacht. So wie Rocky Balboa im Trainingsanzug schweißüberströmt die Stufen hinaufjoggte und oben

810 INKA-TREPPE, HUAYNA PICCHU, PERU

Um Gesundheits- und Sicherheitsvorkehrungen scherten sich die Inka kein bisschen. Ihre erstklassige mörtellose Bauweise brachte eine Unmenge grandioser Gebäude hervor, doch die uralten Steintreppen, die sich an den Seiten des 2700 m hohen Huayna

SONDERBARE STUFEN UND TREPPEN

KITSCHIGER GEHT'S NICHT!

Herr Schräg und Frau Schrill ziehen alle Register und die Geschmacklosigkeit beleidigt das Auge wie eine lärmende Blaskapelle das Ohr.

811 LEDERHOSEN, DEUTSCHLAND/ÖSTERREICH

Viele außerhalb der deutschsprachigen Länder wagen zu bezweifeln, dass Lederhosen ein Symbol der Männlichkeit sind. Diese kunstvoll bestickten Dreiviertelhosen, meist aus Elch-, Ziegen-, Kalbs- oder Schweinsleder, kamen im 18. Jh. auf und waren bevorzugtes Kleidungsstück der strammen bayerischen Bergbewohner, die zugleich eine Schwäche für lederne Hosenträger hegten. Auf historischen Fotos aus der Zeit sieht man, dass diese Lederhosen tatsächlich ziemlich attraktiv aussehen konnten, allerdings vorwiegend dann, wenn sie die athletische Figur ihres Trägers herausstellten. Heutzutage hilft man nach und kauft in Trachten- und Lederhosengeschäften Wadenpolster für „stramme Wadln", womit auch die mickrigsten Beine männlich-muskulös wirken.

812 BLACKPOOL ILLUMINATIONS, ENGLAND

Die Queen unter Englands Vergnügungsresorts am Meer ist zweifellos Blackpool. Die Stadt scheut keine Anstrengung, ihren Platz als zweithäufigstes Reiseziel des Landes nach London zu verteidigen. Dass sie dabei protzig, kitschig und auch ein wenig schäbig daherkommt, kümmert sie nicht, denn ihre 16 Mio. Besucher pro Jahr stören sich schließlich auch nicht daran. Blackpool ist berühmt für seinen Fernsehturm, die drei Piers, den Vergnügungs-Strand und seine Illuminationen, eine erfolgreiche Strategie, um die kurze Sommersaison auszudehnen. Von Anfang September bis Anfang November werden 8 km der Promenade mit Tausenden Glüh- und Neonlampen beleuchtet. Dieses billig-fantastische Lichterwerk in seiner ganzen Länge entlangzuschlendern wird Ihnen ein Lächeln auf die Lippen zaubern.

813 COSPLAY PUBS, TOKIO, JAPAN

Wenn man sich gern als Schulmädchen oder als Figur aus *Dragon Ball* verkleidet oder eine Hello-Kitty-Tasche für das ultimative Accessoire hält, dann ist man in Tokio, der Hauptstadt der Kostümierungs-Szene, in einem der zahlreichen Cosplay Pubs (Kurzform für Costume Play) gut aufgehoben. Dort werden die Stars aus Manga, Graphic Novels, Video Games und Anime mit kunstvollen, detailgetreuen Verkleidungen zum Leben erweckt. Der Akihabara-Distrikt ist das Tor in eine Welt, wo blauhaarige, silbergekleidete und ernst dreinblickende Comic-Krieger an ihrem Bier nippen und versuchen, mit ihrer Kostümierung einander auszustechen. Derweil spielen zuckersüße Püppchen Kleine-Mädchen-Spiele und klimpern mit ihren Bambi-Wimpern.

814 BOLLYWOOD-FILMPLAKATE, BOMBAY, INDIEN

Indiens Filmbranche ist nicht nur die älteste und größte der Welt, sie brachte auch einige der charmant-kitschigsten Momente hervor, die je auf Zelluloid gebannt wurden. Natürlich spiegeln auch die Werbeplakate für Bollywood-Filme den bombastischen Kitsch des Filmbetriebs wider. Bis vor ein paar Jahren wurden die Plakate in jeder Stadt von örtlichen Künstlern unterschiedlichen Talents von Hand gemalt, sodass die Filmstars bisweilen nicht wiederzuerkennen waren. Nach Einführung digitaler Bildwiedergabe wurden diese handgemalten Plakate als Kunstwerke eingestuft und hängen in Ausstellungen von London bis Mailand.

815 RUSSIAN KITSCH, ST. PETERSBURG, RUSSLAND

Erlesene falsche Pracht prangt in jedem Winkel dieses Restaurants auf der Insel Vasilievsky – ein augenzwinkernder Seitenhieb auf Russlands (Neu-)Reiche und Berühmte. Grüner Marmor, vergoldete Bronzen, Blumengirlanden, Deckengemälde, zierliche Sofas und eine Galerie nackter Büsten – alles, was einem zum Thema Opulenz und Dekadenz einfällt, gibt es im Restaurant Russian Kitsch in Hülle und Fülle. Trotz der übertriebenen Pracht ist die Stimmung dort echt relaxed – und der Wodka hat es in sich. Die Speisekarte spiegelt die Absurdität des Dekors wider, es gibt seltsame Gerichte, etwa mit Pistazien eingelegten Hering.

816 DOM VON SIENA, ITALIEN

Keine Frage, der Dom von Siena wirkt erhaben. Die Gewölbe, innen wie das Firmament blau mit goldenen Sternen bemalt, verzaubern, und die Statue Johannes des Täufers ist ein erlesenes Werk der Bildhauerkunst. Nur wirkt alles ein wenig überladen. Das Zebrastreifen-Motiv aus schwarzem und weißem Marmor an der Außenfassade setzt sich an den Säulen im Innenraum fort. Dazu die überbordend verzierte Marmor- und Porphyr-Kanzel von Pisano und ein reich intarsierter Marmorfußboden. Man weiß gar nicht, wo man zuerst hinsehen soll, aber nach einer Weile will das Auge sich erholen. Dann wandert der Blick Ruhe suchend hinauf zum gefakten Sternenhimmel, der in seiner Pracht das Original verblassen lässt.

817 TIKI TI, LOS ANGELES, KALIFORNIEN, USA

Keine Kitschliste ist komplett ohne Tiki-Bar. Und diese Miniaturversion in L.A. ist definitiv das Nonplusultra des Polynesian-Pop-Genres. Tikis und Tiki-Memorabilia, wohin das Auge blickt! Außerdem gibt es ein Drinks Wheel, das man kreisen lässt, wenn man sich nicht entscheiden kann, was man bestellen soll. Auf der Karte stehen 92 tropische Cocktails. Zwei Generationen von Barkeepern arbeiten hier hinter dem Tresen: Der Besitzer, Ray Buhen, eröffnete die Bar 1961, und mittlerweile schmeißen sein Sohn und sein Enkel den Laden. Quetschen Sie sich rein und probieren Sie ihre Mixturen. Wenn Sie den Uga Buga bestellen, dann brüllen Ihnen alle Gäste ausgelassen „Uga Buga" entgegen. Probieren Sie es mal aus! Macht großen Spaß!

818 GRŪTAS-PARK, DRUSKININKAI, LITAUEN

Der Grūtas-Park ist ein makaberes, vor Sarkasmus triefendes Museum mit Themenpark, das die sowjetische Besatzung Litauens thematisiert. Angeschlossen ist ein Skulpturengarten mit ausgedienten Statuen früherer Sowjetgrößen, dazu gibt es Nachbildungen von Gulags, inklusive Elektrozaun und hölzernen Wachtürmen. Es gab Pläne, die Besucher mit Viehwaggons an einem Bahnhof abzuladen, doch nach erbitterten öffentlichen Protesten sah man davon ab. Gelegentlich finden Reenactments von Stalin-Reden statt, dazu gibt es Auftritte sowjetischer Pioniere, die in Liedern die Ruhmestaten der Arbeiterklasse feiern, und Lenin wird dargestellt, wie er am Flussufer sitzt und angelt.

819 MAO-MEMORABILIA, SHANGHAI, CHINA

Dem Vater der Kulturrevolution kann man auch im heutigen China kaum entrinnen. Überall sieht man sein Konterfei: auf Schlüsselanhängern, Aschenbechern, Armbanduhren und Ringen, auf Feuerzeugen, Thermometern, Handtüchern und sogar auf Jo-Jos. Man kann sogar Mao-Figuren kaufen, die im Dunkeln leuchten. Mao-Souvenirs können ein originelles Mitbringsel sein, aber in China selbst sollte man damit diskret umgehen – noch immer weckt Mao dort tiefsitzende Emotionen, sowohl bei seinen treuen Anhängern als auch bei den Traumatisierten.

820 GROTTENBAHN, LINZ, ÖSTERREICH

Zwerge sind der Gipfel des Kitsch, und in der Grottenbahn am Pöstlingberg bei Linz findet man Heerscharen von ihnen. In dem seltsamen kleinen Märchenpark fahren Sie in einem Drachenzug an Zwergen in allen Lebenslagen vorbei, außerdem an funkelnden Stalaktiten, an Bewohnern des Waldes und Figuren aus den Märchen der Gebrüder Grimm. Wenn Sie dann aus der Bahn aussteigen, erwarten Sie lebensgroße Szenen aus bekannten Märchen. Alles wirkt etwas mottenzerfressen und unheimlich (vielleicht liegt es an den ausgestopften Katzen?). Dieser Märchenpark wird es sicher nicht auf die Hitliste österreichischer Sehenswürdigkeiten schaffen. Aber wenn Sie Zwerge und Lichterketten (und ausgestopfte Katzen) lieben, dann ist die Linzer Grottenbahn genau das Richtige für Sie.

DIE LEHRREICHSTEN ARBEITSPLÄTZE

Sehen Sie im Urlaub anderen bei der Arbeit zu und lassen Sie sich die Augen öffnen – von Salzschürfern und Schreinern, die Särge in Autoform bauen.

Die Gerbereien von Fès sehen vielleicht hübsch bunt aus, aber sie stinken zum Himmel.

KRISTIN PILJAY / LONELY PLANET IMAGES

821 COLCHANI, SALAR DE UYUNI, BOLIVIEN

Für die *campesinos* (Bauern) von Colchani ist Salz ihre Erde. Sie schuften auf den sich scheinbar ins Unendliche erstreckenden Weiten der hoch gelegenen Salzpfannen von Salar de Uyuni. Das ausgetrocknete Bett eines einstigen Sees bildet die größte Salzfläche der Welt. Hier kratzen die Einheimischen ihren Lebens-unterhalt in Form von Salz zu kleinen, pyramidenförmigen Haufen zusammen, bevor sie zur Weiterverarbeitung abtransportiert werden, oder tauschen sie ein für Wolle und Fleisch. Den kunstferti-geren dieser Salzschürfer kann man bei Bloques de Sal, einer kleinen Kooperative in der Nähe, zusehen, wie sie originelle Statuen und sogar Möbel aus den funkelnden Salzblöcken herstellen.

822 TABAKFELDER, VIÑALES, CUBA

Der beste Tabak der Welt stammt wohl aus dem grünen Viñales-Tal – einem Arbeitsplatz wie vor 100 Jahren mit gepflegten Feldern, Ochsenpflügen und schlichten Bauernhäusern, die verstreut zwischen den Kalksteinfelsen Westkubas liegen. Plantagenbesuche können von *casas particulares* (Privatzimmer bei Einheimischen) organisiert werden. Fahren Sie auf klapprigen Fahrrädern über die Tabakfelder oder wandern Sie dort während der Winter-/Frühlingsernte und sehen Sie den Pflückern bei der Arbeit zu. In der Manufaktur Pinar del Ríos Francisco Donatien kann man die Herstellung verfolgen, vom Entbündeln der Tabakblätter bis hin zu den gerollten, gepressten und verpackten fertigen Zigarren.

823 GERBEREIEN, FÈS, MAROKKO

Die erste Herausforderung besteht darin, das faszinierende Viertel der Gerber zu finden – die alte Medina von Fès ist ein Labyrinth aus 9400 schmalen und verschlungenen Gassen: Man verirrt sich unweigerlich. Aber folgen Sie einfach Ihrer Nase, dann können Sie die Gerbereien nicht verfehlen. Hier gerben und färben Männer Leder wie vor 7000 Jahren: In eine bunte Palette von Wannen aus Ziegelstein werden die Häute getaucht, bevor sie zu Pouffes, Taschen und Babouches verarbeitet werden, von denen die Souks überquellen. Doch die Gerberei ist ein übelriechendes Gewerbe – Rinderurin, Taubenkot und Fischöle sind nur einige der Zutaten, die dem Gerbbad hinzugefügt werden.

824 TSUKIJI-FISCHMARKT, TOKIO, JAPAN

Der frühe Vogel fängt den Fisch – auch auf dem großen Tsukiji-Fischmarkt in Tokio. Um 5.30 Uhr beginnt in diesem Komplex alter Lagerhallen die Thunfischauktion. Professionelle Käufer begutachten das Angebot und probieren vielleicht ein Stückchen, bevor sie erbittert für die begehrten Stücke bieten – die besten Filets kosten 60 000 US-Dollar pro Stück. Im Großhandelsbereich warten Wassertanks mit tentakelreichen und glitschigen Spezies auf Restaurantbetreiber, die sich auskennen; die weniger Fischkundigen sollten jedoch die Außenbereiche des Markts ansteuern, wo kleine Imbissbuden das – erwartungsgemäß – frischeste Sushi-Frühstück der Welt anbieten.

825 TESHI HIGH STREET, ACCRA, GHANA

Baseball-Schuhe, Kakaobohnen und Flugzeuge – alle etwa in der Größe eines Menschen und aus Holz gefertigt – säumen die Hauptstraße von Teshi, einem staubigen Vorort der Hauptstadt Accra. Diese kunterbunte Sammlung – darunter auch Colaflaschen, Cadillacs, Ananas, Bibeln – dient einem makabren Zweck: Es sind Särge, die Verstorbene im Stil ihres vergangenen Lebens ins Jenseits transportieren sollen. Eine Näherin hat vielleicht einen Sarg in Form eines Nähmaschinenkastens, ein Journalist in Form eines Kugelschreibers. Der Trend begann in den 1950er-Jahren, und ein Blick in die Manufakturen von Teshi zeigt, dass es nichts gibt, was diese Sargschreiner hier für ein originelles Begräbnis nicht zimmern könnten.

826 BONDI BEACH, SYDNEY, AUSTRALIEN

Typisch australisch wie eine Dose Foster's Bier sind auch die rot-gelben Badekappen der Surf Lifesavers, die im Land als Helden gelten. Alles begann 1907 am Bondi Beach in Sydney – oder war es im benachbarten Bronte? Die beiden Stadtstrände kämpfen seither um den Titel der besten Surf Lifesavers der Welt, aber das ist Außenstehenden egal – sie sind dankbar, dass diese durchtrainierten Lebensretter an den Stränden des wilden Pazifiks patrouillieren. Aber was für ein toller Arbeitsplatz! Bronte ist mit seinen Norfolk Island Pines und Sandsteinfelsen ein wahres Naturidyll, Bondi Beach hingegen verspricht mit seinen vielen Bars und Beautiful People Strandvergnügen pur und ist Kult wie die Surf Lifesavers selbst.

827 HUTMACHER-WERKSTÄTTEN, CUENCA, ECUADOR

Ecuadors Hutmacher haben allen Grund, verärgert zu sein. Denn der sogenannte Panamahut ist nämlich gar nicht aus Panama, sondern das Werk kunstfertiger Weber weiter im Süden, wo das besondere Stroh, das man für die Hüte verwendet, angebaut wird. In der Stadt Montecristi werden die erlesensten „Panamas" gefertigt, doch das in den Bergen gelegene Cuenca – das auf der Unesco-Weltkulturerbe-Liste steht, produziert die meisten Hüte – und es ist ein hübscherer Ort. Inmitten dieser Ansammlung von Kolonialstil-Villen und herrlichen Kirchen findet man die Werkstätten wahrer Meister: Sie fertigen frühmorgens und spätnachmittags, wenn das Stroh formbarer ist, die weltberühmten *superfinos* – Hüte, so fein gewebt, dass sie zusammengerollt durch einen Ehering passen und danach faltenlos sind.

828 GLASWERK-STÄTTEN, MURANO, VENEDIG, ITALIEN

Rauschende Öfen, klingende Werkzeuge, rotglühende Glasmasse, die von kunstfertigen Händen geformt wird ... In den Werkstätten von Murano herrscht rege Geschäftigkeit – an der hat sich seit Jahrhunderten wenig geändert. Die Hütten auf der Insel, eine Spritztour im *vaporetto* (Motorboot) von Venedig entfernt, fertigen seit 1291 Glaskunst; heute gelten die Glaswaren aus Murano als die besten der Welt. *Smalto* (emailliertes Glas), *millefiori* (vielfarbiges Glas), Glasperlen, Schüsseln, Vasen, Pferdchenfiguren – alles wird hier unter dem Markennamen „Vetro Artistico Murano" hergestellt. Die Läden sind voll mit zierlichen Glasgegenständen, doch viel interessanter ist es, einem Glasbläser zuzusehen, wie er einen glühenden, geschmolzenen Klumpen in etwas Wunderschönes verwandelt.

Wo Arbeit zum Surf-Vergnügen wird: Bondi Beach.

829 DHOW-WERFTEN, SUR, OMAN

Die Stadt Sur lebt seit jeher vom Meer. Im 18. und 19. Jh. legten hier mehr als 150 Boote täglich an, und Handelsschiffe brachten Ware nach Indien und Ostafrika. Viele der hier gebauten Schiffe waren Dhows, wendige Holzboote mit großen, dreieckigen Segeln. Obgleich sie mittlerweile von modernen Schiffen verdrängt werden und mit Außenbordmotoren im Hafen tuckern, zimmern Bootsbauer noch immer die traditionellen Dhows. Statten Sie frühmorgens der Werft einen Besuch ab, wenn hier, am östlichsten Punkt Arabiens, der Sonnenaufgang die Gerüste halbfertiger Boote in sein warmes Licht taucht.

830 RAILWAY WORKSHOP ROAD, RAWALPINDI, PAKISTAN

Die Schwerlaster, die Pakistan befahren, sind nicht einfach nur LKW – nein, es handelt sich um automobile Kunstwerke, die tagtäglich für eine originelle Truck-Revue auf dem Karakoram Highway sorgen. Diese legendäre Straße Richtung Norden nach Kashgar in China wäre definitiv langweiliger, gäbe es nicht die Meister bei Railway Workshop Road, einem Zentrum für LKW-Verschönerung. Die Handwerker hier nehmen einen schlichten Bedford und schweißen dekorative Extras daran, bemalen ihn mit Blumen, schönen Frauen, islamischen Texten und applizieren so viele klimpernde Accessoires, wie

das Chassis trägt. Es kann ein ganzes Jahresgehalt kosten, einen einzigen Truck herauszuputzen – aber es verkündet aller Welt, dass man rundum startklar ist.

DIE LEHRREICHSTEN ARBEITSPLÄTZE

KULTPLÄTZE FÜR SPORTFANS

Ist von ihnen die Rede, senken sich die Stimmen zu ehrfürchtigem Raunen ab.
Besuchen Sie legendäre Plätze, die das Sportlerherz höher schlagen lassen.

831 ANTIKES OLYMPIA, GRIECHENLAND

Die Olympischen Spiele gehen zurück aufs antike Olympia auf der griechischen Halbinsel Peloponnes, wo sie mindestens ein Jahrtausend lang alle vier Jahre abgehalten wurden, bis Spaßverderber Kaiser Theodosius I. sie 394 v. Chr. abschaffte. Die Unesco-Weltkulturerbe-Stätte, einst von einer 12 m hohen Zeusstatue (eines der ursprünglichen Sieben Weltwunder) überragt, liegt bis heute als erkennbarer Komplex mit Tempeln, Priesterwohnungen und öffentlichen Gebäuden da. In das Stadion, das mindestens 45 000 Männern (Frauen waren nicht zugelassen) Platz bot, tritt man durch einen Torbogen. Start- und Ziellinien der 120-m-Laufstrecke und die Plätze der Schiedsrichter sind noch erhalten.

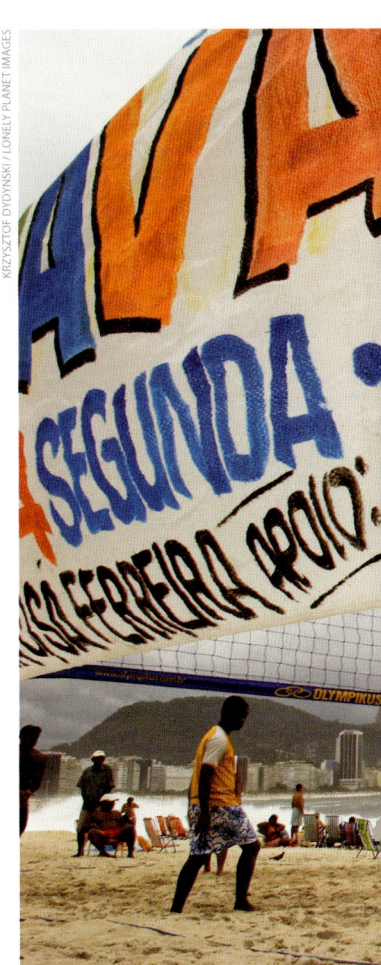

832 BEACH VOLLEYBALL, RIO DE JANEIRO, BRASILIEN

Durchtrainierte Männer in Badehose und Bikini-schönheiten, die am Strand Volleyball spielen – ein vertrauter Anblick in den aufregenden 80er-Jahren an den Stränden von Copacabana und Ipamena. Kein Wunder, dass diese Sportart einen kometenhaften Aufstieg erlebte (besonders bei den Zuschauern), nachdem sie 1996 bei den Spielen in Atlanta als offizielle olympische Disziplin debütierte – wo Brasiliens Frauenteams Gold und Silber gewannen. Das erste internationale Beach-Volleyball-Turnier hatte bereits 1986 in Rio de Janeiro stattgefunden..

833 MONT VENTOUX, FRANKREICH

Die wohl bekannteste Steigung des berühmtesten Radrennens der Welt heißt auch „Gigant der Provence". Der Mont Ventoux bekam seinen Namen vom französischen Wort für Wind – *vent*; er ist ein beeindruckender und zugleich abschreckender Gipfel, der wegen seiner Rolle in der Tour de France als Markstein für fast jeden Rennradler in Frankreich gilt. Die Tour hat den Mont Ventoux 14 Mal überquert, und Legionen von Radsportlern haben ihre Wadenmuskeln an seiner Steigung ausgetestet und trainiert – auf dem 22 km langen Anstieg um 1600 Höhenmeter ab Bedoin beträgt sie durchschnittlich etwa 7,5 Prozent. Der Rekord für die Bergstrecke liegt bei 55 Minuten 51 Sekunden, aufgestellt vom spanischen Radrennfahrer Iban Mayo im Jahr 2004.

834 BANZAI PIPELINE, HAWAII, USA

An der Nordküste der Hawaii-Insel O'ahu rollen die Wasserröhren der Banzai Pipeline rauschend auf den Strand und bilden das inoffizielle Mekka der Surfer aus aller Welt. Im Winter türmen sich 10 m hohe Wellen und schaffen mörderische Bedingungen – hier zählt man weltweit die meisten Todesopfer unter Surfern. Das Meer bricht sich an einem bedenklich seichten Riff, zugleich erfassen gefährliche Strömungen die Surfer, die sich in Scharen vor allem in den Pipes tummeln, die die Wellen bilden. Die Billabong Pipe Masters, ultimativer Surf-Wettkampf, vervollständigt hier alljährlich die World-Championships-Tour der Surfprofis.

Strandszene in Rio: Badehosen, Waschbrettbäuche und Beach Volleyball

Muay thai bietet ein Kontrastprogramm – graziöses Ballett und beinharten Kampfsport zugleich.

835 ST. ANDREWS, SCHOTTLAND

Für Golfer ist dieser älteste und berühmteste Platz der Welt wie der Heilige Gral: Hier spielt man seit dem 15. Jh., und im Jahr 1457 war der Sport anscheinend so beliebt, dass James II. ihn verbieten musste, weil seine Truppen darüber das Training im Bogenschießen vernachlässigten. Auf dem Old Course darf jeder spielen – der Platz ist öffentlich–, aber einen Termin zu bekommen ist buchstäblich wie bei einer Lotterie. Wenn man nicht Monate im Voraus bucht, besteht die einzige Chance in einer Verlosung der freien Plätze, die um 14 Uhr am Vortag jedes Spieltags veranstaltet wird.

836 SUPER BOWL, USA

Die Meisterschaft der National Football League (NFL), der „Super Bowl", ist in den USA alljährlich der Höhepunkt der American-Football-Saison. Das Finale wird jedes Jahr in einem anderen Stadion ausgetragen, und kein NFL-Team hat je auf heimischem Rasen das Endspiel bestritten. Zu diesem Spiel (entweder am letzten Sonntag im Januar oder ersten Sonntag im Februar) sind schätzungsweise 60 Prozent der Fernseher in den USA eingeschaltet. Folglich ist die Übertragung auch bekannt für die horrenden Kosten der aufwendigen Werbespots darin – 2010 kostete ein 30-Sekunden-Filmchen etwa 3 Mio. US-Dollar.

837 MUAY THAI, BANGKOK, THAILAND

Hohe Tritte und Kicks gehören ebenso zum Spektakel eines Thaiboxkampfs *(muay thai)* wie die aufpeitschende Musikbegleitung zur Eröffnungszeremonie jeder Begegnung und hektische Wetteinsätze im ganzen Stadion. Die Kämpfe sind auf fünf dreiminütige Runden beschränkt, die von zweiminütigen Pausen unterbrochen werden. Zu den üblichen Schlagtechniken gehören Fußtritte an den Hals, Ellbogenstöße ins Gesicht und an den Kopf, Kniehaken in die Rippen und tiefe Tritte ans Schienbein. Die frühesten Berichte über das Thaiboxen stammen aus dem 15. Jh.; damals kam es in den Kriegen zwischen Myanmar (Burma) und Thailand zum Einsatz.

838 AFL-FINALE, MELBOURNE, AUSTRALIEN

An einem Tag im September (meist der letzte Samstag) versinkt Melbourne im Chaos: Dann treten in der Australian Football League (AFL) die beiden besten Teams zum Endspiel gegeneinander an. Die beliebteste Sportart des Landes wurde 1858 von der damals dominierenden Cricket-Fraktion eingeführt, um ihre Spieler außerhalb der Saison fit zu halten. Das AFL-Finale wird auf dem heiligen Rasen des Melbourne Cricket Ground (MCG) ausgetragen und von dort jedes Detail und jede Schiedsrichterentscheidung rund um den Erdball übertragen.

839 GRAND PRIX, MONTE CARLO, MONACO

Entlang einiger der teuersten Straßen Europas liegen mit die vertrautesten Anblicke des Motorsports. Die Straßen des Fürstentums, das sich an Frankreichs superschicker Côte d'Azur eingenistet hat, erleben alljährlich den glamourösesten Auftritt des Formel-Eins-Zirkus, wenn beim Grand Prix du Monaco die Wagen die Hafenpromenade entlangrasen, während die privilegierten Zuschauer auf den Multimillionen-Dollar-Yachten von ihren Liegeplätzen aus zusehen. Halten Sie bei ihrem Stadtbummel Ausschau nach den vertrauten Ansichten des Grand Prix, beispielsweise dem Yachthafen oder dem Casino, oder planen sie Reisezeit (und -budget) so, dass Sie im Mai hier sind, wenn die Reichen und Schönen und die Rennwagen die Stadt unsicher machen.

840 STIERKAMPF, MADRID, SPANIEN

Den Stierkampf in seiner heutigen Form gibt es seit Mitte des 18. Jhs., was ihm das Etikett „kulturell wertvoll" sichert. Doch mittlerweile häufen sich die erbitterten Forderungen, die sogenannte Kunst des Stierkampfs ein für alle Mal zu ächten. Anhänger dieser Tradition indessen scheren sich nicht darum, dass es keineswegs ein Wettkampf auf Augenhöhe ist, denn jeder Stier wird vor einem Auftritt in der Arena körperlich geschwächt. Während der Stier von einer Horde lanzenschwingender untergeordneter Stierkämpfer angegriffen wird, konzentrieren sich die Zuschauer lieber auf die Geschicklichkeit und Tapferkeit des Matadors und seine tänzerischen Schrittfolgen. In ganz Spanien gibt es immer noch 400 Stierkampfarenen – sie sind ein Beleg dafür, dass diese Tradition trotz aller Proteste weiterlebt.

KULTPLÄTZE FÜR SPORTFANS

LASST BLUMEN SPRECHEN!

Frühlingsblüten, florale Kunstwerke, Wildblumen-
teppiche, Flowershows – an diesen Orten grünt
und blüht es am allerschönsten!

841 KIRSCHBLÜTE, KYOTO, JAPAN

Wenn die zarte Schönheit der japanischen Kirschblüte die Parks in den
Städten und die hügeligen Gegenden auf dem Land in ein duftendes
Märchenland verwandelt, dann
möchte man am liebsten Haikus
dichten. Die Kirschblüte in Japan ist
nicht nur ein botanisches, sondern
auch ein kulturelles Ereignis: Der
Frühling *sakura* (das Erblühen)
bringt diese schnell getaktete Nation
dazu, für kurze Zeit einen Gang
herunterzuschalten. Betrachten
Sie das Blütenwunder am besten
in Kyotos Maruyama-koen: Dieser
Park mit seiner Fülle an Japanischen
Zierkirschbäumen platzt aus allen
Nähten vor Besuchern, die ihre
typischen blauen Picknickplanen
und Bento-Boxen ausbreiten und
unter dem schönsten Baldachin der
Natur *hanami* feiern.

842 RIESENSEEROSE, RUPUNUNI, GUYANA

Die Seerosenblätter der *Victoria
Amazonica* – riesige grüne Tee-
tabletts auf tiefschwarzem Wasser
– haben einen Durchmesser von

3 m und sind stabil genug, ein
Kleinkind zu tragen. Doch es ist die
kurzlebige, wunderschöne Blüte, die
besonders beeindruckt. Sie öffnet
sich in der Abenddämmerung,
eine leuchtend weiße Rosette
mit intensivem Duft, der vorbei-
kommende Käfer anziehen – und in
die Falle locken – soll. Am nächsten
Abend entfaltet sich die Blüte erneut,
diesmal pinkfarben und ohne
Duft, und lässt die pollenbedeckten
Käfer frei, bevor sie untergeht: Sie
hat ihre Schuldigkeit getan. Tief in
Guyanas Regenwäldern können Sie
Blatthühnchen um die Seerosen,
die Nationalblume des Landes,
herumhüpfen sehen, bevor der
Sonnenuntergang den duftenden
Blütenzauber in Gang setzt.

843 WILDBLUMEN, NAMAQUALAND, SÜDAFRIKA

Südafrikas Outback ist normalerweise eine ziemliche Ödnis. Sie
erstreckt sich über die Region
North Cape bis hinauf zur
namibischen Grenze, ein scheinbar
menschenleerer Landstrich von
karger Schönheit. Das heißt, so
lange, bis es regnet. Im Winter

bewirken Regengüsse eine der
fantastischsten Verwandlungen der
Welt: Mit einem Mal explodiert die
Trockensavanne und bringt 4000
Arten bunter Wildblumen hervor:
Gänseblümchen, Kräuter, Aloen;
orange, gelb, pink, violett – eine
farbenprächtige Blumendecke. Das
Ereignis lässt sich nicht vorhersagen
– der Zeitpunkt hängt vom Wetter
ab (an wolkigen Tagen öffnen sich
die Blüten nicht). Aber mit etwas
Glück kann man zwischen August
und Oktober Mutter Natur bei ihrer
wohl schönsten Arbeit erleben.

844 LAVENDEL- FELDER, PROVENCE, FRANKREICH

Keine noch so überschwängliche
Eloge wird dieser Blütenpracht
von Mitte Juni bis Anfang August
in Südfrankreich gerecht. Jeden
Sommer färben sich die Felder der
Provence lavendelfarben – eine
duftende Reihe neben der anderen
erstreckt sich zwischen goldenem
Weizen und leuchtenden Sonnen-
blumen. Lavendel wuchs früher auf
dem felsigen Kalksteingrund der
Region wild, doch im 20. Jh. griff der
Mensch ein und pflanzte ordentliche
Reihen, um die kostbaren Duft-
spender leichter ernten zu können.
Sie werden zu vielen verschiedenen
Produkten verarbeitet, und auf
Lavendelfesten, etwa im Luberon,
lässt sich die kostbare lila Ernte
bestaunen, beschnüffeln und
natürlich feiern.

845 KITULO NATIONAL PARK, TANSANIA

Willkommen in Gottes Garten.
Oder in der Blumen-Serengeti.
Beide Namen passen gut zu diesem
wenig bekannten Nationalpark im

Südlichen Hochland von Tansania. Hier lässt es sich das ganze Jahr über in der bergigen Savanne auf 3000 m Höhe gut wandern. Und wenn es regnet, geschieht etwas ganz Besonderes: 45 Orchideenarten und Fackellilien, Duftwicken, Proteen, Riesenlobelien, Lilien und unzählige andere Blumen, die das Botanikerherz höher schlagen lassen, entzünden die Savanne. Und bekommen geflügelten Besuch: Hunderte Schmetterlings- und Vogelarten – von der seltenen Stanleytrappe bis zur gefährdeten Stahlschwalbe – fliegen zu diesem Blütenfeuerwerk ein.

846 „PUPPY", GUGGENHEIM, BILBAO, SPANIEN

Bildende Kunst und Gartengestaltung gehen bei Bilbaos Guggenheim-Museum, dem weltbekannten Wahrzeichen der Stadt, eine eher seltene, aber geglückte Verbindung ein. Vor dem Eingang sitzt *Puppy*, ein 12 m hohes Hündchen, bepflanzt mit Ringelblumen, Petunien, Begonien und anderen Rabattenpflanzen, die in einen Stahlrahmen eingesetzt wurden und ein vielfarbiges, permanent nachwachsendes Blumenfell erzeugen. Dieser West Highland Terrier als Formschnitt-Gartenskulptur ist eine Schöpfung von Jeff Koons, jenem modernen Künstler, der sich mit der Werbeflut und Massenunterhaltung in unserer medienüberfütterten Zeit auseinandersetzt. Demzufolge lässt sich *Puppy* als eine „Allegorie auf die zeitgenössische Kultur" interpretieren, die raffiniert "kulturelle Bezüge einander gegenüberstellt". Vielleicht aber finden Sie den riesigen Blumenwelpen ja einfach auch nur süß.

847 BLUMENTEPPICH, BRÜSSEL, BELGIEN

Wussten Sie, dass in Belgien alljährlich 60 Mio. Begonien gezogen werden? Wenn man sich den in Brüssel alle zwei Jahre hingezauberten Blumenteppich ansieht, dann glaubt man, jede einzelne dieser Blüten sei dafür verwendet worden, die Grand-Place der Hauptstadt zu verschönern. Das zwar nicht, aber man benötigt etwa 750 000 der robusten, aber schönen Blüten, um die wohl duftendste Tapisserie der Welt zu bestücken. Alle zwei Jahre verbringt ein Team von 100 Gärtnern Monate damit, ein neues Bild aus farbigen Begonien zu entwerfen; dann, in nur vier Stunden, verwandeln sie in der Stadt eine Pflasterfläche von 77 mal 24 m in ein Kunstwerk aus Blüten.

848 FLORES DE MAYO, PHILIPPINEN

Jedes Jahr im Mai starten die Philippinen einen Angriff auf Ihre Geruchsnerven. Im positiven Sinne. Denn dann findet das einen Monat dauernde Maiblumenfest statt, in dem die Düfte von Ylang-Ylang, Hibiskus, Frangipani und Sampaguita die Luft erfüllen. Es ist der Beginn der Regenzeit, und mit dem Einsetzen der Niederschläge beginnt eine Fülle durstiger Blumen zu blühen. Zum Dank bringen die Bewohner des vorwiegend katholischen Landes der Jungfrau Maria den ganzen Monat über Opfergaben dar. Weißgekleidete Mädchen streuen Blütenblätter in den Kirchen und bei der Heilig-Kreuz-Prozession, in der ein Karnevalskönig und eine -königin unter einem Blumenbaldachin durch die Straßen ziehen.

849 BLOEMENCORSO, ZUNDERT, NIEDERLANDE

Blumenparaden werden im Land der Blumenliebhaber, den Niederlanden, überall abgehalten. Einer der beeindruckendsten ist der Bloemencorso von Zundert. Alljährlich im Herbst ziehen prächtig dekorierte, bunte Festwagen in Form von Tieren oder Fantasiewesen durch die Straßen der Stadt nahe der belgischen Grenze, und jeder von ihnen hat einen Aufbau ganz aus Blumen. Blaskapellen, kostümierte Darstellern und Tausende von Zuschauern begleiten die Festwagen. Konstruktionsteams verbringen Monate, bis ihre faszinierenden Kreationen stehen und verwenden etwa 500 000 Dahlien für jeden Wagen. Alle hoffen dabei auf die begehrten Preise, während die ganze Stadt vom Blumenfieber ergriffen wird.

850 CHELSEA FLOWER SHOW, LONDON, ENGLAND

Die Chelsea Flower Show wirbt damit, die berühmteste Blumenschau der Welt zu sein, der Mt. Everest für Gartenkünstler. Außergewöhnliche Blütenpräsentationen sowie Gärten internationaler Landschaftsgestalter locken Besucher aus aller Welt zu dem farbenprächtigen und herrlich duftenden Ereignis der Extraklasse. Oft werden neue Blumensorten vorgestellt, die man noch nie zuvor gesehen hat. Die renommierte Schau, veranstaltet von der traditionsreichen Royal Horticultural Society, gibt es seit fast 100 Jahren, und sie erlangt stets ein riesiges Medienecho. Falls Sie für den nächsten Termin noch Karten haben möchten, sollten Sie besser umgehend buchen.

MOSCHEEN ZUM STAUNEN

Kuppeln aus purem Gold , Lehmbauten, Beduinenzelte – die Vielfalt muslimischer Gotteshäuser ist beeindruckend. Gehen Sie auf Pilgerfahrt zu den schönsten Stätten.

851 MASJID KUBAH EMAS, DEPOK, INDONESIEN

In der gesamten Menschheitsgeschichte wird religiöse Architektur stets äußerst prächtig und überhöht gestaltet. Kathedralen, Tempel und Synagogen brachten das reichste architektonische Erbe hervor, das Herz und Geist der Menschen mit der Zurschaustellung von Pracht und außergewöhnlicher Handwerkskunst gewinnen sollte. Auch der Islam bildet da keine Ausnahme, und Indonesien bietet einige der prunkvollsten Beispiele. Die auch als Goldkuppel-Moschee bekannte Masjid Kubah Mas wurde 2001 gebaut und komplett von einem privaten Stifter finanziert. Sie hat Böden aus feinstem italienischem Granit, Kristallleuchter und Kuppeln aus 24-karätigem Gold – manche finden die Moschee deshalb ein bisschen neureich, aber ihre Wirkung auf den Betrachter bleibt dennoch überwältigend.

852 LALA-MUSTAFA-PASCHA-MOSCHEE, FAMAGUSTA, ZYPERN

Zypern ist ein Land der Kontraste, die Bevölkerung gespalten in Griechisch- und Türkischstämmige. Im türkischen Famagusta, das bei den Einheimischen Gazimağusa heißt, steht diese Moschee aus dem 14. Jh., die früher eine Kathedrale war. 1328 wurde sie St. Nicholas geweiht und ist auf den ersten Blick ein Bau reinster französischer Gotik mit reichem Fassadenschmuck und Maßwerk. Blickt man aber nach oben, fehlt etwas. Die hoch aufragenden Türme aus Kalkstein, die einst die Westfassade schmückten, wurden in osmanischer Zeit zerstört und ein einzelnes, nicht zum Baustil passendes Minarett auf den Rest des nördlichen Turms gesetzt. Vom ursprünglichen Fassaden- und Innenschmuck blieb kaum etwas erhalten, außer einem einzelnen Glasfenster hoch oben in der Vorderfassade.

853 AL-HARAM-MOSCHEE, MEKKA, SAUDI ARABIEN

Sie ist die Größte. Alljährlich reisen Millionen Muslime nach Saudi Arabien – zur größten Versammlung der Menschheit. Die Hadsch, die heilige Pilgerfahrt der Muslime, bestimmt die Stadt Mekka und seine Al-Haram-Moschee als Ziel. Der Name bedeutet schlicht Große Moschee; sie ist wahrhaftig unvorstellbar groß und einzigartig auf der Welt – der gesamte Komplex fasst normalerweise 800 000 Gläubige, doch während der Hadsch strömen bis zu vier Millionen Menschen dorthin. Im Zentrum steht die Kaaba, das bedeutendste Heiligtum des Islam, dem sich alle Muslime beim Gebet zuwenden und das die Gläubigen als Höhepunkt ihrer Pilgerfahrt wie hypnotisiert umkreisen.

854 GROSSE OMAR-MOSCHEE, GAZA, PALÄSTINENSERGEBIETE

Das Leben ist nicht leicht in dieser Region, um die so erbittert gerungen wird. Auch die Große Omar-Moschee hatte nie ein leichtes Los. Als ältestes islamisches Gotteshaus in Gaza wurde die Moschee schon oft bei Kämpfen in Schutt und Asche gelegt, wenn ein Reich nach dem anderen diese uralte Stätte unter seine Herrschaft bringen wollte. Das nach modernen Maßstäben bescheidene, aber schöne Sandsteingebäude trägt die Spuren seiner Zerstörungen mit Würde. Die symmetrischen Bogen an der Hauptfassade erinnern an den Baustil christlicher Kirchen, während einige der Säulen im Innenraum vermutlich von einer früheren Synagoge stammen.

855 GROSSE MOSCHEE VON DJENNÉ, MALI

In der auf einer Insel gelegenen Stadt Djenné in Mali lockt die Moschee Reisende mit dem festungsartigen Gepräge ihres Lehmbaus. Das Stützgerüst aus Holzbalken ragt durch die Mauern hindurch in die helle Sonne Afrikas. Der größte Lehmbau der Welt ist so beeindruckend, dass es der Faszination keinen Abbruch tut, wenn man erfährt, dass das derzeitige Gebäude erst aus dem Jahr 1907 stammt. Es ist ein Nachbau der Grande Mosquée, die am selben Ort im Jahr 1280 errichtet wurde; das Original stürzte im 19. Jh. ein.

PAULE SEUX / PHOTOLIBRARY

299

Ein faszinierendes Meisterstück der Lehmarchitektur: die Moschee in Djenné, Mali

Istanbuls wunderbare Hagia Sophia

856 HAGIA SOPHIA, İSTANBUL, TÜRKEI

Nein, nicht zu Ehren irgendeiner heiligen Sophia wurde dieses atemberaubende Gebäude errichtet. Sein Name spielt vielmehr auf die göttlichen Weisheit (Griechisch *sophos*) an. Sehr passend, wenn man bedenkt, welch meisterliche und innovative Architektur der Bauherr, der byzantinische Kaiser Justinian, schon 537 n. Chr. hier zum Einsatz brachte. Man setzte die gewaltige, scheinbar schwebende, 30 m hohe Kuppel auf Hängezwickel und verborgene Pfeiler. Nach der osmanischen Eroberung 1453 wurde die Basilika zur Moschee. Heute ist die Hagia Sophia ein säkulares Baudenkmal – doch wenn Sonnenstrahlen die Goldmosaiken der Gewölbe treffen, dann erlebt man hier immer noch wahrhaft religiöse Momente.

857 SCHAH-FAISAL-MOSCHEE, ISLAMABAD, PAKISTAN

Diese Moschee ist einem Beduinenzelt nachempfunden – aber kein Wüstennomade hat je unter einem solchen Zeltdach geschlafen. In jeder der vier Ecken ragen nadelförmige Minarette 90 m hoch in den Himmel auf, und die pyramidenförmige Gebetshalle scheint schwerelos über der flachen Anhöhe zu schweben, von der aus man die gesamte Stadt überblicken kann. Für einen solch gewaltigen Bau – die Moschee ist Pakistans größte und fasst mindestens 250 000 Gläubige – ist die Wirkung faszinierend, besonders bei Nacht oder zu feierlichen Anlässen wie dem Opferfest Id al-Adha, wenn das Gebetshaus spektakulär beleuchtet wird. Das Innere ist nicht weniger beeindruckend; es ist mit weißem Marmor ausgekleidet, mit Mosaiken verziert und birgt einen kunstvollen Kronleuchter in türkischem Stil.

858 GROSSE MOSCHEE VON XI'AN, CHINA

Die Handelswege der Seidenstraße brachten China mehr als den rein materiellen Gewinn. Im 7. Jh. importierten Kaufleute aus Persien und Afghanistan auch ihre Religion, und jene Reisenden, die sich dort niederließen, waren die Urväter der muslimischen Gemeinschaft Chinas. Die Große Moschee von Xi'an wurde 742 unter der Tang-Dynastie errichtet. Sie ist wahrhaft einzigartig und ebenso faszinierend wie die viel berühmteren Terrakottakrieger der Stadt. Der Bau hat – obgleich eine heilige Stätte der Muslime – nicht im entferntesten etwas Islamisches an sich. Mit seinen verzierten geschwungenen Pergolas, den üppigen Landschaftsgärten und ohne jedes erkennbare Minarett könnte man einem unerfahrenen Betrachter nicht verübeln, wenn er diese „Pagode" für einen klassischen chinesischen Tempel hielte.

859 SULTAN-MOSCHEE, SINGAPUR

Der Gründer von Singapur, der britische Staatsmann Sir Stamford Raffles, finanzierte 1824 den ursprünglichen Bau dieser Moschee mit einem Kredit in Höhe von 3000 Singapur-Dollar. Mit dem Anwachsen der muslimischen Gemeinde auf der Insel nahm die Anzahl der Betenden zu. Der 100. Geburtstag der Moschee machte deutlich, dass sie dringend erweitert werden musste. Im Einklang mit Singapurs Bewohnervielfalt nahmen die Baupläne für die Erweiterung klassische maurische, türkische und persische Motive auf, überwölbt von einer reich verzierten goldenen Kuppel, die den über 5000 Gläubige fassenden Gebetssaal krönt.

860 IMAM-MOSCHEE, ISFAHAN, IRAN

Als Schmuckstück am Rande eines der größten Plätze weltweit ist Isfahans grandiose Imam-Moschee aus dem 17. Jh. ein gekacheltes Wunderwerk. Sie ist innen und außen vollständig mit hellblauen und gelben Keramikfliesen (typisch für Isfahan) verkleidet, die scheinbar je nach Lichtbedingungen ihre Farbe verändern. Die raffiniert mit stilisierten Blumenmotiven verzierte Hauptkuppel ist 54 m hoch, und das großartige, 30 m hohe Portal ein meisterliches Beispiel für den Architekturstil der Safawiden-Dynastie (1502 bis 1772).

MOSCHEEN ZUM STAUNEN

HÄSSLICHSTE VIECHER

Klar, Schönheit liegt im Auge des Betrachters – doch bei diesen Geschöpfen wendet mancher vielleicht doch den Blick ab ...

„Na und? Ihr Menschen seht ja nun auch nicht alle wie Models aus!" Ein Aye-Aye spricht Klartext.

861 NASENAFFE, SUNGAI KINA-BATANGAN, BORNEO

Er hat die mit Abstand hässlichste Nase? Nun, die Nasenaffen-Weibchen finden das nicht. In den Flusswäldern des malaysischen Borneo haben ausgerechnet die Männchen mit den größten Zinken die besten Chancen bei ihren Frauen. Nur die Herren besitzen solch erlesene Riechorgane: Sie hängen ihnen knollenförmig und obszön aus den rosigen Gesichtern. Man vermutet, dass die Nasen sowohl für die Auswahl als Sexualpartner als auch für die Lautstärke des Geheuls der Männchen eine Rolle spielen. Für uns sehen die Männchen damit einfach nur komisch aus – was sich an ihrem malaiischen Namen – *orang belanda:* Holländer – zeigt, ein politisch nicht sehr korrekter Seitenhieb auf die ersten, offenbar großnasigen Kolonialherren.

862 MANATI, CRYSTAL RIVER, FLORIDA, USA

Dass man fette, runzlige Seekühe einst mit Meerjungfrauen verwechselte, ist kaum zu glauben – besagte Seeleute hatten dabei wohl zu eifrig dem Rum zugesprochen oder auf hoher See zu lange zölibatär gelebt. Dennoch erzählt man sich diese Geschichte über die schwerfälligen Manati – die eher einem stoßzahnlosen Walross gekreuzt mit einem See-Elefanten als einer verführerischen Nixe ähnlich sehen. Die 400 kg schweren, 3 m langen Kolosse mit den stumpfartigen Schwimmflossen und einem beträchtlichen Leibesumfang besitzen nur wenig offensichtlichen Liebreiz, obgleich ihr sorgenvoller Blick etwas Anrührendes hat. Im Brackwasser von Floridas Crystal River können Sie die Manatis von Angesicht zu Schnurrhaar-Schnauze betrachten und diese Frage selbst entscheiden.

FRANS LANTING / CORBIS

863 AYE-AYE, AYE-AYE ISLAND, MADAGASKAR

Will man einen Aye-aye sehen, sollte Aye-aye Island der richtige Ort dafür sein. Doch nicht einmal dort lässt sich dieser wirklich beängstigend aussehende Lemur garantiert sichten – was vielleicht gar kein Nachteil ist. Die Madegassen halten ihn für einen Vorboten des Unheils, und so sieht er auch aus: Dieser Gremlin-Affe hat orangefarbene Glupschaugen, ledrige Ohren und skelettartige schwarze Finger, wobei der Mittelfinger wie bei bösen Hexen länger ist als die übrigen. Der Aye-aye nutzt ihn, um auf Baumrinde zu klopfen und die darin entdeckten Larven herauszukratzen. Bringt er denn wirklich Unglück? Keine Ahnung. Aber unheimlich sieht er schon aus, oder?

864 SCHNABELTIER, EUNGELLA NATIONAL PARK, AUSTRALIEN

Heutzutage finden wir das Schnabeltier drollig, aber unseren Vorfahren gefiel das zusammengewürfelte Viech gar nicht. 1798 gelangte das erste Schnabeltierfell ins British Museum – die Experten vermuteten, es handle sich um einen Schabernack: Irgendein Witzbold hatte einfach Teile anderer Tiere zusammengenäht? Trotz solcher Respektlosigkeiten blieb die australische Kuriosität bis heute quicklebendig: Sie ist ein Warmblüter wie die Säugetiere, eierlegend wie ein Reptil, kann mit ihrem Gift einen Hund töten und nutzt Elektrizität um Beute zu erschnüffeln. Kurzum, das Tuttifrutti-Eis der Tierwelt ist seltsam, aber dafür umso goldiger.

866 STERNNASIGER MAULWURF, OSTEN DER USA/KANADA

Mutter Natur hat einige Skurrilitäten hervorgebracht, aber der sternnasige Maulwurf schießt den Vogel ab. Am Rumpf ist er ein stinknormaler Maulwurf – samtiger Pelz, zum Graben geeignete Füßchen. Doch sein Gesicht wirkt wie aus einem Science-Fiction-Film: Statt der niedlichen Schnüffelnase sitzen dort 22 grellrosa Tentakel, die anmuten wie die verführerische Blüte einer fleischfressenden Pflanze ... Sie sehen, gelinde gesagt, beunruhigend aus, sind aber nützlich, wenn man ein sternnasiger Maulwurf ist. Die merkwürdigen Vorstülpungen sind nämlich höchst sensible Organe, die diesem Säugetier gestatten, pro Sekunde bis zu zwölf verschiedene Sorten Nahrung zu wittern. Eine sehr hilfreiche, wenn auch nicht gerade hübsche Schnute.

865 SCHLANGENGRUBEN BEI NARCISSE, MANITOBA, KANADA

Es gibt hässlichere Schlangen als die Rotseitige Strumpfbandnatter. Aber wenn sich 10 000 ihrer Art in einer Grube zu einem großen Knäuel winden, kann man schon einen Anfall von Schlangenphobie bekommen. Die Nattern mögen die Kalksteinhöhlen am Ufer des Lake Winnipeg, denn sie bieten Wärme zum Überwintern. Im Frühling ist Paarungszeit: Im April/ May sammeln sich die brünstigen Kriechtiere in Mulden zu einem wahren Begattungsrausch. Nach einem riskanten Massenkriechen über den Highway 17 verstreuen sie sich den Sommer über, um sich im Herbst wieder gemeinsam einzumummeln. Ein faszinierendes Spektakel – und *der* Stoff für Alpträume.

867 ROTER UAKARI, YAVARI-FLUSS, PERU/BRASILIEN

Es wäre Ihnen bestimmt peinlich, sähen Sie so aus. Das knallrote Gesicht und der kahle Kopf des Roten Uakari wirken besorgniserregend – als hätte er einen bösen Sonnenbrand –, und man versteht, warum die Einheimischen ihm den Spitznamen Englischer Affe gaben. Doch zeugt sein Aussehen ganz im Gegenteil von guter Gesundheit, ja, je roter der Kopf, desto besser! Leider geht es der Art weniger gut: Ihr Vorkommen ist auf ein kleines Gebiet im Amazonas-Regenwald beschränkt, Rote Uakaris sind daher vom Aussterben bedroht. Auf einer geführten Exkursion im hauptsächlich zum Schutz der Uakaris eingerichteten Naturreservat Lago Preto erspähen Sie vielleicht einen der rotgesichtigen Gesellen.

868 SEE-ELEFANT, SÜDGEORGIEN

Eigentlich gehört es sich nicht, Bemerkungen über jemandes Gewicht zu machen – aber sei's drum, der See-Elefant ist ein wirklich fettleibiger Koloss. Die größten Säugetiere der Welt mit Flossenfüßen hängen am Strand herum wie Jabba der Hutte – nur haben sie eine viel größere Nase. Es ist dieser schlaffe Rüssel, nach dem die Art benannt ist, und der die Männchen ein ohrenbetäubendes Röhren ausstoßen lässt, wenn sie um weibliche Aufmerksamkeit buhlen. Und jetzt stellen Sie sich einmal die Zustände auf Südgeorgien während der Paarungszeit vor: Die Insel im Südatlantik ist Heimat für etwa 113 000 Tiere mit Jungen, und an den Stränden herrschen streitsüchtige Don Juans, die lautstark ihre Kämpfe darum austragen, wer der Größte und Stärkste ist. Wahnsinn!

KEN CATANIA / CORBIS

„Ist das hier wirklich mein Planet?" Ein sternnasiger Maulwurf auf der Suche nach Orientierung.

869 MARABU-STORCH, LUANGWA-TAL, SAMBIA

Der Marabu, ein wenig attraktiver Vogel, tut sich mit seinen noch weniger attraktiven Gewohnheiten keinen Gefallen – insbesondere im Wildtierparadies Luangwa-Tal, wo unzählige ansehnlichere Tiere umherstreifen. Dieser 1,5 m hohe Storchenvogel hat einen schuppigen Kopf, kahl bis auf ein paar wenige Federbüschel, einem schlecht gerupften Truthahn gleich. Auch der Hautsack an seinem Hals ist hässlich, ganz gleich, ob er zur Balz aufgeblasen ist oder herunterhängt wie eine ungefüllte Wurst. Diese Totengräbervögel verbreiten den Hauch des Todes um sich, ihre Federn wirken wie ein schwarzes Cape, und ihre Nahrung besteht vorwiegend aus Aas. Auch dass sie auf ihre eigenen Beine defäkieren – eine übelriechende Strategie zur Kühlung – vervollständigt das abstoßende Bild.

870 YAK, HIMALAYA

Diese massigen, dickfelligen Rinder sind zweifellos das Wahrzeichen des Himalaya, was Tiere angeht. Schön sind sie deshalb noch lange nicht. Man begegnet ihnen in Tibet, Nepal, Bhutan und in den Gebirgsregionen Indiens. Sie werden die Rinder aber nur im Hochgebirge antreffen: Yaks fühlen sich unter 3000 m nicht wohl. Wenn Sie in Tibet trekken, schleppt vielleicht ein Zug Yaks die Campingausrüstung Ihrer Gruppe. Aber selbst wenn man nicht in die Berge hinaufsteigt, findet man in diesen Gegenden vielleicht dennoch ein Yak – auf dem Teller im Restaurant als Yak-Burger.

HÄSSLICHSTE VIECHER

FRIEDVOLLE RUHESTÄTTEN

Ob über der Erde oder zwei Meter darunter, diese Orte bieten Stille und Erholung – für die Lebenden und die Toten.

873 STADT DER TOTEN, KAIRO, ÄGYPTEN

Al-Qarafa im Norden Kairos ist der seltsamste Friedhof der Welt: Er ist nicht nur eine Stadt der Toten, sondern auch der Lebenden. Die chronische Wohnungsnot in Kairo treibt Familien dazu, in den Grabmalen auf den großen Friedhöfen am Stadtrand zu hausen. Traditionell begruben die Ägypter ihre Toten umgeben von Räumen, damit Verwandte dort während der langen Trauerzeit wohnen konnten. Diese Räume werden jetzt von Hausbesetzern besiedelt – oftmals große Familien –, die die Grabsteine als Tische benutzen und ihre Wäsche auf zwischen den Gräbern gespannten Leinen trocknen.

871 HOLLYWOOD FOREVER CEMETERY, LOS ANGELES, KALIFORNIEN, USA

Diese makellosen Rasenflächen und prächtigen Grabmale sind der passende Ort für den letzten Auftritt vieler Hollywood-Größen. Die imposanten Gräber hinter den Paramount Studios wirken wie eine Milchstraße verblichener Sterne am Prominentenhimmel; Rudolph Valentino, Fay Wray, Douglas Fairbanks, Harvey Henderson Wilcox (der auf seiner Ranch einst Hollywood gründete) sind hier beigesetzt. Und es gibt Gedenktafeln, etwa für Jayne Mansfield und Johnny Ramone. Im Sommer kommen Cineasten aus Los Angeles mit Klappstühlen und Picknickkörben, um sich alte Filme anzusehen, die hier auf eine Wand projiziert werden. Seltsam, finden Sie? So *ist* L.A. nun mal.

872 FRIEDHOF PÈRE LACHAISE, PARIS, FRANKREICH

Auf dem meistbesuchten Friedhof der Welt fristen lauter ehemalige Stars ihr Nachleben; die Bewohner sind so unterschiedlich wie Edith Piaf, Marcel Proust, Oscar Wilde, Honoré de Balzac und Isadora Duncan. Der Friedhof wurde 1804 eingerichtet, war aber nicht sonderlich gut genutzt, bis die Verwaltung die clevere Marketing-Idee hatte, die sterblichen Überreste berühmter Künstler, Molière beispielsweise, hier zur letzten Ruhe zu betten. Folgen Sie den Graffitis und den Besucherströmen zum berühmt-berüchtigsten Grabmal: Jim Morrisons – Leadsänger der Doors, der 1971 in Paris starb. Ein Wachmann ist hier postiert, um ausschweifende Rock'n'Roll-Hommagen wie Drogenexzesse und Sexorgien am Grab zu verhindern. So viel zum Thema „ruhe sanft".

874 TIERFRIEDHOF HARTSDALE, NEW YORK, USA

1896 bot Dr. Samuel Johnson, ein Tierarzt, einem trauernden Freund seinen Apfelgarten als Begräbnisplatz für dessen Hund an. Heute hat Hartsdale in New York 70 000 Gräber, darunter auch jene von einigen berühmten Hunden im Kriegsdienst sowie eine Gedenkstätte für die Rot-Kreuz-Suchhunde, die im Ersten Weltkrieg eingesetzt wurden. Zu den illustren Herrchen und Frauchen, die hier ihre Vierbeiner zur ewigen Ruhe betteten, zählen Mariah Carey und Diana Ross. Die Grabinschriften sind faszinierend zu lesen („Als Hund geboren, als Gentleman gestorben"). Zu den originellsten Namen gehören Bum, Grumpy, Jerk, J. Edna Hoover. Überraschend auch, wie viele Hundedamen Peggy hießen.

875 GRABMAL KÖNIG PAKALS, MEXIKO

In den Vorbergen des Chiapas-Gebirges liegen die Ruinen der alten Mayastadt Palenque in einem nicht leicht zugänglichen Dschungelgebiet. Der Ort mit seinen feinen Nebelschleiern über dem dichten Unterholz wirkt wie eine imposante Filmkulisse. Das bekannteste Monument der alten Stadt ist das Grabmal des Königs Pakal (der die Stadt im im 7. Jh. gründete). Die geheime Graböffnung wurde nur durch Zufall im Innern des mächtigen Tempels der Inschriften, einer steilen Stufenpyramide, entdeckt. Dort befindet sich ein Kalkstein-Sarkophag, der mit einer über 5 t wiegenden Grabplatte verschlossen ist. Darauf wurde das berühmte Maya-Relief von Pakals Sturz in die Unterwelt eingraviert.

876 TADSCH MAHAL, AGRA, INDIEN

Der Tadsch Mahal in Agra ist mit Sicherheit der malerischste Ort auf der Welt, um hier das Dasein im Jenseits anzutreten. Der Moghulherrscher Shah Jahan errichtete dieses Mausoleum im 17. Jh. zum Gedenken an seine Lieblingsfrau, Mumtaz Mahal. Für den Bau verwendete man weißen Marmor aus Rajasthan, Kristall aus China, Türkise aus Tibet und Saphire aus Sri Lanka. Das Mausoleum ist ein Denkmal für die Liebe, eines der berühmtesten Bauwerke der Erde, und es gilt als Höhepunkt der Moghulbaukunst. Doch solche Schönheit und Pracht hatte auch ihren Preis: Die immensen Baukosten trugen mit zum Sturz Shah Jahans und seines Moghulreichs bei.

877 PROTESTANTISCHER FRIEDHOF, ROM, ITALIEN

Dieser überwucherte Park in einem geschäftigen Viertel von Rom birgt eine Überraschung. Die Dichter der Romantik, John Keats – der in der Blüte seiner Jahre mit 26 starb – und Percy B. Shelley sind hier begraben. Das Zentrum des Parks ist eine spitz zulaufende Pyramide: das reich verzierte Grabmal eines römischen Generals mit einer Vorliebe für alles Ägyptische. Der atmosphärische, üppig grüne Friedhof ist in der Regel fast menschenleer, und es gibt kaum einen geeigneteren Ort für die beiden romantischen Poeten. Suchen Sie ihre Gräber, lesen Sie die Inschrift auf Keats' Grabstein – „Hier liegt einer, dessen Name auf Wasser geschrieben war" – und lassen Sie den Tränen freien Lauf.

878 RÖMISCHE KATAKOMBEN, ITALIEN

Die Gesetze im antiken Rom untersagten Begräbnisse innerhalb der Stadtgrenzen. Die meisten Römer wurden verbrannt, doch die frühen Christen bestattete man in einem Labyrinth endloser, echohallender unterirdischer Gänge nahe der antiken Römerstraße, der Via Appia. Die unterirdische Nekropole ist Roms unheimlichste Sehenswürdigkeit – sie birgt heute zwar keine Leichen mehr, aber frühchristliche Fresken, Altäre und Kultobjekte. Drei Komplexe sind zugänglich. Der größte, die Calixtus-Katakombe, umfasst über 29 km Tunnel und barg einst das Grab der hl. Cäcilia, der Schutzpatronin der Musik, während der hl. Sebastian, der Märtyrer, in der nach ihm benannten Katakombe begraben wurde.

879 PYRAMIDEN VON GIZEH, KAIRO, ÄGYPTEN

Diese Pyramiden am Stadtrand von Kairo mögen uralt sein (sie stammen von etwa 3200 v. Chr.), doch aufwendigere Gräber könnte man auch im Weltraumzeitalter kaum bauen. Sie ragen hoch auf in den Himmel und scheinen völlig unbeeindruckt von den Heerscharen kleiner Ganoven, Kamelen und Kamera-bepackter Touristen. Schätzungsweise 20 000 bis 30 000 Arbeiter bauten die Pyramiden, die größte ist aus mehr als zwei Millionen Steinblöcken errichtet. Einst waren die Pyramiden mit weißem Kalkstein verkleidet und müssen blendend hell geleuchtet haben. Im Inneren wurden die Pharaos mit allem – von mumifizierten Katzen bis hin zu Booten, die sie ins Totenreich übersetzen sollten – ausgestattet.

880 DOGON-GRÄBER, MALI

Ein zerklüftetes Bergmassiv erhebt sich aus der sonnenverbrannten Ebene, einer der atemberaubendsten Anblicke Westafrikas. An dieser Bandiagara-Felswand siedelt der abgeschieden lebende Stamm der Dogon. Das Außergewöhnlichste an diesem außergewöhnlichen Ort sind die Gräber – winzige Häuschen, die in die Felsen gesetzt sind, vielfach weit oben und ohne sichtbare Möglichkeit, wie man dorthin gelangt. Sie wirken wie von Außerirdischen gebaut, wurden aber vom Stamm der Tellem angelegt, der hier lebte, bevor er von den Dogon vertrieben wurde. Nun nutzen die Dogon die unzugänglichen Bauten zur Unterbringung ihrer Toten; die Leichen hieven sie mit Seilen nach oben.

AUF DEN SPUREN DER WIKINGER

Über 300 Jahre lang verbreiteten Sie Angst und Schrecken in Europa.
Leeren Sie Ihr Trinkhorn, stecken Sie die Axt in den Gürtel und
gehen Sie mit auf Raubzug zu den eindrucksvollsten Stätten der Nordmänner.

881 FESTUNG LINNDUCHAILL, ANNAGASSAN, IRLAND

Als die Wikinger 841 n. Chr. in Irland überwinterten, gründeten sie zwei wirtschaftlich unabhängige, befestigte Siedlungen – ein Riesenfortschritt im Vergleich zu den sonst üblichen Raubüberfällen. Im Lauf der Zeit wurde die eine der Siedlungen aufgegeben und verfiel, die andere blühte auf und wurde zur irischen Hauptstadt Dublin. Inzwischen ist die lang verschollene Schwestersiedlung wiederentdeckt worden. 2010 begannen die Archäologen mit ihren Ausgrabungen bei Annagassan im nordöstlichen County Louth. Die weitläufige Ausgrabungsstätte brachte schon menschliche Überreste, Schmuck und Werkzeuge zutage und wird sich wohl als bedeutendster Wikingerfund Europas herausstellen.

882 ALTHING, THINGVELLIR-NATIONALPARK, ISLAND

Der Geist der Wikinger schwebt noch immer über Island, über Fjorden, Schneefeldern und in tiefen Gletschertälern. Nirgendwo wird das deutlicher als im Althing (Alþingi auf Isländisch), dem historischen Parlament der Nordmänner. Seit 930 war es der jährliche Treffpunkt der Delegierten aus dem ganzen Land, die hier demokratisch über Konfliktlösungen und die Aufteilung der Macht abstimmten. Allein die Anreise war für viele gefährlich – bis zu zwei Wochen mussten sie durch das unwirtliche Landesinnere über Gletscher steigen und sich durch angeschwollene Flüsse kämpfen. Heutzutage ist der Ort leichter zu erreichen. Tagesausflügler besuchen im Weltkulturerbe Thingvellir-Nationalpark aber nicht nur das Althing, sondern auch die grüne Landschaft, in der der mittelatlantische Rücken einen dramatischen Spalt aufgetan hat.

883 BIRKA UND HOVGÅRDEN, INSEL BJÖRKÖ, SCHWEDEN

Die Wikinger nur als Räuber und Plünderer zu sehen wird ihnen nicht gerecht. Natürlich waren sie aggressiv und konnten wirklich brutal vorgehen, aber sie waren auch Pioniere politischer und wirtschaftlicher Ausdehnung in ganz Nordeuropa und darüber hinaus. In der Ausgrabungsstätte Birka und Hovgården fand sich die vollständigste Handelsniederlassung der Wikinger, die je entdeckt wurde. Birka, etwa 30 km westlich von Stockholm gelegen, wurde im 8. Jh. gegründet und ist Schwedens älteste Stadt. Den Funden nach wurde sie im 9. und 10. Jh. von den Wikingern besetzt und hatte damals Weltgeltung. Heute sind nur noch Überreste von Befestigungen, Bollwerken und Hafendämmen übrig, neben einem Museum mit einer Nachbildung der Wikingersiedlung.

Hochentwickelte Barbaren: elegante Formen im Wikingerschiffmuseum

884 WIKINGERSCHIFFMUSEUM, OSLO, NORWEGEN

Was tun, wenn bei archäologischen Ausgrabungen in einem Grabhügel ein ganzes Wikingerschiff geborgen wird? Man kann es ja nicht einfach den Elementen aussetzen und verrotten lassen. Kommen im Land dann noch mehrere solcher Funde dazu, ist es nur natürlich, sie allesamt in einem Museum zusammenzubringen und auszustellen. Im Osloer Wikingerschiffmuseum sind zwei der schönsten Schiffe – die *Oseberg* und die *Gokstad* – zu sehen, neben den fragmentarischen Überresten der *Tune*. Die eleganten, schlanken Schiffe aus Eichenholz wurden als Grabkammern für Adlige gebaut und mit prächtigen Verzierungen und nützlichem Beiwerk ausgestattet, die die Wikingerfürsten ins Jenseits begleiten sollten.

309

L'Anse aux Meadows: weit, weit weg vom Heimatland der Nordmänner

885 GRABHÜGEL, RUNENSTEINE UND KIRCHE VON JELLING, DÄNEMARK

Im 10. Jh. wurde Dänemark von König Gorm und seiner Gemahlin, Königin Thyre, regiert. Jelling war ihr Königssitz. Wie alle guten Monarchen hatten sie für große symbolische Gesten etwas übrig. Die Anlage umfasst daher ungewöhnlich flache Grabhügel – 70m breit und 10 m hoch – sowie Runensteine zu ihrem Gedenken. Nach Thyres Tod errichtete ihr König Gorm ein würdevolles Grabmal. Ihr Sohn mit dem wunderbaren Namen Harald Blauzahn ehrte später seinen Vater ebenso und verlieh dem Ganzen noch einen persönlichen Touch, indem er eine Holzkirche hinzufügte, um die Einführung des Christentums in Dänemark unter seiner Herrschaft deutlich zu machen. Die heutige Kirche stammt aus dem 12. Jh. und enthält die frühesten Wandmalereien des Landes.

886 ISLE OF MAN

Island rühmt sich des ältesten demokratischen Parlaments der Welt, aber auch die Isle of Man, mitten in der Irischen See zwischen England und Irland, wartet mit einer ähnlich eindrucksvollen Errungenschaft auf. Das hübsche Inselchen mit seinen 80 000 Einwohnern hat ein Parlament – das Tynwald – vorzuweisen, das seit 979 ununterbrochen besteht. Sehenswerte Zeugnisse und Relikte aus der Wikingerzeit sind etwa Gräberfelder, Runenkreuze und Burgen, die während der Invasionen entstanden. Die Manx (Einwohner von Man) lieben ihre Geschichte und gründeten deshalb einen Wikingerbund; dazu begehen sie einmal im Jahr den „Tynwal-Tag" mit einem großen Fest, um die jährliche Zusammenkunft des Parlaments zu feiern.

310

887 L'ANSE AUX MEADOWS, NEUFUNDLAND, KANADA

Der französische Name (übersetzt: Bucht bei den Wiesen) klingt zwar überhaupt nicht nach Wikinger, doch die abgehärteten Nordmänner trieben sich einst an diesen Ufern herum. Die Landschaft war ihnen sicher nicht fremd, so ähnlich sind die zerklüfteten Buchten, Meeresarme und Strände von Neufundland jenen Nordeuropas. L'Anse aux Meadows, 430 km nördlich der Stadt Deer Lake, ist die einzige bekannte Wikingersiedlung Nordamerikas und daher Nachweis der frühesten Besiedlung Nordamerikas durch Europäer. In der liebevoll für heutige Besucher rekonstruierten Siedlung aus dem 11. Jh. wurden die Überreste von drei Grassoden-Langhäusern und fünf kleineren Gebäuden entdeckt. 1978 wurde der Ort zum Unesco-Weltkulturerbe ernannt..

890 LOFOTR-VIKINGER-MUSEUM, BORG, NORWEGEN

Im äußersten Norden Norwegens, auf den einsamen Lofoten-Inseln jenseits des Polarkreises, kann man sich in einer seit Jahrtausenden unveränderten Landschaft in die Welt der Wikinger hineinversetzen. Die steil aufragenden Klippen, grünen Weiden und schneebedeckten Gipfel sind Welten entfernt vom modernen Leben, bilden aber einen idealen Hintergrund für das Lofotr-Museum. Auf dem einstigen Hof aus der Eisenzeit steht das größte bekannte Wikingergebäude: das wunderschön restaurierte, 83 m lange Langhaus eines Häuptlings, dazu eine funktionierende Schmiede und ein echtes, fahrbares Schiff. Stimmt, die Reise dorthin ist lang, aber wann hat das einen echten Wikinger je abgehalten! Los – worauf warten Sie?

888 JOMSVIKINGS, EUROPA

Die größte Wikingertaten-Reenactment-Vereinigung (ja, das gibt es!) ist ein Haufen langhaariger Raufbolde, der in verschiedenen Teilen Europas orgiastisch Randale im Stil der Wikinger zelebriert. Unter dem grandiosen Banner einer „Viking Age Elite Brotherhood" hat sich hier eine Gemeinschaft harter Kerle zusammengefunden, die gern ihr Kriegszeug auspacken. Die Abenteuer der Gruppe bestehen aus Nachstellungen von Eskapaden der ursprünglichen Jomsvikings, einer militärischen Bruderschaft aus dem Baltikum im 10. Jh. Die meisten der heutigen „Krieger" haben mehr als zehn Jahre sogenannte Kampferfahrung auf dem Buckel. Neulinge können beitreten, wenn sie bei Festen, Märkten und inszenierten Raufereien auf dem ganzen Kontinent kräftig mitmischen.

889 SHETLAND-INSELN, SCHOTTLAND

Den Raubüberfällen durch Wikinger hatte Schottland nichts ernsthaft entgegenzusetzen. Die Nordmänner tobten sich an den zerklüfteten Nordseeküsten aus, die ihnen so ähnlich waren und nur unweit ihrer Heimat lagen. 320 km westlich der norwegischen Küste – kaum mehr als eine Tagesreise entfernt – boten sich die Shetland-Inseln als Ausgangspunkt für Fahrten nach Island, Grönland und Amerika an. Mehr als 30 Langhäuser sind auf der Insel Unst zu sehen, aber auch die ausgedehnten Anlagen der Siedlung Jarlshof. Einmal im Jahr feiern die Einheimischen ihr geschichtliches Erbe, indem sie zur Augenweide aller ein nachgebautes Langschiff unter Johlen und Kampfgeheul abbrennen.

AUF DEN SPUREN DER WIKINGER

ALLERSCHÖNSTES ART DÉCO

Aparte Formen und stilisiertes Design – diese Gebäude bestechen durch Eleganz.

891 PALACIO SALVO, MONTEVIDEO, URUGUAY

Früher das höchste Bauwerk Südamerikas strahlt der Palacio Salvo noch heute Grandezza aus. Der alles überragende Turm ist ein Wahrzeichen Montevideos und prangt auf Hunderten von Postkarten.

Ursprünglich war das Haus von 1928 als Hotel geplant, beherbergt heute aber lediglich noch Wohnungen und Büros. Im Leben der Stadt spielt es zwar keine öffentliche Rolle mehr, doch der 100 m hohe Bau türmt sich aus manchem Blickwinkel vor dem Betrachter auf wie ein Elefanten-Roboter – wenn das nicht mal was ganz Besonderes ist!

RICHARD CUMMINS / LONELY PLANET IMAGES

892 BILTMORE HOTEL, MIAMI, FLORIDA, USA

Das prachtvolle, buttergelbe Gebäude mit seinen Arkaden, Palmen und der hohen, weißen Kuppel wirkt fast maurisch. Die Innengestaltung ist ein Traum aus Marmor, Mahagoni, bleigefassten Fenstern und Wandfresken. Gebaut als Hotel im Jazz-Zeitalter führte Al Capone dort während der Prohibition eine illegale Kneipe. Große Stars der Zeit gingen ein und aus: Ginger Rogers, Bing Crosby, Judy Garland und der Herzog von Windsor mit seiner Herzogin. Der riesige Swimmingpool trug dazu bei, dass das Hotel die große Depression gut überstand, denn hier wurden Wassershows mit Alligatorenkämpfen und Seejungfrauen aufgeführt. Johnny Weißmüller, berühmtester aller Tarzan-Darsteller, war hier einst Schwimmlehrer.

893 RADIO CITY MUSIC HALL, NEW YORK, USA

John D. Rockefeller Jr. ließ Radio City als Symbol der Hoffnung und Erneuerung mitten in der großen Depression bauen. Es ist der größte Konzertsaal der Welt, ein fantastisches Art-déco-Gebäude mit einem gewaltigen Bühnenportal wie ein strahlender Sonnenaufgang, einer riesigen Wurlitzer-Orgel und einem goldenen Vorhang (dem größten Bühnenvorhang der Welt). Das Theater kann sogar sein eigenes Wetter machen und benutzt dazu heute noch die ursprüngliche Mechanik. Und dann erst die *Rockettes!* Die beste Showtanzgruppe der Welt tritt hier auf. Wer das nicht genießen kann, dem ist nicht zu helfen.

894 CHRYSLER BUILDING, NEW YORK, USA

Der Architekt William van Alen ließ die kunstvolle Turmspitze im Inneren des Gebäudes anfertigen, um die Einweihung umso dramatischer zu gestalten. Die Spitze aus rostfreiem Stahl erinnert an die Radkappen der Chrysler-Modelle aus den 1920er-Jahren und wurde dem Bauwerk in nur 1 ½ Stunden aufgesetzt. Das 1930 fertiggestellte Art-déco-Gebäude mit seinen 77 Stockwerken und der dekorativen Spitze war damals das höchste der Welt und kratzte mit seinen 319 m nicht nur an den Wolken, sondern durchstieß sie sogar.

313

Miamis Biltmore ist ein Traum von einem Hotel, und man vergisst leicht, dass man hier nur Gast – und nicht König – ist.

Unter der dicken Staubschicht von 50 Jahren Revolution verbirgt Havanna einige der vollkommensten Architekturdenkmäler des Art déco weltweit.

895 STADTTHEATER, NAPIER, NEUSEELAND

Das heutige Napier ist aus dem Willen heraus entstanden, dem furchtbarsten Erdbeben Neuseelands 1931 etwas Gutes abzugewinnen.

Der Wiederaufbau geschah im Stil der Zeit, sodass sich hier ein einzigartiges Ensemble von Art-déco-Gebäuden findet. Architekturinteressierte aus aller Welt kommen hier zusammen, und die Stadt veranstaltet sogar ein Art-déco-Festival. Eines

der beliebtesten Gebäude unter Kennern ist das Stadttheater mit seiner Art-déco-Beschilderung, einem Kuppelfoyer, dekorativer Bestuhlung und futuristischer Beleuchtung. Im Theater werden Aufführungen gegeben und allerlei Veranstaltungen abgehalten.

896 EDIFICIO BACARDÍ, HAVANNA, KUBA

Das prachtvolle ehemalige Firmengebäude mit der Bacardí-Fledermaus auf der Turmspitze ist ein Triumph der Art-déco-Architektur, irgendwie kunstvoll kitschig und doch genial. 1929 fertiggestellt, ist es heute jedoch so dicht von anderen Gebäuden umgeben, dass man den ganzen Komplex von der Straße aus kaum erfassen kann. Der opulente Glockenturm ist dagegen von ganz Havanna aus zu erspähen. Das Erscheinungsbild wird noch eindringlicher, wenn man weiß, dass die weißen und warm-goldenen Zierfliesen die Farben von Bacardí-Rum repräsentieren. Im Foyer gibt es natürlich eine Bar.

897 WILTERN-THEATER, LOS ANGELES, KALIFORNIEN, USA

Das Wiltern Theater liegt an der Kreuzung von Wiltshire und Western Boulevard (daher der Name) und leuchtet mit seinen blass-türkisblau glasierten Ziegeln wie aus einer anderen Welt. 1931 wurde es als Warner Brothers Theater eröffnet, doch die große Depression machte damit schon nach einem Jahr Schluss. Auch später blieb der Erfolg wechselhaft, bis der Bau dann in den 1980er-Jahren renoviert wurde. Zum Glück, denn die Innengestaltung ist ein Juwel – mit einem Dach in Form eines Strahlenkranzes, Terrazzofußböden, Fresken, dekorativen Fliesen und einer riesigen Orgel.

898 REGAL CINEMA, MUMBAI, INDIEN

Passt das alles zusammen? Die Hektik und schrillen Farben von Bollywood mit seinen singenden, tanzenden Filmbesuchern und die kühlen, glatten Formen dieses Kinos im Art-déco-Stil? Ja doch, in Mumbai ist alles möglich. In der filmbesessenen, selbstbewussten Stadt vermischen sich all die eklektischen Teile zu einem in sich stimmigen Ganzen. Das Regal Cinema steht dazu noch im Stadtteil Colaba, wo die abblätternde Pastellfarbe gut mit den Palmen und dem feuchtheißen Klima harmoniert. Die schicke zitronenfarbene Außenfassade geht über in ein blassblaues Interieur mit klassischen Reliefskulpturen und geometrischen Mustern.

899 MAISON GUERLAIN, PARIS, FRANKREICH

Paris ist die Geburtsstadt des Art déco. Auch wenn diese Kunstrichtung dort nicht weit verbreitet ist, gibt es doch einige exquisite Beispiele zu sehen, wie etwa die elegante Guerlain-Boutique an den Champs-Élysées. Guerlain ist die berühmteste Parfümerie von Paris, und die Verkaufsräume sind die schönsten der Stadt. Das Interieur glänzt in Spiegeln, Marmor und schmiedeeisernen Elementen und erinnert an die große Zeit der Champs-Élysées, als dieser Boulevard den Inbegriff von Eleganz verkörperte. Sehen Sie sich satt an so viel Schönem, das Ihr Herz höher schlagen lässt.

900 HOTEL LOCARNO, ROM, ITALIEN

Das Locarno strahlt den nonchalanten Charme eines Schwerenöters aus und scheint fast einer Filmkulisse entlehnt. 1978 wurde dort tatsächlich auch ein Film desselben Namens gedreht. 1925 gebaut, präsentiert sich das Hotel in einer italienisch üppigen, goldfarben und schmiedeeisernen Form von Art déco, die mit ihren Glasmalereifenstern und dem Paternoster fast noch an Jugendstil erinnert. Doch die goldbespannten Zimmer mit den hellen Möbeln sind reines Art déco. In einem paradiesischen kleinen Innenhof kann man seinen Cocktail auf schmiedeeisernen Stühlen schlürfen.

ALLER-SCHÖNSTES ART DÉCO

SELTSAME SPITZEN UND OBELISKEN

Antik, religiös, künstlerisch oder einfach nur sehr, sehr hoch – diese Gebilde kratzen nicht bloß an den Wolken, sie stechen durch sie hindurch.

903 CAPTAIN-COOK-OBELISK, BOTANY BAY, AUSTRALIEN

Das Monument ist nicht gerade groß erstaunlich, wenn man bedenkt, an welch großes Ereignis es erinnert. Im unbedeutenden Städtchen Kurnell am Rande des Botany-Bay-Nationalparks markiert ein kleiner weißer Obelisk die Stelle, an der James Cook 1770 erstmalig landete und damit Australien „entdeckte". Die Gegend hat sich seither kaum verändert: schroffe Felsenküste, Akazien- und Eukalyptuswälder, Sandsteinklippen und Brecher, die ans Ufer schlagen. Die Welt der australischen Ureinwohner, auf die Cook hier damals stieß, hat sich seither jedoch vollkommen gewandelt. Lehrpfade rund um den Obelisken und durch den Park klären über Natur und Geschichte des Orts auf.

901 OBELISK VON AKSUM, ÄTHIOPIEN

Heutzutage werden um Obelisken herum die Äcker gepflügt, und Frauen waschen ihre Wäsche in den Bädern der Königin von Saba, doch einst war das verstaubte Städtchen im Norden Äthiopiens ein wichtiger Knotenpunkt. Aksum beherrschte die Handelsstraßen am Roten Meer seit dem 4. Jh. v. Chr. Der Boden ist reich an archäologischen Schätzen aus dem Altertum, einschließlich ganzer Felder voll Stelen – mehr als 100 gemeißelte Granit-Obelisken, die einst die Macht der Stadt verkündeten. Am berühmtesten ist der 24 m hohe sogenannte Römische Obelisk, den Mussolini einst mitgehen und in Rom aufstellen ließ. Erst 2008 wurde er wieder an seinen ursprünglichen Standort zurückgebracht.

902 UNIVERSITÄT OXFORD, ENGLAND

Apropos Elfenbeinturm ... Die Türme und Kuppeln von Oxford strahlen das Flair einer entrückten akademischen Welt aus, in der Boote die ruhig fließende Themse entlang gestakt werden ... Oxford ist das Sinnbild Englands: Am Ufer seines bekanntesten Flusses liegt die älteste Universitätsstadt (hier wird seit 1096 gelehrt) in erstaunlicher architektonischer Harmonie. Ihr Anblick erschließt sich von oben am besten. 124 Treppen führen auf die Church of St. Mary the Virgin hinauf – die selbst eine spektakuläre Turmspitze aufweist. Von hier aus ist die Sicht frei auf Hunderte Türme, Türmchen und Wasserspeier. Auch von Boar Hills aus, dem Hügelland vor der Stadt, ist der Panoramablick traumhaft.

904 FERNSEHTURM, BERLIN

Wie lässt sich am besten beweisen, dass der Sozialismus eine echte Erfolgsgeschichte ist? Man baut einfach einen 368 m hohen Fernsehturm und steckt eine große Silberkugel obendrauf. So ungefähr muss die Denke in der DDR gewesen sein, als der Turm 1969 im Osten der Stadt enthüllt wurde. Dieses überdimensionierte Symbol sollte damals aller Welt mitteilen: Das Leben hinter dem eisernen Vorhang ist ganz wunderbar, danke der Nachfrage. Für die religionsfeindliche Regierung der DDR blieb es allerdings ein ständiges Ärgernis, dass der Turm mit der silbernen Sputnikkugel – in der sich heute ein Drehrestaurant befindet – einen Schatten in Form eines Kreuzes wirft. Die Berliner nennen das „die Rache des Papstes".

905 VISHWANATH-TEMPEL, VARANASI, INDIEN

Der wichtigste Shiva-Tempel in einer Stadt, die dem Gott Shiva geweiht ist – noch dazu in der heiligsten Stadt Indiens – das muss etwas Besonderes sein. Kein Wunder also, dass die Kuppelspitze des Vishwanath-Tempels, nur wenige Schritte von den Ufern des Ganges entfernt, mit 820 kg purem Gold überzogen ist. Schon seit 1000 Jahren gibt es hier einen Schrein, und Millionen von Hindus besuchen ihn jedes Jahr. Nicht-Hindus haben keinen Zutritt zum Allerheiligsten des Tempels – können aber vom vom Fenster im zweiten Stock des gegenüberliegenden Udai Silk Shop aus einen Blick auf Glanz und Herrlichkeit dieses einmaligen Bauwerks werfen.

906 TELLO-OBELISK, CHAVÍN DE HUÁNTAR, PERU

Der rätselhafte Tello-Obelisk – seit Langem in Lima beheimatet – wurde 2008 als wichtigstes Exponat ins Chavín-Nationalmuseum transportiert. Dort steht die 2,5 m hohe Stele fast an ihrem Ursprungsort, denn sie überragte einst den nahegelegenen, 3000 Jahre alten Tempelkomplex Chavín de Huántar – den einzig erhaltenen Nachweis der ältesten Zivilisation auf dem amerikanischen Kontinent. Der Obelisk ist ein steinernes Rätsel in Granit. Chavín-Künstler haben die Fauna Perus darauf eingemeißelt – Kaimane, Adler, Raubkatzen – und keiner weiß, warum. Nach dem Museum sollte man sich den Tempelkomplex – ein Labyrinth aus unzähligen Tunneln und Kammern – ansehen, um diese Kultur besser zu verstehen.

907 LIGHTNING FIELD, NEW MEXICO, USA

Ein ganzer Wald aus Stahlstangen! Das Lightning Field ist eine Land-Art-Installation des Künstlers Walter De Maria, deren Stahlspitzen in den Himmel über der Wüste von New Mexico ragen. 400 Stangen, jede 6 m hoch, sind auf einem Rechteck von 1 Meile x 1 Kilometer aufgestellt. Warum? Warum nicht? Man kann zwischen ihnen umherwandern und in der Stille und Einsamkeit der Ödnis meditieren. Die Natur fügt ihre eigene Kunst hinzu – Sonnenauf- und -untergang lassen die Spitzen der stählernen Masten aufleuchten, und in der Gewittersaison (meist Juli bis August) bekommt man bei Unwetter ein fantastisches Blitzspektakel zu sehen.

908 VEITSDOM, PRAG, TSCHECHIEN

Wie wählt man in einer Stadt, die sich „Stadt der tausend Türme" nennt, den eindrucksvollsten aus? Vielleicht den mit Dachreitern bewehrten Torturm der Karlsbrücke zur Altstadt Staré Mesto, der jahrhundertelang als wichtigstes Verteidigungsbollwerk der Stadt diente? Oder die gotischen Zwillingstürme der Kirche St. Maria vor dem Teyn? Oder wie wäre es mit dem alten Rathaus, von dessen Turm aus man herrlich auf die Dächer Prags hinuntersehen kann? Nein, der erste Preis geht an den Veitsdom in der Prager Burg, die selbst schon viele Turmspitzen hochreckt. Der Blick vom 287 Stufen hohen Glockenturm über die zierlichen Strebebögen hinaus ist unvergleichlich..

909 MINARETT VON JAM, AFGHANISTAN

Bis Mitte des 20. Jh. von der Welt vergessen, ist das Minarett von Jam heute eine wichtige Pilgerstätte für Afghanistan-Reisende. Der erste Blick auf das Minarett eröffnet sich dem Ankömmling plötzlich und unerwartet in einem Bergtal und macht die ganze Beschwernis des steinigen Wegs dorthin wett. Den Turm mit seiner schwindelerregenden Höhe von 65 m zieren verschlungene Ziegelmuster und Korantexte. Archäologen war es lange ein Rätsel, was der Bau in dieser Bergeinsamkeit verloren hat. Man geht heute davon aus, dass das Minarett an der Stelle der mittelalterlichen Hauptstadt der Ghuriden-Dynastie, Firuzkuh, steht, die von den Mongolen zerstört wurde.

910 LEHMZIEGEL-HOCHHÄUSER VON SCHIBAM, JEMEN

Nähert man sich von den glühend heißen Ebenen dem Wadi Hadramaut, so lichtet sich der Dunst, und dem Reisenden wird klar, dass die Skyline am Horizont kein Trugbild ist. Es ist Schibam, die 2500 Jahre alte Stadt mit ihren sieben- und achtgeschossigen Wohntürmen, die von Lehm und Gottvertrauen zusammengehalten werden. Die zum Teil noch bewohnten Hochhäuser sind etwa 500 Jahre alt und haben der Stadt den Beinamen „Manhattan der Wüste" eingetragen. Anders als in Manhattan, sind die engen Gassen zwischen den Häusern aber unbelebt und geisterhaft still. Die Stadt erhebt sich inmitten von Dattelplantagen, und allein schon ihr Anblick macht sprachlos.

MÄCHTIGE FESTUNGEN

Eine wird von Eisbären bewacht, die anderen von wütenden Wellen beschützt –
diese trutzigen Burgen schrecken allein schon durch ihren Anblick ab.

Atemberaubend: Die Festung von Jaisalmer erhebt sich aus der Wüste wie eine Fata Morgana aus vergangener Zeit.

911 FORT CANNING, SINGAPUR

Der strategisch bedeutsame Hügel in Singapur hat eine lange und abwechslungsreiche Geschichte hinter sich – und heute ist er ein Park mit Kanonen und Konzerten, Bunkern und Bromelien. Um 1300 erstreckte sich eine malaiische Siedlung über den sanften Hügel, doch unter britischer Herrschaft wurde 1861 auf dieser Anhöhe ein Fort errichtet, von dem aus die Briten ihre Interessen in der Region wahrten. Das massive Tor und der Ausfalltunnel zum Hafen sind noch erhalten. Die ehemaligen Kasernen beherbergen nun das Singapore Dance Theatre. Fußwege mit Schrifttafeln zur Geschichte des Orts winden sich zwischen den massigen Kanonen hindurch, und vom Gewürzgarten weht ein berauschender Duft herüber.

912 CITÉ DE CARCASSONNE, FRANKREICH

Der Anblick dieser Stadt mit ihren 52 Festungstürmen verführt zu dem Gedanken, dass dort eine schöne Jungfrau auf ihren Ritter wartet. Die Ansammlung jahrhundertealter Wohn- und Geschäftshäuser rund um die gotische Basilika St. Nazaire und die Burg Château Comtal ist von einem mächtigen, bewehrten Wall mit Burggraben und Zugbrücke umgeben. Noch heute ist die Festungsstadt bewohnt und bietet ihren Besuchern mit vielen Souvenirläden und Restaurants ein geschäftiges Treiben innerhalb der alten Stadtmauern. 1840 sollte die Stadt eigentlich abgerissen werden, doch der Architekt Viollet-le-Duc bewahrte sie vor diesem Schicksal und restaurierte sie in jahrelanger Arbeit. Wenn das kein märchenhaftes Ende ist!

RICHARD I'ANSON / LONELY PLANET IMAGES

913 JAISALMER, RAJASTHAN, INDIEN

Ist es eine Fata Morgana oder eine riesige Sandburg? Diese Frage drängt sich Besuchern einfach auf, wenn die gewaltige, wogende Steinmasse des Forts von Jaisalmer langsam wie aus dem Nichts der großen Thar-Wüste vor ihnen aufsteigt. Die beeindruckende Festung in Rajasthan wurde im 12. Jh. auf einer 80 m hohen Anhöhe errichtet und besteht aus 99 gewölbten Basteien, dreifachen Wällen und einer Reihe wehrhafter Festungstore, die Eindringlinge abhalten sollten. Heute gewähren sie unzähligen Menschen Ein- und Austritt – Waschfrauen, Gewürzhändlern, Uhrenmechaniker und viele andere leben in diesem Sandsteinungetüm und machen aus dem historischen Relikt eine lebendige Stadt.

914 FORT SÃO SEBASTIÃO, ILHA DE MOÇAMBIQUE, MOSAMBIK

Als ehemalige Kapitale von Portugiesisch-Ostafrika waren für die Ilha de Moçambique sicher robuste Schutzvorrichtungen angebracht. Also wurde 1558 am nördlichen Ende der vorgelagerten Insel mit dem Bau der Festung São Sebastião begonnen. Sie ist damit die älteste noch existierende Festung im Afrika südlich der Sahara. Weithin sichtbar ragt sie in den türkisblauen Indischen Ozean hinein und beeindruckt dadurch, wie stringent ihre Architektur die winzige Insel nutzte. Doch den Kolonialherren war es bald zu eng in der Kapelle im Manuelinischen Stil, im Haus des Gouverneurs und im ganzen Fort, und keiner hat sich seither die Mühe gemacht, etwas daran zu verändern.

915 PRINCE OF WALES FORT, CHURCHILL, KANADA

Vor den Kanonen muss man im Prince of Wales Fort keine Angst haben. Die schweren Geschütze liegen meist unter einer Schneedecke und wurden tatsächlich noch nie abgefeuert. Die unterbesetzte britische Garnison war damals nie in ihrem Gebrauch unterrichtet worden und ergab sich 1782 daher einfach den Franzosen ohne Gegenwehr. Eine echte Gefahr sind dagegen die Eisbären, die in großer Zahl an den Küsten der Hudson Bay entlangwandern und nach einer Seehundmahlzeit Ausschau halten. Sie können sich leicht in den sternförmigen Verteidigungswällen versteckt halten, weshalb erfahrene Fremdenführer auch immer ein geladenes Gewehr bei sich haben.

916 PORTOBELO, PANAMA

Armes Portobelo. Heute ein verschlafenes Fischer- und Bauernnest, doch welch großartige Geschichte! Einst passierten unvorstellbare Reichtümer diesen karibischen Hafen auf dem Weg vom peruanischen Lima nach Spanien: Von hier aus stachen zwischen 1574 und 1702 an die 45 Galeonen-Flotten in See, jede mit mindestens 30 Millionen Pesos Beute beladen. So viel Reichtum bedurfte des Schutzes, deshalb wurde eine ganze Reihe von Festungen errichtet. Davon sind heute noch die Mauern aus behauenem Korallenstein von Fuerte Santiago sowie die Überreste von Fuerte San Fernando und Fuerte San Jéronimo erhalten, deren Schießscharten seit Abzug der Spanier 1821 noch ebenso drohend starren wie damals.

917 JABRIN FORT, OMAN

In Oman haben Festungsliebhaber die Qual der Wahl: die arabische Enklave hat 500 Wüstenfestungen aller Art und Größe zu bieten. Am eindrucksvollsten präsentiert sich dabei Jabrin vor dem Hintergrund der Berge. 1670 vom Imam Bil'arab bin Sultan gebaut, vereint sich hier die Anmut eines Palasts – kunstvoll verzierte Gitterfenster und Balkone, Arabesken-Schnörkel und islamische Kalligrafie – mit Wehrhaftigkeit in Form von Aussichtstürmen, Pfeilschießscharten und Rundumsicht auf dem Dach. Darüber hinaus gibt es einen Schutzraum, nur für den Imam, in dem sich Soldaten verstecken und damit beim Angriff eines hinterhältigen Gastes ihrem Herrn zu Hilfe eilen konnten.

918 CARTAGENA, KOLUMBIEN

Wenn eine Stadt so schön ist, gibt es nur eins, um ihre pastellfarbenen Häuser vor Piraten und dem Ansturm der Moderne zu schützen: sie mit einem 12 km langen, unüberwindlichen Schutzwall zu umgeben. Und so geschah es, dass die 1533 von den Spaniern gegründete Hafenstadt Cartagena in Kolumbien auf diese Weise ummauert wurde. Vor den Toren erstreckt sich eine moderne Metropole, doch die Altstadt ist innerhalb ihres schützenden Bollwerks von Las Murallas sicher. Ein Spaziergang im Schutz dieser Mauern von der Puerta del Reloj zum wunderschönen Plaza de Bolívar und den Las Bóvedas (ehemaligen Verliesen, heute aber Souvenirläden) lohnt sich allemal.

919 BURG GOLUBAC, SERBIEN

Die stufenartige Festung sollte einst den Verkehr an einem strategischen Punkt entlang der Donau überwachen, doch nun stellt die Donau selbst eine Gefahr dar. Ein Wasserkraftwerk in der Schlucht vom Eisernen Tor hat den Wasserspiegel steigen lassen, und nun werden die unteren Mauern der Burg aus dem 14. Jh. vom Donauwasser umspült. Der Anblick der Burg ist immer noch beeindruckend: eine Bastei aus neun starken Türmen und unregelmäßigen, 3 m dicken Wällen, die sich den Fels hinaufziehen. Es wird klar, warum sich Türken, Ungarn, Serben und Habsburger jahrhundertelang um den Besitz der Burg stritten. Nun führt eine Straße direkt durch eine der Festungsmauern hinauf, sodass der Besuch heutzutage ein Kinderspiel ist.

BRIAN CRUICKSHANK / LONELY PLANET IMAGES

Immer weniger Menschen leben in Aït Benhaddou, sodass das befestigte Dorf im Abendlicht einer verlassenen Filmkulisse ähnelt.

920 AÏT BENHADDOU, MAROKKO

Kommt Ihnen bekannt vor? Kein Wunder, denn Aït Benhaddou ist in verschiedenen Filmen zu sehen, unter anderem in Lawrence von Arabien und Gladiator. In der Welt der Festungen spielt dieses ausgedörrte Ksar (befestigtes Dorf) eindeutig eine Hauptrolle, denn es bietet einen unvergesslichen Anblick: Oben auf einem Hügel türmen sich rostrote Häuser aus sonnengebrannten Lehmziegeln aufeinander, dazwischen erspäht man ein paar Palmen und Teppichverkäufer. Einst war die Stadt eine wichtige Zwischenstation auf dem Karawanenweg ins nördlichere Marrakesch. Heutzutage jedoch sind die meisten Bewohner in das neue Dorf am anderen Flussufer gezogen, und in der historischen Stadt leben nur noch die Fremdenführer.

MÄCHTIGE FESTUNGEN

TRIUMPHALE TORE UND BOGEN

Mal symbolisch und mal komisch, mal einladend und mal abschreckend kommen diese großen Durchgänge daher.

RICHARD I'ANSON / LONELY PLANET IMAGES

Die einzige Konkurrenz für den Eiffelturm als Wahrzeichen von Paris ist der Triumphbogen für Napoleons Sieg von Austerlitz 1805.

921 WAGAH, INDIEN/ PAKISTAN

Zwei Metalltore – eines orange-weiß-grün, das andere mit Halbmond und Stern – stehen im selben Abstand zu einer Linie auf dem Asphalt der einzigen Straße zwischen Indien und Pakistan. 1947 hatte man die Grenze mitten durch das Dorf Wagah gezogen, in dem seither jeden Abend ein bizarres Spektakel aufgeführt wird: Aufgeputzt wie Kampfhähne mit Federbusch halten Grenzsoldaten beider Seiten die pompös-patriotische Zeremonie des Toreschließens ab, mit viel Fußstampfen, Stechschritt und Machismo. Die befeindeten Nachbarn zeigen sich so gegenseitig, was eine Harke ist. Währenddessen werden sie von der Menge auf beiden Seiten angefeuert – Inder und Pakistani nur wenige Meter voneinander getrennt, aber vollkommen entzweit.

922 UGAB RIVER GATE, SKELETON COAST, NAMIBIA

Einladend ist dieses Tor nicht – die Grenze am Fluss Ugab in Namibia wird durch zwei drohende Totenkopfschilder markiert, eine Warnung an alle, die weitergehen wollen. Man sollte sie wirklich beachten, denn diese Tore sind der Zugang zur Skelettküste, einem lebensfeindlichen Küstenstreifen mit rostigen Schiffswracks, donnernder Atlantik-Brandung und weiter nichts, bis nach Angola hinauf. Die Küste teilt sich in drei Abschnitte auf: von Henties Bay bis Ugab, vorbei am übelriechenden Seehund-Reservat von Cape Cross; dann von Ugab bis Terrace Bay, einem beeindruckend kahlen Abschnitt mit einer erstaunlichen Tierwelt; und schließlich ab Terrace Bay weiter, bis sich die Straße im Nichts verliert ...

924 GATEWAY OF INDIA, MUMBAI, INDIEN

Das Gateway to India – erbaut 1911 zum Gedenken an den Indienbesuch von George V. – sieht aus wie ein kleiner Arc de Triomphe mit islamischen Verzierungen. Es steht direkt am Hafen und ist der wichtigste Treffpunkt Bollywoods, wie Mumbai als größte Film- und Geschäftsstadt liebevoll genannt wird. Das Tor wurde 1924 gebaut und diente nur 24 Jahre lang als Tor der britischen Kolonialmacht zu ihrer reichsten Kolonie – das letzte koloniale Regiment zog 1948 von hier aus ab. Die schönste Aussicht auf dieses Wahrzeichen Indiens ist nicht billig zu haben: Man genießt sie vom teuren Taj Mahal Palace & Tower Hotel aus, das nebenan liegt.

925 BABYLONISCHES ISCHTAR-TOR, BERLIN

Das Pergamonmuseum in Berlin ist eine wahre Schatzhöhle und eröffnet faszinierende Einblicke in die Welt der Vergangenheit. Star unter den Ausstellungsstücken ist das rekonstruierte Ischtar-Tor von Babylon aus der Zeit König Nebukadnezars II. Man kann nicht umhin, von dem riesigen Tor, dem darauf zuführenden Prozessionsweg und der Fassade der Königlichen Thronhalle beeindruckt zu sein. Sie alle sind mit glasierten Tonziegeln in leuchtendem Blau und Ocker gefliest. Die abgebildeten Löwen, Pferde und Drachen, die bedeutende babylonische Götter darstellen, wirken so lebensecht, dass man meint, das Brüllen der Tiere und die Fanfaren der Trimphzüge wehten aus ferner Vergangenheit zu uns herüber.

923 ARC DE TRIOMPHE, PARIS, FRANKREICH

Ein beängstigender Kreisverkehr mit 12 Ausfallstraßen – das war es wohl nicht, was Napoleon im Sinn hatte, als er 1806 den Triumphbogen in Auftrag gab. Aber zu dem Zeitpunkt hatte er ja wohl auch geplant, alle seine Schlachten zu gewinnen, und das Bauwerk, mit dem er diese Siege feiern wollte, früher als 1836 vollendet zu sehen. Doch nun steht es und ist das Epizentrum von Paris. Breite Boulevards (einschließlich der Champs-Élysées) gehen strahlenförmig davon aus. Der Blick von seiner Aussichtsplattform erstreckt sich über ganz Paris: im Südosten der Louvre, im Süden der Eiffelturm, im Nordwesten schließlich La Défense mit dem modernen Pendant des Arc auf einer Achse – La Grande Arche – ein riesiges Bürogebäude ganz in weiß.

926 ITSUKUSHIMA-JINJA, MIYAJIMA, JAPAN

Das Tor ist eine der großen Sehenswürdigkeiten Japans. Schon im 17. Jh. hat dies der konfuzianische Gelehrte Hayashi Shunsai festgestellt, der Japan bereiste, um die drei seiner Meinung nach schönsten Landschaften – *nihon sankei* – zu ermitteln. Das scheinbar auf dem Wasser schwebende rote *torij* (traditionelles Tor) mit seinem Schrein auf Miyajima bei Hiroshima gehörte dazu. Die kleine Insel ist schon lange ein Ort der Andacht und wird sogar selbst verehrt. Das Eiland sieht ja auch göttlich aus mit seinen wilden Ahornwäldern, den Tempeln und der zeitlosen Ruhe, die es, inmitten des Seto-Binnenmeers gelegen, ausstrahlt. Der Zugang zur Insel durch das Tor über dem Wasser ist besonders erhebend.

927 DELICATE ARCH, ARCHES-NATIO-NALPARK, UTAH, USA

In diesem Naturschutzgebiet in der Hochwüste von Utah gibt es Felsentore in großer Zahl – wie man an seinem Namen unschwer ablesen kann. Darunter sind die eleganten Bögen der Double Arch, der verborgene Tower Arch und der Landscape Arch – mit 91 m der längste natürliche Felsbogen der Welt. Insgesamt gibt es im Nationalpark über 2000 solcher Sandsteinerosionsgebilde verschiedenster Art. Auf Postkarten wird jedoch meist der Delicate Arch abgebildet, der auch zum Wahrzeichen für den Bundesstaat wurde. Der 52 m hohe Felsbogen erhebt sich einsam aus dem roten Sandgestein und leuchtet bei Sonnenuntergang feuerrot auf. Fantastisch!

928 DURDLE DOOR, ENGLAND

Dieser Ort hat eine urtümliche Ausstrahlung, vielleicht, weil er an der Juraküste von Dorset liegt, vielleicht wegen des altenglischen Namens (durdle bedeutet so viel wie bohren), aber vielleicht liegt es auch an den endlos ans Ufer brandenden Wellen. Was auch immer es sei, das natürliche Felsentor mutet irgendwie zeitlos an, selbst wenn die Wellen des Ärmelkanals auch dieses Naturmonument einmal zum Einsturz bringen und nur eine Felsnadel hinterlassen werden. Noch aber lässt sich der Pfad entlang der Steilküste erwandern und dabei sowohl die schöne Aussicht, die in Jahrtausenden angehäuften Fossilien, die sanft geschwungenen Buchten und das erstaunliche Naturwunder selbst bestaunen.

929 BRANDENBURGER TOR, BERLIN

Irgendwie stand das Brandenburger Tor immer schon als Symbol für irgendetwas. Es wurde 1791 als Friedensmonument von Carl Gotthard Langhans errichtet – und wurde doch im Zweiten Weltkrieg bombardiert. Während des kalten Krieges stand es symbolisch für die Teilung Berlins: Obwohl als Durchgang erbaut, wurde es durch die Mauer versperrt, die direkt entlang seiner Säulen verlief. Als die

Das purpurrote *torij* (Schreintor) zur Insel Itsukushima-jinja bei Miyajima ist eine der meistfotografierten Sehenswürdigkeiten Japans.

Mauer 1989 fiel, da war es natürlich an diesem Wahrzeichen der Stadt, wo sich Ost- und Westberliner wieder begegneten, sich im Freudentaumel versammelten – seitdem steht das Tor als Symbol für Wiedervereinigung und Harmonie.

930 BAB SHARQI, DAMASKUS, SYRIEN

Schon den Heiligen Paulus führte sein Weg vielleicht durch diesen Einlass in die Stadt – das Bab Sharqui ist eines der sieben Tore in der römischen Stadtmauer von Damaskus, der Hauptstadt Syriens. Es liegt am östlichen Ende der Geraden Straße (Via Recta), in die Gott den zum Christentum bekehrten Saulus befahl; übrigens die einzige Straße in die Altstadt, die noch von den Römern angelegt wurde. Nach über 2000 Jahren Geschichte sind allerdings nur noch wenige bauliche Überreste aus jener Zeit erhalten. Das großartige Stadttor führt in ein Labyrinth von Gassen, würzig duftenden Souks und versteckten Innenhöfen.

GRANDIOSE TORE & BOGEN

KÜNSTLER UND IHRE GÄRTEN

Geniale Geister haben aus diesen grünen Fleckchen kuriose Wunderwelten der Gartenbaukunst gezaubert.

931 LAS POZAS, MEXIKO

Edward James, Sprössling einer ungeheuer wohlhabenden Familie, tobte sich erst jahrelang als Kunstmäzen aus, förderte Surrealisten und wirkte bei der Gründung des New-York-City-Balletts mit. Für seinen Traum vom Garten Eden kehrte er jedoch all dem den Rücken und suchte in Mexiko nach einem geeigneten Ort für seinen eigenen Park. Den Rest seines Lebens verbrachte er damit, Las Pozas in den Bergen des Nordens, benannt nach den Wasserfällen auf dem Gelände, in ein verwunschenes Urwaldparadies mit gigantischen surrealistischen Skulpturen und anderen baulichen Kuriositäten zu verwandeln.

932 WILLIAM RICKETTS SANCTUARY, AUSTRALIEN

Auf dem Weg zum grünen Mount Dandenong bei Melbourne liegt dieser skurrile Skulpturengarten – das Werk des australischen Künstlers William Ricketts. Als einer der Ersten setzte er sich für den Schutz der Natur und der Ureinwohner seines Kontinents ein, verbrachte lange Jahre mit Aborigines-Stämmen in Central Australia und ließ sich dann in den Dandenongs nieder. Auf manche mögen seine Tonfiguren von Aborigines zu gekünstelt wirken, doch eingebettet in den dichten Regenwald aus Eukalyptus und Farn strahlen sie eine eigentümliche Ruhe und Kraft aus. Ricketts selbst lebte und arbeitete hier bis zu seinem Tod mit über neunzig Jahren.

933 CHANDIGARH ROCK GARDEN, INDIEN

Alles fing damit an, dass sich der Regierungsbeamte Nek Chand ein Gärtchen anlegte und Schutt für eine Mauer und mehrere Skulpturen verwendete. Über die folgenden Jahren schuf er – meist nachts nach der Arbeit – ein Gesamtkunstwerk mit Mosaikfiguren aus allerhand Fundstücken. Die Behörden entdeckten den Steingarten irgendwann, ließen Chand aber nicht nur gewähren, sondern unterstützten ihn sogar mit Geld und Arbeitskräften, damit er sein Projekt weiterverfolgen konnte. Inzwischen ist aus dem Grundstück ein gigantischer Wundergarten aus Schrott geworden, mit Wasserfällen und mosaikverzierten Höfen, in denen sich Tausende Skulpturen von Tieren und Tänzerinnen tummeln.

934 GIARDINO DEI TAROCCHI, ITALIEN

Unter einem „toskanischen Garten" stellt man sich vermutlich alles andere vor als das, was Niki de Saint Phalle – früher Schauspielerin und Model, dann autodidaktische Künstlerin und Bildhauerin – über die Jahre in ihrem Tarotgarten schuf. Wie nicht anders zu erwarten von jemandem, der schon als junges Mädchen die Feigenblätter an den Statuen ihrer Schule rot anmalte, bestückte sie ihn mit einer Fülle überlebensgroßer, draller Nana-Figuren. Zu den Highlights zählen der Magier aus Spiegelmosaik mit seinem weit aufgerissenen Mund, die überschwängliche Sonne, der von zwei Hunden und einem Krebs emporgehobene Mond und die gigantische rosarote Kaiserin.

935 TILFORD COTTAGE GARDEN, ENGLAND

Was der Künstler Rod Burn und seine Frau Pamela rund um ihr Cottage aus dem 17. Jh. angelegt haben, wirkt mit seinem Sumpf-, dem Wild- und dem viktorianischen Knotengarten auf den ersten Blick typisch englisch. Dass jedoch wesentlich mehr dahintersteckt, merkt man spätestens, wenn man die (eiserne) Giraffe sieht, die hinter ein paar Bäumen hervorlugt, den Mann (in Formschnitt-Manier), der rücklings in eine Hecke fällt, oder die golden bemalten Baumstämme. Von den vielen über den Park verstreuten Skulpturen und visuellen Aha-Erlebnissen über die parallel zum Boden wachsenden Apfelbäume bis hin zu den in Form getrimmten Birken: Hier sprießt nichts aufs Geratewohl.

936 OWL HOUSE & GARDEN, SÜDAFRIKA

„Miss Helen" gilt als Vertreterin der Art brut. Zeitlebens ging die Außenseiterin im konservativen Nest Nieu Bethesda ihren Mitmenschen aus dem Weg und wurde von ihnen mit Argwohn betrachtet. Mit ihrem Haus und Garten schuf sie sich ihre eigene Welt. Das Innere schmückte sie mit Bildern aus bunten Glasscherben. 1964 stellte sie den Schafscherer Koos Malgas ein, der ihr beim Anlegen des Skulpturengartens half. Die Kamele, Schäfer, Esel und Schafe dort schauen alle gen Osten, und immer wieder entdeckt man Eulen – Helens Totemfigur. Bereits hoch betagt nahm sie sich aus Angst davor zu erblinden das Leben, indem sie Ätznatron und Glassplitter schluckte.

937 JARDIN ROSA MIR, FRANKREICH

Dieser Garten in Lyon ist das Werk von Jules Senis, einem spanischen Fliesenleger. Den Plan dazu fasste er, während er in einer Klinik gegen seine Krebskrankheit kämpfte; später machte er sein Gelübde wahr. Der Garten – nach seiner Mutter benannt – ist nicht groß, aber über und über mit Steinen, Muscheln, Korallen und sogar Schneckenhäusern verziert, aus denen Senis an Mauern und Säulen kunstvolle Mosaiken gestaltete. Kombiniert mit einer Fülle an Zitronenbäumen, Sukkulenten, Efeu und Geranien entstand daraus ein ungewöhnlich charmantes Gesamtkunstwerk.

939 PHILADELPHIA'S MAGIC GARDENS, PENNSYLVANIA, USA

Isaiah und Julia Zagar sind wahre Mosaik-Apostel. Als sie in den Sechzigern in die Gegend um die South Street zogen, müssen sie sich gedacht haben: „Ein bisschen Farbe wäre nicht schlecht!" Damals war das Viertel im Niedergang begriffen, und die beiden konnten mehrere heruntergekommene Häuser erwerben, die sie innen wie außen mit bunten Mosaiken schmückten. Isaiah Zagars Hauptwerk jedoch sind die Magic Gardens, die er auf einem unbebauten Grundstück unweit seines Hauses anlegte: ein gigantisches Mosaiklabyrinth aus Spiegeln und Fliesen sowie Fundstücken aus dem Müll. Dargestellt sind Ereignisse der Weltgeschichte und aus seinem eigenen Leben. Als die Eigentümer den Grund verkaufen wollten, setzte sich die Nachbarschaft für den Erhalt des Gartens ein.

939 MILLESGÅRDEN, SCHWEDEN

Dieses verträumte Fleckchen Erde bei Stockholm wirkt wie eine schwedische Isola Bella. Die Künstler Carl und Olga Milles sowie Carls Halbbruder Evert, ein Architekt, verwandelten einen felsigen Abhang in eine reizvolle Terrassenlandschaft, die den Blick hinabwandern lässt und mit baulichen Kuriositäten wie dem Marmorportal eines Hotels und weißen Blumentöpfen (im Museumsshop erhältlich) übersät ist. Carl Milles' Skulpturen – kolossale, von Säulen getragene Heilige, Götter und Engel – beherrschen die unteren Terrassen. Der anrührendste Bereich des Gartens ist *Klein Österreich*, eine reizende Miniaturversion von Olgas geliebter Heimat.

940 FINSTER'S PARADISE GARDENS, GEORGIA, USA

Dieser Garten ist ein Geschenk Gottes! Es begann mit einer Vision, in der Finster – ein Geistlicher aus den Südstaaten – von oben den Auftrag erhielt, sich der Kunst zu widmen. Und das tat er von da an auch – trotz Unkenntnis des Metiers. Seine Bilder im naiven Stil beinhalten viele Wörter, denn die Botschaft eines Werkes stand für ihn stets im Vordergrund. Finsters Garten ist ein Sammelsurium aus Mosaikelementen (Spiegel, Flaschen) und allerhand Ramsch – letztendlich aus so gut wie allem, was nicht niet- und nagelfest war. Sogar eine Kapelle und eine Galerie für Volkskunst gibt es. Nicht jeder stellt sich so das Paradies vor, und doch findet hier jeder ein Stück vom Glück.

DIE BESTEN ORTE FÜRS PROMI-SPOTTING

Das Leben als Berühmheit wäre etwas für Sie? Probieren Sie es doch mal aus: Hier kommen die legendären Treffs der Reichen und Schönen.

Den Pilzköpfen kann man in Liverpool sowieso nicht entkommen, also besuchen Sie gleich den Cavern Club, den Ort ihrer ersten Gigs.

941 CHELSEA HOTEL, NEW YORK, USA

Könnten die Wände des Chelsea Hotel sprechen, so würden sie vermutlich nur etwas Unverständliches murmeln und dann in komaähnlichen Schlaf versinken. Dieser Schlupfwinkel für legendäre Schriftsteller, Musiker, Dramatiker, radikale Intellektuelle und andere artverwandte Schluckspechte gilt immer noch als Leuchtturm der Bohème und zieht bis heute sowohl interessierte Künstler als auch Touristen an. Seit Jimi Hendrix, Janis Joplin, Bob Dylan, Patti Smith und Leonard Cohen in den Sixties alle hier abhingen, hat sich nicht viel verändert. Der in die Jahre gekommene Grandeur des Hotels entzückt noch immer und die Kunstwerke, die berühmte Bewohner hier zurückließen, sind einen Blick wert. Man braucht sich ja nicht unbedingt fest vornehmen, in einem der Hotelzimmer auch einen Rausch auszuschlafen zu müssen.

943 KODAK THEATRE, LOS ANGELES, KALIFORNIEN, USA

Alljährlich feiern sich hier die Stars mit frenetischem Jubel selbst. Sie werfen sich in die teuersten und glamourösesten Designeroutfits und -roben und schreiten posierend über den roten Teppich zu den Academy Awards, der Oscar-Preisverleihung. Das Kodak Theatre wurde im Jahr 2001 gebaut, um der Veranstaltung einen festen Ort zu geben. Auf einer 30-minütigen Besichtigungstour können Sie einen Blick ins Innere des Theaters im Herzen Hollywoods, an der nordwestlichen Ecke von Hollywood Boulevard und Highland Avenue, werfen. Wer sich dann noch vom tatsächlichen Anblick der Stars blenden lassen möchte, wenn sie am hellsten leuchten, darf an der Ticketverlosung zur Oscar-Preisverleihung teilnehmen. Die Gewinner sitzen allerdings draußen auf den billigen Plätzen mit Blick auf den roten Teppich.

944 SUNDANCE FILM FESTIVAL, PARK CITY, UTAH, USA

Das Sundance ist derzeit einfach der heißeste Ort für Cineasten. Was als Festival speziell für Low-Budget-Filme der von den großen Studios unabhängigen Filmemacher begann, hat sich zu einem Spektakel der Hollywoodstars entwickelt. Alljährlich im Januar bevölkern Fans und Filmgrößen die vereisten Straßen von Park City, Utah, um die nächste große Entdeckung des Independent Cinema zu feiern. Trotz des Andrangs von Megastars in jüngster Zeit bewahrt sich das Sundance Festival seine Glaubwürdigkeit als Zentrum des Independent Cinema. 2010 führte man eine neue Kategorie ein, „NEXT", die Filmen mit extrem niedrigem Produktionsbudget eine Plattform bietet. Alles Wissenswerte erfährt man auf www.sundance.org.

942 CAVERN CLUB, LIVERPOOL, ENGLAND

Wären Sie bei John Lennons Debütvorstellung im Cavern Club 1957 zufällig mit im Publikum gewesen, hätten Sie ihn höchstwahrscheinlich auch ausgebuht. In den späten 1950er-Jahren war man im Jazzclub Cavern strikt gegen Rock'n'Roll. Angeblich wurde John Lennons Version von Elvis Presleys „Don't Be Cruel" damals vom Publikum gar nicht gut aufgenommen. Doch in den frühen 1960er-Jahren ging dann der Club in andere Hände über, und zwischen 1961 und 1963 betraten die Beatles dort mehr als 290 Mal die Bühne. Sechs Monate nach ihrer letzten Vorstellung im Cavern Club brachen sie zu ihrer ersten Tournee durch die Vereinigten Staaten auf. Der Rest ist, wie die Beatles selbst sagen, Geschichte.

945 HOLLYWOOD HILLS, LOS ANGELES, KALIFORNIEN, USA

Aalen sich die Stars mal nicht in der Sonne von St. Barts oder St. Tropez, sind viele von ihnen in den Hollywood Hills zuhause. Dieses extrem wohlhabende Villenviertel von Los Angeles ist bekannt für die Exklusivität und die geschützte Privatsphäre seiner Bewohner. Kurvenreiche Sträßchen und viel Grün unterscheiden dieses Viertel von der riesigen Stadtwüste Central L.A. unten in der Ebene. Es gibt Touren durch die Hills mit Hinweisen auf die Anwesen der Stars, aber es macht auch Spaß, selbst auf Entdeckungstour zu fahren und zu erspähen, wie die Hollywoodgrößen leben.

Von millionenschweren Anwesen zu Häfen voller Megajachten: die französische Riviera bietet Glitzer- und Glamourwelt pur.

946 MADAME TUSSAUDS, LONDON, ENGLAND

Mehr als 200 Jahre lang verlieh Madame Tussauds in Londons Marylebone Road Sporthelden, Politikern, Popstars, Königlichen Hoheiten und Co. Unsterblichkeit. Suchen Sie sich irgendwelche x-beliebigen Promis aus, und die

Chancen stehen gut, dass deren Ebenbild in Wachs hier im Museum ausgestellt ist. Sobald man sich daran gewöhnt hat und es einem nicht mehr unheimlich ist, sich im selben Raum mit kalten, leblosen, stummen Figuren aufzuhalten, die *exakt* so aussehen wie echte Menschen, dann ist es spannend, den eigenen Idolen ganz nah auf die Pelle zu rücken.

947 SUN STUDIO, MEMPHIS, TENNESSEE, USA

Das Studio Memphis Recording Service, wie es in den frühen 1950er-Jahren hieß, gilt als Geburtsstätte des Rock 'n' Roll, weil dort Blues- und Countrymusiker gemeinsam eine neue Musikrichtung schufen, die wir heute als Rock 'n' Roll

LAURENT GIRAUDOU / PHOTOLIBRARY

948 ST. TROPEZ, FRANZÖSISCHE RIVIERA

Bringen Sie am besten Ihr eigenes Boot und Ihren teuersten Schmuck mit. Was einst ein Fischerdörfchen war, gilt heute als *der* Ort an der Riviera zum Sehen und Gesehenwerden. In den schicken Nachtclubs, Bars, Restaurants und Boutiquen sind Schickeria und High Snobiety gut vertreten. Im Sommer muss man die Plätze an einigen der schönsten und beliebtesten Strände im Voraus reservieren. Aber es kostet nichts, zur Zitadelle mit Blick auf die Stadt hinaufzuspazieren, von wo man nach Herzenslust Promis erspähen kann.

949 ED SULLIVAN THEATER, NEW YORK, USA

Als langjähriger Aufführungsort der Unterhaltungssendung *The Ed Sullivan Show* erlebte dieses Broadway Theater auf seiner Bühne Stars wie Elvis Presley, die Beatles, die Rolling Stones und all die großen Stars des Motown-Plattenlabels. Und auch in den vergangenen Jahren trat auf Einladung der *Late Show with David Letterman* ein ständiger Strom von Hollywood-Größen, ranghohen Politikern aus aller Welt und Sportstars über die Schwelle dieses Theaters. Zu den Gästen aus dem Film-, Musik- und Showgeschäft zählten auch Johnny Depp, Jerry Seinfeld, Jay-Z, Matt Damon und Rihanna.

1878 als Hinterhof der europäischen Kolonialbesitzungen in der Karibik. Bis die Insel im 20. Jh. vom Tourismus erschlossen wurde. Mittlerweile wetteifern Stars und Superreiche um einen Platz am Strand oder in den zahlreichen Luxusrestaurants und Designer-Läden der Insel. Mit einer Fläche von nur 21 km^2 und einer Bevölkerung von nur 8500 Einwohnern stehen die Chancen recht gut, dort auf einen Promi zu treffen.

kennen und lieben. Mit dem neuen Sound kamen auch die Legenden: Johnny Cash, Elvis Presley, Roy Orbison und Jerry Lee Lewis waren nur einige der Musiker, die hier in den frühen Jahren ihre Aufnahmen produzierten. Das ursprüngliche Gebäude, heute unter dem Namen Sun Studios bekannt, dient noch immer als Aufnahmestudio und ist eine Touristenattraktion.

950 ST. BARTHS, KLEINE ANTILLEN

Hin- und hergeschoben zwischen Frankreich und Schweden und wieder zurück nach Frankreich, galt das winzige Eiland Saint-Barthélemy zwischen 1648 und

DIE BESTEN ORTE FÜRS PROMI-SPOTTING

VISIONÄRE ARCHITEKTEN UND IHRE WERKE

Sie kamen, sahen und setzten Zeichen – die größten Baumeister der Welt hinterließen ein beeindruckendes Vermächtnis.

Der Reichstag in Berlin – Monument deutscher Geschichte und moderner Architektur

951 EDWIN LUTYENS & NEU-DELHI, INDIEN

Die Kolonialherren wünschten sich eine neue, standesgemäße Regierungshauptstadt – die Verwaltungszentrale der Briten sollte von Kalkutta nach Delhi verlegt werden – also beauftragten sie 1912 einen berühmten Architekten mit dem Entwurf. Luytens' Vision von „Neu-Delhi" bestand aus breiten Boulevards gesäumt von grandiosen Verwaltungsgebäuden in klassischer Architektur mit indischem Flair. Der Rajpath (Königsweg) bildet die Hauptachse, im Osten durch das monumentale India Gate begrenzt, im Westen durch den Rashtrapati Bhavan, einen Palast mit 340 Räumen, der für einen Vizekönig erbaut wurde, in dem nun aber der Präsident einer unabhängigen Nation residiert.

952 ALVAR AALTO & DIE FINLANDIA-HALLE, HELSINKI, FINNLAND

Finnisches Design und Funktionalität verbinden sich in Alvar Aaltos beeindruckendem Konzerthaus am Ufer der Töölö-Bucht. Ursprünglich war eine ganze Reihe von Gebäuden geplant, die Helsinki mit neuem, städtischem Flair und architektonischer Lebendigkeit erfüllen sollten, doch aus dem Projekt wurde nichts. Der marmorverkleidete Monolith allein zeigt aber schon, wie groß angelegt der Plan war. Er weist Alvar Aaltos typische Stilmerkmale auf: modernistische Linien, Asymmetrie, kaum rechte Winkel und ein wenig mediterranes Flair. Die Akustik kränkelt, aber ansonsten ist der Bau ein durchschlagender Erfolg.

MARTIN MOOS / LONELY PLANET IMAGES

953 NORMAN FOSTER & DER REICHSTAG, BERLIN

Der Sitz des deutschen Parlaments hat harte Zeiten durchlebt: Im Kaiserreich 1894 fertiggestellt, wurde später darin die Republik ausgerufen; als die Nazis an die Macht kamen, brach der mysteriöse Reichstagsbrand aus, der ihnen in die Hände spielte. Im Krieg wurde das Gebäude durch Bomben zerstört. Obgleich in der Nachkriegszeit einschneidend renoviert, schien der Reichstag in der Mauerzone gestrandet zu sein. Doch nach der Wiedervereinigung nahm sich der Architekt Norman Foster 1990 des geschichtsträchtigen Baus an und verband darin Alt und Neu. An den ursprünglichen Mauern sind noch sowjetische Graffiti zu sehen, doch die beeindruckend moderne Kuppel aus Stahl und Glas symbolisiert die vorwärtsblickende Haltung des Landes.

333

Jeder kennt die Pyramiden von Gizeh, doch es gab noch viele andere. Die Djoser-Pyramide von Sakkara war die allererste.

954 IMHOTEP & SAKKARA, ÄGYPTEN

Imhotep lebte etwa 3000 v. Chr. und war einer der wenigen außerhalb der Königlichen Familie, dem ein gottähnlicher Status zuerkannt wurde. Brillant und schon zu Lebzeiten legendär, war er Arzt, Wesir, Dichter, Astrologe und verstand es obendrein auch noch, Pyramiden zu erbauen. Anhand seiner Pläne errichtete man die Stufenpyramide von Sakkara, zur damaligen Zeit ein unvorstellbar riesiges architektonisches Meisterwerk und das erste Monument aus behauenen Steinen (davor waren Tempel aus weniger dauerhaftem Material errichtet worden). Weil dem regierenden Pharao Djoser ein aufwendiges Grabmal zum schnelleren Aufstieg in den Himmel verhelfen sollte, erbaute Imhotep ihm eine 62 m hohe, sechsstufige Pyramide, die zur Vorlage aller weiteren Pyramiden wurde – und noch heute steht.

955 FRANK LLOYD WRIGHT & TALIESIN WEST, SCOTTSDALE, ARIZONA, USA

„Ein Gebäude ist mehr als ein Ort, an dem man sich aufhält. Es ist eine Art, zu sein." Das sagte Frank Lloyd Wright, der sein Leben der Aufgabe widmete, Wohngebäude und öffentliche Plätze neu zu konzipieren und zu verbessern. Wright entwarf 1141 Gebäude; nur wenige sind der Öffentlichkeit zugänglich. Eines davon ist sein eigenes Winterhaus, Taliesin West, mit den für ihn typischen Stilmerkmalen: niedrige Decken, offener Wohnbereich, fließender Übergang von drinnen nach draußen und das Sich-Einfügen in die Natur. Blickperspektiven und schmale Pfade verbinden das Haus mit den Vorgebirgen der Sonora-Wüste, die Wright inspirierte.

956 ANTONI GAUDÍ & DIE SAGRADA FAMÍLIA, BARCELONA, SPANIEN

Nie zuvor hat die Vision eines Menschen das Wesen einer Stadt so vollständig erfasst. Antoni Gaudí *ist* Barcelona: Seine fließenden Linien und Strukturen sind spielerisch und doch solide, andächtig und doch humorvoll, bunt und vollkommen einzigartig – wie die katalanische Kapitale selbst. Im Laufe seines Lebens (1852–1926) entstanden überall in Barcelona die fantastischsten Gebäude, zum Beispiel der Märchenpark Guell, die kurvenreiche Casa Milà und die vom Meer inspirierte Casa Batlló. Doch am meisten beeindruckt sein unvollendetes Werk, die Sagrada Família, selbst wenn diese umstrittene Kirche und steingewordene Sinfonie auch heute noch eine Baustelle ist. Da es Streitigkeiten über die letzten Wünsche Gaudís gibt, wird dieser Zustand wohl auch noch eine Weile andauern.

957 JØRN UTZON & DAS OPERNHAUS IN SYDNEY, AUSTRALIEN

Das bekannteste Wahrzeichen Australiens wurde von einem dänischen Architekten entworfen. Die leuchtend-weiße Dachkonstruktion des Opernhauses von Sydney, die auch an Muschelhaufen erinnern soll – die Überreste der einst auf Bennelong Point lebenden Ureinwohner – , dachte sich Jørn Utzon für eine Ausschreibung 1957 aus. Heute kaum mehr vorstellbar, dass der Vorschlag damals vom Wahlausschuss fast abgelehnt worden wäre, denn die muschelförmigen Dächer passen

so perfekt auf diese Landzunge im Hafen. Nebenan der Botanische Garten, dahinter die Skyline der City und als attraktive Begleiterin die eiserne Hafenbrücke – ein schönerer Anblick ist kaum denkbar. Er macht die Überfahrt mit der Fähre zum Circular Quay zu einem unvergesslichen Erlebnis.

958 CHARLES GARNIER & DIE PARISER OPER, FRANKREICH

Zurückhaltung ist was anderes. Das Palais Garnier ist so überbordend, wie man sich das für ein Opernhaus dieser schönen Stadt nur wünschen kann. Mit seinem Entwurf gewann der in Paris geborene Garnier 1860 die Ausschreibung und legte sich mit seinen Plänen – in die aus Griechenland und Rom mitgebrachte Inspirationen einflossen – so richtig ins Zeug, um eine festliche Bühne für die darstellenden Künste zu schaffen. Die schwungvolle Doppeltreppe aus buntem Marmor, das opulente Auditorium mit seinen Kristalllüstern, das Foyer ganz in Gold und Mosaiken, alles schreit förmlich nach Drama. Und doch wird das Ganze sehr pragmatisch von einem Stahlgerüst zusammengehalten, stark genug, diese Pracht zu stützen.

959 NICHOLAS HAWKSMOOR & DIE KIRCHEN VON LONDON, ENGLAND

Christopher Wren hat sich in London mit der St. Paul's Cathedral sein Denkmal gesetzt und der Stadt ein Wahrzeichen geschenkt. Aber er hat noch etwas anderes

hinterlassen – seinen Schüler Nicholas Hawksmoor. Im Rahmen eines Parlamentsbeschlusses 1711 zum Bau von 50 Kirchen entwarf dieser sechs der schließlich nur 12 tatsächlich gebauten Kirchen. Mit ihren gotischen Türmen definierten sie jahrhundertelang die Skyline Londons. Seine schönste ist wohl die riesige Christ Church in Spitalfields mit ihrem robusten Kirchenschiff im Stil des englischen Barock und dem hoch aufragenden Kirchturm – größer angelegt als manch eine Kathedrale und ein Paradebeispiel für Hawksmoors Visionen.

960 KENZO TANGE & DAS FRIEDENSMUSEUM, HIROSCHIMA, JAPAN

Kenzō Tange stand vor der großen Herausforderung, einen Entwurf für eine Stadt zu liefern, die die schrecklichste, das Jahrhundert prägende Zerstörung erfahren hatte. Hiroshimas kompletter Innenbezirk wurde am 6. August 1945 von einer Atombombe ausgelöscht. 1954 wurde dort ein Gedenkpark eröffnet, ein Ort der Erinnerung und zugleich ein Appell für Frieden in der Welt. Tanges schlichte Gebäude reflektieren dieses Ansinnen – er ließ sie aus nüchternem Beton bauen, ohne jede Verzierung, die von der Ausstellung im Innern ablenken könnte. Sein Museum rahmt den Blick auf das Friedensdenkmal, bestehend aus dem einzigen Gebäude, dessen Struktur einst dem Atombomben-Angriff widerstand.

VISIONÄRE ARCHITEKTEN UND IHRE WERKE

DIE BESTEN ORTE, UM ROT ZU SEHEN

„Proletarier aller Länder, vereinigt euch!" Die kommunistische Ideologie verliert seit zwanzig Jahren an Kraft, doch mancherorts können Genossen noch ihren proletarischen Wurzeln nachgehen.

961 ALLRUSSISCHES AUSSTELLUNGS-ZENTRUM, MOSKAU RUSSLAND

Das Räderwerk des sowjetischen Kommunismus kam 1991 zum Stillstand, und Moskau entwickelte sich seither rapide. Viele Vorstädte sind zwar immer noch durch hässliche Mietblocks entstellt, doch ansonsten frönt die Stadt dem Kapitalismus. Aber keine Angst, Genossen, Relikte vergangener Größe sind nicht ganz verlorengegangen: Das Allrussische Ausstellungszentrum bietet das volle stalinistische Programm. Auf dem 200 ha großen Gelände steht eine faszinierende Ansammlung entschlossen dreinblickender Statuen, kitschiger Brunnen und freskenreicher Pavillons, in denen die Macht der Arbeiter zelebriert wird. Es gibt sogar eine 100 m hohe Raumschiff-Skulptur und eine echte Wostok-Rakete aus der Zeit, als der rote Stern das All eroberte.

962 DIEFENBUNKER, CARP, ONTARIO, KANADA

Die Amerikaner waren nicht die Einzigen, die ein Vermögen darauf verwendeten, ihre Bürger (in Wirklichkeit allerdings nur die Regierungselite) vor einem atomaren Angriff zu retten. In Kanada ließ die Regierung überall im Land atomsichere „Diefenbunker" erstellen, so genannt nach dem damaligen kanadischen Premierminister John Diefenbaker. Der größte dieser Bunker mit über 9300 m² liegt nahe der Hauptstadt Ottawa. Er umfasst eine Radiostation, eine weiträumige Schaltzentrale und einen gigantischen Tresorraum, groß genug für die Goldreserven Kanadas. Heutzutage veranstalten Fremdenführer Besichtigungstouren durch den Bunker, der so groß ist wie eine Stadt und nun unter der Bezeichnung „Museum des Kalten Kriegs" bekannt ist.

963 LA COMANDANCIA DE LA PLANTA, KUBA

Touristen zieht es nach Kuba, weil sie am Chic der 1950er-Jahre, an Nächten in Salsa-Bars und an der Revolutionsgeschichte interessiert sind. Doch mehr als Rum trinken, den Hüftschwung üben und ein Che-Guevara-T-Shirt kaufen liegt meist nicht drin. Dabei gibt es hoch oben in der Sierra Maestra die Comandancia de la Planta, den geheimen Stützpunkt, von dem aus Fidel Castro seine Truppen in den Guerillakrieg gegen den Diktator Fulgencio Batista führte. Das gut versteckte Camp ist fast unverändert seit Fidels Zeiten und kann nur über eine schwindelerregende Fahrt mit Vierradantrieb und anschließendem strammen Fußmarsch ab Santo Domingo erreicht werden.

964 KAROSTA-GEFÄNGNIS, LIEPAJA, LETTLAND

Wer sich nach harter Bestrafung sehnt oder damit prahlen will, eine Nacht in einem Sowjetgefängnis verbracht zu haben, kann sich für eine Nacht ins berüchtigte Karosta-Gefängnis einweisen lassen, eine ehemalige Strafanstalt für unbotmäßige Soldaten. Dort wird die Anwesenheit regelmäßig durch den Sehschlitz der Zellentür überprüft, die original gekleideten Wärter brüllen die Insassen an und man darf sich auf der ekelhaftesten Latrine der Welt (im Ernst!) erleichtern. Versuchen Sie, Zelle 26 – Einzelhaft – zu bekommen. Man wird dort nicht belästigt, aber die absolute Dunkelheit treibt einen unweigerlich in den Wahnsinn. Wer nur ein bisschen Masochismus braucht, kann sich auf eine geführte Besichtigungstour beschränken.

965 GALERIE 798 SPACE, PEKING, CHINA

In den 1950er-Jahren errichtete die DDR eine Militärfabrik namens Einheit 798 in einem Vorort von Peking – kommunistischer geht's nicht. Die ausrangierten Hallen erleben nun eine zweite Blüte als Zuflucht für die Gegenwartskünstler der Stadt, die von den unwilligen Behörden überall, wo sie sich entfalten wollten, von Pontius zu Pilatus geschickt wurden. In den späten 1990er-Jahren entstanden die ersten Galerien, und nun ist der Bau ein wahrer Bienenstock an modernistischen Installationen und Ateliers. In den riesigen Hallen kommen die Kunstwerke gut zur Geltung. An den hohen Decken sind maoistische Slogans zu lesen, während ausrangiertes Gerät und grob gehauene Arbeiterstatuen den früheren proletarischen Geist der Fabrik widerspiegeln.

966 DIE PENSION, LĪGATNE, LETTLAND

Tief in den Wäldern des Gauja-Nationalparks steht ein trostloses Reha-Zentrum, das gar keine gewöhnliche Klinik ist. Unter der nüchternen Architektur der 60er-Jahre versteckt sich der geheime Sowjetbunker mit Decknamen „die Pension". Als Lettland noch Teil der UdSSR war, war die Pension einer der wichtigsten Schutzbunker im Fall einer nuklearen Bedrohung. Der Standort wurde so geheim gehalten, dass die Information erst 2003 freigegeben wurde. Heute dürfen Besucher durch die eisenbewehrten Hallen schlendern. Der 2000 m^2 große Bunker sieht noch genau so aus wie vor 40 Jahren, als er in Betrieb war.

967 SOWJETISCHE STATUEN, MINSK, WEISSRUSSLAND

Nach dem Zerfall der Sowjetunion fingen die Menschen in den befreiten Republiken an, die riesigen Denkmäler ihrer abgesetzten Despoten niederzureißen. Nur in Weißrussland leben die Sowjetideale noch munter weiter. Die Straßen von Minsk werden nach wie vor von den Statuen führender Genossen dominiert. Ein Spaziergang durch die Stadtmitte ist wie eine Tour durch die Vergangenheit: Vor dem Regierungsgebäude stützt sich Lenin stolz auf sein Podium, die Büste von Felix Dzierżyński überwacht die Fußgänger an der Unabhängigkeitsstraße und Mikhail Kalinin, ein bekannter sowjetischer Revolutionär, hält Wache auf dem nach ihm benannten Platz.

968 TRABI-SAFARI, BERLIN

Der Ostblock kutschierte einst im knatternden Kult-Auto der kommunistischen Ära, dem Trabant, herum. Da das Fahrzeug ursprünglich als dreirädriges Motorrad konzipiert wurde, überrascht es niemanden, dass der Trabi niemals zum niedlichsten Auto der Welt gekürt wurde. Doch immerhin rollten über drei Millionen Fahrzeuge vom Band, die viele Jahre fröhlich über die Straßen des östlichen Europas tuckerten. Heute besitzt der Trabi Kultstatus und Fanclubs der „Rennpappe" gibt es überall. Wer selbst keinen kaufen will, kann sich einfach hinters Steuer eines renovierten Modells setzen und sich einer geführten Tour zu Berlins Relikten aus kommunistischer Zeit anschließen.

969 MUSEUM DER OPFER DES GENOZIDS, VILNIUS, LITAUEN

Litauens Freiheitskampf wird im Museum für die Opfer des Genozids, auch KGB-Museum genannt, dargestellt. Es ist im ehemaligen Hauptquartier der sowjetischen Verwaltung untergebracht. Von 1940 bis 1991 wurden Tausende von Widerstandskämpfern festgenommen und hier inhaftiert, viele von hier auf den Weg in die Verbannung nach Sibirien geschickt. Heute erzählen die mit Relikten jener Schreckenszeit vollgestellten Galerien eindringlich die Geschichte dieses Konflikts. Erschütternd sind die Isolationszellen, die Folterkammern und die Gummizellen in den Verliesen. Die Namen vieler Toten wurden in die Außenmauern des Gebäudes eingemeißelt.

970 GREENBRIER-BUNKER, WHITE SULPHUR SPRINGS, WEST VIRGINIA, USA

Aus Angst vor den Raketengeschossen der Sowjets traf die US-Regierung in den 1950er-Jahren Vorkehrungen für das „Projekt griechische Insel". Im Nobelhotel Greenbrier Resort wurde scheinbar ein neuer Flügel angebaut, doch in Wirklichkeit entstand darunter ein Regierungsbunker für den Notfall. In den 10 000 m^2 großen Bunker sollte im Fall eines atomaren Angriffs der ganze Kongress umsiedeln. Er bot Unterkünfte, eine Klinik sowie eine Fernseh- und Radiostation mit einem gefälschten Hintergrundbild, das das Kapitol darstellte. Nach dem Zusammenbruch der Sowjetunion berichtete die *Washington Post* in aller Öffentlichkeit darüber.

UNHEIMLICHE BAUWERKE

Überall auf der Welt finden Sie Gebäude, die Ihnen einen Schauer über den Rücken jagen.

971 BEINHAUS VON SEDLEC, KUTNÁ HORA, TSCHECHIEN

Noch Mitte des 18. Jhs. war die Krypta im Kloster von Sedlec eine beliebte Begräbnisstätte, da Pestausbrüche und die Hussitenkriege Tausende Opfer forderten. In den 1870er-Jahren beauftragte man einen ortsansässigen Holzschnitzer, die Gebeine, die sich in der Krypta stapelten, kreativ zu nutzen. Das war keine geringe Aufgabe: Das Beinhaus

Die meisten Thai-Tempel haben eine jahrhundertelange Geschichte, doch an diesem bleichen, spitzenbewehrten Heiligtum in Chiang Rai wird erst seit 1997 gebaut.

barg nämlich die Gerippe von über 40 000 Toten, von denen manche zur Verzierung der Kapelle verwendet wurden. Die Wirkung ist ebenso schön wie makaber: kunstvolle Lampenhalter, Glockensysteme, Beschläge, geschnitzte Wandverkleidungen und Wappen wurden mit viel Liebe zum Detail aus Totenköpfen und Menschenknochen aller Arten und Größen gefertigt. Und man fragt sich schaudernd: Starrt mich dieser Kronleuchter dort wirklich an?

JOHN BORTHWICK / LONELY PLANET IMAGES

972 RYUGYONG HOTEL, PYONGYANG, NORDKOREA

Obgleich seit 1987 daran gearbeitet wird, wirkt der wuchtige und immer noch unvollendete Bau des 105-stöckigen Ryugyong-Hotels in Pjöngjang, als hätten die Architekten eine Luxusherberge für Mordor geplant. Es trägt den Spitznamen „Hotel des Verderbens" und wurde von der Zeitschrift *Esquire* als „schlimmstes Gebäude der Menschheitsgeschichte" beschrieben. Die Bauarbeiten mussten zwischendurch aus Geldmangel eingestellt werden, und der Rohbau stand 16 Jahre lang ohne Fenster da. Drohend wachte er über die Stadt, bevor 2008 die Arbeiten wieder aufgenommen wurden. Bei der Planung galt das Gebäude als sensationell modern, doch der Zahn der Zeit nagte bereits am Rohbau, der jetzt bedrohlich und altmodisch zugleich wirkt, nichtsdestotrotz aber auch unverschämt extravagant

angesichts der verarmten Bevölkerung Nordkoreas.

973 DŌNGYUÈ-TEMPEL, PEKING, CHINA

Pekings morbideste religiöse Stätte, der Dōngyuè-Tempel, ein vielbesuchter taoistischer Schrein, wirkt verstörend und faszinierend zugleich. Hinter dem Eingang erwartet die Besucher ein taoistischer Hades, wo gequälte Geister über ihre Missetaten nachsinnen. Die „Abteilung Leben und Tod" vermittelt spirituelle Anreize, um über das unausweichliche eigene Ableben nachzudenken. Und auch die Namen der „Abteilung für Wandernde Geister" und „Abteilung zur Darstellung von 15 gewaltsamen Todesarten" könnten kaum weniger einladend sein, während sich Kranke vielleicht lieber die „Abteilung für Hartnäckige Leiden" ansehen. Andere Säle sind weniger morbid, aber ebenso interessant. Am besten

974 WAT RONG KHUN, CHIANG RAI, THAILAND

Der Bau an Chiang Rais umstrittenem, nach traditionellen Vorbildern modern gestaltetem buddhistischem Tempel ist noch immer nicht vollendet. Der Tempel mutet an wie ein Hochzeitskuchen mit Zuckerguss oder wie ein Avantgarde-Kunstwerk mit einem Hang zu spitz zulaufenden Türmchen und Ornamenten. Besucher müssen zum Tempel über eine Brücke gehen, die ein Feld mit Hunderten flehend aus der Hölle emporgereckter weißer Arme und leidender Gesichter von Statuen überspannt. Bleiches Weiß herrscht vor, das Innere des Tempelgeländes (auch die Toiletten) erglänzen in Gold.

Die unheimlichen Catacombe dei Cappuccini bergen die mumifizierten Leichen tausender ehemaliger Bewohner Palermos.

975 CATACOMBE DEI CAPPUCCINI, PALERMO, ITALIEN

Die Bewohner der Katakomben unter dem Kapuzinerkloster in Palermo tragen alle ihren Sonntagsstaat. Leider liegt dieser Sonntag bereits mehrere Jahrhunderte zurück, und die guten Kleidungsstücke haben die Zeiten besser überstanden ihre Träger. Die mumifizierten Leichen und Skelette von rund 8000 Bewohnern Palermos sind in den Katakoben öffentlich ausgestellt – manche sind so gut erhalten, dass sie unheimlich lebensecht aussehen. Männer und Frauen sind in getrennten Korridoren untergebracht; im Frauengang ist ein spezieller Bereich ausschließlich den Jungfrauen vorbehalten. Unheimlich für Erwachsene, vermutlich beängstigend für Kinder – also mit Vorsicht zu genießen.

besuchen Sie den Tempel während des Chinesischen Neujahrs- oder des Mittherbstfestes, dann wird der Schrein von zahlreichen Gläubigen besucht.

976 LEMP MANSION, ST. LOUIS, USA

Eine lange Geschichte unerklärlicher Ereignisse kann Lemp Mansion in St. Louis vorweisen und gilt damit als eines der schlimmsten Spukhäuser im Land (wenn es dafür überhaupt einen Gradmesser geben kann). 1949 nahm sich Charles Lemp darin das Leben, und seither ereignen sich seltsame Dinge dort: Türen gehen plötzlich auf, Gläser rutschen vom Tisch und zerschellen auf dem Boden. Einmal versuchte man auch, eine Reality Show von dort zu senden, doch sie floppte kurz darauf. Heute bietet das Haus ein Restaurant und eine Pension, und man versucht, aus dem morbiden Image durch Dinners mit Krimischauspiel, Halloween Partys und wöchentlichen Touren, geleitet von einem bekannten „Ermittler paranormaler Phänomene", Nutzen zu ziehen. Übernachten Sie dort, wenn Sie sich trauen.

977 SCOTT MONUMENT, EDINBURGH, SCHOTTLAND

Dieses gotische Fantasiegebilde mit Spitzentürmchen und gewissen Anklängen an einen Thai-Tempel ist ein beliebtes Wahrzeichen der Edinburger Skyline. Da es nur 61 m hoch ist, klingt der Aufstieg harmlos, bis man sich die ungemein enge Wendeltreppe emporquält. Die letzte Windung ist derart schmal, dass man zum Durchquetschen

nach draußen die Biegsamkeit eines Höhlenforschers benötigt. Der Edinburger Krimiautor Ian Rankin verlegte den Tatort eines seiner Morde auf das Scott Monument. Da geht es um die spannende Frage, wie man einen Toten, bei dem die Leichenstarre schon eingesetzt hat, die Wendeltreppe hinunterbekommt.

978 REAKTOR NR. 4, TSCHERNOBYL, UKRAINE

Die 30-km-Sperrzone um den Ort der weltgrößten Nuklearkatastrophe von 1986 ist heute überwiegend unbewohnt, doch seit 2002 kann man Touren buchen, um einen Blick auf die Geisterstadt zu werfen – für alle, die sich nicht vom bedrohlichen Knattern des Geigerzählers abschrecken lassen. Fabriken, Häuser, Schulen und ein besonders unheimlich wirkender ausgestorbener Rummelplatz verfallen allmählich und werden von Unkraut überwuchert, aber dennoch blieb alles weitgehend so wie zum Zeitpunkt des Reaktorunfalls. Die ukrainische Regierung gab bekannt, die Sperrzone werde in den kommenden Jahren nach und nach für Besucher zugänglich gemacht. Aber treten Sie lieber nicht auf das radioaktiv verseuchte Moos.

979 JAIL HOSTEL, OTTAWA, KANADA

Wollen Sie mal eine Nacht im Kittchen verbringen? Warum dann nicht gleich in einem Gefängnis, in dem die Geister früherer Insassen spuken und das Anfang der 1970er-Jahre Häftlingen aufgrund der entsetzlichen Bedingungen als nicht mehr zumutbar eingestuft

wurde. Das Gefängnis von Carleton County war von 1862 an über ein Jahrhundert lang in Betrieb, bei den Insassen war es jedoch wegen der Enge und sanitärer Probleme immer ein Graus. Was damals für einen Häftling eine Tortur gewesen sein muss, passt perfekt für den, der heutzutage als Reisender mit schmalem Budget unterwegs ist und dem es nichts ausmacht, dass das Zimmer eine Gefängniszelle ist und der Bettnachbar vielleicht ein Gespenst. Als heutiger Insasse gehören zur Bestrafung Parkplätze, Wifi und eine Games Lounge.

980 WHITE ALICE, ALASKA, USA

Nome, einst eine Goldgräbersiedlung, heute Zielort für das Iditarod, das längste und härteste Hundeschlittenrennen der Welt, ist eine Stadt am Rande der Zivilisation – sie liegt schon fast am Polarkreis. Auf dem Anvil Mountain, von dem aus man einen guten Blick über den Ort und hinaus auf die Beringstraße genießt, erhebt sich drohend White Alice, ein seltsames Relikt aus dem Kalten Krieg. Von Weitem sieht es aus wie ein bizarres Stonehenge des Raumfahrtzeitalters, von Nahem betrachtet könnte es sich auch um den Schauplatz für eine Szene aus H. G. Wells' *Krieg der Welten* handeln. Die vier seltsamen, verrosteten Abhörmasten dienten der Registrierung verdächtiger Aktivitäten der Sowjets. Besonders eindrucksvoll ist ein Besuch zur Mitternachtssonne.

UNHEIMLICHE BAUWERKE

SEHR PIKANTE PLÄTZE

Ob Riesenphalli oder frivole Showgirls:
Klappern Sie die Welt der nicht jugendfreien Hingucker ab.

Immer noch: Das Moulin Rouge und sein Cancan sind legendäre Wahrzeichen des Pariser Nachtlebens.

981 KHAJURAHO, MADHYA PRADESH, INDIEN

Dass die Herrscherdynastie der Chandella ihre kulturelle Hauptstadt Khajuraho in einer entlegenen Wüstenei baute, mag überraschen, erwies sich jedoch als kluge Entscheidung: Ihre unattraktive Lage verbarg die pikante Stätte vor den missbilligenden Blicken der muslimischen Invasoren. Denn was hier zu sehen ist, hätte ihnen bestimmt nicht gefallen: Die Tempel von Khajuraho sind übersät mit Erotika – ein einziges Kamasutra aus Stein, gefertigt zwischen 950 und 1050 n. Chr. in einem künstlerischen Kraftakt. Verführerische Apsaras (Nymphen), kopulierende Paare in athletischen Posen, derbe Orgien, Sodomie – alles fein säuberlich in Sandstein gemeißelt. Klingt ganz so, als hätte diese alte Kultur ein sehr entspanntes Verhältnis zur Sexualität gehabt.

982 CHIME LHAKHANG, BEI PUNAKHA, BHUTAN

Der Lama Drukpa Künleg – der „heilige Narr" – war kein Heiliger nach unserem Verständnis. Er pinkelte auf religiöse Bilder, trank, war ein Weiberheld und führte sich bis zu seinem Tod 1529 auch sonst ziemlich skandalös auf. Durch sein lasterhaftes Verhalten lehrte er seine Mitmenschen den Buddhismus. Besonders seine Bezwingung der Dämonin Dochu La mithilfe seines „magischen Donnerkeils" hat die bhutanischen Überlieferungen befruchtet: Noch heute sind viele Häuser zum Schutz vor bösen Geistern mit Künlegs „fliegendem Phallus" geschmückt. Das entlegene, zu Ehren des Heiligen errichtete Kloster Chime Lhakhang wird von vielen kinderlosen Frauen aufgesucht, in der Hoffnung, dass etwas von der Manneskraft des Narren sie heilt.

983 MOULIN ROUGE, PARIS, FRANKREICH

Das grandiose Moulin Rouge galt einst als Inbegriff der Pariser *joie de vivre*. Das berüchtigte Nachtlokal im zwielichtigen Viertel Pigalle öffnete seine Pforten erstmals 1889; hier begegneten sich dubiose Typen und Künstler jedweder Couleur – und immer standen Schaffenskraft und Amüsement im Vordergrund. Unter der roten Windmühle feierte auch der Cancan seine Premiere, ein Tanz, bei dem die Kurtisanen ihr Publikum mithilfe von akrobatischem Geschick und ein bisschen nackter Haut verführten. Heute geht es hier nicht mehr ganz so ausschweifend zu; die Showgirls tanzen, während die Touristen dinieren – zweimal täglich. Wer es etwas unanständiger braucht, sollte es nebenan, im Musée de l'Erotisme versuchen.

BRUCE YUAN-YUE BI / LONELY PLANET IMAGES

984 CERNE ABBAS GIANT, ENGLAND

Ohne jeden Minderwertigkeitskomplex präsentiert sich der splitternackte Riese von Cerne Abbas auf einem Hügel mitten in Dorset. Er ist rund 400 Jahre alt, 55 m groß und trägt eine 37 m lange Keule. Dennoch, es ist sein anderer Prügel, der im Zentrum des Interesses steht. Ein bis auf den Kalkboden ausgehobener Graben im Gras bildet die Umrisse seines Körpers (weshalb auch regelmäßig dafür gesorgt werden muss, dass das Buschwerk nicht zu wild wuchert). So ist er auch recht wandlungsfähig: Wissenschaftlern zufolge erhielt er einst einen Umhang: die sittenstrengen Viktorianer ließen Gras über seine Männlichkeit wachsen.

986 MARDIS GRAS, SYDNEY, AUSTRALIEN

Revuetänzerinnen und Cowgirls, Leopardenladys und Muskelmänner, Typen in Pharaonenkostümen, Fischernetzen oder noch weniger: Der Mardi Gras in Sydney ist eine gigantische mega-tuntige, glitzernde, frivole Feier der Lesben-, Schwulen-, Bisexuellen- und Transsexuellen-Bewegung in Australien, ja, letztlich in der ganzen Welt. Die Partystimmung von heute täuscht jedoch über die Wirren der Anfänge hinweg: Die erste Parade in Sydney wurde noch mit Polizeigewalt beendet. Dass die Verhältnisse liberaler werden, zeigt sich daran, dass inzwischen Menschen jeder Orientierung – ob im Paillettenkleid oder im T-Shirt mit politischem Statement – zu einem derben, aber friedlichen Schwof zusammenkommen können.

985 CHINESISCHES SEX-MUSEUM, TÓNGLI, CHINA

Schon seltsam, dass Liu Dalins Museum im liberalen Shanghai – einst als „Hure des Orients" beschimpft – von offizieller Seite eine so große Ablehnung erfuhr. Immerhin war die Sammlung von asiatischen Erotika aus über 9000 Jahren eine Art Liebesdienst des Soziologieprofessors an der chinesischen Gesellschaft. Wegen der mangelnden Unterstützung durch die Stadtverwaltung (so durfte er etwa das Schriftzeichen für „Sex" nicht über den Eingang schreiben) verlegte Dalin seine Keuschheitsgürtel und lasziven Landschaftsgemälde in das malerische Städtchen Tongli. Seit 2004 sind die 1200 Exponate wieder zu besichtigen, ergänzt durch einen wahrhaft reizvollen Skulpturengarten, wo sich Sexuelles und Botanisches ideal ergänzen.

987 ROTLICHTBEZIRK, AMSTERDAM, NIEDERLANDE

Es überrascht nicht, dass das „älteste Gewebe der Welt" auch im ältesten Viertel Amsterdams zu finden ist. Die Ursprünge der hiesigen Sexindustrie reichen bis ins 14. Jh. zurück – einst waren es die Matrosen aus aller Welt, die hier, im sicheren Hafen, andockten und ihren Anker auswarfen ... Daher ist die Amsterdamer Amüsiermeile im Grunde auch recht hübsch: Entlang enger, von zahlreichen Brücken überspannter Kanäle schmiegen sich hohe Giebelfassaden; in ihren rund 250 Fenstern zeigen Damen in knapper Unterwäsche, was sie zu bieten haben – ein kurioser Mix aus aus Reizen der gegensätzlichsten Art. Den besten Einblick bietet das Prostitutie Informatie Center, von wo aus eine ehemalige Sexarbeiterin erhellende Rundgänge anbietet.

988 KANAMARA MATSURI, KAWASAKI, JAPAN

Prüde Zeitgenossen sollten lieber wegschauen, denn sobald der April gekommen ist, kann man dem männlichen Genital in Kawasaki kaum entfliehen. Das alljährliche Kanamara Matsuri (Fest des stählernen Phallus) entstand im 17. Jh., als sich Prostituierte erstmals am Kanayama-Schrein Schutz vor Geschlechtskrankheiten erflehten. Heute ist das Festival allen zugänglich, die sich dafür interessieren. In einer feierlichen Zeremonie wird ein 2,5 m hoher, pinkfarbener Phallus durch die von Einheimischen, Touristen und Transvestiten gesäumten Straßen getragen, in unverkennbarer Form zurechtgeschnitztes Gemüse wird versteigert und überall gibt es penisförmige Requisiten zu kaufen – von Talismännern bis hin zu Lutschern.

RICHARD KENDALL / LONELY PLANET IMAGES

Beim Mardi Gras in Sydney geht es lustig zu – frei nach dem Motto: Weniger ist mehr!

989 ISLÄNDISCHES PHALLUS-MUSEUM, REYKJAVIK, ISLAND

Gar nicht so leicht, in einem Museum mit 270 Teilen ein Lieblingsstück auszuwählen. Das Penismuseum in Reykjavik ist der Traum jedes Phallologisten, präsentiert es doch Exemplare von fast allen in Island heimischen Arten. In der Sammlung, die Sigurdur Hjartarson 1974 begann, sind Gemächte von Pottwalen (1,7 m) und Schniedel von Hamstern (2 mm) zu sehen, Glieder von Eisbären und Walrössern, ausgestopft an der Wand oder als Feuchtpräparat. Am isländischsten aber mutet die volkskundliche Abteilung an: In einem Land, in dem ein großer Teil der Bevölkerung an die Existens eines „verborgenen Volkes" glaubt, dürfen auch die Zauberstäbe von Trollen und Zwergen nicht fehlen.

990 GABINETTO SECRETO, NEAPEL, ITALIEN

Diese Sammlung obszöner Schätze aus dem beim Vesuvausbruch zerstörten Pompeji hat sich als unerquicklicher Fund erwiesen. Die alten Römer hatten nämlich ein wesentlich liberales Verhältnis zur Sexualität als die Archäologen, die sie wieder ausbuddelten: Ihre Fresken sind derb, ihre Statuen lasziv. Was tat ein respektabler Zeitgenosse im 18. Jh. mit all diesen Anstößigkeiten? Verstecken! Und daher verbirgt sich das Gabinetto Segreto, das „Geheime Kabinett", auch im Archäologischen Museum von Neapel. Mal geöffnet, dann wieder geschlossen, teils sogar zugemauert, wurden seine Geheimnisse – darunter Terrakottapenisse oder ein steinerner Sartyr, der mit einer Ziege zugange ist – im Jahr 2000 endgültig gelüftet.

SEHR PIKANTE PLÄTZE

DIE POPULÄRSTEN DREHORTE

Haben Sie alle schon mal gesehen? Klar, die berühmtesten Kinoschauplätze der Welt spielten immer eine tragende Rolle.

991 ROYAL PAVILION, BRIGHTON, ENGLAND

Der Palast und Teilzeit-Regierungssitz von Prince George, dem Prinzregenten und späteren King George IV. , ist eines der exotischsten, verschwenderischsten Bauwerke Englands. Das Dickicht aus indisch anmutenden Kuppeln und Minaretten lässt noch lange nichts vom farbenfrohen chinesischen Interieur des Palastes ahnen: Von üppig vergoldeten Decken stürzen fauchende Drachen herab, um die Säulen winden sich edelsteinüberkrustete Schlangen und die Kristalllüster wurden offenbar gleich tonnenweise in Auftrag gegeben – eine unwiderstehliche Kulisse für Filme wie *Oh! What a lovely war*, *Richard III.*, *Das Ende einer Affaire* und *Am Abgrund des Lebens*. Heute finden hier regelmäßig Ausstellungen statt.

992 ALNWICK CASTLE, ENGLAND

In diesem – alles andere als bescheidenen Domizil – sind der Herzog und der Herzogin von Northumberland zu Hause, auch wenn das Schloss erst seit rund 300 Jahren im Besitz der Adelsfamilie ist. Im Mittelalter zu Verteidigungszwecken errichtet, lässt es die alten Zeiten heute als Kulisse wiederaufleben – in Filmen wie *Elizabeth* oder Ridley Scotts *Robin Hood*, aber auch in TV-Serien wie *Blackadder*. Eine Starrolle jedoch spielen die Außen- und Innenanlagen als Zauberschule Hogwarts in den Harry-Potter-Filmen. Welches Kind würde hier nicht gerne einen Becher Butterbier leeren? Erwachsene dürften eher die Renaissancekunstwerke und die Porzellansammlung interessieren.

993 KARLSBRÜCKE, PRAG, TSCHECHIEN

Bei einem Spaziergang über die Karlsbrücke – am besten in den ruhigeren Morgenstunden – lässt sich die unwiderstehliche Wirkung nachvollziehen, die sie auf Filmregisseure ausübt: Stimmungsvolle Nebelschwaden, die geschwärzten Steinfiguren und der jenseits der Brücke steil aufragende Burgberg machen sie zum idealen Schauplatz von Gruselfilmen wie *Van Helsing*. Auch *Mission Impossible* und *xXx – Triple X* wurden hier gedreht – ebenso wie das Musikvideo zu „Never Tear Us Apart" von INXS, das dem Westen den Charme Prags präsentierte, als man dort noch wenig davon ahnte. In jüngerer Zeit nutzte Kanye West die Karlsbrücke für seine Clips.

994 BROUGHTON CASTLE, ENGLAND

Broughton in Oxfordshire ist ein romantisches englisches Schloss, wie es im Buche steht. Es gibt ein königliches Schlafgemach, in dem James I. und Edward VII. einst nächtigten, einen riesigen Salon mit prächtiger Stuckdecke und einen Ornamentgarten mit Bourbonenlilien aus Buchsbaum und einer Überfülle von Rosen. Hier spielen *King George – Ein Königreich für mehr Verstand*, *Lady Jane – Königin für neun Tage*, *Das scharlachrote Siegel*, *Cinderellas silberner Schuh* sowie (räusper, räusper) *Drei Männer und eine kleine Lady*. Zudem ist das Schloss Schauplatz einer Szene aus *Shakespeare in Love* – der Star des Films, Joseph Fiennes, ist mit der Familie verwandt, die heute noch hier lebt.

JEAN-PIERRE DÉGAS / CORBIS

In der spanischen Stadt Tabernas erleben Sie den Wilden Westen Hollywoods, mit Typen wie aus dem Bilderbuch.

995 MINI-HOLLYWOOD, TABERNAS, SPANIEN

Wussten Sie, dass sämtliche Kultwestern mitten in Spanien gedreht wurden? Mini-Hollywood, das benachbarte Texas-Hollywood und die Wüste, in der sie liegen, fungierten als Wilder Westen in Sergio Leones legendären Spaghettiwestern wie *Für eine Handvoll Dollar*, *Für ein paar Dollar mehr* und *Zwei glorreiche Halunken* – absolute Klassiker des Genres. Auch *Cleopatra*, *Lawrence von Arabien* sowie einzelne Szenen aus *Indiana Jones und der letzte Kreuzzug* spielen in der Wüste von Tabernas. Heute dient das 1965 von Leone errichtete Westerndorf Mini-Hollywood in der Provinz Almería kaum noch als Drehort, sondern wurde zum Freizeitpark umgestaltet.

347

996 EMPIRE STATE BUILDING, NEW YORK, USA

Dieser legendäre, nadelspitze Wolkenkratzer im Art-déco-Stil zieht die Filmschaffenden an wie ein Magnet. In mehr als 100 Streifen ist er zu sehen. Dabei ist er äußerst wandlungsfähig und brillierte in Musikkomödien und Romanzen ebenso wie in Autorenfilmen oder Actionthrillern. Sobald ein Film gedreht wird, in dem die Stadt eine tragende Rolle spielt, ist er einfach unverzichtbar: Woody Allen setzte ihn in *Der Stadtneurotiker* ein, Scorsese in *New York, New York*. Unvergessen aber ist er als Treffpunkt von Cary Grant und Deborah Kerr in *Die große Liebe meines Lebens* und in der Schlüsselszene von *King Kong*. Den romantischsten Blick von der Aussichtsplattform hat man zur Abenddämmerung.

997 MILLENNIUM BILTMORE HOTEL, LOS ANGELES, KALIFORNIEN, USA

Dieses legendäre Hotel in Los Angeles ist ein wahrer Filmveteran. Auf der langen Liste der hier gedrehten Filme finden sich *Beverly Hills Cop, Liebe lieber indisch, Spider-Man, Fight Club, Romy und Michele, Pretty in Pink, A Star Is Born* und *Chinatown*. Hitchcock nutzte das Treppenhaus für *Vertigo*. Auch als Kulisse für Werbespots, Fotoshootings und Musikvideos (darunter Britney Spears' „Overprotected") diente das Hotel. Was es so besonders fotogen macht? Seine unglaublich kunstvolle Architektur im Neorenaissancestil, die vielen Kronleuchter, gewundenen Säulen, Brunnen und Statuen, aber vor allem der Crystal Ballroom mit seinem klassizistischen Wandfries. Kein Wunder also, dass in diesem gediegenen Ambiente einst sogar Oscar-Verleihungen stattfanden.

998 EIFFELTURM, PARIS, FRANKREICH

Das berühmte Pariser Wahrzeichen, von Gustave Eiffel entworfen und 1889 für die Weltausstellung und zum 100. Jahrestag der Französischen Revolution gebaut, sorgte erst einmal für blanken Spott (manche Kritiker nannten es verächtlich „Eiserner Spargel"). Der Turm steht nur deshalb noch, weil er sich als Sendeanlage für Funkübertragungen eignete. Im Lauf der Jahre hat er jedoch die Herzen der Menschen erobert und ihre Phantasie beflügelt, darunter auch die von so unterschiedlichen Filmregisseuren wie François Truffaut, der ihn für *Sie küssten und sie schlugen ihn* und *Außer Atem* verwendete, und Vincente Minnelli in seinem Musicalfilm *Gigi*. Und wer erinnert sich nicht an Grace Jones' Fallschirmsprung vom Eiffelturm im James-Bond-Film *Im Angesicht des Todes*?

999 MULBERRY STREET BAR, NEW YORK, USA

Als Frank Sinatra hier noch seine Drinks nahm (und bis zum kürzlich erfolgten Besitzerwechsel), war sie unter dem Namen Mare Chiaro bekannt. Heute hört man Sinatra nur noch aus der Jukebox, doch die Atmosphäre des alten Little Italy ist hier immer noch zu spüren und hat die Bar unter Filmregisseuren zu einer Lieblingslocation für Schießereien gemacht. Hier drehte man für *Der Pate III, Donnie Brasco*,

Die Silhouette des Empire State Building – eine der herausragendsten Locations der New Yorker Filmlandschaft

9 ½ Wochen und die TV-Serie *Die Sopranos*. Die Wände sind über und über mit Erinnerungsfotos bedeckt. Ziehen Sie sich einen Fedora in die Stirn und hängen Sie auf einen Old Fashioned am kunstvoll verzierten Tresen ab!

1000   10 ADELAIDE STREET EAST, TORONTO, KANADA

1909 im edwardianischen Stil erbaut, war dieses elegante Gebäude einst Sitz einer Finanzgesellschaft. Heute beherbergt es, liebevoll restauriert, das Ontario Heritage Centre. Die wuchtigen Wandverkleidungen und Einfassungen aus Eichenholz und die marmorschwere Galerie – früher als Bankfoyer genutzt – zeugen heute noch von der großen Bedeutsamkeit der Anfangsjahre. Bekannt sind die Räumlichkeiten aus Szenen in *Weil es dich gibt*, *Focus* oder *Das Comeback*. Sie können aber auch gemietet werden. Der eichenvertäfelte Oval Boardroom beispielsweise macht Ihr Meeting erst so richtig stilvoll.

DIE POPULÄRS- TEN DREHORTE

INDEX

SEHENS-
WÜRDIG-
KEITEN
NACH THEMEN

1000 EINMALIGE REISEN

Verlag

Lonely Planet Publications Pty Ltd
ABN 36 005 607 983
90 Maribyrnong St, Footscray,
Victoria, 3011, Australia
www.lonelyplanet.com

© Lonely Planet 2011
© Fotografen wie angegeben

Dank an

Herausgeber Piers Pickard
Partner-Herausgeber Ben Handicott
Gesamtredakt. Bearbeitung Bridget Blair
Gestaltung Mik Ruff, Samantha Curcio
Bildredaktion Sabrina Dalbesio,
Aude Vauconsant
Layout Frank Deim, Paul Iacono
Gesamtredakt. Koordination Nigel Chin
Redaktion Carolyn Bain, Paul Harding, Kate
James, Helen Koehne, Simon Sellars, Jeanette
Wall, Kate Whitfield
Produktion Ryan Evans
Druckproduktion Yvonne Kirk

Autoren

Andrew Bain
Carolyn Bain
Sarah Baxter
Bridget Blair
Paul Bloomfield
Belinda Dixon
Ben Handicott
Abigail Hole

Nana Luckham
Rose Mulready
Andy Murdock
Tim Richards
Kalya Ryan
Nigel Wallis
Rachel Williams

MIX
Paper from
responsible sources
FSC
www.fsc.org   FSC® C021256

Das Papier in diesem Buch wurde nach den Forest
Stewardship Council™-Richtlinien zertifiziert. FSC® fördert
die umweltfreundliche, sozialverträgliche und wirtschaftlich
tragfähige Bewirtschaftung des weltweiten Waldbestands.

Deutsche Ausgabe

MAIRDUMONT
Marco-Polo-Straße 1, 73760 Ostfildern
www.mairdumont.com
www.lonelyplanet.de

Projektbetreuung Jens Bey
Übersetzung Inga-Brita Thiele, Edigna
Hackelsberger, Nadia Al Kureisch
Redaktion Christina Sothmann
Cover-Gestaltung Südgrafik, Stuttgart

Printed in China.

ISBN 978-3-8297-2390-9

1. Auflage November 2014

Deutsche Ausgabe:
© Lonely Planet Publications 2014

Bilder

Umschlag vorne (von li. nach re.)
1: **Mark Newman / Lonely Planet Images**, Grand
Canyon, Arizona, USA
2: **Martin Moos / Lonely Planet Images**, Plitvicer
Seen, Kroatien
3: **Ariadne Van Zandbergen / Lonely Planet
Images**, Chephren-Pyramide Gizeh, Ägypten
4: **Tim Hughes / Lonely Planet Images,** Stari
Most (Alte Brücke), Mostar, Bosnien-Herzegowina